科学出版社"十三五"普通高等教育本科规划教材
安徽省高等学校"十三五"规划教材

Python 程序设计

主　编　叶明全
副主编　伍长荣　谢　飞　陶　皖

科学出版社
北　京

内 容 简 介

本书结合作者在 Python 语言程序设计教学过程中遇到的概念、实践和应用等问题以及授课经验，由浅入深、循序渐进地介绍 Python 语言程序设计的理论和应用，是一本针对所有层次的 Python 学习者的程序设计入门书。本书基于 Python 3.7.2 编写，示例生动有趣，内容易读易学，且特色鲜明，让读者在 Python 交互式环境或集成开发环境中动手实践和体验，并通过示例来掌握 Python 语言的核心知识和用法，帮助读者解决常见应用编程问题和困惑。

本书可以作为高等学校相关专业的计算机程序设计教材，也能作为帮助 Python 入门程序员提升技能的参考书，或相关培训的教材。

图书在版编目(CIP)数据

Python 程序设计 / 叶明全主编. —北京：科学出版社，2019.6
科学出版社"十三五"普通高等教育本科规划教材 安徽省高等学校"十三五"规划教材
ISBN 978-7-03-061497-1

Ⅰ. ①P… Ⅱ. ①叶… Ⅲ. ①软件工具－程序设计－高等学校－教材 Ⅳ. ①TP311.561

中国版本图书馆 CIP 数据核字(2019)第 110066 号

责任编辑：于海云 / 责任校对：郭瑞芝
责任印制：吴兆东 / 封面设计：迷底书装

科学出版社 出版
北京东黄城根北街 16 号
邮政编码：100717
http://www.sciencep.com
北京中石油彩色印刷有限责任公司印刷
科学出版社发行 各地新华书店经销
*

2019 年 6 月第 一 版 开本：787×1092 1/16
2025 年 7 月第十一次印刷 印张：20 1/2
字数：525 000

定价：59.80 元
(如有印装质量问题，我社负责调换)

前　　言

　　程序设计是高等学校计算机、电子信息、电子商务、信息管理、大数据与人工智能等相关专业的必修课程。Python 是一种解释型、面向对象、动态数据类型且最接近人工智能的高级程序设计语言，广泛应用于应用程序开发、科学计算、数据挖掘与机器学习等。作为一门新的程序设计语言，Python 广受开发者的喜爱，是目前最流行的编程语言之一。Python 编程者也成为目前新一代信息技术、人工智能等新兴产业非常急缺的 IT 技术人员。

　　党的二十大报告指出："全面贯彻党的教育方针，落实立德树人根本任务，培养德智体美劳全面发展的社会主义建设者和接班人。"为了落实立德树人根本任务，围绕程序设计能力培养，对标一流教材建设要求，本书主要基于 Windows 7 以上版本和 Python 3.7.2 构建 Python 开发平台，通过大量的实例，由浅入深、循序渐进地阐述 Python 程序设计语言的基础知识，以及使用 Python 语言的实际开发应用实例。具体内容包括：Python 程序设计概述、Python 语言基础知识、Python 程序控制结构、字符串处理与正则表达式、自定义函数设计与应用、面向对象程序设计、文件操作和处理、程序错误和异常处理、图形用户界面编程、网络应用编程、数据库应用编程、多媒体应用编程、科学计算和机器学习等。本书还设置了上机实践部分，帮助读者更好地理解知识点，提高应用能力。

　　本书由安徽省内 4 所本科高校一线教师合作完成，其中，叶明全教授担任主编；伍长荣、谢飞、陶皖担任副主编。全书共分 14 章，由叶明全教授总体策划、组织和统稿，编写人员的分工如下：叶明全编写第 1 章至第 6 章、第 13 章，伍长荣、张丽平编写第 7 章和第 8 章，陶皖、王培培编写第 9 章和第 12 章，章平、谢飞编写第 10 章和第 11 章，潘媛媛、谢飞编写第 14 章。

　　本书获安徽省教育厅省级重大教学改革研究项目 "以互联网+医疗为导向的医学信息创新创业人才培养的研究与实践"（编号：2015zdjy105）、安徽省教育厅省级"十三五"规划教材建设项目"Python 程序设计"（编号：2017ghjc151）等资助。

　　由于编者水平有限，书中难免存在疏漏和不足之处，敬请各位专家和读者给予指正。

编　者

2023 年 3 月

目 录

第 1 章 Python 程序设计概述 ················ 1
  1.1 Python 语言简介 ······················· 1
  1.2 Window 环境下 Python 安装
     及应用 ·································· 4
  1.3 Python 命令交互式环境 ············· 7
  1.4 Python 集成开发与学习环境 ······ 9
  1.5 Python 程序代码构成 ··············· 12
  习题 1 ··· 17

第 2 章 Python 语言基础知识 ················ 18
  2.1 Python 数据类型 ····················· 18
    2.1.1 数字 ···························· 18
    2.1.2 字符串 ························ 19
    2.1.3 元组 ···························· 20
    2.1.4 列表 ···························· 20
    2.1.5 集合 ···························· 22
    2.1.6 字典 ···························· 23
  2.2 Python 对象 ··························· 24
    2.2.1 对象 ···························· 24
    2.2.2 不可变对象和可变对象 ········ 25
    2.2.3 可迭代对象 ················· 26
    2.2.4 类对象和实例对象 ······· 28
  2.3 Python 变量 ··························· 28
    2.3.1 对象变量和对象引用 ··· 29
    2.3.2 简单赋值 ···················· 29
    2.3.3 链式赋值 ···················· 29
    2.3.4 复合赋值 ···················· 30
    2.3.5 序列解包赋值 ············· 31
    2.3.6 变量删除 ···················· 31
  2.4 Python 表达式 ························ 32
    2.4.1 数字运算符 ················· 32
    2.4.2 序列运算符 ················· 32
    2.4.3 二进制位运算符 ·········· 33
    2.4.4 复合赋值运算符 ·········· 34
    2.4.5 关系运算符 ················· 34
    2.4.6 逻辑运算符 ················· 35
    2.4.7 成员测试运算符 ·········· 35
    2.4.8 身份测试运算符 ·········· 35
  2.5 Python 函数 ··························· 36
    2.5.1 Python 函数种类 ········· 36
    2.5.2 Python 内置函数 ········· 36
    2.5.3 Python 标准库函数 ····· 41
    2.5.4 Python 自定义函数 ····· 44
  习题 2 ··· 44

第 3 章 Python 程序控制结构 ················ 47
  3.1 程序与算法 ····························· 47
  3.2 程序的顺序结构 ······················ 50
  3.3 程序的选择结构 ······················ 51
    3.3.1 单选择结构(if 语句) ····· 51
    3.3.2 双选择结构(if-else 语句) ······· 52
    3.3.3 多选择结构(if-elif-else 语句) ··· 53
    3.3.4 嵌套选择结构 ············· 55
  3.4 程序的循环结构 ······················ 55
    3.4.1 for 循环语句 ··············· 56
    3.4.2 while 循环语句 ············ 59
    3.4.3 嵌套循环语句 ············· 61
    3.4.4 break 语句和 continue 语句 ···· 62
    3.4.5 带 else 语句的循环语句 ······· 63
    3.4.6 循环结构程序应用 ······· 64
  习题 3 ··· 67

第 4 章 字符串处理与正则表达式 ········ 71
  4.1 字符串处理 ····························· 71
    4.1.1 字符串编码 ················· 71
    4.1.2 字符串模块 ················· 73
    4.1.3 字符串格式化 ············· 74
    4.1.4 字符串常用方法 ·········· 76
    4.1.5 字符串处理应用案例 ··· 80

4.2	正则表达式	80
	4.2.1 正则表达式语法	81
	4.2.2 正则表达式实例	82
	4.2.3 正则表达式模块	82
	4.2.4 正则表达式对象	84
	4.2.5 正则表达式匹配对象	85
	4.2.6 正则表达式应用案例	85
习题 4		86

第 5 章 自定义函数设计与应用 88

5.1	函数定义与调用	88
	5.1.1 函数定义	88
	5.1.2 函数调用	89
	5.1.3 函数返回值	91
	5.1.4 匿名函数	92
	5.1.5 嵌套函数	92
5.2	参数传递	92
	5.2.1 形式参数和实际参数	92
	5.2.2 传递不可变对象的引用	93
	5.2.3 传递可变对象的引用	93
	5.2.4 序列解包参数传递	94
5.3	参数类型	94
	5.3.1 位置参数	94
	5.3.2 关键参数	95
	5.3.3 默认参数	95
	5.3.4 可变参数	96
5.4	变量作用域	97
	5.4.1 Python 作用域	97
	5.4.2 局部变量	97
	5.4.3 全局变量	98
	5.4.4 全局语句 global	98
	5.4.5 非局部语句 nonlocal	99
5.5	递归函数	99
	5.5.1 递归函数定义	99
	5.5.2 递归函数原理	100
	5.5.3 递归函数应用	100
5.6	函数应用	101
习题 5		104

第 6 章 面向对象程序设计 106

6.1	Python 面向对象概念	106
6.2	类对象与实例对象	108
6.3	对象的属性	109
6.4	对象的方法	114
6.5	对象的特殊方法	115
6.6	对象的继承	119
6.7	对象的赋值与复制	121
习题 6		123

第 7 章 文件操作和处理 126

7.1	文件与文件对象	126
	7.1.1 文件	126
	7.1.2 文件对象	127
7.2	文件打开和关闭	129
	7.2.1 打开文件	129
	7.2.2 关闭文件	129
7.3	文件读取和写入	130
	7.3.1 文本文件读取和写入	130
	7.3.2 二进制文件读取和写入	132
	7.3.3 csv 文件	133
7.4	文件定位读写	136
7.5	文件内容迭代	138
7.6	os 模块中文件操作方法	139
7.7	shutil 模块中文件操作方法	142
习题 7		143

第 8 章 程序错误和异常处理 145

8.1	程序错误	145
8.2	内置异常类	147
8.3	异常处理	148
	8.3.1 try…except 结构	148
	8.3.2 带有多个 except 的 try…except 结构	149
	8.3.3 try…except…else 结构	152
	8.3.4 try…except…finally 结构	153
	8.3.5 异常捕获的顺序	155
	8.3.6 异常抛出 raise 语句	156
	8.3.7 自定义异常	157
8.4	断言处理	157

8.5 程序调试……………………… 158
　　8.5.1 程序调试概念………………… 158
　　8.5.2 程序调试工具 IDLE…………… 159
　　8.5.3 程序调试工具 pdb …………… 160
8.6 单元测试…………………………… 162
习题 8 ………………………………… 165

第 9 章 图形用户界面编程 …………… 167
9.1 图形用户界面概述………………… 167
9.2 Tkinter 图形用户界面编程 ……… 167
　　9.2.1 Tkinter 模块及控件…………… 168
　　9.2.2 图形用户界面构成 …………… 169
9.3 Tkinter 框架 ……………………… 169
9.4 Tkinter 几何布局管理 …………… 170
　　9.4.1 grid 几何布局管理器………… 170
　　9.4.2 pack 几何布局管理器………… 172
　　9.4.3 place 几何布局管理器 ……… 173
9.5 Tkinter 事件处理 ………………… 174
　　9.5.1 事件序列……………………… 174
　　9.5.2 事件绑定……………………… 175
　　9.5.3 事件处理函数………………… 176
9.6 Tkinter 常用控件 ………………… 177
　　9.6.1 菜单控件……………………… 177
　　9.6.2 其他常用控件………………… 179
9.7 Tkinter 对话框 …………………… 182
　　9.7.1 通用消息对话框……………… 182
　　9.7.2 文件对话框…………………… 183
　　9.7.3 简单对话框…………………… 184
　　9.7.4 颜色选择对话框……………… 185
9.8 wxPython 图形用户界面编程…… 185
　　9.8.1 wxPython 安装………………… 186
　　9.8.2 wxPython 界面应用程序构建… 186
　　9.8.3 事件处理……………………… 188
习题 9 ………………………………… 189

第 10 章 网络应用编程 ……………… 191
10.1 网络通信原理…………………… 191
　　10.1.1 计算机网络编程……………… 191
　　10.1.2 TCP/IP 体系结构 …………… 192
　　10.1.3 网络协议……………………… 193

10.2 基于 Socket 的网络应用编程… 193
　　10.2.1 Socket 简介 ………………… 193
　　10.2.2 TCP 编程…………………… 196
　　10.2.3 UDP 编程…………………… 198
10.3 客户端应用编程………………… 199
　　10.3.1 FTP 应用编程………………… 200
　　10.3.2 E-mail 编程…………………… 201
10.4 Twisted 简介 …………………… 203
习题 10 ……………………………… 205

第 11 章 数据库应用编程 …………… 207
11.1 数据库应用基础………………… 207
　　11.1.1 数据库基本概念……………… 207
　　11.1.2 数据库模型与分类…………… 207
　　11.1.3 关系数据库…………………… 208
11.2 Python 数据库接口模块 ……… 209
　　11.2.1 Python 数据库 API ………… 209
　　11.2.2 通用数据库接口模块………… 212
　　11.2.3 专用数据库接口模块………… 213
11.3 SQLite 数据库应用编程 ……… 213
　　11.3.1 SQLite 数据库和 SQLite3
　　　　　模块………………………… 214
　　11.3.2 Connection 对象……………… 215
　　11.3.3 Cursor 对象…………………… 215
　　11.3.4 ROW 对象…………………… 216
　　11.3.5 SQL 语句 …………………… 216
11.4 MySQL 数据库应用编程 ……… 218
　　11.4.1 MySQL 数据库……………… 218
　　11.4.2 PyMySQL 模块……………… 220
习题 11 ……………………………… 222

第 12 章 多媒体应用编程 …………… 225
12.1 多媒体应用简介………………… 225
12.2 PyOpenGL 库图形编程………… 226
12.3 PIL 库图像编程………………… 231
12.4 Pygame 编程…………………… 240
12.5 Speech 编程…………………… 242
习题 12 ……………………………… 243

第 13 章 科学计算与机器学习 ……… 245
13.1 NumPy 库应用…………………… 245

13.1.1 ndarray 数组对象…………245
　　　13.1.2 ndarray 数组创建…………246
　　　13.1.3 ndarray 数组切片和索引……248
　　　13.1.4 ndarray 数组运算…………250
　　　13.1.5 ndarray 数组操作函数库……255
　13.2 SciPy 库简单应用………………259
　13.3 Matplotlib 库简单应用…………262
　13.4 Pandas 库简单应用……………264
　13.5 scikit-learn 库简单应用…………267
　习题 13……………………………………270
第 14 章 Python 上机实践……………272
　实验 1 Python 安装与开发环
　　　　 境搭建…………………………272
　实验 2 Python 语言基础………………276
　实验 3 列表基本操作…………………277
　实验 4 元组和集合基本操作…………279
　实验 5 字典的基本操作………………282

　实验 6 选择与循环结构简单应用……284
　实验 7 选择与循环结构综合运用……287
　实验 8 字符串常用操作………………289
　实验 9 正则表达式……………………291
　实验 10 函数设计………………………292
　实验 11 lambda 表达式与变量
　　　　 作用域…………………………294
　实验 12 面向对象编程…………………297
　实验 13 文件基本操作…………………301
　实验 14 Python 异常处理……………303
　实验 15 图形用户界面编程……………305
　实验 16 网络应用编程…………………308
　实验 17 数据库应用编程………………309
　实验 18 多媒体应用编程………………314
参考文献……………………………………318

第 1 章　Python 程序设计概述

　　Python 是一种开源、跨平台、动态的、面向对象的脚本语言，最初被设计用于编写自动化脚本(shell)。Python 支持命令式编程、函数式编程，完全支持面向对象程序设计，语法简洁清晰，拥有大量的支持各个领域应用开发的第三方扩展库。随着 Python 版本的不断更新，越来越多被用于独立的、大型项目的开发。本章主要介绍 Python 语言概况、Python 安装及应用、Python 集成开发与学习环境、Python 程序代码构成等内容，掌握这些内容，是熟悉采用 IDLE 编程环境进行上机操作和编程的前提。

1.1　Python 语言简介

　　Python 是一种解释型、面向对象、动态数据类型的高级程序设计语言。1989 年，荷兰计算机程序员吉多·范罗苏姆(Guido van Rossum)创立 Python，并于 1991 年发布 Python 第一个公开发行版。

　　1. Python 语言版本

　　Python 目前包括两个主要版本：Python 2 和 Python 3。

　　Python 2 于 2000 年 10 月发布，目前最新版本为 Python 2.7。2018 年 3 月，Python 语言作者吉多·范罗苏姆在邮件列表上宣布 Python 2.7 将于 2020 年 1 月 1 日终止支持，用户若需要继续得到与 Python 2.7 有关的支持，则需要付费给商业供应商。

　　Python 3 于 2008 年 12 月发布，目前最新版本为 Python 3.7。2011 年 1 月，Python 被 TIOBE 编程语言排行榜评为 2010 年度语言。目前，Python 已经成为最受欢迎的程序设计语言之一。2018 年 12 月，TIOBE 公布编程语言排行榜，前五名分别是 Java、C、Python、C++ 和 Visual Basic.NET。

　　2. Python 语言实现

　　程序设计语言包括机器语言、汇编语言和高级语言。其中，机器语言是计算机能够直接识别和执行的一种二进制语言，直接使用二进制码 0 和 1 实现程序；汇编语言是一种低级语言，采用人类容易记忆的语言和符号来表示一组 0 和 1 的代码，例如 ADD 代表加法；高级语言采用接近于人类自然语言的单词和符号来表示一组低级语言程序。

　　但是，采用高级语言编写的源程序需要经过翻译以后才能被计算机识别和执行，这种翻译程序称为语言处理程序，包括解释程序和编译程序。通常，计算机执行源程序包括编译和解释两种方式。其中，编译是将源代码一次性转换成目标代码的过程，执行编译过程的程序叫编译器；解释是将原代码逐条转换成目标代码的同时逐条运行的过程，执行解释过程的程序叫解释器。

　　根据源程序执行方式，高级语言可分为静态语言和脚本语言。其中，静态语言是指采用编译执行的编程语言，例如 C、C++和 Java 等；脚本语言是指采用解释执行的编程语言，例如 Python、JavaScript 和 PHP 等。

Python 是一门跨平台的脚本语言(Script Languages)。脚本语言是为了缩短传统的编写-编译-链接-运行过程而创建的计算机编程语言。脚本程序(用脚本语言开发的程序)是以纯文本(如 ASCII)保存，执行是由其所对应的解释器(或称虚拟机)解释执行。

Python 规定一个 Python 语法规则，实现 Python 语法的解释程序就成为 Python 的解释器。Python 支持伪编译将 Python 源程序转换为字节码来优化程序和提高运行速度，支持使用 py2exe、pyinstaller 或 cx_Freeze 工具将 Python 程序转换为二进制可执行文件。

Python 解释器用于解释 Python 语句和程序。Python 解释器主要包括 Cpython、Jython、IronPython 和 PyPy。

(1)CPython：原始 Python 实现，是采用 C 语言实现的 Python，也是最常用的 Python 版本，又称为 ClassicPython。

(2)Jython：原名 JPython，是采用 Java 语言实现的 Python。Jython 可以直接调用 Java 类库，适用于 Java 平台开发。

(3)IronPython：面向.NET 和 ECMA 通用语言基础结构(Common Language Infrastructure，CLI)的 Python 实现。IronPython 能够直接调用.NET 类库，适用于.NET 平台开发。可以将 Python 程序编译成.NET 程序。

(4)PyPy：是采用 Python 实现的 Python 解释器。PyPy 比 CPython 更加灵活，是 Python 语言的动态编译器。

美国标准信息交换代码(American Standard Code for Information Interchange，ASCII)是所有字符集中最知名的 7 位字符集，由 128 个字符组成，包括大小写字母、数字 0~9、标点符号、非打印字符(换行符等)以及控制字符(退格符等)组成。扩展 ASCII 是针对非英语设计的由 255 个字符组成的字符集。

不同国家使用不同的文字，采用不同的字符代表不同的文字，可用 2 字节编码表示一个国家所有文字。通用转换格式(Unicode Transformation Format，UTF)是中间格式的字符集。常见 UTF 格式包括 UTF-7、UTF-8、UTF-16 以及 UTF-32 等。其中，UTF-8(8-bit Unicode Transformation Format)是一种针对 Unicode 的可变长度字符编码，又称万国码。如果 UNICODE 字符由 2 字节表示，则编码成 UTF-8 很可能需要 3 字节。而如果 UNICODE 字符由 4 字节表示，则编码成 UTF-8 可能需要 6 字节。UTF-8 用在网页上可以统一页面显示中文简体、繁体及其他语言。

默认情况下，Python 3 源码文件采用 UTF-8 编码，也可为源码文件指定不同的编码。

3. Python 语言文件类型

Python 语言文件类型主要分为 3 种：源文件(source file)、字节码文件(byte-code file)和字节码优化文件(optimized file)。这些代码都可以直接运行，不需要编译或连接。

(1)源文件：又称源代码文件，一是扩展名为.py 的源代码文件，由 python.exe 解释器负责解释执行，可在控制台下运行；二是扩展名为.pyw 的源代码文件，用于图形用户界面(GUI)文件的扩展名，由 pythonw.exe 解释器负责解释执行，可作为桌面应用程序。源代码文件可以用文本编辑器打开并编辑。

(2)字节码文件：Python 源文件经过编译之后生成扩展名为.pyc 的字节码文件。该类文件不能用文本编辑器打开或编辑。pyc 文件与平台无关，可以运行在 Windows、Unix 和 Linux 等操作系统上。通过运行脚本可以将.py 文件编译成.pyc 文件。

(3)字节码优化文件：经过优化的代码生成扩展名为.pyo 的优化字节码文件。该类文件不能用文本编辑器打开或者编辑。Python 3.5 版本开始采用 pyc 文件存储优化和非优化代码，不再支持 pyo 文件。

4. Python 语言集成开发环境

集成开发环境(Integrated Development Environment，IDE)是用于提供程序开发环境的应用程序，通常包括代码编辑器、编译器、调试器和图形用户界面等工具。

常用的 Python 集成开发环境包括 IDLE、PythonWin、Eclipse+Pydev 插件、Visual Studio+VS Python 插件和 PyCharm 等。

(1)IDLE：用于提供 Python 程序开发环境的应用程序，是 Python 自带的内置集成开发与学习环境(Integrated Development and Learning Environment，IDLE)，并随 Python 安装包提供。

(2)PythonWin：仅适用于 Windows 环境的 Python 集成开发环境。

(3)Eclipse+Pydev 插件：在 Java 集成开发环境 Eclipse 上安装 Pydev 插件，可以搭建 Python 集成开发环境。但是在搭建配置 Python 集成开发环境时，应注意 JDK、Eclipse 和 PyDev 之间的版本兼容性问题。

(4)Visual Studio+VS Python 插件：在微软公司 Visual Studio 开发工具集基础上安装 Python Tools for Visual Studio(VS Python 插件)，可以使用功能完善的 Visual Studio 开发 Python。Visual Studio 是目前最流行的 Windows 平台应用程序的集成开发环境。最新版本为 Visual Studio 2017 RC 版本，基于.NET Framework 4.6。

(5)PyCharm：由著名 JetBrains 公司开发，提供一整套可以提高 Python 语言开发效率的工具，比如调试、语法高亮、Project 管理、代码跳转、智能提示、自动完成、单元测试、版本控制。该 IDE 还提供一些高级功能，用于支持 Django 框架下专业 Web 开发。

5. Python 语言应用

Python 语言具有广泛的应用范围，常用的应用编程包括：

(1)系统管理。作为一种解释型的脚本语言，Python 特别适合于编写操作系统管理脚本。通过提供应用程序编程接口(Application Programming Interface，API)，方便进行系统维护和管理。

(2)科学计算。Python 提供众多专用科学计算扩展库。例如，经典科学计算扩展库 NumPy、SciPy 和 Matplotlib 等，分别为 Python 提供快速数组处理、数值运算以及绘图功能。

(3)图像处理。众多开源的科学计算软件包都提供 Python 图像处理调用接口。例如，著名的计算机视觉库 OpenCV、三维可视化库 VTK、医学图像处理库 ITK 等。另外，Python 提供图像处理标准库 PIL(Python Imaging Library)。

(4)图形处理。Python 支持图形用户界面(Graphical User Interface，GUI)开发，提供多个 GUI 库。例如，Tkinter、WxPython 和 Jython 等。

(5)文本处理。Python 提供 re 模块能够支持正则表达式，还提供标准通用标记语言(Standard Generalized Markup Language，SGML)、可扩展标记语言(eXtendsible Markup Language，XML)分析模块，进行 XML 程序开发。

(6)数据库应用编程。Python 提供数据库应用程序编程接口(DB-API)规范的模块与

Microsoft SQL Server、Oracle、Sybase、DB2、MySQL、SQLite 等数据库通信。Python 还自带一个 Gadfly 模块，提供一个完整 SQL 环境。

（7）网络应用编程。Python 提供丰富的模块支持 sockets 编程，能方便快速地开发分布式应用程序，支持 Zope、Mnet 及 BitTorrent. Google 等大规模软件开发。

（8）Web 应用编程。Python 支持 Web 应用开发，提供最新 XML 技术。

（9）多媒体应用编程。Python 提供 PyOpenGL 模块，封装 OpenGL 应用程序编程接口，能进行二维和三维图像处理。Python 还提供 PyGame 模块，可用于编写游戏软件。

（10）人工智能编程。Python 是人工智能首选编程语言，提供通用人工智能模块，例如：AIMA（Python 实现的 Artificial Intelligence: A Modern Approach 库）、pyDatalog（Python 中逻辑编程引擎）、SimpleAI（Python 实现的人工智能算法测试库）、EasyAI（简单 Python 双人游戏引擎）等。提供机器学习模块，例如：PyBrain（Python 机器学习模块化库）、PyML（Python 侧重于 SVM 和其他内核方法的双边框架）等。

6. Python 常用资源网址

（1）Python 官网：https://www.python.org。
（2）Python 文档：https://www.python.org/doc。
（3）Python 扩展库索引（Python Package Index，PyPI）：https://pypi.python.org。
（4）Ipython（交互式 Python）官网：https://ipython.org/install.html。
（5）Python 跟踪器（问题列表）：https://bugs.python.org。
（6）Python 安全漏洞披露 HackerOne 平台：https://hackerone.com/python。

1.2　Window 环境下 Python 安装及应用

Python 支持跨平台，可以运行在 Windows、Mac OS 和各种 Linux/Unix 系统上，且在 Windows 上编写 Python 程序，也可在 Linux 上运行。本教材以 Windows 7 和 Python 3.7.2 版本为基础，构建 Python 开发平台。

1. 安装 Python 软件包

【例 1-1】　安装 Python 3.7.2 软件。

（1）下载 Python 安装软件。打开 Python 官方网站 https://www.python.org/downloads/windows。首先，根据 Windows 版本（64 位或 32 位）下载 Python 3.7.2 对应的 64 位或 32 位安装软件（注意：x86 表示 32 位机器，x86-64、x64 表示 64 位机器），选中"Download Windows x86 executable installer"，如图 1-1 所示；然后，下载目前最新版本 Python 安装软件：Python-3.7.2.exe（24.1MB）。

（2）运行 Python 安装软件。首先，双击下载的 Python for Windows 格式的 Python-3.7.2.exe，打开安装软件向导；然后选中"Add Python 3.7 to PATH"复选框，单击 Install Now 超链接（图 1-2）；最后根据向导设置即可完成。

Python 默认的安装路径为用户本地应用程序文件夹下的 Python 目录：

C:\Users\Administrator\AppData\Local\Programs\Python\Python37-32

该目录下包括 Python 解释器 python.exe，以及 Python 库目录和相关文件。

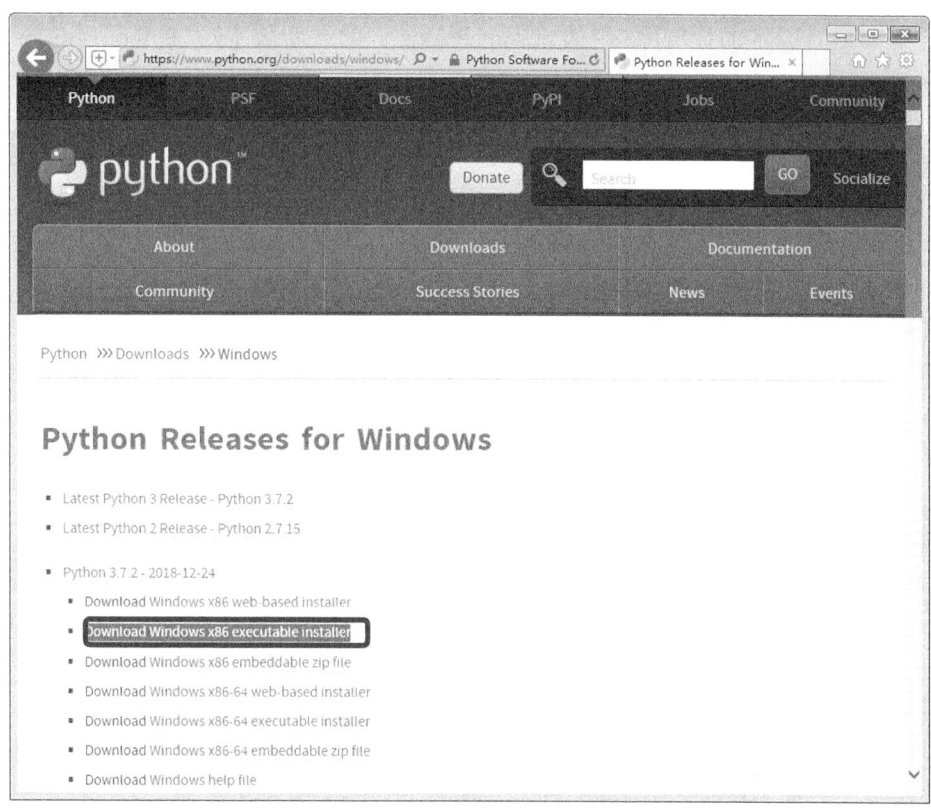

图 1-1　下载 Python 软件界面

2. 安装 Python 扩展库

Python 3.4 以后版本包含 pip 和 setuptools 库。其中，pip 用于安装、管理 Python 扩展库（包或模块）；setuptools 用于发布 Python 扩展库。

pip 典型应用是从 PyPI（Python Package Index）上安装 Python 第三方扩展库。

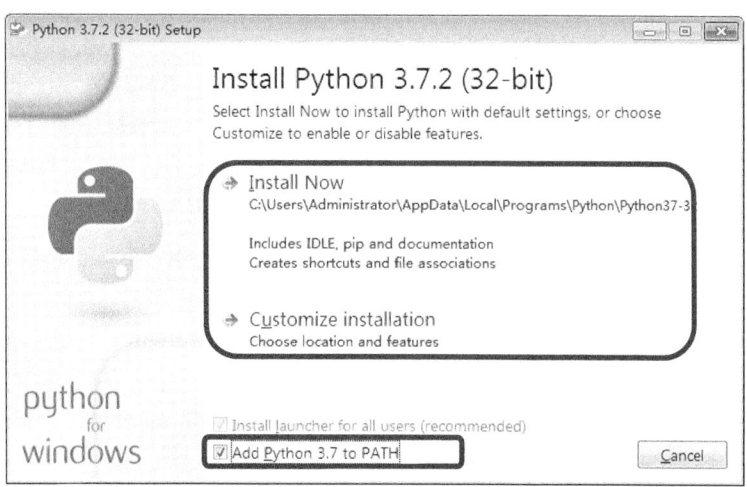

图 1-2　安装 Python 软件界面

Windows 命令提示符下，pip 命令的基本语法包括：

(1)安装最新版本的扩展库(例如，SomePackage 的最新版本)：Python –m pip install SomePackage。

(2)安装某个版本的扩展库(例如，SomePackage 的 3.5 版本)：Python –m pip install SomePackage==3.5。

(3)安装某个范围版本的扩展库(例如，SomePackage 的大于 1.5 且小于等于 3.5 版本)：Python –m pip install SomePackage>1.5,<=3.5。

(4)安装某个兼容版本的扩展库(例如，SomePackage 的兼容 1.6 版本)：Python –m pip install SomePackage~=1.6。

(5)更新扩展库(例如，更新 SomePackage 到最新版本)：Python –m pip install –U SomePackage。

【例 1-2】 更新 pip 和 setuptools 库。

首先在 Windows 开始菜单中搜索栏输入"cmd"命令，进入命令提示符，然后在命令提示符下输入命令：Python –m pip install –U pip setuptools，即可更新 pip 和 setuptools 库。

【例 1-3】 安装 NumPy 扩展库。

NumPy(Numeric Python)扩展库提供 N 维数组对象 Array、矩阵处理、矢量处理以及线性代数、傅里叶变换和随机数生成函数等许多高级的数值运算功能。Numpy 通常和稀疏矩阵运算扩展库 Scipy 配合使用。

NumPy 库安装可以在 Windows 命令提示符下输入命令：Python –m pip install NumPy。

3. Python 交互式帮助系统

交互式处理(Interactive processing)是以人机对话的方式一问一答(人机交互方式)，直至获得最后处理结果，即操作人员通过终端设备输入信息和操作命令，系统接到后立即处理，并通过终端设备显示处理结果，且操作人员可以根据处理结果进一步输入信息和操作命令。和非交互式处理相比，交互式处理具有灵活、直观、便于控制等优点。

Python 提供许多标准函数(又称内置函数)，可以实现交互式帮助。直接执行内置函数 help()可进入交互式帮助系统；执行内置函数 help(object)可获取有关 object 对象的帮助信息。

【例 1-4】 Python 交互式帮助系统应用示例。

(1)进入交互式帮助系统。首先，在 Windows 开始菜单中搜索栏输入"cmd"命令，进入命令行窗口，在命令提示符下输入命令：Python，进入 Python 交互式解释器窗口(或执行 Windows "开始"→"所有程序"→Python 3.7→Python 3.7 (32-bit)，进入 Python 交互式解释器窗口)。然后，在 Python 交互式提示符>>>后输入命令：help()，进入交互式帮助系统，如图 1-3 所示。

(2)查看所有安装的模块(Module)。在 help>后输入命令：modules，列出所有安装的模块，如图 1-3 所示。

(3)查看 random 模块的帮助信息。在 help>后输入命令：random，提供 random 模块应用帮助信息。

(4)查看与 random 相关的安装模块。在 help>后输入命令：modules random，列出所有与 random 相关的安装模块，如图 1-4 所示。

(5)查看 random 模块中 random()函数的帮助信息。在 help>后输入命令：random.random，提供 random()帮助信息，如图 1-4 所示。

(6)退出帮助系统。在 help>后输入命令：quit。

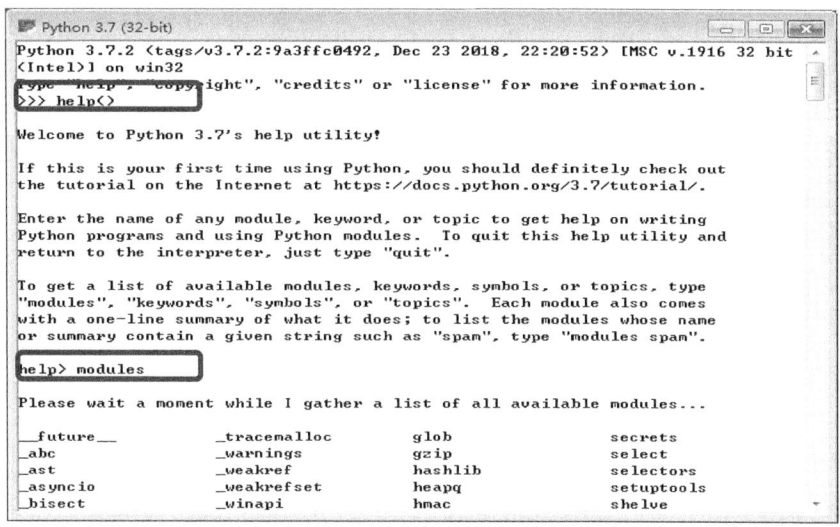

图 1-3 Python 交互式帮助系统及安装模块

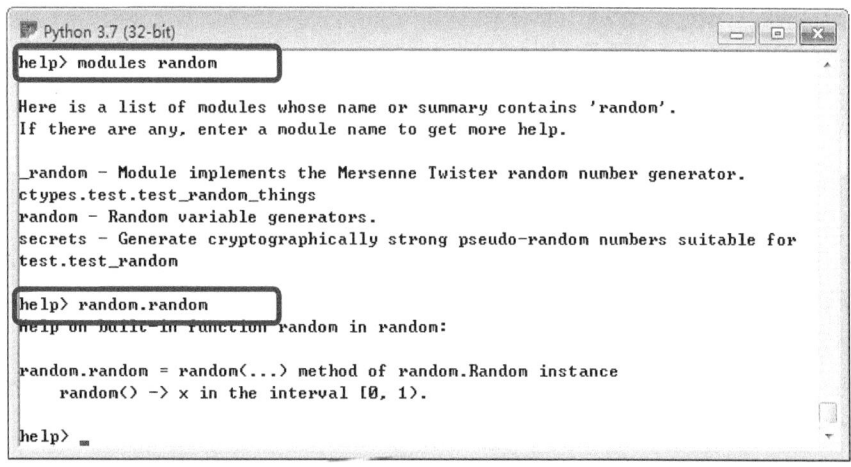

图 1-4 显示与 random 相关的安装模块及 random()函数帮助信息

1.3 Python 命令交互式环境

Python 程序执行包括三种方式：命令行窗口运行方式、交互式环境运行方式和第三方开发工具运行方式。

注意：在命令行窗口运行 .py 文件和在 Python 交互式环境下直接运行 Python 代码有所不同。Python 交互式环境下运行代码是输入一行，执行一行，而命令行窗口下直接运行 .py 文件是一次性执行该文件内的所有代码。显然，Python 交互式环境主要是为了调试 Python 代码，便于初学者学习，并不是正式运行 Python 代码的环境。

Python 成功安装后，有三种方式可以进入 Python 交互式环境（又称 Python 解释器）：一是在打开"开始"菜单搜索栏输入"cmd"进入命令行窗口，在命令提示符输入执行 Python，便可打开命令交互式环境；二是执行 Windows"开始"→"所有程序"→Python 3.7→Python 3.7 (32-bit)，可打开命令交互式环境；三是在 Python 自带的开发工具 IDLE 中直接打开 IDLE 交互式环境。命令交互式环境又称为 CMD 交互式环境。

在 Windows 命令行窗口运行一个.py 文件(例如 first.py),可在开始菜单搜索栏输入"cmd"进入命令行窗口,在命令提示符下输入:python first.py。

【例 1-5】 打开 Python 命令交互式环境。

方法 1:在 Windows 命令提示符下,运行 python.exe 程序,打开命令提示符下 CMD 交互式环境,如图 1-5 所示。

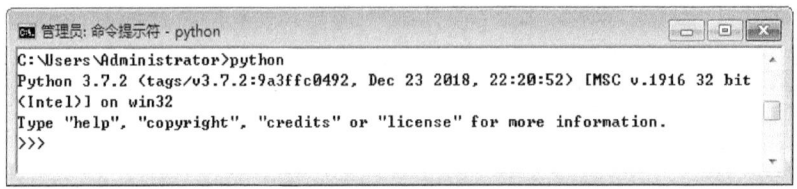

图 1-5 命令提示符下 CMD 交互式运行环境

方法 2:执行 Windows"开始"→"所有程序"→Python 3.7→Python 3.7(32-bit),打开 Python 3.7 (32-bit)下 CMD 交互式环境,如图 1-6 所示。

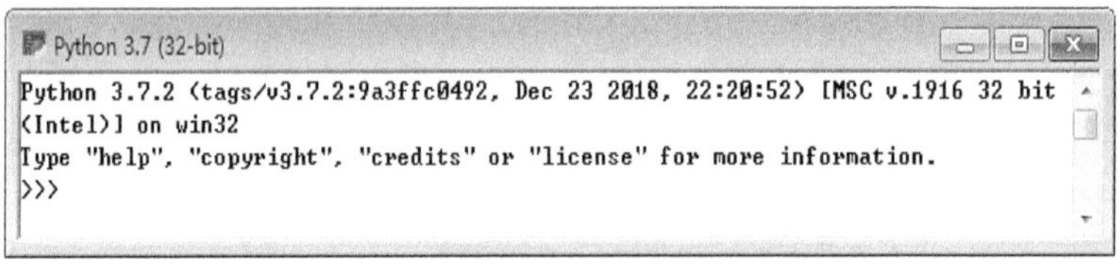

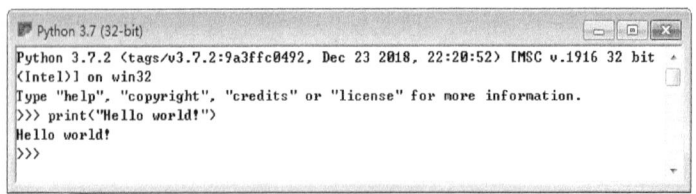

图 1-6 Python 3.7 (32-bit)下 CMD 交互式环境

Python 交互式环境的提示符为>>>。在提示符>>>后输入要执行的 Python 语句,Python 解释器将解释语句、执行语句,并输出语句运行结果。

【例 1-6】 CMD 交互式环境下 Python 执行语句。

在 Python 提示符>>>后输入:print("Hello world!"),则 Python 解释器调用 print 函数,打印输出字符串 Hello world!,如图 1-7 所示。

图 1-7 CMD 交互式环境下执行 Python 语句

【例 1-7】 CMD 交互式环境下 Python 数学运算。

在 Python 提示符>>>后输入数学公式,可以实现计算器的功能,如图 1-8 所示。

图 1-8 中,计算 11+22,返回 33;导入标准库 math,采用函数 sqrt()计算 16 的平方根,返回 4.0;同时计算多个表达式(用逗号分隔),返回结果为元组(多个表达式计算结果以逗号分隔,放在一对圆括号界中);计算并返回两个字符串的合并;计算 100/0 返回出错结果。

【例 1-8】 CMD 交互式环境下特殊变量"_"。

Python 交互式环境中,存在一个特殊变量,下划线("_")用于存放上一次运算的结果。

在 Python 提示符>>>后依次输入 100+50、_、_*4,并按 Enter 键,结果如图 1-9 所示。

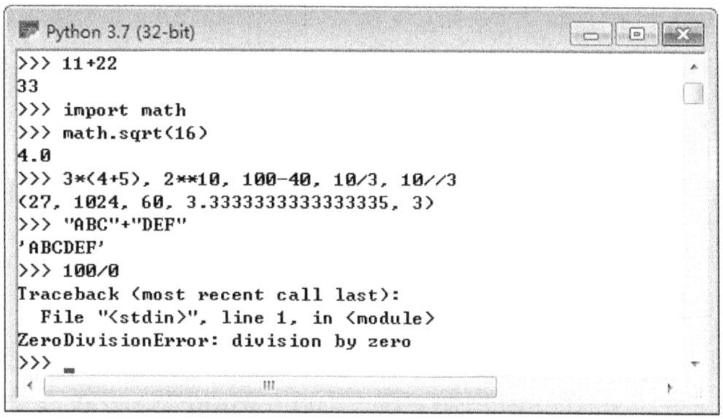

图1-8　CMD交互式环境下Python数学运算

图1-9　CMD交互式环境下下划线（"_"）应用示例

退出（关闭）CMD交互式运行环境：关闭命令行窗口或在提示符>>>下输入"exit()"或"quit()"。

1.4　Python集成开发与学习环境

Python集成开发与学习环境（Integrated Development and Learning Environment，IDLE）是Python安装软件包自带的内置开发工具。

1. Python IDLE 简介

相对于Python支持的CMD交互式环境（解释器），Python IDLE集成Python解释器、编辑器和调试器，提供图形开发用户界面，可以提高Python程序的编写效率。

Python IDLE具有以下主要功能。

(1) 采用Tkinter GUI工具包，提供100%纯Python代码。

(2) 支持跨平台，在Windows、Unix和Mac OS上工作方式大致相同。

(3) 提供Python shell窗口（交互式解释器），具有着色代码输入、输出和错误消息等功能。

(4) 提供多窗口文本编辑器，具有多撤销、Python着色、智能缩进、调用提示等功能。

IDLE具有两种主要的窗口类型：Shell窗口和Editor（编辑器）窗口，可以同时拥有多个编辑器窗口，每个编辑器窗口都有自己的顶级菜单。IDLE菜单根据当前选择的窗口动态更改。每个菜单下面的记录都指示与哪个窗口类型相关联。

输出窗口（例如，编辑/在文件中查找）是编辑窗口的子类型，目前与编辑器窗口具有相同的顶部菜单，但是具有不同的默认标题和上下文菜单。

IDLE顶部菜单包括文件菜单（Shell和Editor）、编辑菜单（Shell和Editor）、格式菜单（仅限Editor窗口）、运行菜单（仅限Editor窗口）、Shell菜单（仅限Shell窗口）、调试菜单（仅限

Shell 窗口)、选项菜单(Shell 和 Editor)、窗口菜单(Shell 和 Editor)、帮助菜单(Shell 和 Editor)和上下文菜单。

2. IDLE 交互式环境下 Python 执行语句

【例 1-9】 采用 IDLE 交互式解释器执行 Python 语句。

(1)执行 Windows "开始" → "所有程序" →Python 3.7→IDLE (Python 3.7 32-bit),打开 Python IDLE 窗口,如图 1-10 所示。

(2)在 IDLE 提示符>>>后输入:print("Hello world!"*3),则打印输出字符串 Hello world! Hello world! Hello world!,如图 1-10 所示。注:"Hello world!"*3 表示 3 个"Hello world!"合并。

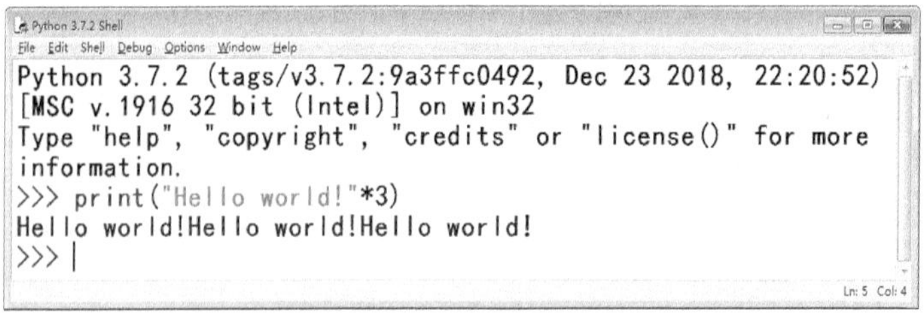

图 1-10　IDLE 交互式解释器执行 Python 语句

IDLE 交互式解释器也可以执行多行语句。例如,下面 for 循环语句用于打印输出 1 至 10 之间的 10 个数字。其中,range(10)生成 0 至 9 之间的 10 个数字;冒号(:)表示后面是若干个语句组成的语句块;end=","表示分隔符为逗号。

```
for x in range(10):
    x=x+1
    print(x, end=",")
```

【例 1-10】 采用 IDLE 交互式解释器执行多行语句。

(1)在 IDLE 提示符>>>后输入 "for x in range(10):",然后按 Enter 键,解释器在下一行自动缩进,等待输入。

(2)输入 "x=x+1",然后按 Enter 键,解释器在下一行自动缩进,等待输入。

(3)输入 "print(x, end=",")",然后按 Enter 键,解释器在下一行自动缩进,等待输入。

(4)按 Enter 键,结束 for 循环语句。

解释器解释执行多行语句并输出结果,如图 1-11 所示。

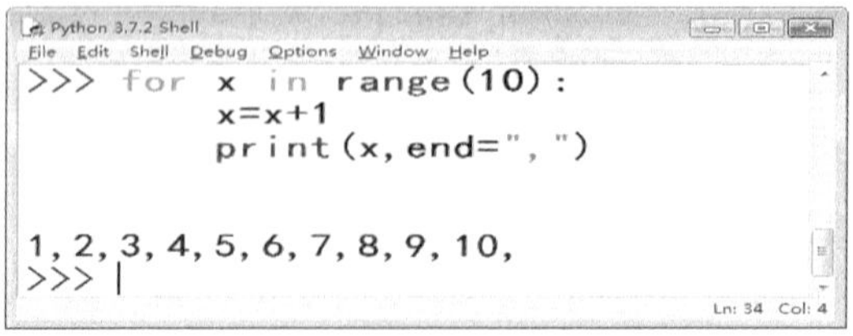

图 1-11　IDLE 交互式解释器执行多行语句

在命令交互式或 IDLE 交互式等交互式环境下,采用交互式执行 Python 语句,其优点是方便直接,直接得到结果。但是,在交互式环境下,需要逐条输入语句,且执行的语句没有保存在文件中,因而不能重复执行,不适合大规模的程序设计。

3. IDLE 环境下开发 Python 程序

准备工作：创建用于保存 Python 源程序文件的文件夹。在 C 盘根文件夹中创建子文件夹 python37；然后在 C:\python37 下创建子文件夹 ch1。

【例 1-11】 采用 IDLE 创建 Python 程序。

(1) 执行 Windows "开始" → "所有程序" → Python 3.7 → IDLE (Python 3.7 32-bit)，打开 IDLE 窗口，如图 1-12 所示。

(2) 创建源程序文件。IDLE 窗口中执行菜单 File|New File (或快捷键 Ctrl+N)，创建一个源程序文件，并打开 Python 源程序编辑器窗口。

(3) 输入源程序代码。在 Python 源程序编辑器窗口中输入源程序代码，如图 1-12 所示。

(4) 源程序文件保存为 ex1.py。IDLE 窗口中执行菜单 File→Save (或快捷键 Ctrl+S)，保存文件到位置 C:\python37\ch1，输入文件名 ex1_1。源程序文件保存后结果如图 1-12 所示。

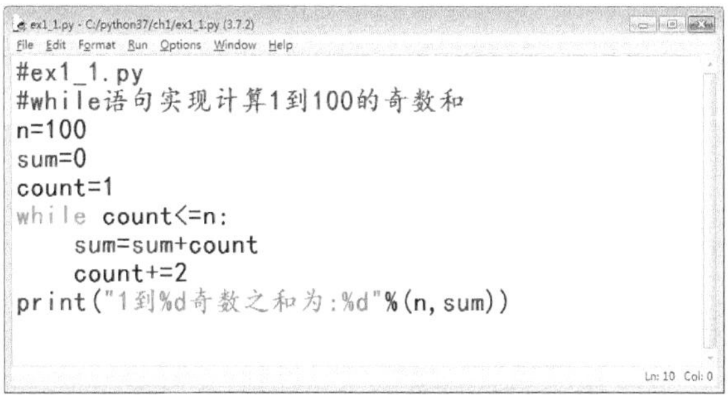

图 1-12　IDLE 程序创建编辑器窗口

(5) 运行源程序 ex1_1.py。IDLE 窗口中执行菜单 Run|Run Module (或快捷键 F5)，程序运行结果将直接显示在 IDLE 交互界面 (Python 3.7.2 Shell 窗口) 上，如图 1-13 所示。

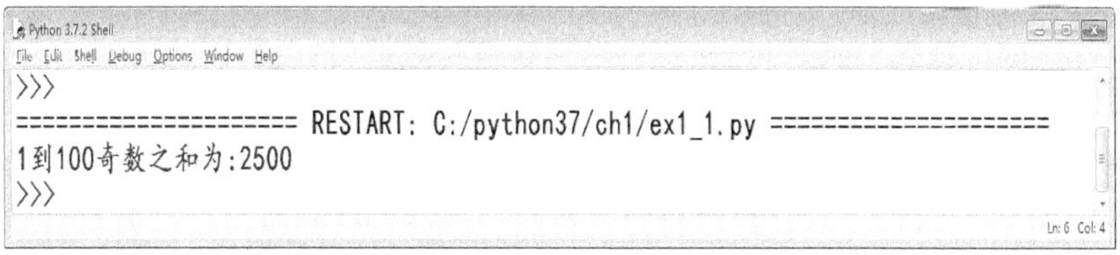

图 1-13　IDLE 程序运行结果 Shell 窗口

【例 1-12】 采用 IDLE 修改 Python 程序。

(1) 打开 Python 集成开发与学习环境 IDLE。

(2) 打开程序 ch1.py。IDLE 窗口中执行菜单 File→Open (或快捷键 Ctrl+O)，在随后出现的"打开"窗口中，选择 C:\python37\ch1 下的 ex1_1.py，单击"打开"按钮，打开程序编辑器窗口。

(3) 编辑修改程序代码。在 Python 程序编辑器窗口中编辑修改源代码，如图 1-14 所示。

(4) 修改后保存，文件另存为 ex1_2.py。IDLE 窗口中执行菜单 File|Save As (或快捷键 Ctrl+Shift+S)，把文件另存为到位置 C:\python37\ch1，输入文件名 ex1_2。

(5) 运行程序 ex1_2.py。IDLE 窗口中执行菜单 Run|Run Module (或快捷键 F5)，输出程序运行结果，如图 1-15 所示。

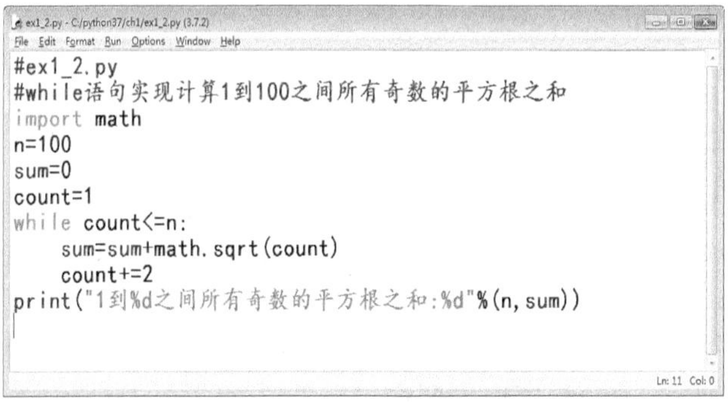

图 1-14　IDLE 程序修改编辑器窗口

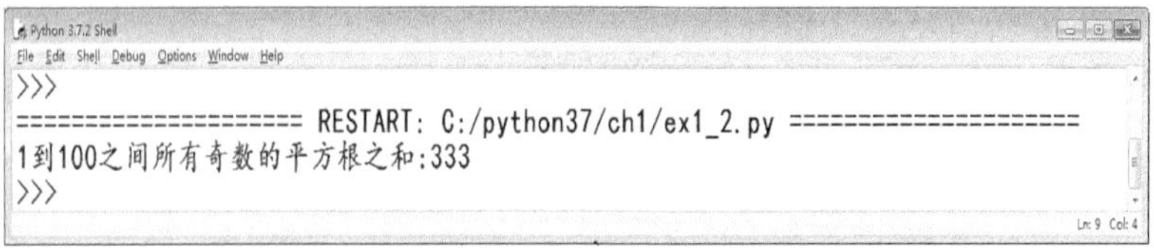

图 1-15　IDLE 程序运行结果 Shell 窗口

1.5　Python 程序代码构成

计算机程序(Computer Program)是指一组指示计算机或其他具有信息处理能力装置执行动作或做出判断的指令，通常用某种程序设计语言编写，运行于某种目标体系结构上，简称程序(Program)。Python 语言编写的程序代码是保存在扩展名为.py 的源文件中。该文件又称为模块(Module)。模块是一个包含 Python 语句的简单文本文件。Python 解释器可以多次运行.py 文件中的语句。

1. Python 程序框架

从更具体的视角看，Python 程序可分解成模块(文件)、语句、表达式和对象(数据)。程序由模块组成，模块包含语句，语句包含表达式，而表达式用于建立并处理对象。

(1) Python 程序由模块组成。模块对应于扩展名为.py 的源文件。一个 Python 程序由若干个(一个或多个)模块构成。例 1-12 程序由模块 ex1-2.py 和内置模块 math 组成。

(2) 模块由 Python 语句组成。Python 语句是一段可执行代码(除注释语句不可执行外)，包括赋值语句、输入语句、输出语句、导入模块语句、if 语句、for 语句和 while 语句等。运行 Python 程序时，按照模块中语句的顺序依次执行。例 1-12 程序中，import math 为导入模块语句；while count<=n:为 while 语句；print()为输出语句；其余的为赋值语句。

(3) 语句是 Python 程序的构造单元，用于创建对象、变量赋值、调用函数、控制语句等。语句包含表达式。例 1-12 程序中，第一行以"#"语句开头的语句为注释语句，用于代码注释(程序执行过程中跳过)；import math 用于导入 math 模块，并依次执行 math 模块中语句；赋值语句 n=10 创建一个值为 10 的整型对象，并赋值给变量 n；输出语句 print("1 到%d 之间所有奇数的平方根之和:%d"%(n,sum))，调用内置函数 print()，输出表达式值；while 语句 while count<=n:一定要以冒号结尾，后面是其语句块(包括 2 个赋值语句)，增加缩进代表着的开始，减少缩进代表着语句块的结束，其中 count<=n 是一个关系表达式。

(4)表达式用于创建和处理对象。Python 支持多种数据类型,在计算机内部,可以把任何数据都看成一个对象,而变量就是程序中用来指向这些数据对象的,对变量赋值就是把数据和变量给关联起来。表达式由值、变量和运算符组成,由一个或多个操作数(值或变量)以及 0 个或 1 个以上的运算符组成的式子。单独一个值是一个表达式,单独变量也是一个表达式。

2. Python 模块、包及库

Python 模块(Module)是一个包含 Python 代码的源文件,其扩展名是.py。模块能够定义函数、类和变量等,模块里也可以包含可执行的代码段,把相关代码有组织地分配到一个模块里,能让代码更好用、更易懂。模块名称是该.py 文件的名称。模块名称作为一个全局变量__name__的取值可以被其他模块获取或导入。Python 包含大量的内置模块,采用内置函数 dir() 可以列出对象(包括模块)的所有属性及方法。

Python 包(Package)体现模块的结构化管理思想,是一个分层次的文件目录结构,提供一个由若干个模块和子包等组成的 Python 的应用环境。为了方便管理而将文件进行打包。包目录下第一个文件便是 __init__.py,然后是一些模块文件和子目录,假如子目录中也有 __init__.py,那么子目录就是这个包的子包。

常见的包结构:

package_a
├── __init__.py
├── module_a1.py
└── module_a2.py

其中,__init__.py 内容可以为空,也可写入一些包执行时的初始化代码。__init__.py 是包的标志性文件,Python 通过一个文件夹下是否有__init__.py 文件,来识别该文件夹是否为包文件。不同包下包含相同名称的模块时,为了区分,通过"包名.模块名"路径来指定模块,这个路径叫作命名空间。

Python 库(Library)是完成一定功能的代码集合,供用户使用的代码组合,是具有相关功能的模块和包的集合形式。Python 具有功能强大的库,其中 Python 自带的标准库(Standard Library)可以满足大多数的基本需求。

Python 标准库和第三方库中提供了大量的模块。模块定义好后,可以使用 import 语句或 from-import 语句来导入模块,并使用其定义的功能。

模块导入的语法格式。

(1)导入模块:import 模块名[AS 标识符] #导入模块(或同时取别名)。
(2)导入模块中所有项目(函数、类或变量):from 模块名 import *。
(3)导入模块中指定项目:from 模块名 import 项目名[AS 标识符]。
(4)导入指定包模块中指定项目:from 包名.模块名 import 项目名[AS 标识符]。

3. Python 语句

Python 语句是指示计算机完成某种特定运算及操作的命令,一条语句执行完后再执行另一条语句。Python 语句用于创建对象、变量赋值、函数定义、函数调用、类定义、类调用、控制分支、控制循环等。

Python 语句可分为简单语句和复合语句。其中,简单语句由一个逻辑行构成,在由分号分隔的单个物理行上可能存在几个简单语句;复合语句由若干个(一个或多个)子句(clause)组成，又称语句块。

常见的简单语句有以下这些。

(1)表达式语句：主要用于交互式计算一个表达式的值，或用于过程的调用。

(2)赋值语句：用于将变量绑定到值，或者修改对象的属性。

(3)增量赋值语句：将二元运算符和赋值语句结合起来。

(4)断言语句：使用 assert 关键字可以在程序中插入断言便于调试。

(5)pass 语句：如果不想执行任何操作，则可以使用 pass 语句。

(6)del 语句：用于删除绑定的变量。

(7)return 语句：用于从调用的函数返回，可以返回一个值。

(8)yield 语句：等价于 yield 表达式，用在生成器函数中。

(9)raise 语句：使用 raise 语句可以产生异常。使用 try 结构可以捕获异常。

(10)break 语句：用于中断当前循环的执行。

(11)continue 语句：强制进行下一次循环。

(12)import 语句：用于导入模块。

(13)声明语句：使用 from 关键字可以指示解释器编译特殊的模块，方便后面的使用。

(14)global 语句：声明全局变量。

(15)nonlocal 语句：用于说明相应的标示符可以引用外围嵌套的绑定变量。

复合语句的一个子句由一个头和一个语句序列(suite)组成。一个具体复合语句内的所有子句头都具有相同的缩进层次。每个子句头以一个唯一标识符开始并以一个冒号结束；"语句序列"是该子句所控制的一组语句块。一个语句序列可以是与子句头处于同一行的，在子句头冒号之后以分号分隔的多条简单语句，或者是在后面连续行中缩进的语句。只有第二种情况下，子句序列才允许包括嵌套复合语句。

复合语句=首行+":"+缩进语句。Python 中所有复合语句都遵循以下相同格式：首行以冒号终止，再接一个或多个嵌套语句，而且通常都是在首行下缩进的。

复合语句包括 if 语句、while 语句、for 语句、try 语句、with 语句、函数定义、类定义等。

4. Python 代码缩进

Python 没有像其他语言一样采用{}或 begin...end 分隔代码块，而是采用代码缩进和冒号来区分代码之间的层次。代码缩进是指每行代码前的空白区域，表示代码之间的包含和层次关系。缩进相同的一组语句构成一个代码块，又称语句块。

Python 是依靠代码缩进来标识代码之间的逻辑关系的。Python 采用严格的缩进来表明程序的框架，缩进可以约束程序结构，有利于维护代码结构的可读性。

程序编写中，代码缩进可以 Tab 键实现，也可用多个空格(通常 4 个空格)实现。对于类定义、函数定义、选择结构、循环结构以及异常处理结构来说，行尾冒号以及下一行的缩进表示一个代码块的开始，缩进结束表示一个代码块结束。程序中同一个级别的代码块的缩进量必须相同。

图 1-16 和图 1-17 给出一个程序的两种缩进关系。其中，图 1-16 反映 while 循环语句与后面语句块(由 2 个赋值语句组成)之间的单层缩进关系；图 1-17 反映 while 循环语句与后面语句块之间的多层缩进关系：与 if 语句和 count+=1 之间单层缩进关系，与 sum=sum+math.sqrt(count)之间的双层缩进关系；if 语句与 sum=sum+math.sqrt(count)之间的单层缩进关系。一个程序的缩进可以嵌套，从而形成多层缩进。

IDLE 开发环境中编写程序时，可对选中的代码块进行批量缩进和反缩进。

菜单操作：Format→Indent Region，Format→Dedent Region。

键盘操作：Ctrl+](批量缩进)，Ctrl+[(反缩进)。

```
#计算 1 到 100 之间所有整数的平方根之和
import math
n,sum,count=100, 0, 1
while count<=n:
    sum=sum+math.sqrt(count)
    count+=1
print("1 到%d 之间所有整数的平方根之和:%d"%(n,sum))
```

图 1-16　单层缩进的程序

```
#计算 1 到 100 之间所有偶数的平方根之和
import math
n,sum,count=100, 0, 1
while count<=n:
    if count%2=0:
        sum=sum+math.sqrt(count)
    count+=1
print("1 到%d 之间所有偶数的平方根之和:%d"%(n,sum))
```

图 1-17　多层缩进的程序

5. Python 代码注释

注释是指在代码中加入一行或多行信息，对语句、函数、代码块、程序等进行说明，提升程序的可读性。

注释的用途主要包括：一是标明作者和版权等信息；二是解释代码设计原理或功能；三是辅助程序调试，确定代码出错位置。

Python 中，单行代码注释以井号"#"开头，多行代码注释可以用三个单引号'''或三个双引号"""开头和结尾。

IDLE 开发环境中编写程序时，可对选中的代码块进行批量注释和解除注释。

菜单操作：Format→Comment Out Region/Uncomment Region。

键盘操作：Alt+3(批量注释)和 Alt+4(解除注释)。

6. Python 续行空行

Python 通常是一行写完一条语句。如果一行语句太长，可以在行尾加上反斜杠(\)来续行分成多行语句。但是，在列表([])、字典({})、元组(())或三引号定义的字符串('''或""")中的多行语句，不需要使用反斜杠。

Python 通常需要增加必要的空格与空行，提高代码的可读性。例如，运算符两侧、函数参数之间、逗号两侧建议使用空格分开；不同功能的代码块之间、不同的函数定义以及不同的类定义之间则建议增加一个空行以增加可读性。

7. Python 标识符

Python 语言中，标识符是变量、函数、模块、类等对象的名称，必须是有效的。

标识符由字母、数字、汉字和下划线等组成，但首字符不能是数字。从编程习惯和跨平台兼容性角度考虑，通常不建议使用汉字等非英文字符来命名标识符。

例如，ABC、ABC_123、姓名、_123 是命名合法的标识符；123、1ABC 是命名不合法的标识符。

标识符对大小写敏感。例如，Python 和 python 是两个不同的标识符。

Python 语言包含许多预定义内置类、异常、函数等，应避免采用 Python 预定义标识符作为自定义的标识符名。

Python 提供内置函数 dir(__builtins__)，可以查看所有内置的类名、异常名和函数名等。

【例 1-13】 查看 Python 3.7.2 预定义标识符。

\>>> dir(__builtins__)

['ArithmeticError', 'AssertionError', 'AttributeError', 'BaseException', 'BlockingIOError', 'BrokenPipeError', 'BufferError', 'BytesWarning', 'ChildProcessError', 'ConnectionAbortedError', 'ConnectionError', 'ConnectionRefusedError', 'ConnectionResetError', 'DeprecationWarning', 'EOFError', 'Ellipsis', 'EnvironmentError', 'Exception', 'False', 'FileExistsError', 'FileNotFoundError', 'FloatingPointError', 'FutureWarning', 'GeneratorExit', 'IOError', 'ImportError', 'ImportWarning', 'IndentationError', 'IndexError', 'InterruptedError', 'IsADirectoryError', 'KeyError', 'KeyboardInterrupt', 'LookupError', 'MemoryError', 'ModuleNotFoundError', 'NameError', 'None', 'NotADirectoryError', 'NotImplemented', 'NotImplementedError', 'OSError', 'OverflowError', 'PendingDeprecationWarning', 'PermissionError', 'ProcessLookupError', 'RecursionError', 'ReferenceError', 'ResourceWarning', 'RuntimeError', 'RuntimeWarning', 'StopAsyncIteration', 'StopIteration', 'SyntaxError', 'SyntaxWarning', 'SystemError', 'SystemExit', 'TabError', 'TimeoutError', 'True', 'TypeError', 'UnboundLocalError', 'UnicodeDecodeError', 'UnicodeEncodeError', 'UnicodeError', 'UnicodeTranslateError', 'UnicodeWarning', 'UserWarning', 'ValueError', 'Warning', 'WindowsError', 'ZeroDivisionError', '__build_class__', '__debug__', '__doc__', '__import__', '__loader__', '__name__', '__package__', '__spec__', 'abs', 'all', 'any', 'ascii', 'bin', 'bool', 'breakpoint', 'bytearray', 'bytes', 'callable', 'chr', 'classmethod', 'compile', 'complex', 'copyright', 'credits', 'delattr', 'dict', 'dir', 'divmod', 'enumerate', 'eval', 'exec', 'exit', 'filter', 'float', 'format', 'frozenset', 'getattr', 'globals', 'hasattr', 'hash', 'help', 'hex', 'id', 'input', 'int', 'isinstance', 'issubclass', 'iter', 'len', 'license', 'list', 'locals', 'map', 'max', 'memoryview', 'min', 'next', 'object', 'oct', 'open', 'ord', 'pow', 'print', 'property', 'quit', 'range', 'repr', 'reversed', 'round', 'set', 'setattr', 'slice', 'sorted', 'staticmethod', 'str', 'sum', 'super', 'tuple', 'type', 'vars', 'zip']

8. Python 保留字

保留字，也称为关键字（Keyword），是 Python 语言内部定义并保留使用的标识符。程序中不能命名与保留字相同的标识符，否则会产生编译错误。Python 标准库提供一个 keyword 模块，可以输出当前版本的所有保留字。注意：保留字也对大小写敏感。

【例 1-14】 查看 Python 3.7.2 预定义保留字。

\>>> import keyword
\>>> keyword.kwlist

['False', 'None', 'True', 'and', 'as', 'assert', 'async', 'await', 'break', 'class', 'continue', 'def', 'del', 'elif', 'else', 'except', 'finally', 'for', 'from', 'global', 'if', 'import', 'in', 'is', 'lambda', 'nonlocal', 'not', 'or', 'pass', 'raise', 'return', 'try', 'while', 'with', 'yield']

习 题 1

一、填空题

1. 程序设计语言包括_____、_____和高级语言。
2. 计算机执行源程序包括_____和_____两种方式。
3. 根据源程序执行方式，高级语言可分为_____和_____。
4. Python 目前包括两个主要版本：_____和_____。
5. Python 解释器主要包括_____、Jython、_____和 PyPy。
6. Python 3 源码文件默认采用_____编码，也可为源码文件指定不同的编码。
7. Python 语言文件类型主要分为 3 种：_____、_____和优化字节码文件。
8. 常用的 Python 集成开发环境包括_____、_____、Eclipse+Pydev 插件、Visual Studio+VS Python 插件和_____等。
9. Python 3.4 后版本包含 pip 和 setuptools 库。其中，_____用于安装、管理 Python 扩展库；_____用于发布 Python 扩展库。
10. Python 程序执行包括三种方式：命令行窗口、_____和_____。
11. Python 交互式环境中，存在一个特殊变量_____，用于存放上一次运算的结果。
12. Python IDLE 集成 Python_____、_____和调试器。
13. 从更具体的视角看，Python 程序可分解成_____、_____、_____表达式和对象(数据)。
14. Python 模块是一个包含 Python 代码的源文件，其扩展名是_____。
15. 包的标志性文件是_____。
16. Python 语句可分为简单语句和_____，其中简单语句 pass 表示_____。
17. Python 中，单行代码注释以_____开头，多行代码注释可以用_____或三个双引号"""开头和结尾。
18. Python 提供内置函数_____，可以查看所有内置的类名、异常名和函数名等。
19. Python 提供内置函数_____，可以列出指定模块或类中的对象或方法。
20. Python 提供内置函数_____，可以查看相应帮助文档和使用说明。

二、简答题

1. 程序设计语言包括哪几种？有何区别？
2. 计算机执行源程序方式包括哪几种？有何区别？
3. Python 解释器主要包括哪几种？有何区别？
4. Python 语言文件类型包括哪几类？有何区别？
5. Python 语言主要应用在哪些领域？
6. Python 模块、包及库之间有何关系？
7. 导入模块包括哪些方法？
8. 如何命名一个标识符？

第 2 章　Python 语言基础知识

Python 程序可分解成模块、语句、表达式和对象。Python 程序由模块组成，模块包含语句，语句包含表达式，而表达式由操作数和运算符构成，用于创建和处理对象。Python 支持多种数据类型，在计算机内部，可以把任何数据都看成一个对象。本章主要介绍编写 Python 程序必须掌握的若干语言基础知识，包括数据类型、对象、变量、表达式和函数等。掌握这些基础知识，是编写 Python 正确程序的前提。

2.1　Python 数据类型

Python 数据类型定义为一个值的集合以及定义在这个值的一系列运算操作。例如，整数(int)数据类型中值的集合为所有整数，支持加、减、乘、除等操作。Python 语言可以有效处理各种类型的数据。

Python 数据类型包括内置数据类型(标准数据类型)和自定义数据类型。其中，内置数据类型包括 Number(数字)、String(字符串)、List(列表)、Tuple(元组)、Set(集合)、Dictionary(字典)。

序列是 Python 中最基本的数据结构。序列可以包含一个或多个元素，也可以是一个没有任何元素的空序列，可分为有序序列和无序序列。其中，有序序列中元素之间存在先后关系，可以通过序号(下标)访问。Python 中，String(字符串)、List(列表)、Tuple(元组)是有序序列数据类型，而 Set(集合)和 Dictionary(字典)是无序序列数据类型。

Python 数据类型又可分为不可变数据类型(immutable)和可变(mutable)数据类型。其中，不可变数据类型是指该数据(对象)一旦创建，其值不能修改；可变数据类型是指该数据(对象)创建后其值仍可以改变。Number(数字)、String(字符串)、Tuple(元组)是三个不可变数据类型。List(列表)、Set(集合)、Dictionary(字典)是三个可变数据类型。

2.1.1　数字

Python 语言提供四种数字(Number)类型数据：整数(int)、浮点数(float)、复数(complex)和布尔型(bool)。其中，整数(int)、浮点数(float)和复数(complex)数字类型分别对应数学中的整数、实数和复数；布尔型(bool)数字类型只有 0(False)和 1(True)。

整数包括十进制整数、十六进制整数(以 0x 或 0X 开头)、八进制整数(以 0o 或 0O 开头)、二进制整数(以 0b 或 0B 开头)。

浮点数必须带有小数部分，包括十进制表示和科学计数法表示。

例如，123、0x19、0o16、0B11 是整数；1.23、3E-2 是浮点数；1 + 2j、1.1 + 2.2j 是复数。

字面量(literal)是指程序源代码中用来表示固定值的符号序列。几乎所有计算机编程语言都具有对基本固定值的字面量表示，例如：整数、浮点数、布尔值以及字符串等；甚至对枚举类型的元素以及像数组、记录和对象等复合类型的值也支持字面量表示法。与变量不同，字面量是指在程序中直接以固定值的形式来操作。例如，123 是字面量，表示 Python 语言中整数型的一个固定值。

注意：Python 2 中是没有布尔型的，它用数字 0 表示 False，用 1 表示 True。Python 3 中，True 和 False 定义成保留字，但其值还是 1 和 0，且可以和各种数字类型数据进行运算。

2.1.2 字符串

字符串(String)是 Python 语言中有序、不可变的内置序列。形式上，字符串的所有元素放在一对单引号(')、双引号(")或三引号('''或""")中，且单引号、双引号、三单引号或三双引号可以相互嵌套，用来表示复杂字符串。

例如，"12345"、"中国"、'ABCD'、""、"AB'CD'123"等都是字符串。

序列是一块用来存放多个值的连续内存空间，是程序设计中常用的数据存储方式。程序设计语言支持类似序列的数据结构，如 C 语言中的一维数组、二维数组等。Python 语言支持字符串、元组、列表、集合和字典等序列数据结构。

有序序列是指序列中元素是按一定顺序排列的，按顺序分别是第一个元素、第二个元素……最后一个元素。Python 语言中，除集合和字典是无序序列外，字符串、元组和列表等均是有序序列，且支持双向索引。

字符串支持双向索引：从左往右以 0 开始，第一个元素下标是 0；从右往左以–1 开始，倒数第一个元素下标是–1，如图 2-1 所示。

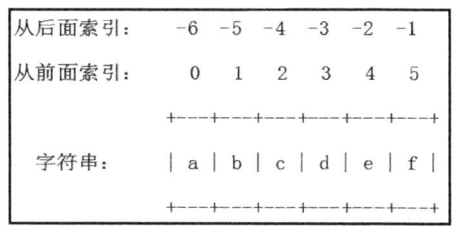

图 2-1　字符串双向索引示意图

字符串截取(又称切片)：变量[头下标: 尾下标: 步长]，遵循左闭右开原则。其中，头下标是可选项，省略时默认为 0；尾下标是可选项，省略时默认为字符串长度；步长是可选项，省略时默认为 1，步长为 2 时表示间隔一个位置来截取字符串。

字符串元素访问：变量[下标]，通过下标索引获取字符串中单个字符(元素)。

Python 使用反斜杠(\)，支持转义字符。例如，\n 表示换行符。如果不想让转义字符发生转义，可以在字符串前面添加一个 r 或 R，表示原始字符串。

【例 2-1】 字符串中反斜杠操作示例。

```
>>> print('My\name')
My
ame
>>> print(r'My\name')
My\name
```

字符串创建：赋值命令=或内置函数 str()。例如，创建空字符串：str1=''、str1=""、str1=""""、str1=""""""或 str1=str()。

字符串对象可以调用很多方法，查看字符串对象操作方法，可在提示符>>>后输入：print(dir(str))。

例如，str.upper()返回大写字符串(所有字母转换为大写)；str.isalpha()测试字符串是否为字母组成；str.isalnum()测试字符串是否为字母数字组成。

【例 2-2】 字符串方法调用示例。

```
>>> str1="Student123"
>>> str2="ABCDEF"
>>> str3="ABC123%"
>>> str1.upper(), str1.isalpha(), str2.isalpha()
('STUDENT123', False, True)
>>> str1.isalnum(), str3.isalnum()
(True, False)
```

2.1.3 元组

元组(Tuple)是 Python 语言中有序、不可变的内置序列。形式上，元组的所有元素放在一对圆括号(())中，且元素之间用逗号隔开。同一元组中元素的数据类型可以不相同，可以同时包含数字、字符串、列表、集合和字典等，甚至可以包含元组(即嵌套元组)。

例如，(1, 2, 3)、("AB", 123)、(100, (10, "AB"), "中国")等都是元组。

Python 语言中元组创建很简单，只需要在圆括号中添加元素，并使用逗号隔开即可。元组中只包含一个元素时，需要在元素后面添加逗号，否则圆括号会被当作运算符使用。

元组创建：赋值命令=或内置函数 tuple ()。例如，创建空元组：tup1=()或 tup1=tuple()。

元组中元素值是不允许修改的，但可以对元组进行连接组合。

与字符串类似，元组支持双向索引。

元组截取：变量[头下标: 尾下标: 步长]，遵循左闭右开原则。

元组元素访问：变量[下标]，通过下标索引获取元组中单个元素。

【例 2-3】 元组创建操作示例。

```
>>> tp1=(); tp2=(123, "123", 66.6)
>>> tp3=("123", ); tp4=("123"); tp5=1, 2, 3
>>> tp1, tp2, tp3, tp4, tp5
((), (123, '123', 66.6), ('123',), '123', (1, 2, 3))
```

注：tp5=1,2,3 和 tp5=(1,2,3)都可创建一个元组(1,2,3)。

查看元组对象操作方法，可在提示符>>>后输入：print(dir(tuple))。

元组包含 2 个内置方法：

(1)tuple.count(x)：返回元素 x 在元组中出现的次数。

(2)tuple.index(x[,start[,stop]])：返回元素 x 在元组指定范围首次出现的位置。

【例 2-4】 元组方法调用示例。

```
>>> tp1=(123, "456", 66.6, True, 123)
>>> tp1.count(123), tp1.count(100), tp1.index(66.6)
(2, 0, 2)
```

2.1.4 列表

列表(List)是 Python 的可变、有序的内置序列。形式上，列表的所有元素放在一对方括号([])中,且元素之间用逗号隔开。同一列表中元素的数据类型可以不相同,可以同时包含数字、字符串、元组、集合和字典等,甚至可以包含列表(即嵌套列表)。

例如,[1, 2, 3]、["AB", 123]、[100, (10, "AB"), "中国"]等都是列表。

列表创建:赋值命令=或内置函数 list()。例如,创建空列表:lst1=[]或 lst1=list()。

与字符串类似,列表支持双向索引。

列表截取:变量[头下标: 尾下标: 步长],遵循左闭右开原则。

列表元素访问:变量[下标],通过下标索引获取列表中单个元素。

删除列表或删除列表某个元素可以使用删除命令 del。

查看列表对象操作方法,可在提示符>>>后输入:print(dir(list))。

列表包含 11 个内置方法。

(1) list.append(x):列表末尾添加新的元素 x(原列表添加)。

(2) list.clear():清空列表。

(3) list.copy():返回列表的浅复制。

(4) list.count(x):返回元素 x 在列表中出现的次数。

(5) list.extend(seq):列表末尾一次性追加另一个序列中多个值(原列表扩展)。

(6) list.index(x[, start[, stop]]):返回元素 x 在列表指定范围首次出现的位置。

(7) list.insert(index, x):元素 x 插入列表中指定位置。

(8) list.pop([index=-1]):移除列表中一个元素(默认最后一个元素),返回该元素值。

(9) list.remove(x):移除列表中首次出现的元素 x。

(10) list.reverse():列表原地逆序排列(所有列表元素反转)。

(11) list.sort():列表原地排序(列表元素属于同一数据类型,默认升序)。

【例 2-5】 列表方法调用示例。

```
>>> lst1=[123, 456, "ABC"]
>>> lst1.insert(2,100); lst1
[123, 456, 100, 'ABC']
>>> lst1.append("666"); lst1
[123, 456, 100, 'ABC', '666']
>>> lst1.extend([200]); lst1
[123, 456, 100, 'ABC', '666',200]
>>> lst1.reverse(); lst1
[200,'666', 'ABC', 100, 456, 123]
>>> del lst1[2]; lst1
[200,'666', 100, 456, 123]
>>> ["A", "B", "C", "B", "100"].index("B", 2)
3
>>> ["A", "B", "C", "B", "100"].pop()
'100'
>>> y=[100, 200, 300, 200, 500]
>>> y.remove(200); y
[100, 300, 200, 500]
>>> y.reverse(); y
[500, 200, 300, 100]
>>> y.sort(); y
[100, 200, 300, 500]
```

2.1.5 集合

集合(Set)是 Python 的可变、无序且不存在重复元素的内置序列。形式上，集合的所有元素放在一对大括号({})中，且元素之间用逗号隔开。

同一集合中元素的数据类型可以不相同，可以同时包含数字、字符串、元组、列表和字典等，但是不可以包含另一个集合。

集合可以使用大括号({})或 set()函数创建。但是创建一个空集必须用 set()，而不能用{}(注：{}是用来创建一个空字典)。

查看集合对象操作方法，可在提示符>>>后输入：print(dir(set))。

集合包含 17 个内置方法。

(1) set.add(x)：集合添加元素 x。

(2) set.clear()：清空集合。

(3) set.copy()：返回集合的浅复制。

(4) set.difference(set1[,…])：返回两个或更多个集合的差(set 保持不变)。

(5) set.difference_update(set1[,…])：删除 set 中与 set1 等集合的重复元素。

(6) set.discard(x)：删除集合中指定元素 x。

(7) set.intersection(set1, set2, ..., etc)：返回若干集合的交集(set 保持不变)。

(8) set.intersection_update(set1, set2, ..., etc)：若干集合的交集存放于 set。

(9) set.isdisjoint(set1)：判断两个集合是否包含相同的元素。

(10) set.issubset(set1)：判断集合 set 是否为集合 set1 的子集。

(11) set.issuperset(set1)：判断集合 set1 是否为集合 set 的子集。

(12) set.pop()：随机移除一个元素。

(13) set.remove(x)：移除指定元素。

(14) set.symmetric_difference(set1)：返回两个集合中不重复的元素集合(set 保持不变)。

(15) set.symmetric_difference_update(set1)：移除集合 set 中在集合 set1 相同的元素，并将集合 set1 中不同的元素插入到集合 set 中。

(16) set.union(set1, set2, ...)：返回若干个集合的并集(set 保持不变)。

(17) set.update(set1)：将在集合 set1 中且不在 set 中的元素添加至集合 set。

【例 2-6】 集合方法调用示例。

```
>>> set1={1, 2, 3}; set2={2, 3, 4}
>>> set1.difference(set2), set1
({1}, {1, 2, 3})
>>> set1.difference_update(set2), set1
(None, {1})
>>> set1={1, 2, 3}; set2={2, 3, 4}
>>> set1.intersection(set2), set1
({2, 3}, {1, 2, 3})
>>> set1.intersection_update(set2), set1
(None, {2, 3})
>>> set1={1, 2, 3}; set2={2, 3, 4}
>>> set1.symmetric_difference(set2), set1
```

({1, 4}, {1, 2, 3})
>>> set1.symmetric_difference_update(set2), set1
(None, {1, 4})
>>> set1={1, 2, 3}; set2={2, 3}
>>> set1.isdisjoint(set2), set1.issubset(set2), set1.issuperset(set2)
(False, False, True)

2.1.6 字典

字典(Dictionary)是 Python 的可变、无序且元素是键-值映射的内置序列。形式上，字典的所有元素放在一对大括号({})中，且元素之间用逗号隔开。

字典中每个元素由键(key)和对应值(value)成对组成，且用冒号分割(key:value)，每个键/值对之间用逗号分割，其语法格式：d={key1:value1, key2:value2, …}。其中，键(key)必须使用不可变数据类型(数字、字符串或元组)；值(value)可以使用任何数据类型。

例如，{"学号":"201901", "姓名":"张三", "性别":"男", "年龄":20}

字典是通过键来存取元素的。因此，同一个字典中，键必须是唯一的。

字典创建：赋值命令=或内置函数 dict()。例如，创建空字典：dict1={}或 dict1=dict()

字典删除：删除字典或删除字典某个元素(需要指定键)可以使用删除命令 del。

【例 2-7】 字典创建和删除示例。

```
>>> dict1={"XH":"9901", "XM":"wang","AGE":19}
>>> dict1
{'XH': '9901', 'XM': 'wang', 'AGE': 19}
>>> dict2=dict(XH="9902", XM="zhang", AGE=20)
>>> dict2
{'XH': '9902', 'XM': 'zhang', 'AGE': 20}
>>> keys=["XH", "XM", "AGE"]
>>> values=["9903", "mao", 30]
>>> dict3=dict(zip(keys,values))
>>> dict3
{'XH': '9903', 'XM': 'mao', 'AGE': 30}
>>> del dict3["AGE"]
>>> dict3
{'XH': '9903', 'XM': 'mao'}
```

查看字典对象操作方法，可在提示符>>>后输入：print(dir(dict))。

字典包含 11 个内置方法。

(1) dict.clear()：清空字典。

(2) dict.copy()：返回字典的浅复制。

(3) dict.fromkeys(seq[, value])：创建一个新字典，以序列 seq 中元素做字典的键，value 为字典中键对应的初始值。

(4) dict.get(key, default=None)：返回指定键的值，如果值不在字典中返回 default 值。

(5) dict.items()：返回可遍历的(键，值)元组数组。

(6) dict.keys()：返回一个迭代器，可用 list()来转换为列表，列表为字典中所有键。

(7) dict.setdefault(key, default=None)：与 get()类似，如果键不存在于字典中，将会添加键并将值设为 default。

(8) dict.update(dict1)：将字典 dict1 的键-值对更新到 dict 中。

(9) dict.values()：返回一个迭代器，可以用 list()来转换为列表，列表为字典中所有值。

(10) dict.pop(key[,default])：删除字典给定键 key 所对应的值，返回值为被删除值。key 值必须给出，否则返回 default 值。

(11) dict.popitem()：随机返回并删除字典中一对键和值（一般删除末尾对）。

【例 2-8】 字典方法调用示例。

```
>>> dict.fromkeys(["XH", "XM", "AGE"])
{'XH': None, 'XM': None, 'AGE': None}
>>> dict.fromkeys(["XH", "XM", "AGE"], 100)
{'XH': 100, 'XM': 100, 'AGE': 100}
>>> dict1.items()
dict_items([('XH', '9901'), ('XM', 'wang'), ('AGE', 19)])
>>> dict1.keys()
dict_keys(['XH', 'XM', 'AGE'])
>>> list(dict1.keys())
['XH', 'XM', 'AGE']
```

2.2 Python 对象

Python 使用对象模型来存储数据。构造任何类型的值都是一个对象。按存储模型，Python 对象可分为两种：标量/原子类型（包括数字、字符串）和容器类型（包括元组、列表、字典、集合）。按更新模型，Python 对象分为两种：可变对象（包括列表、字典、集合）和不可变对象（包括数字、字符串、元组）。按访问模型，Python 对象分为四种：直接访问（包括数字）、顺序访问（包括字符串、元组、列表）、映射访问（包括字典）、随机访问（包括集合）。

2.2.1 对象

计算机程序能够处理各种类型的数据，不同类型的数据支持不同的运算操作。对象是 Python 语言中最基本的概念之一。Python 语言中，所有对象都有一个数据类型。

Python 语言中，数据表示为对象。对象本质上是一个内存数据块，拥有特定的数据（值），支持特定类型的运算操作。对象包含三个基本要素：标识（identity）、类型（type）和值（value）。

(1) 标识（identity）用于唯一标识一个对象（身份标识），通常对应于对象在计算机内存中的位置（内存地址）。内置函数 id(obj)返回对象 obj 的标识。当一个对象一旦被创建，其标识将不再改变，直到这个对象消失。

(2) 类型（type）用于表示对象所属的数据类型（类），数据类型（类）用于限定对象的取值范围，以及允许执行的处理操作。内置函数 type(obj)可返回对象 obj 所属的数据类型。同对象的标识一样，类型也是不可变的。

(3) 值（value）用于表示对象的当前取值。内置函数 print(obj)可返回对象 obj 的值。

【例 2-9】 采用内置函数 id(obj)、type(obj)和 print(obj)查看对象。

```
>>> id(123); type(123); print(123)
```

```
260431952
<class 'int'>
123
>>> id(abs(-123)); type(abs(-123)); print(abs(-123))
260431952
<class 'int'>
123
```

本例采用整数型的字面量 123 创建一个实例对象，其标识为 260431952、类型为整数型 (int)、值为 123。而且采用内置函数 abs(–123)创建一个实例对象，结果与字面量 123 创建一样。

【例 2-10】 采用 id(obj)、type(obj)查看内置函数对象。

```
>>> id(int), type(int); id(complex), type(complex); id(abs), type(abs)
(1537491904, <class 'type'>)
(1537458464, <class 'type'>)
(3553280, <class 'builtin_function_or_method'>)
```

【例 2-11】 采用内置函数创建实例对象。

```
>>> id(int(6.9)), type(int(6.9)); id(complex(3, 4)), type(complex(3, 4))
(260430080, <class 'int'>)
(33797304, <class 'complex'>)
```

本例中采用 int(6.9)创建一个整数型的实例对象；complex(3, 4)创建一个复数型的实例对象。

另外，Python 语言中表达式的运算结果可以创建新的实例对象；def 语句可创建一个新的函数对象；class 语句可以创建一个新的类对象。

2.2.2 不可变对象和可变对象

按更新模型，Python 对象可以分为不可变对象(immutable objects)和可变对象(mutable objects)。对象的值本身也是一个对象，且它和对象有同样的数据类型。

不可变对象是指该对象所指向的内存中的值不能被改变。当改变某个变量时候，由于其所指的值不能被改变，相当于把原来的值复制一份后再改变，这会开辟一个新的地址，变量再指向这个新的地址。

可变对象是指该对象所指向的内存中的值可以被改变。变量(或对象引用)改变后，实际上是其所指的值直接发生改变，并没有发生复制行为，也没有开辟新的地址，即原地改变。

一个对象的易变性(mutability)是由这个对象的类型来决定的。Python 中，数字(numbers)、字符串(strings)、元组(tuples)是不可变的；而列表(lists)、字典(dictionaries)和集合(sets)是可变的。

【例 2-12】 不可变对象和可变对象实例。

```
>>> x=100
>>> y=100
>>> z=60+40
>>> print(id(x), id(y), id(z))        # id 都相同，均指向同一内存地址
1657528032 1657528032 1657528032
>>> x=100
>>> y=200
```

```
>>> z=300
>>> print(id(x), id(y), id(z))          # id 都不相同，指向不同的内存地址
1657528032 1657529632 37211936
>>> lis1=[100, 200, 300]
>>> lis2=[100, 200, 300]
>>> lis3=[100]+[200]+[300]
>>> print(id(lis1), id(lis2), id(lis3)) # id 都不相同，指向不同的内存地址
25949768 25950088 25949408
>>> print(lis1, lis2, lis3)
[100, 200, 300] [100, 200, 300] [100, 200, 300]
>>> lis4=lis1
>>> print(id(lis1), id(lis4))           # id 相同，指向同一内存地址
25949768 25949768
>>> lis4.append(400)
>>> print(id(lis1), id(lis4))           # id 相同，指向同一内存地址
25949768 25949768
>>> print(lis1, lis4)                   #指向同一内存地址的内容同步更新
[100, 200, 300, 400] [100, 200, 300, 400]
```

2.2.3 可迭代对象

可迭代对象(Iterable)是指能够实现 iter()方法的对象。iter()方法返回迭代器(iterator)本身。Python 中大部分对象都是可迭代，如字符串、元组、列表、字典、文件、迭代器、生成器等。

迭代器(Iterator)是指能够实现 iter()和 next()方法的对象。迭代器调用 next()方法时，会返回其下一个值。如果迭代器调用 next 方法，但没有值返回，则产生 StopIteration 异常。

内置对象 range 是一个迭代器对象，迭代时产生指定范围的整数型数字序列。

生成器(Generator)包括两种类型：生成器函数和生成器表达式。

生成器函数是指包含 yield 语句的函数。函数定义中采用 yield 语句可创建一个生成器函数。

生成器表达式是列表推导式的生成器版本，返回一个生成器对象。生成器是一种特殊的迭代器。生成器都是迭代器。

collections 模块中 iterable 包的 isinstance()函数可以用来判断一个对象是否是可迭代对象。

【例 2-13】 可迭代对象实例。

```
>>> from collections import Iterable
>>> isinstance("ABCD", Iterable)
True
>>> isinstance([1,2,3,4], Iterable)
True
>>> isinstance(range(6), Iterable)
True
>>> for x in "ABCD": print(x)
A
B
C
D
>>> result = (x for x in range(5))       #生成器表达式
>>> type(result)
```

```
<class 'generator'>
>>> result = [ x for x in range(5)]          #列表推导式
>>> type(result)
<class 'list'>
```

推导式(comprehensions)又称解析式，是 Python 的一种独有特性。推导式是可以从一个数据序列构建另一个新的数据序列的结构体。Python 支持列表推导式、字典推导式和集合推导式等。

列表推导式的语法格式：
(1)[表达式 for 循环变量 in 可迭代对象]
(2)[表达式 for 循环变量 in 可迭代对象 if 条件]
(3)[表达式1 if 条件 else 表达式2 for 循环变量 in 可迭代对象]

Python 在执行列表推导式时，会对可迭代对象进行迭代，将每一次迭代的值赋给循环变量，然后收集表达式(通常由循环变量构成)的计算结果，最终由这些结果构成新的列表，也就是推导式所返回的值。

如果 for 语句后面跟上一个 if 条件，主要起判断作用，用于过滤掉那些不满足条件的结果项，最后统一生成一个数据列表。

如果 for 语句前面跟上 if...else，主要起赋值作用，当可迭代对象中的数据满足 if 条件时采用表达式1处理，否则采用表达式2处理，最后统一生成一个数据列表。

【例2-14】 列表推导式实例。

```
>>> lis1 = [x*2 for x in "1234"]          #字符串解析成列表
>>> lis2 = [x*2 for x in range(5)]        #range 解析成列表
>>> print(lis1, lis2)
['11', '22', '33', '44'] [0, 2, 4, 6, 8]
>>> m=[[1, 2, 3], [4, 5, 6], [7, 8, 9]]
>>> m
[[1, 2, 3], [4, 5, 6], [7, 8, 9]]
>>> [m[i][i] for i in range(len(m))]      #对角元素组成的列表
[1, 5, 9]
>>> [x for x in range(5) if x%2==0]       # 0~5 之间的偶数组成的列表
[0, 2, 4]
>>> [(x,y) for x in range(5) if x%2==0 for y in range(5) if y %2==1]   #(x,y)组成元组列表
[(0, 1), (0, 3), (2, 1), (2, 3), (4, 1), (4, 3)]
>>> [x if x>20 else x*10 for x in (10, 20, 30, 40, 50)]
[100, 200, 30, 40, 50]
```

集合推导式的语法格式：
(1){表达式 for 循环变量 in 可迭代对象}
(2){表达式 for 循环变量 in 可迭代对象 if 条件}
(3){表达式1 if 条件 else 表达式2 for 循环变量 in 可迭代对象}

【例2-15】 集合推导式实例。

```
>>> set1 = {x*2 for x in "1234"}
>>> set2 = {x*2 for x in (1, 2, 3, 4)}
>>> print(set1, set2)
```

```
{'22', '44', '11', '33'} {8, 2, 4, 6}
>>> {x for x in range(5) if x%2==1}
{1, 3}
>>> {x*2 if x>20 else x*10 for x in (10, 20, 30, 40)}
{200, 80, 100, 60}
```

字典推导式的语法格式:
(1) {键表达式:值表达式 for 循环变量, 循环变量 in 可迭代对象}
(2) {键表达式:值表达式 for 循环变量, 循环变量 in 可迭代对象 if 条件}

【例 2-16】 字典推导式实例。

```
>>> strs = ["ABC", "DEF", "GHI", "123"]
>>> {key:value for key, value in enumerate(strs)}
{0: 'ABC', 1: 'DEF', 2: 'GHI', 3: '123'}
>>> dic1={"a":1, "b":2, "c":3}
>>> dic2={v:k for k, v in dic1.items()}
>>> print(dic1, dic2)
{'a': 1, 'b': 2, 'c': 3} {1: 'a', 2: 'b', 3: 'c'}
```

2.2.4 类对象和实例对象

Python 语言中一切都是对象，类是对象，实例也是对象。

类对象是用来描述具有相同的属性和方法的对象的集合。类对象定义了该集合中每个对象所共有的属性和方法。

实例对象是指类对象的具体实例。

对象可以通过标识符来引用，对象引用即指向具体实例对象的标识符(又称为变量)。

Python 提供复合语句 class 创建类对象。

类对象定义的语法格式:

class 类对象名:
　　类对象体

其中:
(1) class 是类对象定义的保留字。
(2) 类对象名是类对象标识符名称，根据类对象名创建实例对象。
(3) 冒号(:)表示后面是定义类对象的语句块(类对象体)。
(4) 类对象体是创建类对象的代码段，包括定义类对象的属性和方法等。

实例对象是基于类对象创建的，实例对象创建后可以访问其属性(类对象体中变量称为属性)或方法(类对象体中函数称为方法)。

实例对象定义的语法格式: anobject=类对象名([实参数表])

实例对象调用的语法格式: anobject.对象方法或 anobject.对象属性

2.3　Python 变量

Python 中，程序是用来处理数据，而变量是用来存储数据。变量是计算机内存中的一块存储区域，存储规定范围内的变量值，变量值可以改变。变量就是一个存储数据的内存空间对象。定义一个变量，即向内存申请一个带地址的访问空间对象，用来存储数据，通过变量名找到(指向)这个值。

2.3.1 对象变量和对象引用

Python 对象是位于计算机内存中的一个数据块。为了引用对象，必须通过赋值语句，把对象赋值给变量(也称之为把对象绑定到变量)。Python 语言中，变量也称为对象的引用，变量存储的就是对象的地址，变量通过地址引用"对象"。

Python 是动态类型语言，变量不需要显示声明类型。根据变量引用的对象，Python 解释器自动确定其数据类型。

Python 是强类型语言，每个变量引用的对象都属于某个数据类型，只支持该类型允许的运算操作。

变量在使用前必须先进行声明和赋值，也就是将一个变量绑定在某个对象上。Python 中变量总是一个指向对象的指针(内存地址或内存空间)，给一个变量赋新的值，并不是改变对象的值，只是改变对对象的引用。

Python 语言支持简单赋值、链式赋值、复合赋值和序列解包赋值。

2.3.2 简单赋值

Python 语言中，简单赋值语句的语法格式：变量=表达式，表示将赋值运算符等号(=)右边表达式的计算结果赋给等号(=)左边的变量。最简单的表达式是字面量。

例如：x=123，y="ABCD"，z=[1, 2, 3]，等等。

赋值语句执行过程中，解释器先运行右边的表达式，在堆内存中创建一个对象，然后将对象的内存地址赋给左边的变量。

赋值语句可以把任意数据类型赋值给变量，同一个变量可以反复赋值，而且可以是不同类型的变量。

【例 2-17】 简单赋值示例。

```
>>> x=100
>>> y=200; z=300
>>> print(x, y, z)
100 200 300
>>> x=input("x:")
x:66
>>> x
'66'
>>> print(x)
66
```

注：x=input("x:")将输入语句 input()的函数值赋值给变量 x，执行 input()时输入数据 66，这个数被 input(以文本或字符串方式)返回。

2.3.3 链式赋值

链式赋值用于将同一个值赋值给多个变量，即多个变量关联到同一个值。

链式赋值语句的语法格式：变量 1=变量 2=表达式

"变量1=变量2=表达式"与下面的两个语句等价：

变量2=表达式

变量1=变量2

注意，与下面的两个语句可能不等价：

变量2=表达式

变量1=表达式

例如，x=y=123，语法上等价于y=123；x=y。变量x和y被分配到相同的内存空间上，指向同一对象(整数123)。

【例2-18】 链式赋值示例。

```
>>> x=y=[1, 2, 3]
>>> z=[1, 2, 3]
>>> x==y, x==z    #x, y, z 三个对象相等，它们的值相等
(True, True)
>>> x is y, x is z    #x 和 y 是同一对象，但 x 和 z 不是同一对象(但相等)
(True, False)
>>> id(x), id(y), id(z)
(33027296, 33027296, 33027976)
>>> a=b="123"
>>> c="123"
>>> a is b, a is c
(True, True)
```

说明：

(1)变量x和y指向同一个列表，而z指向另一个列表，两个列表虽然相等，但不是同一个对象。列表是可变对象，可变对象相等(内容相同)但不一定相同或同一(地址不一定相同)。

(2)变量a、b和c指向同一个字符串。字符串是不可变对象，不可变对象既相等(内容相同)也相同(地址相同)。

2.3.4 复合赋值

复合赋值首先对表达式执行运算(等号右侧表达式的值递增运算符左侧变量的值)，然后才将表达式赋给左侧变量，又称增强赋值。

复合赋值运算符：+=、-=、*=、/=、//=、**=等。

例如，x+=3，语法上等价于x=x+3。

【例2-19】 复合赋值示例。

```
>>> x=100
>>> x+=200
>>> print(x)
300
>>> x//=99
>>> print(x)
3
```

2.3.5 序列解包赋值

序列解包(Sequence Unpacking)赋值或可迭代对象解包赋值用于将一个序列或任何可迭代对象解包,并将得到一系列值存储到(赋值)对应一系列变量,可实现对相同个数的多个变量赋值。

字符串解包赋值：a, b="AB"。

元组解包赋值：a, b=(10, 20)或 a, b=10, 20。

列表解包赋值：a, b=[10, 20]。

集合解包赋值：a, b={10, 20}。

字典解包赋值：a, b={"XH": "9901", "XM":"Wang"}。

扩展的序列解包赋值：a,*b = "hello"或 a,*b =[1, 2, 3, 4]或 a,*b =(1, 2, 3, 4)。

其中,*变量表示获取分配完数据之后的所有剩余数据,并且带星号的变量最终包含的是一个列表。

【例 2-20】 序列解包赋值示例。

```
>>> x, y, z=100, 200, 300
>>> print(x, y, z)
100 200 300
>>> x, y =y, x
>>> print(x, y, z)
200 100 300
>>> x, y, *rest=[1, 2, 3, 4, 5]
>>> print(rest)
[3, 4, 5]
>>> x, y, *rest="12345"
>>> print(x, y, rest)
1 2 ['3', '4', '5']
```

2.3.6 变量删除

Python 程序运行时,在内存中会创建各种对象(位于堆内存中),通过赋值语句,可以将对象绑定到变量(位于栈内存中),从而通过变量引用对象,进行各种运算操作。

Python 语言中,采用 del 语句可删除指定的变量。变量从栈内存中删除后,其绑定的对象并没有从堆内存中立刻删除,对象没有变量引用,会被回收,释放内存,以节约内存空间。

del 语句的语法格式:

del 变量

【例 2-21】 变量删除示例。

```
>>> x=123
>>> x
123
>>> del x
>>> x
Traceback (most recent call last):
  File "<pyshell#31>", line 1, in <module>
    x
NameError: name 'x' is not defined
```

2.4　Python 表达式

表达式由操作数(或操作对象)和运算符(或操作符)构成。操作数、运算符必须按照 Python 语法规则组成合法的表达式。表达式通过对操作数进行运算后产生运算结果，返回结果对象(即表达式的值)。运算结果对象的数据类型是由操作数和运算符共同决定。

Python 运算符用于在表达式中对若干个(一个或多个)操作数进行计算并返回结果值。接收一个操作数的运算符被称为一元运算符，例如，正号(+)运算符和负号(−)运算符。接收两个操作数的运算符被称为二元运算符，例如，加法(+)运算符和减法(−)运算符。

单个操作数也是一个表达式。当表达式包含多个运算符时，运算符的先后顺序和优先级控制各个运算符的计算顺序，必要时加圆括号。优先级高的运算符优先计算。同一优先级的运算符按先后顺序依次计算。

Python 运算符包括数字运算符、序列运算符、二进制位运算符、复合赋值运算符、关系运算符、逻辑运算符、成员测试运算符和身份测试运算符等。

2.4.1　数字运算符

Python 语言提供加(+)、减(−)、乘(*)、除(/)、整除(//)、取余(%)、乘方(**)7 个二元数字运算基本操作符和取正(+)、取负(−)2 个一元数字运算基本操作符。这些操作符是由 Python 解释器直接提供的，称为内置操作符。

例如：x+y(两数相加)，x−y(两数相减)，x*y(两数相乘)，x/y(两数相除)，x//y(两数整除)，x%y(两数求模或取余)，x**y(两数幂或乘方)，+x(取 x 的正数)，−x(取 x 的负数)。

【例 2-22】　数字运算示例。

```
>>> 14/4, 14//4, 14%4, 10**4
(3.5, 3, 2, 10000)
>>> True/4, True//4, True%4, True*4
(0.25, 0, 1, 4)
```

2.4.2　序列运算符

有序序列(字符串、元组和列表)运算符包括：+(合并)、*(重复)。

例如：x+y(两个字符串前后合并)，x*y(字符串 x 重复 y 次，即 y 个 x 合并)。

【例 2-23】　有序序列合并和重复运算示例。

```
>>> "abc"+"def", "abc"*3
('abcdef', 'abcabcabc')
>>> (1,2,3)+(4,5,6), (1,2,3)*3
((1, 2, 3, 4, 5, 6), (1, 2, 3, 1, 2, 3, 1, 2, 3))
>>> [1,2,3]+[4,5,6], [1,2,3]*3
([1, 2, 3, 4, 5, 6], [1, 2, 3, 1, 2, 3, 1, 2, 3])
```

有序序列的子序列截取(又称切片)：变量[头下标: 尾下标: 步长]，遵循左闭右开原则。其中，头下标是可选项，默认为 0；尾下标是可选项，默认为字符串长度；步长是可选项，默认为 1，步长为 2 时表示间隔一个位置来截取字符串。

有序序列中元素访问：变量[下标]。通过下标索引获取列表中单个元素值。

【例 2-24】 字符串访问和截取运算示例。

```
>>> var1="ABCDEFGH"
>>> var1[2], var1[-3], var1[2:5], var1[:5], var1[2:], var1[0:5:2], var1[-1:-4:-1]
('C', 'F', 'CDE', 'ABCDE', 'CDEFGH', 'ACE', 'HGF')
```

【例 2-25】 元组访问和截取运算示例。

```
>>> tup1=(123, "ABC", 99.9, 2019, "黄山")
>>> tup1[2], tup1[1:3], tup1[-2], tup1[2:]
(99.9, ('ABC', 99.9), 2019, (99.9, 2019, '黄山'))
```

【例 2-26】 列表访问和截取运算示例。

```
>>> list1=[123, "ABC", 99.9, 2019, "黄山"]
>>> list1[2], list1[1:3], list1[-2], list1[2:]
(99.9, ['ABC', 99.9], 2019, [99.9, 2019, '黄山'])
>>> list2=[1, 2, 3, 4, 5, 6]
>>> list2[1]=10
>>> list2[4]="ABC"
>>> list2
[1, 10, 3, 4, 'ABC', 6]
```

集合运算符包括 4 个：&(交)、|(并)、–(差)、^(对称差集)。
(1)交集(x&y)：既属于 x，又属于 y 的共有元素组成的新集合。
(2)并集(x|y)：属于 x 或属于 y 的所有元素组成的新集合。
(3)差集(x–y)：属于 x，但不属于 y 的所有元素组成的新集合。
(4)对称差集(x^y)：x 与 y 中所有不属于 x&y 的元素组成的新集合。
对称差集 x^y 等价于(x–y) | (y–x)。

【例 2-27】 集合运算示例。

```
>>> {1,2,3,4}&{3,4,5,6}; {1,2,3,4}|{3,4,5,6}
{3, 4}
{1, 2, 3, 4, 5, 6}
>>> {1,2,3,4}-{3,4,5,6}; {1,2,3,4}^{3,4,5,6}
{1, 2}
{1, 2, 5, 6}
```

2.4.3 二进制位运算符

二进制位运算符包括 6 个： ~(按位取反)、&(按位与)、|(按位或)、^(按位异或)、<<(左移动)、>>(右移动)。

(1)按位取反运算(~x)：x 的每个二进制位取反(即 1 变为 0，0 变为 1)，~x 等价于–x–1。
(2)按位与运算(x&y)：如果 x 和 y 两个对应二进制位都为 1 时，则该位结果为 1。
(3)按位或运算(x|y)：如果 x 和 y 两个对应的二进制位有一个为 1 时，则该位结果为 1。
(4)按位异或运算(x^y)：如果 x 和 y 两个对应的二进制位相异时，则该位结果为 1。
(5)左移动运算(x<<y)：x 的每个二进制位左移 y 位，高位丢弃，低位补 0。

(6) 右移动运算(x>>y)：x 的每个二进制位右移 y 位，低位丢弃，高位补 0。

【例 2-28】 二进制位运算示例。

```
>>> 0B011&0B101, 0B011|0B101, 0B011^0B101
(1, 7, 6)
>>> ~0B0110,0B0111<<2, 0B0110>>2, 4<<2
(-7, 28, 1, 16)
```

2.4.4 复合赋值运算符

复合赋值运算符包括 12 个：+=(加法赋值)、-=(减法赋值)、*=(乘法赋值)、/=(除法赋值)、%=(取模赋值)、**=(幂赋值)、//=(整除赋值)、&=(位与赋值)、|=(位或赋值)、^=(位异或赋值)、<<=(左移赋值)和>>=(右移赋值)。

例如，x+=y 等价于 x= x+y，x%=y 等价于 x= x%y，x**=y 等价于 x= x**y。

【例 2-29】 复合赋值运算示例。

```
>>> x=10; y=20; z=30
>>> x+=y; y//=3; z>>=2
>>> x, y, z
(30, 6, 7)
```

2.4.5 关系运算符

关系运算符包括 6 个：>(大于)、<(小于)、>=(大于等于)、<=(小于等于)、==(等于)、!=(不等于)。

关系运算是对同一种类型的数据进行比较。

数字关系运算是根据值的大小进行比较。

字符串关系运算是根据两个字符串所对应字符的 ASCII 码大小依次进行比较。

元组关系运算是根据两个元组所对应元素的大小依次进行比较。两个元组所对应元素的数据类型应该保持一致，否则会显示出错信息。

例如，(123, "abcd")>("100", "def")是错误的关系表达式。

列表关系运算是根据两个列表所对应元素的大小依次进行比较。两个列表所对应元素的数据类型应该保持一致，否则会显示出错信息。

集合关系运算是根据两个集合的包含关系进行比较。

【例 2-30】 关系运算示例。

```
>>> 3**4>=100
False
>>> "ABC">"abc"
False
>>> 3+4*5>20
True
>>> (123, "ABC")>(120, "DEF"), ["123", 456]>["A20", 789]
(True, False)
>>> {1, 2, 3}>{2, 3}, {1, 2, 3}>{2, 3, 4}
(True, False)
```

2.4.6 逻辑运算符

逻辑运算符包括：or（逻辑或）、and（逻辑与）、not（逻辑非）。
(1)逻辑或(x or y)：如果 x 为 True，则返回 True，否则返回 y 的值。
(2)逻辑与(x and y)：如果 x 为 False，则返回 False，否则返回 y 的值。
(3)逻辑非(not x)：如果 x 为 True，则返回 False，否则返回 True。

【例 2-31】 逻辑运算示例。

```
>>> not 2>1, 2>1 and 2>3, 2>1 or 2>3
(False, False, True)
```

2.4.7 成员测试运算符

Python 成员测试运算符判断给定值是否为序列中的成员。
成员测试运算符：in、not in。
例如，x in y 测试 x 是否在序列 y 中，若是则返回 True，否则返回 False。

【例 2-32】 成员测试运算示例。

```
>>> "2" in "1234"
True
>>> 1 in (1,2,3,4)
True
>>> 5 in [1,2,3,4]
False
>>> 3 in {1,2,3,4}, 2 in {1:"1", 2:"2"}, "2" in {1:"1", 2:"2"}
(True, True, False)
```

2.4.8 身份测试运算符

Python 身份测试运算符用于比较两个对象的存储单元是否相同。
身份测试运算符包括：is、is not。
例如，x is y 测试 x 和 y 是否指向同一对象（内存空间），若是则返回 True，否则返回 False。

【例 2-33】 身份测试运算示例。

```
>>> x=20; y=20; z=30
>>> id(x), id(y), id(z)
(2012994016, 2012994016, 2012994176)
>>> x is y, x is z
(True, False)
>>> x=[1, 2, "3"]
>>> y=[1, 2, "3"]
>>> id(x), id(y)
(37195208, 37192968)
>>> x is y
False
```

Python 表达式运算符优先级由高到低：圆括号()，乘方**，按位取反~、一元加号+和减号-、乘*、除/、取模%和整除//，加+、减-，右移>>、左移<<，位运算符&，位运算符(^、|)，

关系运算符(<=、<、>、>=)，等于==、不等于!=运算符，赋值运算符(=、%=、/=、//=、-=、+=、*=、**=)，身份测试运算符(is、is not)，成员测试运算符(in、not in)，逻辑运算符(and、or、not)。

【例2-34】 表达式运算示例。

```
>>> 100+64**0.5/2*5
120.0
>>> 100+64**0.5/(2*5)
100.8
>>> (100+64**0.5)/(2*5)
10.8
```

2.5 Python 函数

函数(function)是Python程序设计核心内容之一。函数是一段具有特定功能的、被封装的、可重用的程序(又称模块或代码段)。函数必须遵循先定义后调用的原则，也就是必须事先定义好(函数定义)，然后根据需要在程序中运行一次或多次运行(函数调用)，提高代码的重复利用率。

2.5.1 Python 函数种类

Python函数可以分为Python内置函数(built-in function)、Python标准库函数、第三方库函数以及自定义函数。

(1) Python内置函数是指Python自带的内置函数。函数无须导入，直接使用。例如，直接使用内置的绝对值函数abs(-3.2)，计算-3.2的绝对值。

(2) Python标准库函数是指Python自带的标准库函数。Python标准库无须安装，只需先通过import语句导入便可使用其中的函数。例如，导入math模块，然后使用其中的sqrt()函数。

(3) 第三方库函数是指Python第三方库提供的函数。第三方库需要先进行安装(部分可能需要配置)，然后通过import语句导入便可使用其中的函数。

(4) 自定义函数是指根据用户需要，使用Python复合语句def创建函数对象。

2.5.2 Python 内置函数

Python 3提供了68个内置函数，包括7个数字运算内置函数、8个序列运算内置函数、16个对象运算内置函数、24个类型转换内置函数以及其他13个内置函数。

1. 数字运算内置函数

Python语言提供abs()、divmod()、pow()、round()、max()、min()和sum()7个数字运算内置函数。

(1) abs(x)：返回数字表达式x(整数、浮点数或复数)的绝对值。

(2) divmod(x, y)：返回两个数字表达式的商和余数，即二元组(x//y, x%y)。

(3) pow(x, y[, z])：返回(x**y)%z，省略z表示z=1。

(4) round(x[, n])：返回x的四舍五入(保留n位小数)，省略n表示n=0。

(5) max(x1, x2, …, xn)或 max(iterable)：返回 x1, x2, …, xn 或可迭代对象中的最大值。
(6) min(x1, x2, …, xn) 或 min(iterable)：返回 x1, x2, …, xn 或可迭代对象中的最小值。
(7) sum(iterable)：对元素均为数字型的可迭代对象进行求和计算，并返回。

【例 2-35】 数字运算内置函数示例。

```
>>> abs(-100), divmod(10, 3), pow(3, 4)
(100, (3, 1), 81)
>>> round(56.78, 1), max(4, 5, True), min(4, 5, True)
(56.8, 5, True)
>>> max([10, 20, 30]), min("ABCDEF"), sum((10, 20, 30))
(30, 'A', 60)
```

2. 序列运算内置函数

Python 语言提供 all()、any()、filter()、map()、next()、reversed()、sorted()和 zip()等 8 个序列运算内置函数。

(1) all(iterable)：判断可迭代对象的每个元素是否都为 True 值，如果 iterable 中所有元素不为 0、""、空值 None、False 或 iterable 为空，则返回 True，否则返回 False。

(2) any(iterable)：判断可迭代对象的元素是否存在为 True 值的元素。

(3) filter(function, iterable)：过滤可迭代对象中不符合条件的元素，返回一个迭代器对象。

(4) map(function, iterable, ...)：对每个可迭代对象的元素调用 function 函数，返回新的可迭代对象。

(5) next(iterator[, default])：返回迭代器中下一个元素值。其中，可选项 default 用于设置在没有下一个元素时返回该默认值。

(6) reversed(seq)：反转序列生成新的可迭代对象。

(7) sorted(iterable[, key=None][, reverse=False])：对可迭代对象进行排序，返回一个新的列表。其中，可选项 key 默认值为 None（直接比较元素），用于指定某个参数，从每个列表元素中提取比较键；reverse 指定排序规则，默认值为 False。

(8) zip([iterable, ...])：将可迭代对象中对应的元素打包成一个个元组，返回由这些元组组成的对象。

【例 2-36】 序列运算内置函数示例。

```
>>> list1=[100, "AB", ()]
>>> all(list1), any(list1)
(False, True)
>>> list2=list(filter(None, list1))
>>> print(list2)
[100, 'AB']
>>> list(filter(lambda x: x%2==0, range(10)))      #匿名函数 lambda
[0, 2, 4, 6, 8]
>>> list(map(lambda x: x%2==0, range(10)))
[True, False, True, False, True, False, True, False, True, False]
>>> iter1=iter([100, 200, 300])
>>> next(iter1, 0)
100
>>> next(iter1, 0)
```

```
200
>>> next(iter1, 0)
300
>>> next(iter1, 0)
0
>>> list(sorted([100, 300, 200]))
[100, 200, 300]
>>> list(sorted([100, 300, 200], key=None, reverse=True))
[300, 200, 100]
>>> tuple(zip([1, 2, 3], ["A", "B", "C"]))
((1, 'A'), (2, 'B'), (3, 'C'))
```

3. 对象运算内置函数

Python 语言提供 help()、dir()、id()、hash()、type()、len()、ascii()、format()、isinstance()、issubclass()、hasattr()、getattr()、setattr()、delattr()、callable()和 vars()16 个对象运算内置函数。

(1) help([object])：返回对象的帮助信息。

(2) dir([object])：不带参数时，返回当前范围内的变量、方法和定义的类型列表；带参数时，返回参数的属性、方法列表。

(3) id([object])：返回对象的唯一标识符(内存地址)。

(4) hash(object)：返回对象的哈希值。

(5) type(object)：返回对象的类型。

(6) len(object)：返回对象(字符串、元组、列表等)的长度。

(7) ascii(object)：返回一个表示对象的字符串。

(8) format(value[, format_spec])：value(值)转换为 format_spec 控制的格式化表示。

(9) isinstance(object, classinfo)：判断对象 object 是否是已知的类型 classinfo。

(10) issubclass(class, classinfo)：判断类 class 是否是类型 classinfo 的子类。

(11) hasattr(object, name)：判断对象 object 是否包含对应的属性 name。

(12) getattr(object, name[, default])：返回对象的属性值。

(13) setattr(object, name, value)：设置对象的属性值。

(14) delattr(object, name)：删除对象的属性。

(15) callable(object)：检测对象是否可调用。

(16) vars([object])：返回对象 object 的属性和属性值的字典对象。

【例 2-37】 对象运算内置函数示例。

```
>>> hash("python")
-1640022447
>>> len([100, 200, 300, 400])
4
>>> isinstance(100, int), isinstance(100, str)
(True, False)
>>> isinstance(100, (int, str))
True
>>> issubclass(bool, int), issubclass(bool, str)
(True, False)
```

```
>>> hasattr(list, "pop")
True
>>> getattr(list, "pop")
<method 'pop' of 'list' objects>
>>> callable(list)
True
```

4. 类型转换内置函数

Python 语言提供了 24 个类型转换内置函数。

(1) bool([x]): 将 x 转换为布尔值返回, 如果没有参数 x, 则返回 False。

(2) int(x): 将 x 转换为整数并返回。

(3) float(x): 将 x 转换为浮点数并返回。

(4) complex(x[, y]): 返回一个复数, 其实部为 x, 虚部为 y。

(5) str(object): 返回一个对象的字符串格式。

(6) bytearray([source[, encoding[, errors]]]): 返回一个可变的新字节数组, 数组元素取值范围为[0, 256)。

(7) bytes([source[, encoding[, errors]]]): 返回一个不可变的新字节数组。

(8) memoryview(obj): 返回给定参数的内存查看对象(memory view)。

(9) ord(chr): chr()配对函数, 返回字符串(Unicode 字符)对应的 ASCII 值或 Unicode 值。

(10) chr(x): ord()配对函数, 返回整数 x 所对应的 ASCII 字符或 Unicode 字符。

(11) bin(x): 返回整数 x 所对应的二进制字符串。

(12) oct(x): 返回整数 x 所对应的八进制字符串。

(13) hex(x): 返回整数 x 所对应的十六进制字符串。

(14) tuple([iterable]): 将可迭代对象转换为元组返回; 如果无参数, 则返回空元组。

(15) list([iterable]): 将可迭代对象转换为列表返回; 如果无参数, 则返回空列表。

(16) dict(** kwarg)/dict(mapping,** kwarg)/dict(iterable,** kwarg): 返回从可选位置参数和可能为空的关键字参数集初始化的新字典。如果没有给出位置参数, 则创建一个空字典。如果给出位置参数并且是映射对象, 则创建具有与映射对象相同的键-值对的字典; 否则位置参数必须是可迭代对象。iterable 中每个项目本身都必须是具有两个对象的可迭代项, 每个项目第一个对象成为新词典中一个键, 第二个对象成为相应值。如果某个键出现多次, 则该键的最后一个值将成为新字典中的相应值。

(17) set([iterable]): 将可迭代对象转换为集合返回; 如果无参数, 则返回空集合。

(18) frozenset([iterable]): 将可迭代对象转换为不可变集合返回; 如果无参数, 则返回空集合。

(19) enumerate(sequence, [start=0]): 返回根据可遍历的序列创建的枚举对象(列出数据和数据下标)。

(20) range(stop) 或 range(start, stop[, step]): 返回根据参数创建的新可迭代对象(range 对象)。

(21) iter(object[, sentinel]): 返回根据参数创建的新可迭代对象(迭代器)。

(22) slice(stop) 或 class slice(start, stop[, step]): 返回根据参数创建的新切片对象。

(23) super(type[, object-or-type]): 返回一个代理对象, 将方法调用委托给父类或兄弟类。

(24) object()：返回一个新 object 对象。

【例 2-38】 类型转换内置函数示例。

```
>>> int(10.5), float(10), complex(3, 5)
(10, 10.0, (3+5j))
>>> tuple(range(10))
(0, 1, 2, 3, 4, 5, 6, 7, 8, 9)
>>> tuple(range(1, 10, 2))
(1, 3, 5, 7, 9)
>>> list(range(10))
[0, 1, 2, 3, 4, 5, 6, 7, 8, 9]
>>> set(range(10))
{0, 1, 2, 3, 4, 5, 6, 7, 8, 9}
>>> dict([("one", 1), ("two", 2), ("three", 3)])
{'one': 1, 'two': 2, 'three': 3}
>>> dict(zip(["one", "two", "three"], [1, 2, 3]))
{'one': 1, 'two': 2, 'three': 3}
>>> for index ,item in enumerate(range(1, 5)): print("index:", index, "item:", item)
index: 0 item: 1
index: 1 item: 2
index: 2 item: 3
index: 3 item: 4
```

5．其他常用内置函数

(1) input([prompt])：接收一个标准输入数据，返回 string 类型。

(2) print(*objects, sep="", end="\n", file=sys.stdout)：标准输出对象打印输出，其中 objects 表示可以一次输出多个对象(用逗号分隔)；sep 间隔多个对象(默认值是一个空格)；end 表示设定以什么结尾(默认值是换行符\n)；file 表示要写入的文件对象。

(3) globals()：以字典类型返回当前位置的全部全局变量。

(4) locals()：以字典类型返回当前位置的全部局部变量。

(5) __import__(name[, globals[, locals[, fromlist[, level]]]])：动态导入模块。

(6) open(file,mode="r", buffering=−1, encoding=None, errors=None, newline=None, closefd=True, opener=None)：根据指定参数打开文件，返回文件对象。

(7) compile(source, filename, mode[, flags[, dont_inherit]])：字符串编译为字节代码。

(8) eval(expression[, globals= None [, locals= None]])：执行一个字符串表达式，并返回表达式的值。

(9) exec(object[, globals[, locals]])：执行储存在字符串或文件中的 Python 语句。

(10) repr(object)：返回将对象转化为供解释器读取 string 格式。

(11) property([fget[, fset[, fdel[, doc]]]])：返回新式类属性值。

(12) classmethod(function)：返回函数的类方法。

(13) staticmethod(function)：返回函数的静态方法。

【例 2-39】 其他常用内置函数示例。

```
>>> x=input("x=")
x=100
```

```
>>> type(x)
<class 'str'>
>>> print("a", "b", 300)
a b 300
>>> print("a", "b", 300, sep="\n")
a
b
300
>>> x=100
>>> eval("x+1")
101
>>> eval("x*3")
300
>>> exec("if True: print(100)")
100
```

2.5.3 Python 标准库函数

Python 标准库非常广泛，提供了各种各样的工具。该库包含 C 语言编写的内置模块(内置于 Python 解释器中，可以访问系统功能)和 Python 语言编写的模块(以源代码形式导入)，这些模块为许多问题提供标准化解决方案。

以下介绍 4 种标准库提供的部分内置函数，更详细的标准库函数可在下列网址上查阅：https://docs.python.org/3.7/library/index.html

1. math 模块中数学内置函数

(1)导入 math 模块：import math。
(2)查看 math 模块提供的对象名称(包括 50 个内置函数名)：dir(math)。
(3)查看内置函数 gcd(计算最大公约数)的帮助信息：hclp(math.gcd)。
结果如图 2-2 所示。

```
>>> import math
>>> dir(math)
['__doc__', '__loader__', '__name__', '__package__', '__spec__', 'acos', 'acosh', 'asin', 'asinh', 'atan', 'atan2', 'atanh', 'ceil', 'copysign', 'cos', 'cosh', 'degrees', 'e', 'erf', 'erfc', 'exp', 'expm1', 'fabs', 'factorial', 'floor', 'fmod', 'frexp', 'fsum', 'gamma', 'gcd', 'hypot', 'inf', 'isclose', 'isfinite', 'isinf', 'isnan', 'ldexp', 'lgamma', 'log', 'log10', 'log1p', 'log2', 'modf', 'nan', 'pi', 'pow', 'radians', 'remainder', 'sin', 'sinh', 'sqrt', 'tan', 'tanh', 'tau', 'trunc']
>>> help(math.gcd)
Help on built-in function gcd in module math:

gcd(x, y, /)
    greatest common divisor of x and y

>>>
```

图 2-2 math 模块中内置函数信息

math 模块中部分数学内置函数。
(1)math.ceil(x)：返回 x 的上限，即大于或等于 x 的最小整数。
(2)math.copysign(x,y)：返回一个浮点数，其大小(绝对值)为 x，但符号为 y。

(3) math.gcd(x,y): 返回整数 x 和 y 的最大公约数。

(4) math.exp(x): 返回 e 的 x 次幂。

(5) math.log(x[, base]): 返回以 base 为底 x 的对数，省略 base，默认为 e。

(6) math.log2(x): 返回以 2 为底 x 的对数。

(7) math.pow(x, y): 返回 x 的 y 次方。

(8) math.sqrt(x): 返回 x 的平方根。

(9) math.sin(x): 返回 x 的正弦值，返回值在 –1.0 到 1.0 之间。

(10) math.cos(x): 返回 x 的余弦值。

(11) math.asin(x): 返回 x 的反正弦值，x 为 –1 到 1 之间的数值。

(12) math.acos(x): 返回 x 的反余弦值。

(13) math.sinh(x): 返回 x 的双曲正弦值。

(14) math.asinh(x): 返回 x 的反双曲正弦值。

math 标准库中内置函数不支持复数，cmath 标准库中内置函数支持复数。

【例 2-40】 math 模块中数学内置函数示例。

```
>>> import math
>>> math.gcd(20,30)
10
>>> math.sin(3.1415926*90/180)
0.9999999999999997
>>> math.asin(1)
1.5707963267948966
```

2. random 模块中随机内置函数

(1) 导入 random 模块：import random。

(2) 查看 random 模块提供的对象名称(包括 22 个内置函数名)：dir(random)。

(3) 查看内置函数 randint(产生随机整数)的帮助信息：help(random.randint)。

结果如图 2-3 所示。

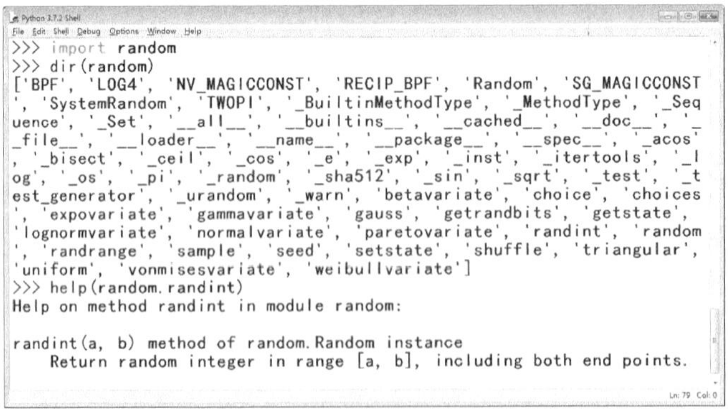

图 2-3 random 模块中随机内置函数信息

random 模块中部分随机内置函数。

(1) random.randrange([start,]stop[, step])：返回随机选择(start, stop+ 1)范围内的元素。

(2) random.randint(a, b)：返回一个[a, b]范围内的随机整数。

(3) random.random()：返回[0.0, 1.0]范围内的下一个随机浮点数。

(4) random.choice(seq)：从非空序列 seq 返回一个随机元素。如果 seq 为空，则引发 IndexError。

(5) random.sample(population, k)：返回从总体序列或集合中选择的 k 长度的唯一元素列表，用于无须更换的随机抽样。

【例 2-41】 random 模块中随机内置函数示例。

```
>>> import random
>>> random.randrange(1, 100, 2)
93
>>> random.randint(10, 20)
14
>>> random.random()
0.6308694038149051
>>> random.choice([1, 2, 3])
3
>>> random.sample([1, 2, 3, 4, 5], 2)
[2, 3]
```

3. os 模块中操作系统内置函数

(1) 导入 os 模块：import os。
(2) 查看 os 模块下的操作系统内置函数：help(os)。

os 模块中部分系统内置函数部分。

(1) os.getcwd()：获取当前的工作路径。
(2) os.chdir(path)：将当前工作目录更改为指定的路径。
(3) os.listdir()：获取当前目录下的所有实体(文档)。
(4) os.cpu_count()：返回当前系统中的 CPU 数量；如果不确定则返回 None。

【例 2-42】 os 模块中操作系统内置函数示例。

```
>>> import os
>>> os.getcwd()
'C:\\Users\\Administrator\\AppData\\Local\\Programs\\Python\\Python37-32'
>>> os.chdir("C:\python37")
>>> os.getcwd()
'C:\\python37'
>>> os.cpu_count()
4
```

4. socket 模块中网络接口内置函数

(1) 导入 socket 模块：import socket。
(2) 查看 socket 模块下的网络内置函数：help(socket)。

socket 模块中部分网络内置函数部分。

(1) socket.gethostname()：返回当前系统主机名。
(2) socket.gethostbyname(hostname)：返回主机名映射的 IP 地址。
(3) socket.gethostbyaddr(IP or hostname)：返回 IP 地址或主机名映射的 DNS 信息。

(4) socket.setdefaulttimeout()：设置默认超时值。
(5) socket.getdefaulttimeout()：获取默认超时值。

【例 2-43】 socket 模块中网络接口内置函数示例。

```
>>> import socket
>>> socket.gethostname()
'PPOLK3CCODLZDZX'
>>> socket.gethostbyname("PPOLK3CCODLZDZX")
'172.18.33.17'
>>> socket.gethostbyaddr("172.18.33.17")
('PPOLK3CCODLZDZX', [], ['172.18.33.17'])
>>> socket.gethostbyaddr("PPOLK3CCODLZDZX")
('PPOLK3CCODLZDZX', [], ['fe80::1578:f7f3:7dec:618b'])
```

2.5.4 Python 自定义函数

Python 提供复合语句 def 创建函数对象。

函数定义的语法格式：

def 函数名([形参数表])：
　　函数体

其中：

(1) def 是函数定义的保留字。
(2) 函数名是函数标识符名称，根据函数名调用函数。
(3) 圆括号()用于定义形参数。
(4) 形参数表是为函数体提供必要的数据(由变量提供)。
(5) 冒号(:)表示后面是函数定义所要执行的语句块(函数体)。
(6) 函数体是实现函数具体功能的代码段。

函数调用的语法格式：

函数名([实参数表])

自定义函数内容详见第 5 章。

习　题　2

一、填空题

1．Python 数据类型包括内置数据类型和_____。其中，内置数据类型包括_____、_____、_____、_____、_____和字典。

2．Python 中，_____、_____和列表属于有序序列，_____和_____属于无序序列；_____、_____和集合属于可变序列，_____和_____属于不可变序列。

3．Python 语言提供四种数字类型数据：_____、_____、_____和布尔型。

4．字符串的所有元素放在一对_____、_____或三引号中。

5．有序序列支持双向索引：从左往右以 0 开始，第一个元素下标是_____；从右往左以 –1 开始，倒数第一个元素下标是_____。

6．有序序列截取(又称切片)：变量[头下标: 尾下标: 步长]。其中，头下标是可选项，默认为_____；尾下标是可选项，默认为_____；步长是可选项，默认为_____。

7. 包含一个元素的元组，除了将元素放在圆括号里，还需要在元素后面加一个_____。
8. 执行(123, "123", 123, [123],123).count(123)的结果是_____。
9. 执行(321, "123", 123, [123], 123).index(123)的结果是_____。
10. 执行["A", "B", "C", "B", "100"].index("B", 2)的结果是_____。
11. 执行[100, 200, 300, 400, 500].pop(3) 的结果是_____。
12. 执行{100,200,123}.difference({100,123})的结果是_____。
13. 执行{100,200,123}.intersection({100,123})的结果是_____。
14. 执行{"XH":9901, "XM":"wang","AGE":19}.pop("XH")的结果是_____。
15. 按存储模型，Python 对象可分为两种：标量/原子类型和_____。
16. 按更新模型，Python 对象分为两种：可变对象和_____。
17. 按访问模型，Python 对象分为四种：_____、_____、_____和随机访问。
18. 对象包含三个基本要素：_____、_____和值。
19. 可迭代对象是指能够实现_____方法的对象。
20. 迭代器是指能够实现_____和_____两种方法的对象。
21. 生成器(Generator)包括两种类型：_____和_____。
22. 列表推导式[x*2 for x in (1,2,3)] 的结果是_____。
23. 列表推导式[x for x in range(5) if x%2==1]的结果是_____。
24. 列表推导式[x*2 if x=20 else x*10 for x in (10, 20, 30)]的结果是_____。
25. Python 语言支持简单赋值、复合赋值、_____和_____。
26. 执行 x, y, *rest=[1, 2, 3, 4, 5]语句后，变量 rest 结果是_____。
27. 表达式 2**4//5 的结果是_____。
28. 表达式[10,20]*3 的结果是_____。
29. 表达式"ABCDEFGH"[2:5]的结果是_____。
30. 表达式 0B011|0B111 结果是_____，0B0111>>2 结果是_____。
31. 表达式{1,2,3}&{3,4,5}结果是_____，{1,2,3}|{3,4,5}结果是_____。
32. 表达式{1, 2, 3}>{2, 3}结果是_____。
33. 表达式 3 in {3:"1", 4:"2"}结果是_____。
34. Python 函数可以分为_____、_____、_____和自定义函数。
35. 表达式 sum((2,4,6,8))结果是_____。
36. 执行 list(filter(lambda x: x%2==1, range(10)))的结果是_____。
37. 执行 list(sorted([150, 300, 200]))的结果是_____。
38. 执行 list(range(1,10,2))的结果是_____。
39. 执行 dict(zip(["A", "B", "C"], [1, 2, 3]))的结果是_____。
40. random.randint(a, b)结果是_____。
41. random 模块中内置函数_____返回[0.0, 1.0]范围内的下一个随机浮点数。
42. os.getcwd()结果是_____。
43. os 模块中内置函数_____是将当前工作目录更改为指定的路径。
44. socket.gethostname()结果是_____。
45. socket 模块中内置函数_____返回主机名映射的 IP 地址。

二、简答题

1. set.difference(set1[,…])和 set.difference_update(set1[,…])有何差异？
2. set.intersection(set1, set2, ..., etc)和 set.intersection_update(set1, set2, ..., etc)有何差异？
3. set.symmetric_difference(set1)和 set.symmetric_difference_update(set1)有何差异？
4. 可变对象和不可变对象有何差异？
5. 可迭代对象和迭代器有何差异？
6. 列表推导式和集合推导式有何差异？
7. 举例复合赋值、链式赋值和序列解包赋值之间有何差异？
8. 列出 Python 提供的 7 个二元数字运算符。
9. 列出 Python 提供的 4 个集合运算符，并给出运算规律。
10. 列出 Python 提供的 6 个二进制位运算符，并给出运算规律。
11. 列出 Python 提供的 12 个复合赋值运算符。
12. 列出 Python 提供的 6 个关系运算符和 3 个逻辑运算符。
13. 成员测试运算和身份测试运算之间有何差异？请举例说明。
14. 列出 Python 提供的 7 个数字运算内置函数和 8 个序列运算内置函数。
15. 给出内置函数 zip()和内置函数 enumerate()的用法。

第 3 章 Python 程序控制结构

程序是由多条语句组成的，描述解决实际问题的执行步骤。执行程序就是按特定的流程执行程序中的语句。为了控制程序中各个语句的执行顺序，编程语言提供控制流程的手段，称为流程控制结构或程序控制结构。程序控制结构是 Python 程序设计中一个重要内容。本章主要介绍编写 Python 程序必须掌握的顺序结构、选择结构和循环结构等结构化程序设计中规定的三种基本控制结构。掌握这些控制结构以及控制程序走向的基本语句，可以更好地编写 Python 程序。

3.1 程序与算法

1. 程序

计算机程序(Computer Program)是计算机指令的某种组合，控制计算机的工作流程，完成一定的逻辑功能，以实现某种任务，简称程序。通常，程序由高级语言编写，然后在编译的过程中，被编译器/解释器转译为机器语言，从而得以执行。

程序设计是给出解决特定问题程序的过程，是软件构造活动中的重要组成部分。程序设计通常是以某种程序设计语言为工具，给出程序代码。程序设计过程应当包括分析问题、设计算法、编写程序、调试程序(测试、排错等)和编写文档等不同阶段。

著名的计算机科学家、图灵奖获得者尼古拉斯·沃斯(Niklaus Wirth)曾提出一个经典公式：程序=数据结构+算法。该公式说明程序由数据结构和算法两部分构成，其中数据结构(Data Structure)是数据的描述和组织形式，算法(Algorithm)是指对解决某问题的流程或步骤进行描述。编写程序的关键就在于合理地组织数据和设计算法。

2. 数据结构

数据结构是指相互之间存在着一种或多种关系的数据元素的集合和该集合中数据元素之间的关系组成。通常，数据结构具体包括三个组成成分：数据的逻辑结构、数据的存储结构(也称物理结构)和数据的运算结构。

(1)数据的逻辑结构是指数据元素之间的逻辑关系，即从逻辑关系上描述数据，与数据的存储无关，是独立于计算机的。

(2)数据的存储结构是指数据的逻辑结构在计算机存储空间的存放形式(又称映像)，包括数据元素的机内存储表示和逻辑关系的机内存储表示。

(3)数据的运算结构是指在该数据逻辑结构上的运算定义以及存储结构上的运算实现。

数据的逻辑结构包括四类基本结构：集合、线性结构、树形结构和图形结构。

① 集合的数据元素间的关系是"属于同一个集合"。

② 线性结构的数据元素之间存在着一对一的关系。

③ 树型结构的数据元素之间存在着一对多的关系。

④ 图形结构的数据元素之间存在着多对多的关系。

数据的存储结构包括四种基本结构：顺序存储、链式存储、索引存储和散列存储。

(1)顺序存储：将逻辑上相邻的元素存储在物理位置相邻的存储单元里，元素之间的逻辑关系由存储单元的邻接关系来体现。顺序存储结构是一种最基本的存储表示方法，通常借助于程序设计语言中的数组来实现。其优点是可以实现随机存取，每个元素占用最少的存储空间；缺点是只能使用相邻的一整块存储单元，因此可能产生较多的外部碎片。

(2)链式存储：不要求逻辑上相邻的元素在物理位置上也相邻，借助指示元素存储地址的指针表示元素之间的逻辑关系。链式存储结构通常借助于程序设计语言中的指针类型来实现。其优点是不会出现碎片现象，充分利用所有存储单元；缺点是每个元素因存储指针而占用额外的存储空间，并且只能实现顺序存取。

(3)索引存储：在存储元素信息的同时，还建立附加的索引表。索引表中的每一项称为索引项，索引项的一般形式为(关键字，地址)。其优点是检索速度快；缺点是增加了附加的索引表，会占用较多的存储空间，另外，在增加和删除数据时要修改索引表，会花费较多的时间。

(4)散列存储：根据元素的关键字直接计算出该元素的存储地址，又称为 Hash 存储。其优点是检索、增加和删除结点的操作都很快；缺点是如果散列函数不好可能出现元素存储单元的冲突，而解决冲突会增加时间和空间开销。

数据的运算结构包括运算的定义和实现。其中，运算的定义是针对数据的逻辑结构，指出运算的功能；运算的实现是针对数据的存储结构，指出运算的具体操作步骤。不同的数据结构其操作集不同，但以下操作必不可缺：结构的生成；结构的销毁；在结构中查找满足规定条件的数据元素；在结构中插入新的数据元素；删除结构中已经存在的数据元素；结构遍历。

3. 算法

算法是对特定问题求解步骤的一种描述，是独立存在的一种解决问题的方法和思想。算法是指令的有限序列，其中每一条指令表示一个或多个操作。

设计算法是程序设计的核心。算法的表示方法主要包括自然语言、伪代码、流程图(Flow Chart)、N-S 流程图(又称盒图)、问题分析图(Problem Analysis Diagram，PAD)等。下面重点介绍流程图。

流程图是用一系列的图形、流程线和文字描述算法中的基本操作和控制流程，又称算法流程图或程序流程图。

程序流程图的基本元素包括起止框、判断框、处理框、输入/输出框、注释框、流程线和连接点等，如图 3-1 所示。

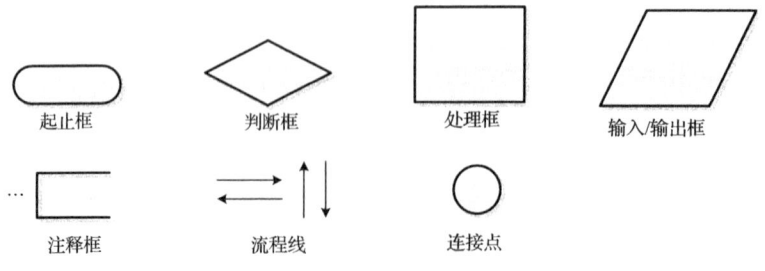

图 3-1 程序流程图的基本元素

(1)起止框(圆弧形框)：表示程序开始或结束。

(2)判断框(菱形框):表示对给定条件进行判断,并根据给定条件是否成立决定如何执行其后的操作,包含一个入口、二个出口。

(3)处理框(矩形框):表示若干个处理功能。

(4)输入/输出框(平行四边形框):表示数据输入或结果输出。

(5)注释框:对流程图中某些框的操作做必要的补充说明,以帮助阅读。

(6)流程线(指向线):表示流程的路径和方向。

(7)连接点(圆圈):将不同地方的流程线连接起来,避免流程线交叉或过长。

例如,图 3-2 所示为计算 1+2+3+4+…+100 的程序流程图。

4. 程序设计过程

程序设计是软件开发工作的重要部分。程序设计过程主要由分析问题、设计算法、编写程序、调试程序和编写文档等组成。

(1)分析问题。对于接收的任务要进行需求分析,研究所给定的条件,分析最后应达到的目标,找出解决问题的规律,选择解题的方法,完成实际问题。

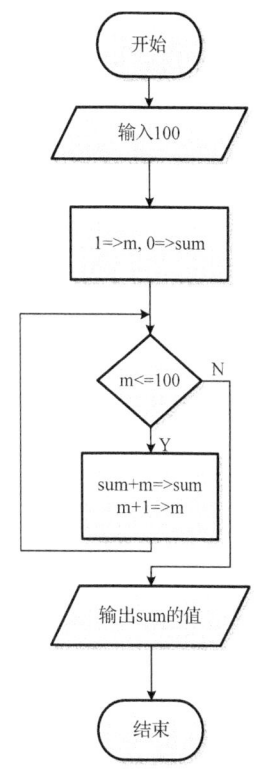

图 3-2 计算 1 至 100 之和的程序流程图

(2)设计算法。设计出解题的方法和具体步骤。

(3)编写程序。将算法翻译成计算机程序设计语言,对源程序进行编辑、编译和连接。

(4)调试程序。运行可执行程序,分析程序运行结果是否合理。如果不合理,则对程序进行上机调试,查找问题、修改源程序,再重新编译和连接,直至满足要求为止。

(5)编写文档。编写程序说明书(类似产品说明书),内容主要包括程序名称、程序功能、运行环境、程序的装入和启动、需要输入的数据以及使用注意事项等。

5. 结构化程序设计

结构化程序设计(Structured Programming Design,SPD)是进行以模块功能和处理过程设计为主的详细设计的基本原则。其概念最早由艾兹格·迪科斯彻(Edsger Wybe Dijkstra)在 1965 年提出的,是软件发展的一个重要的里程碑。结构化程序设计提出的原则可以归纳为:自顶向下,逐步细化;清晰第一,效率第二;书写规范,缩进格式;基本结构,组合而成。

结构化程序设计方法引入工程思想和结构化思想,使大型软件的开发和编程得到极大改善。其主要原则包括自顶向下、逐步求精和模块化。

(1)自顶向下。设计程序时应先考虑总体,后考虑细节;先考虑全局目标,后考虑局部目标。设计程序时不要一开始就过多追求众多的细节,先从最上层总目标开始,逐步使问题具体化。

(2)逐步求精。对复杂的问题,应设计一些子目标做过渡,逐步细化。

(3)模块化。一个复杂问题,肯定由若干稍简单的问题构成。模块化是把程序要解决的总目标分解为若干分目标,再进一步分解为具体的小目标,把每个小目标称为一个模块。

1966年，计算机科学家科拉多·伯姆(Corrado Bohm)和朱塞佩·贾可皮尼(Giuseppe Jacopini)已证明：任何简单或复杂的算法都可以由顺序结构、选择结构和循环结构这三种基本结构组合而成。上述三种基本结构能够实现任何单入口、单出口的程序，这为结构化程序设计方法的产生奠定理论基础。

Python根据程序中语句执行的顺序，其流程控制结构包括顺序结构、选择结构和循环结构三种。

(1)顺序结构是程序最简单的流程控制结构，也是最常用的流程控制结构，只要按照解决问题的顺序写出相应的语句就行，其执行顺序是自上而下，依次执行。

(2)选择结构(又称分支结构)是指程序根据条件的成立与否，再决定需要执行哪些语句的一种流程控制结构。

(3)循环结构是指程序根据条件的成立与否，再决定需要反复执行某些语句的一种流程控制结构。

3.2 程序的顺序结构

顺序结构程序是指程序中语句(或命令)执行的顺序是按各语句出现的先后顺序依次执行。图3-3所示的程序，依次先执行语句块1，再执行语句块2，最后执行语句块3。其中，每个语句块可以是单独一个语句。

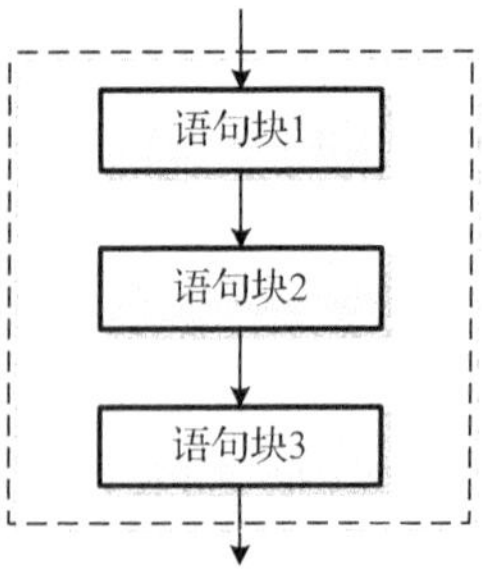

【例3-1】 从键盘输入一个3位整数，计算并输出这3位整数上各位数字之和。

〖问题分析〗

给定一个3位整数n：

(1)百位上数字：n除100取整；

(2)十位上数字：n除10取整，再除10取余；

(3)个位上数字：n除10取余。

图3-3 顺序结构程序流程图

〖程序代码〗

```
#程序文件名ex3_1.py
n = int(input("请输入一个3位整数："))
ge = n % 10
shi = n // 10 % 10
bai = n // 100
sum = ge + shi + bai
print("整数上各位数字之和：", sum)
```

〖运行结果〗

```
请输入一个3位整数：456
整数上各位数字之和：15
```

【例3-2】 从键盘输入一个字符串，计算并输出这个字符串长度。

〖问题分析〗

内置函数len(str)可以计算字符串str的长度(注：一个汉字长度为1)。

〖程序代码〗

```
#程序文件名 ex3_2.py
str1 = input("请输入一个字符串：")
str1_len = len(str1)
print("字符串长度:", str1_len)
```

〖运行结果〗

```
请输入一个字符串：Hello 安徽黄山
字符串长度: 9
```

【例 3-3】 从键盘输入三角形的三条边，计算并输出该三角形的面积。

〖问题分析〗

根据海伦公式计算任意三角形面积。为简单起见，假设这三条边可以构成三角形。

设 a、b 和 c 分别为三角形三边长，p 为半周长，s 为三角形的面积，则：

(1) p=(a+b+c)/2 (海伦公式)

(2) s=sqrt(p(p-a)(p-b)(p-c))

〖程序代码〗

```
#程序文件名 ex3_3.py
import math
a = float(input("请输入三角形的边长 a："))
b = float(input("请输入三角形的边长 b："))
c = float(input("请输入三角形的边长 c："))
p = (a + b + c) / 2
sarea = math.sqrt(p*(p-a)*(p-b)*(p-c))
print("三角形的面积:{}".format(sarea))
```

〖运行结果〗

```
请输入三角形的边长 a：4
请输入三角形的边长 b：5
请输入三角形的边长 c：6
三角形的面积：9.921567416492215
```

3.3 程序的选择结构

程序的顺序结构无法对一些特殊情况(例如，输入数据不合法导致无法计算等)进行选择处理。程序的选择结构是指程序能够根据所给判断条件是否满足，自动选择执行哪些语句。Python 使用 if 语句来实现选择结构。

选择结构包括单选择结构、双选择结构、多选择结构以及嵌套选择结构，形式比较灵活多变，具体使用哪一种最终取决于要实现问题的业务逻辑。

3.3.1 单选择结构(if 语句)

单选择结构(if 语句)的语法格式：

  if 条件表达式：
    语句块

其中：

(1) if 是保留字，提示后面的语句是选择语句(if 语句)。

(2) 条件表达式(简称条件)可以是关系表达式、逻辑表达式、算术表达式等任意合法的表达式，其最后评价为布尔逻辑值：真(True)或假(False)。条件表达式的结果如果为 False、0、空字符串("")、空元组(( ))、空列表([])、空字典({})、空值 None 或其他空迭代对象时，则其布尔逻辑值为假(False)；否则其布尔逻辑值为真(True)。

(3) 冒号(:)是不可缺少的，表示后面是满足条件后要执行的语句块。

(4) 语句块由若干个(单个或多个)具有相同缩进量的语句组成。语句块要比 if 多缩进若干个字符，通常是 4 个字符。

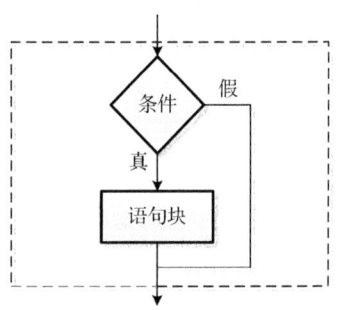

图 3-4 单选择结构程序流程图

单选择结构(if 语句)的执行过程：首先判断条件表达式的值是否为真(True)，当条件表达式的值为真(True)或其他等价值时，表示条件满足，执行该语句块；否则不执行该语句块。其执行流程如图 3-4 所示。

【例 3-4】 从键盘输入两个数，比较并输出其中较大的数。

〖问题分析〗

(1) 输入两个数 x，y。

(2) 如果 x<y，则 x=y。

(3) 输出较大数 x。

〖程序代码〗

```
#ex3_4.py
x = input("请输入一个数 x: ")
y = input("请输入一个数 y: ")
if x < y:
    x = y
print("较大数：{}".format(x))
```

〖运行结果〗

请输入一个数 x：100
请输入一个数 y：200
较大数：200

3.3.2 双选择结构(if-else 语句)

双选择结构(if-else 语句)的语法格式：
  if 条件表达式：
    语句块 1
  else：
    语句块 2

其中：

(1) if 和 else 是保留字，提示后面的语句是选择语句(if 语句和 else 语句)。

(2) if 语句块 1 和 else 语句块 2 要比 if 和 else 多缩进若干个字符。

双选择结构(if-else 语句)的执行过程：首先判断条件表达式的值是否为真(True)，当条件表达式的值为真(True)或其他等价值时，表示条件满足，执行语句块 1；否则执行语句块 2。其执行流程如图3-5 所示。

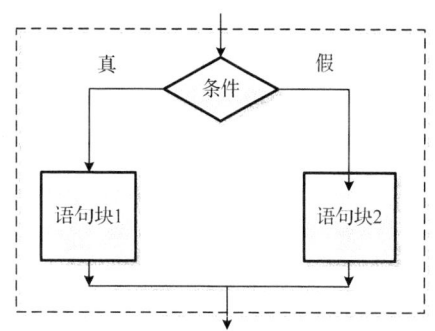

图 3-5 双选择结构程序流程图

【例 3-5】 从键盘输入一个整数，判断其是否是偶数，若是输出"偶数！"，否则输出"奇数！"。

〖问题分析〗

(1)输入一个整数 n。

(2)如果 n%2=0，则输出"偶数！"；否则输出"奇数！"。

〖程序代码〗

```
#ex3_5.py
n = int(input("请输入一个整数 n："))
if n % 2 == 0:
    print("偶数！")
else:
    print("奇数！")
```

〖运行结果〗

```
请输入一个整数 n：95
奇数！
```

3.3.3 多选择结构(if-elif-else 语句)

多选择结构(if-elif-else 语句)的语法格式：

```
if   条件表达式 1:
    语句块 1
elif 条件表达式 2:
    语句块 2
 …
elif 条件表达式 n:
    语句块 n
[ else:
    语句块 n+1]
```

其中：

(1)if、elif、else 是保留字，提示后面的语句是选择语句(if 语句、elif 语句、else 语句)。elif 是 else if 的简写，表示带条件的 else 语句。

(2)if 语句块、elif 语句块、else 语句块要比 if、elif 和 else 多缩进若干个字符。

多选择结构(if-elif-else 语句)的执行过程：首先判断 if 条件(条件表达式 1)，当条件表达式 1 为真(True)或其他等价值时，则执行 if 语句块 1；否则判断 elif 条件(条件表达式 2)，当条件表达式 2 为真(True)或其他等价值时，则执行 elif 语句块 2(否则依次判断下一个 elif 条件，直到 elif 条件为 True 或全部判断)；若前面条件全部 Flase，则执行 else 语句(语句块 n+1)。其执行流程如图 3-6 所示。

【例 3-6】 从键盘输入一元二次方程的三个系数 a、b 和 c，计算并输出方程 $ax^2+bx+c=0$ 的根。

〖问题分析〗

根据判别式 deta=b^2–4ac，一元二次方程的根有三种情况：

(1) deta=b^2-4ac=0，方程有两个相等的实根。

(2) deta=b^2-4ac>0，方程有两个不相等的实根。

(3) deta=b^2-4ac<0，方程有两个共轭复根。

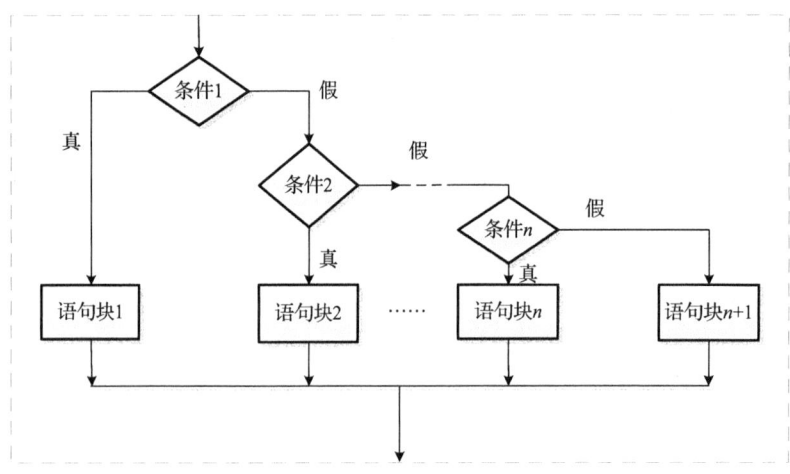

图 3-6 多选择结构程序流程图

〖程序代码〗

```
#ex3_6.py
import math
a=float(input("请输入二次项系数 a："))
b=float(input("请输入一次项系数 b："))
c=float(input("请输入常数项系数 c："))
deta=b*b-4*a*c
if a==0 and b==0: print("该方程无解！")
elif a==0: print("该方程的解为：",-c/b)
elif deta==0: print("该方程有两个相等实根：",-b/(2*a))
elif deta>0:
    x1=(-b+math.sqrt(deta))/(2*a)
    x2=(-b-math.sqrt(deta))/(2*a)
    print("该方程有两个不等实根：{}和{}".format(x1,x2))
else:
    x=math.sqrt(-deta)/(2*a)
    print("该方程有两个共轭复根：{0}+{1}i 和{0}-{1}i".format(-b/(2*a),x))
```

〖运行结果〗

```
请输入二次项系数 a：2
请输入一次项系数 b：3
请输入常数项系数 c：4
该方程有两个共轭复根：-0.75+1.1989578808281798i 和-0.75-1.1989578808281798i
```

3.3.4 嵌套选择结构

嵌套选择结构是指选择结构(if 语句、if-else 语句或 if-elif-else 语句)中语句块又包含一个或多个选择结构(if 语句、if-else 语句或 if-elif-else 语句)。

嵌套选择结构有多种格式。例如：

```
if    条件表达式 1：
    if    条件表达式 2：
        语句块 1
    else：
        语句块 2
else：
    语句块 3
```

其中内嵌 if-else 语句

嵌套选择结构特别要注意缩进，if 和与之匹配的 else 需要缩进同样多的空格。

【例 3-7】 输入一个整数 x，根据下列分段函数计算并输出 y 的值。

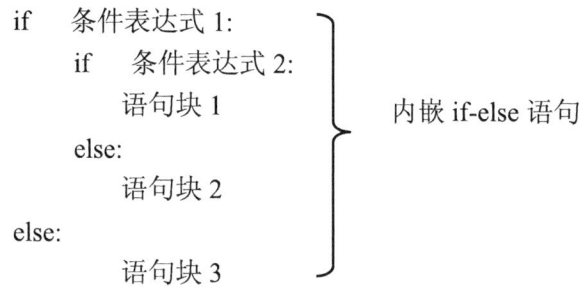

〖程序代码〗

```
#ex3_7.py
x=int(input("请输入一个数 x："))
if x<=50:
    y=3*x
else:
    if x<=100:
        y=5*x
    else:
        y=7*x
print("y 的值：{}".format(y))
```

〖运行结果〗

```
请输入一个数 x：200
y 的值：1400
```

3.4　程序的循环结构

程序的循环结构是指程序能够根据所给判定条件(又称循环条件)是否满足，重复执行一条或多条语句。被重复执行的一条或多条语句称为循环体。

Python 使用 for 语句和 while 语句来实现循环结构，其循环结构根据需要可以使用三种特殊语句：break 语句、continue 语句和 else 语句。

Python 中，根据循环体执行次数是否提前确定，循环语句可以分为确定次数循环和非确定次数循环。确定次数循环是指程序能提前确定循环体执行的次数，适用于遍历或枚举可迭代对象中元素的场合，又称遍历循环，可采用 for 循环语句实现。非确定次数循环是指程序不能提前确定循环体可能执行的次数，是通过循环条件判断是否继续执行循环体，可采用 while 循环语句实现。

Python 中大部分对象都是可迭代，如字符串、元组、列表、字典、文件、迭代器、生成器等。

3.4.1　for 循环语句

for 循环语句的语法格式：
for 循环变量　in　可迭代对象：
　　循环体

其中：

(1) for 和 in 是保留字，提示后面的语句是 for 遍历循环语句。

(2) 循环变量是控制循环执行次数的变量，用于存放从可迭代对象中逐一遍历的元素。每次循环，可迭代对象中所遍历的元素放入循环变量，并执行一次循环体，直至遍历完所有元素后循环结束。

(3) 可迭代对象包括字符串、元组、列表、字典、文件、迭代器对象和生成器等。

(4) 冒号(:)是不可缺少的，表示循环变量满足时要执行的语句块。

(5) 循环体由单层或多层缩进语句组成。

for 循环语句的执行过程：依次遍历可迭代对象中每个元素，并对每个元素执行循环体语句块，遍历结束后执行 for 语句后面的语句。也就是说，for 语句首先判断可迭代对象是否存在第 1 个元素，若存在，则存放在循环变量中，并执行循环体(通常是对第 1 个元素进行处理)，处理完返回再依次判断可迭代对象是否存在第 2 个元素，直至不存在，退出循环。其执行流程如图 3-7 所示。

〖基本应用〗

(1) 迭代(遍历)字符串。

```
>>> str1="apple"
>>> for ch in str1: print(ch)
```

(2) 迭代元组。

```
>>> numbers=(0,1,2,3,4,5,6,7,8,9)
>>> for number in numbers: print(number)
```

(3) 迭代列表。

```
>>> words=["This","is","an","apple"]
>>> for word in words: print(word)
```

(4) 迭代字典。

```
>>> dict1={"x":1,"y":2,"z":3}
>>> for key in dict1: print(key,":",dict1[key])
```

注：字典是无序序列，其元素的排列顺序是随机的。

(5) 迭代 range()对象。

```
>>>for n in range(100): print(n,end=",")
>>>for n in range(1,100,2): print(n,end=",")
```

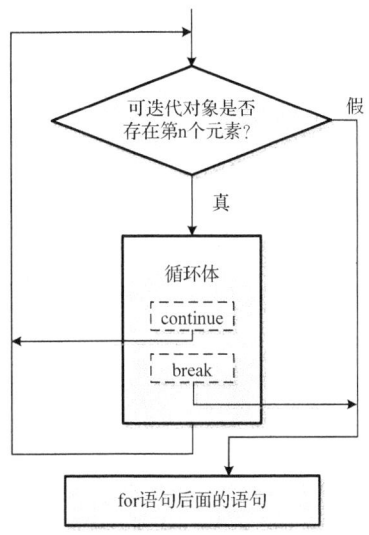

图 3-7 for 循环语句流程图

注：range(100)是创建一个[0,100)区间的整数序列，其中 0 为起始值（默认），100 为结束值，但整数序列不包含结束值；range(1,100,2)是创建一个[0,100)区间的奇数序列，其中 0 为起始值，100 为结束值，2 为步长。

(6) 并行迭代

```
>>> keys=["xh","xm","xb","age"]
>>> values=["9901","zhang","male",30]
>>> for n in range(len(keys)): print(keys[n],"=",values[n])
>>> for key,value in zip(keys,values): print(key,"=",value)
```

注：循环变量 n 作为索引标识，访问并打印输出列表元素；内置函数 zip()作为并行迭代工具，可将若干个序列打包，返回一个由元组组成的对象，可用 list()转换成列表输出。

【例 3-8】 采用 for 语句计算 1 至 100 的和。

〖问题分析〗

(1) 根据 range()产生 1 至 100 之间的整数序列对象，即 range(1,101)。

(2) 遍历 range(1,101)求和。

〖程序代码〗

```
#ex3_8.py
sum=0
for n in range(1,101):
    sum=sum+n
```

```
print("1+2+3+...+100=", sum)
```

〖运行结果〗

```
1+2+3+...+100= 5050
```

【例 3-9】 采用 for 语句输出水仙花数。水仙花数是指一个三位整数,其各位上数字的立方(三次幂)之和等于该数本身。

〖问题分析〗

(1)根据 range()对象产生所有三位整数,即 range(100,1000)。

(2)采用 for 语句遍历 range(100,1000),输出水仙花数。

〖程序代码〗

```
#ex3_9.py
for n in range(100, 1000):
    ge=n%10
    shi=n//10%10
    bai=n//100
    if ge**3+shi**3+bai**3==n:
        print(n)
```

〖运行结果〗

```
153
370
371
407
```

【例 3-10】 输出列表 words=["This","is","an","apple"]中每个元素(字符串)长度。

〖程序代码〗

```
#ex3_10.py
words=["This","is","an","apple"]
for word in words:
    print(word, len(word))
```

〖运行结果〗

```
This 4
is 2
an 2
apple 5
```

【例 3-11】 输出字符串"This is an apple."中每个字符出现的次数。

〖程序代码〗

```
#ex3_11.py
mstr="This is an apple."
mlist=list(mstr)
mdict={}
for mch in mlist:
    if mdict.get(mch, -1)==-1:
```

```
            mdict[mch]=1
        else:
            mdict[mch]+=1
for key, value in mdict.items():
    print(key, value)
```

〖运行结果〗

```
T 1
h 1
i 2
s 2
  3
a 2
n 1
p 2
l 1
e 1
. 1
```

3.4.2 while 循环语句

while 循环语句的语法格式：

while 循环条件:
  循环体

其中：

(1) while 是保留字，提示后面的语句是 while 循环语句。

(2) 循环条件是一个条件表达式。

(3) 冒号(:)是不可缺少的，表示后面是满足循环条件后要执行的语句块。

(4) 循环体由单层或多层缩进语句组成。

while 循环语句的执行过程：首先判断循环条件是否成立，若成立，则执行循环体，循环体执行完后再判断循环条件是否成立，直至循环条件不成立，退出循环后执行 while 语句后面的语句。其执行流程如图 3-8 所示。

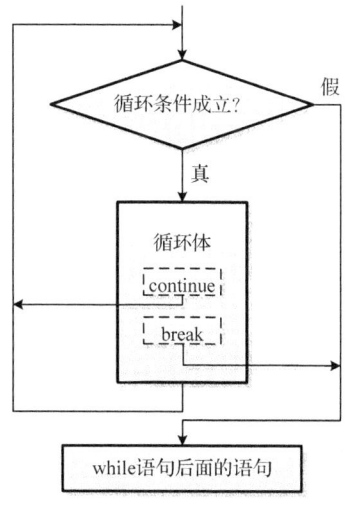

图 3-8　while 循环语句流程图

如果 while 循环语句中循环控制条件一直为真(True)，则循环将无限继续，程序将一直运行下去，从而形成死循环。程序死循环时，会造成程序没有任何响应；或者造成不断输出(例如，控制台输出、文件写入、打印输出等)。注意，有些程序算法十分复杂，可能需要运行很长时间，但并不是死循环。上述情况都可以使用快捷键<Ctrl>+<C>终止当前程序的运行。

【例 3-12】 采用 while 语句计算 1 至 100 的和。

```
#ex3_12.py
sum=0
n=1
while n <=100:
    sum+=n
    n=n+1
print("1+2+3+…+100=", sum)
```

【例 3-13】 采用 while 语句输出四叶玫瑰数。四叶玫瑰数是指一个四位整数，其各位上数字的四次方(四次幂)之和等于该数本身。

〖程序代码〗

```
#ex3_13.py
n=1000
while n<10000:
    ge = n%10
    shi = n//10%10
    bai = n//100%10
    qian = n//1000
    if ge**4+shi**4+bai**4+qian**4==n:
        print(n)
    n += 1
```

〖运行结果〗

```
1634
8208
9474
```

【例 3-14】 采用 while 语句根据近似公式求自然对数的底数 e 的值，直到最后一项的绝对值小于 10^{-6} 为止。

$$e \approx 1+\frac{1}{1!}+\frac{1}{2!}+\cdots+\frac{1}{n!}$$

〖程序代码〗

```
#ex3_14.py
e = 1
n = 1
m = 1
while (1/n >= pow(10, -6)):
    n *= m
    e += 1 / n
    m += 1
```

```
        print("e =", e)
```
〖运行结果〗

```
e = 2.7182818011463845
```

3.4.3 嵌套循环语句

嵌套循环是指一个循环语句的循环体内又包含另一个完整的循环结构。通常，内嵌的循环语句称为内循环，而包含内循环的循环语句称为外循环。内嵌的循环中还可以嵌套循环,从而形成多层循环结构。

前面介绍的 for 循环、while 循环都可以嵌套，相同或不同的循环结构之间都可以互相嵌套多层，但每一层的循环再逻辑上必须是完整的。

【例 3-15】 采用嵌套循环打印输出九九乘法表。

〖程序代码〗

```
#ex3_15.py
for x in range(1, 10):
    s=""
    for y in range(1, x+1):
        s+="{0:1}*{1:1}={2:<2} ".format(x, y, x*y)
    print(s)
```

〖运行结果〗

```
1*1=1
2*1=2  2*2=4
3*1=3  3*2=6  3*3=9
4*1=4  4*2=8  4*3=12  4*4=16
5*1=5  5*2=10 5*3=15  5*4=20  5*5=25
6*1=6  6*2=12 6*3=18  6*4=24  6*5=30  6*6=36
7*1=7  7*2=14 7*3=21  7*4=28  7*5=35  7*6=42  7*7=49
8*1=8  8*2=16 8*3=24  8*4=32  8*5=40  8*6=48  8*7=56  8*8=64
9*1=9  9*2=18 9*3=27  9*4=36  9*5=45  9*6=54  9*7=63  9*8=72  9*9=81
```

【例 3-16】 采用嵌套循环输出由 1、2 和 3 三个数字组成的所有三位数且每位数都不相同。

〖程序代码〗

```
#ex3_16.py
digits = (1, 2, 3)
for x in digits:
    for y in digits:
        for z in digits:
            if x!=y and y!=z and x!=z:
                print(x*100+y*10+z)
```

〖运行结果〗

123

```
132
213
231
312
321
```

3.4.4 break 语句和 continue 语句

break 和 continue 是循环结构语句中两个保留字,用于辅助控制循环执行。

break 语句和 continue 语句是 for 循环或 while 循环中循环体中的特殊语句,通常用在选择结构语句中,满足一定条件时执行,从而中断正常的循环控制流程。

1. break 语句

break 语句用于退出 for 循环或 while 循环,即提前结束循环,接着执行循环语句的后继语句。当多个 for 语句、while 语句彼此嵌套时,break 语句只应用于最内层的语句,即 break 语句只能跳出最近的一层循环。

【例 3-17】 单循环中 break 语句应用示例。

〖程序代码〗

```
#ex3_17.py
for ch in "ABCDEFG":
    if ch=="E":
        break           # 字符为 E 时,退出循环
    print(ch, end="")
```

〖运行结果〗

```
ABCD
```

【例 3-18】 嵌套循环中 break 语句应用示例。

〖程序代码〗

```
#ex3_18.py
for ch in "ABCDEFG":
    for n in range(3):
        if ch=="E":     # 字符为 E 时,退出内循环
            break
        print(ch, end="")
```

〖运行结果〗

```
AAABBBCCCDDDFFFGGG
```

2. continue 语句

continue 语句结束本次循环,即跳过循环体内自 continue 下面尚未执行的语句,返回到循环语句的起始处,并根据循环条件判断是否执行下一次循环。

【例 3-19】 continue 语句应用示例。

〖程序代码〗

```
#ex3_19.py
```

```
for ch in "ABCDEFG":
    if ch=="E":
        continue
    print(ch, end="")    # 字符为 E 时，返回到循环语句的起始处
```

〖运行结果〗

ABCDFG

3. continue 语句与 break 语句的区别

continue 语句仅结束本次循环，并返回到循环的起始处，循环条件满足时则开始执行下一次循环。但是，break 语句是结束当前循环，跳转到循环语句的后继语句执行。

3.4.5 带 else 语句的循环语句

Python 中，for 循环和 while 循环都有一个可选的 else 语句，在循环迭代正常完成之后执行。换句话说，如果是以 break 语句的非正常方式退出循环，则 else 语句将不被执行。

1. for-else 语句

for-else 语句的语法格式：
for 循环变量 in 可迭代对象：
    循环体
else:
    语句块

2. while-else 语句

while-else 语句的语法格式：
while 循环条件：
    循环体
else:
    语句块

【例 3-20】 对 2 至 9 之间的整数 n 进行处理，若 n 是素数则输出打印"是素数!"，否则输出它的最小素数因子与另一个数的乘积。

〖程序代码〗

```
#ex3_20.py
for n in range(2, 10):
    for x in range(2, n):
        if n % x == 0:
            print("{0:1}={1:1}*{2:1}".format(n, x, n//x))
            break
    else:
        print("{}是素数!".format(n))
```

〖运行结果〗

2 是素数!

```
3 是素数!
4=2*2
5 是素数!
6=2*3
7 是素数!
8=2*4
9=3*3
```

【例 3-21】 检查列表[100, 120, 60, 123, 456]，若列表中所有元素都是偶数，则输出"All even!"，否则输出"Not all even!"。

```
#ex3_21.py
nlist=[100, 120, 60, 123, 456]
for n in nlist:
    if n%2 != 0:
        print("Not all even!")
        break
else:
    print("All even!")
```

3.4.6 循环结构程序应用

【例 3-22】 输入整数 n，打印输出 n 行的字符图案。例如，n=5 时打印输出以下图案。

```
*
**
***
****
*****
```

〖程序代码〗

```
#ex3_22.py
n=int(input("请输入行数 n: "))
for m in range(1, n+1):
    print("*"*m)
```

【例 3-23】 100 以内的素数存于列表中并打印输出。

〖问题分析〗

素数(prime number)又称质数，是指一个大于 1 的自然数，除了 1 和它本身外，不能被其他自然数整除。

〖程序代码〗

```
#ex3_23.py
num=[]
for m in range(2,100):
    for x in range(2, m):
        if (m%x==0):
            break
    else:
```

```
        num.append(m)
print(num)
```

〖运行结果〗

[2, 3, 5, 7, 11, 13, 17, 19, 23, 29, 31, 37, 41, 43, 47, 53, 59, 61, 67, 71, 73, 79, 83, 89, 97]

【例 3-24】 输出打印 1×2+2×3+3×4+…+99×100 之和。

〖问题分析〗

求和算式 1×2+2×3+3×4+…+99×100 中包括 99 个数相加,其中第 n 个数是 n*(n+1)。

〖程序代码〗

```
#ex3_24.py
sum = 0
n = 1
while n <= 99:
    sum += n* (n + 1)
    n = n+1
print("1×2+2×3+3×4+…+99×100=", sum)
```

〖运行结果〗

1×2+2×3+3×4+…+99×100= 333300

【例 3-25】 输入一个二进制整数,将其转换成十进制数并打印输出。

〖问题分析〗

二进制数转换为十进制是按权值展开求和。二进制整数转换为十进制,从最后一位开始算,依次为第 0 位、1 位、2 位等,位权依次为 2 的 0 次方、2 的 1 次方、2 的 2 次方等。二进制整数第 n 位的权值就是第 n 位数(0 或 1)乘以 2 的 n 次方。

例如,二进制整数 1110 转化成十进制数：$(1110)_2=0×2^0+1×2^1+1×2^2+1×2^3=(14)_{10}$

〖程序代码〗

```
#ex3_25.py
numb=input("请输入一个二进制整数 n：")
print("内置函数转换结果:", int(numb,2))        #内置函数转换
numd=0
for x in range(0, len(numb)):
    if numb[x] == "1":
        numd = numd +2**(len(numb)-x-1)
print("编写程序转换结果:",numd)                #编写程序转换
```

〖运行结果〗

请输入一个二进制整数 n: 1110
内置函数转换结果: 14
编写程序转换结果: 14

【例 3-26】 输入一个十进制整数,将其转换成二进制数并打印输出。

〖问题分析〗

十进制整数转换为二进制,利用辗转相除法,保存商和余数,直到商是 0 为止,再将余数反转。

例如，十进制整数 14 转化成二进制数：

14/2 = 7 余 0

7/2 = 3 余 1

3/2 = 1 余 1

1/2 = 0 余 1

余数反转，可得$(1110)_2$。

〖程序代码〗

```
#ex3_26.py
numd=int(input("请输入一个十进制整数 n："))
numb = ""
print("内置函数转换结果:",bin(numd))    #内置函数转换
while numd != 0:
    ret = numd%2
    numd = numd//2
    numb = str(ret)+numb
print("编写程序转换结果:","0b"+numb)      #编写程序转换
```

〖运行结果〗

```
请输入一个十进制整数 n: 14
内置函数转换结果: 0b1110
编写程序转换结果: 0b1110
```

【例 3-27】 输入一个大于 1 的正整数 n，将 n 分解为多个素数因子的乘积。例如，126 可被分解为 2*3*3*7。

〖问题分析〗

根据算术基本定理，任何一个比 1 大的整数，要么本身是一个素数，要么可以写成一系列质数因子的乘积。2 是最小的质数。

n 进行分解质因数时，首先应该找到一个最小的质数 m，然后按下述步骤完成：

(1) 如果 m 等于 n，则说明分解质因数的过程已经结束，打印输出 m 即可。

(2) 如果 n 能被 m 整除，则打印输出 m 值，并用 n 除以 m 的商，作为新的正整数 n，返回(1)。

(3) 如果 n 不能被 m 整除，则用 m+1 作为 m 的值，重复执行(1)。

〖程序代码〗

```
#ex3_27.py
n=int(input("请输入一个正整数 n："))
print("{}=".format(n), end="")
for m in range(2, n+1):
    while n%m == 0:
        if m == n:
            print(m)
            break
        else:
            print("{}*".format(m), end="")
            n /= m
```

〖运行结果〗

  请输入一个正整数 n：100
  100=2*2*5*5

【例 3-28】 输入正整数 n(3≤n<1000)，计算有多少对素数的和等于输入的这个正整数，并输出结果。输入值小于 1000。例如，输入为 10，则共有(5，5)和(3，7)两对质数的和为 10，输出结果为 2。

〖问题分析〗

  首先计算出 3 至 n 内所有素数，然后找到符合条件的素数对。

〖程序代码〗

```
#ex3_28.py
n=int(input("请输入正整数 n(3<=n<1000)："))
slist=[]
for m in range(3,n):
    x=2
    for x in range(2,m):
        if m%x==0:
            break
        else:
            slist.append(m)            #存放 3-n 的所有素数
count = 0
for x in slist:
    for y in slist:
        if n==x+y and x<=y:            #x<y 可避免重复,例如(13,487)和(487,13)
            print("(%s,%s)"%(x,y),end=(""))  #所有情况不换行输出
            count+=1
print("\n%s"%count)                    #输出满足情况的素数对数
```

〖运行结果〗

  请输入正整数 n(3<=n<1000)：100
  (3,97)(11,89)(17,83)(29,71)(41,59)(47,53)
  6

习 题 3

一、填空题

1. 程序设计过程应当包括_____、_____、_____、_____和编写文档等不同阶段。
2. 通常，数据结构具体包括三个组成成分：_____、数据的存储结构(也称物理结构)和_____。
3. 数据的逻辑结构包括四类基本结构：集合、_____、_____和图形结构。
4. 数据的存储结构包括四种基本结构：_____、_____、_____和散列存储。
5. 数据的运算结构包括运算的定义和实现。其中，运算的定义是针对数据的_____，指出运算的功能；运算的实现是针对数据的_____，指出运算的具体操作步骤。

6．算法的表示方法主要包括自然语言、_____、_____、_____和 N-S 流程图（又称盒图）等。

7．程序流程图的基本元素包括起止框、_____、_____、输入输出框、注释框、流程线和连接点等。

8．结构化程序设计主要原则包括自顶向下、_____和_____。

9．根据程序中语句执行的顺序，Python 程序控制结构包括顺序结构、_____和_____三种。

10．Python 选择结构包括单选择结构、_____、_____以及嵌套选择结构。

11．Python 循环结构包括_____和_____两种循环语句。

12．Python 循环结构根据需要可以使用三种特殊语句：_____语句、_____语句和 else 语句。

13．Python 语句"for n in range(3): print(n, end="")"的执行结果为_____。

14．Python 语句"for n in [10, "AB"]: print(n, end="")"的执行结果为_____。

15．循环语句"for n in range(1, 100): print(n, end="")" 的循环次数为_____。

二、简答题

1．简述程序设计过程。
2．给出单选择结构、双选择结构和多选择结构的语法格式。
3．画出单选择结构、双选择结构和多选择结构的流程图。
4．描述单选择结构、双选择结构和多选择结构的执行过程。
5．给出 for 循环语句和 while 循环语句的语法格式。
6．画出 for 循环语句的流程图，并分析 for 循环语句的执行过程。
7．画出 while 循环语句的流程图，并分析 while 循环语句的执行过程。
8．分析 continue 语句与 break 语句的区别。

三、程序阅读题

1．下面程序的执行结果是_____。

```
n=100
if (n) : print(True)
else : print(False)
```

2．下面程序的执行结果是_____。

```
s = 0
for n in range(1, 101):
    s += n
else:
    print(100)
```

3．下面程序的执行结果是_____。

```
s = 0
for n in range(1, 101):
    s +=n
```

```
            if n == 50:
                print(n)
                break
        else:
            print(100)
```

4. 下面程序的执行结果是_____。

```
for ch in "ABEDEFG":
    if ch=="E":
        continue
    print(ch, end="")
```

5. 下面程序的执行结果是_____。

```
for n in range(5, 10, 2):
    for x in range(2, n):
        if n % x == 0:
            print("{0:1}={1:1}*{2:1}".format(n, x, n//x))
            break
    else:
        print("{0:1}={1:1}*{2:1}".format(n, 1, n))
```

6. 下面程序的执行结果是_____。

```
n=10
while n>0:
    if n % 6 == 0:
        break
    print(n**2, end=" ")
    n=n-1
```

四、程序设计题

1. 采用嵌套选择结构实现例 3-6。
2. 采用多选择结构实现例 3-7。
3. 根据近似公式计算圆周率 π 的值，直到最后一项的绝对值小于 10^{-6} 为止。

$$\frac{\pi}{4} \approx 1-\frac{1}{3}+\frac{1}{5}-\frac{1}{7}+\frac{1}{9}+...$$

4. 计算满足条件 sum=1+2+3+...+n>1000 的最小 n 和 sum 的值。
5. 计算分数序列的前 20 项之和：$\frac{1}{2}, \frac{3}{2}, \frac{5}{3}, \frac{8}{5}, \frac{13}{8}, \frac{21}{13}, ...$
6. 生成一个包含 100 个随机整数的列表，然后删除其中所有偶数。
7. 生成一个包含 20 个随机整数的列表，然后对奇数下标的元素进行降序排列，偶数下标的元素不变。
8. 打印输出由 1、2、3、4 这四个数字组成的所有三位素数，且每个素数中每个数字最多只出现一次。
9. 输入一个二进制小数，将其转换成十进制数并打印输出。

注：二进制小数转换为十进制，从小数点后开始，依次列为第 1 位、2 位、3 位等，位权依次列为 2 的负 1 次方、2 的负 2 次方、2 的负 3 次方等。二进制小数第 n 位的权值就是第 n 位数(0 或 1)乘以 2 的负 n 次方。

例如，二进制小数 0.001 转换为十进制：$(0.001)_2 = 0×2^{-1}+0×2^{-2}+1×2^{-3}=(0.125)_{10}$

10．输入一个十进制小数，将其转换成二进制数并打印输出。

注：十进制小数转换为二进制，将小数部分乘以 2，取整数部分依次从左往右放在小数点后，直至小数点后为 0。

例如，十进制小数 0.125，转换为二进制小数$(0.001)2$。

0.125*2 = 0.25   整数 0
0.25*2 = 0.5   整数 0
0.5*2 = 1   整数 1

11．输入整数 n，打印输出 n 行的字符图案。例如，n=5 时打印输出以下图案。

```
    *
   ***
  *****
 *******
*********
```

12．输出打印 1×2+3×4+5×6+...+99×100 之和。

13．输入两个十进制数 N (1<= N<=15)和 S (10<S<10000)，输出打印前 N 个满足大于 S 且在二进制上是回文数的十进制数。

注：回文数是指一个数从左往右读和从右往左读都是一样的整数。例如，12321 是一个回文数，而 77778 则不是。

14．输入一个字符串，判断是否为回文字符串。

注：回文字符串是指一个正序与倒序相同的字符串。例如，"level"、"noon"等是回文串，只考虑字母(忽略大小写)和数字字符。

15．输入两个正整数 m 和 n，输出打印这两个整数的最大公约数和最小公倍数。

第 4 章 字符串处理与正则表达式

字符串是字符的序列表示，可以通过字符串操作运算符、字符串处理内置函数以及字符串处理方法等对字符串进行操作。正则表达式是对字符串操作的一种文本模式，模式描述在搜索文本时要匹配的一个或多个字符串。许多程序设计语言都支持利用正则表达式进行字符串操作。本章主要介绍字符串编码、字符串格式化、字符串模块、字符串处理方法、正则表达式等内容。掌握这些内容，可以更好地编写 Python 程序处理字符串文本。

4.1 字符串处理

4.1.1 字符串编码

字符串存在一个编码问题。计算机只能处理数字，如果要处理文本，就必须先把文本转换为数字才能处理。计算机最早设计时采用 8 比特(bit)作为 1 字节(byte)。因此，1 字节能够表示的最大整数是二进制 11111111(对应的十进制是 255)。如果要表示更大的整数，则必须用更多的字节。例如，2 字节可以表示最大整数 65535，4 字节可以表示最大整数 4294967295。

计算机最早只有 127 个字符编码，也就是大小写英文字母、数字和一些符号，这个编码表被称为 ASCII 编码。例如，大写字母 A 的编码是 65，小写字母 z 的编码是 122。但是，处理中文时显然 1 字节是不够的，至少需要 2 字节，而且还不能和 ASCII 编码冲突。因此，处理汉字时采用 GB2312 汉字编码。

全世界有上百种语言，各国有各国的标准，不可避免地出现编码冲突，导致在多语言混合的文本中，显示出来会有乱码。因此，Unicode 编码应运而生。Unicode 编码是把所有语言都统一到一套编码里，这样就不会再有乱码问题。Unicode 标准也在不断发展，但最常用的是用 2 字节表示一个字符(如果使用非常偏僻的字符，则需要 4 字节)。现代操作系统和大多数编程语言都直接支持 Unicode 编码。

ASCII 编码和 Unicode 编码的区别：ASCII 编码是 1 字节，Unicode 编码通常是 2 字节。例如，字母 A 的 ASCII 编码是十进制 65、二进制 01000001；字符 0 的 ASCII 编码是十进制 48、二进制 00110000，注意字符'0'和整数 0 是不同的；中文"汉"字已经超出 ASCII 编码的范围，其 Unicode 编码是十进制 20013、二进制 01001110 00101101。

如果把字母 A 的 ASCII 编码用 Unicode 编码，可在前面补 0，即字母 A 的 Unicode 编码是 00000000 01000001。统一成 Unicode 编码，可以解决乱码问题。但是，处理英文文本用 Unicode 编码比 ASCII 编码需要多一倍的存储空间，存在存储空间大和传输效率低等问题。

因此，Unicode 编码又转化为"可变长编码"UTF-8 编码。UTF-8 编码是把一个 Unicode 字符根据不同的数字大小编码成 1~6 字节，常用的英文字母被编码成 1 字节，汉字通常是 3 字节，只有很生僻的字符才会被编码成 4~6 字节。如果传输包含大量英文字符的文本，则采用 UTF-8 编码可节省空间，提高传输效率。

ASCII 编码实际上可以被看成是 UTF-8 编码的一部分，大量只支持 ASCII 编码的历史遗留软件可以在 UTF-8 编码下继续工作。

例如，字母 A 的 ASCII 编码是 01000001、Unicode 编码是 01000001 00000000、UTF-8 编码是 01000001；汉字中的 Unicode 编码是 01001110 00101101、UTF-8 编码是 11100100 10111000 10101101。

现在计算机系统通用的字符编码工作方式：在计算机内存中，统一使用 Unicode 编码，当保存到硬盘或传输时，则转换为 UTF-8 编码。

例如，用记事本编辑时，从文件读取的 UTF-8 字符被转换为 Unicode 字符到内存里；编辑完成后保存时，再把 Unicode 转换为 UTF-8 保存到文件中，如图 4-1 所示。

浏览网页时，服务器会把动态生成的 Unicode 内容转换为 UTF-8 再传输到浏览器，如图 4-2 所示。

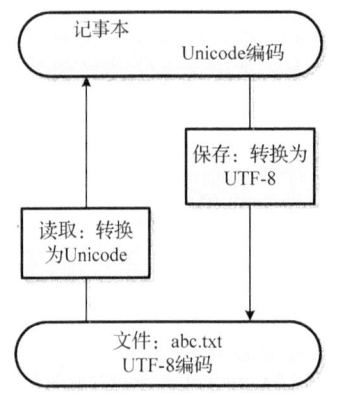
图 4-1 文件中字符串编码转换

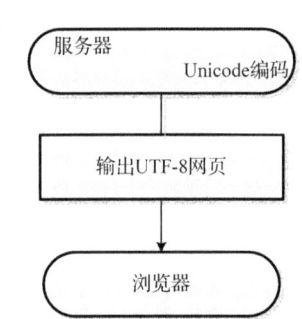
图 4-2 网页中字符串编码转换

Python 3 版本完全支持中文、字符串和 Unicode 编码，字符串中单个中文、数字或字母等都按一个字符来处理。针对单个字符编码，Python 提供 ord()函数获取字符的整数表示，chr()函数把编码转换为对应字符。

【例 4-1】 字符函数 ord()和 chr()示例。

```
>>> ord("中"), ord("A")
(20013, 65)
>>> chr(20013), chr(65)
('中', 'A')
```

Python 中字符串对象的数据类型是 str，在内存中是以 Unicode 编码表示，一个字符对应若干字节。如果在网络上传输或保存到磁盘上，则需要把 str 变为以字节为单位的 bytes。Python 对 bytes 类型的数据用带 b 前缀的单引号或双引号表示。以 Unicode 表示字符串对象的 str 类型数据通过 encode()方法可以编码为指定的 bytes 类型数据。当 str 和 bytes 互相转换时，需要指定编码，最常用的编码是 UTF-8。

纯英文的字符串 str 可以用 ASCII 编码为 bytes，内容相同，含有中文的字符串对象 str 可以用 UTF-8 编码为 bytes。含有中文的字符串 str 无法用 ASCII 编码。

如果从网络或磁盘上读取字节流，则读到的数据是 bytes。以 Unicode 表示字符串的 bytes 类型数据通过 decode()方法可以编码为指定的 str 类型数据。

Python 提供字符串对象 encode()方法是以 encoding 指定的编码格式编码字符串，errors 参数可以指定不同的错误处理方案。其语法格式为 str.encode(encoding="utf-8", errors="strict")，表示以 encoding 指定的编码格式编码字符串返回；errors 设置不同错误的处理方案(默认为"strict"，意为编码错误引起一个 UnicodeError)，其他值是"ignore"或"replace"等。

【例 4-2】 字符串 encode()和 decode()方法示例。

```
>>> "ABC".encode("ascii")
b'ABC'
>>> "中国".encode("utf-8")
b'\xe4\xb8\xad\xe5\x9b\xbd'
>>> b'ABC'.decode("ascii")
'ABC'
>>> b'\xe4\xb8\xad\xe5\x9b\xbd'.decode("utf-8")
'中国'
```

1个中文字符经过 UTF-8 编码后通常会占用 3 字节，而 1 个英文字符只占用 1 字节。len()函数计算 str 类型数据的字符数或计算 bytes 类型数据的字节数。

【例 4-3】 字符编码长度示例。

```
>>> len("中国")
2
>>> len("中国".encode("utf-8"))
6
```

4.1.2 字符串模块

Python 标准库提供许多字符串相关模块。
(1) string 模块：包括若干字符集常量，其处理字符串函数已被字符串对象 str 的方法替换。
(2) re 模块：正则表达式处理。
(3) codecs 模块：字符编码处理。
(4) difflib 模块：比较字符串列表的差异。
(5) gettext 模块：语言国际化。
(6) textwrap 模块：格式化文本段落。
(7) unicodedata 模块：Unicode 字符库。

另外，自然语言处理工具包(Natural Language Toolkit，NLTK)是 Python 环境下自然语言处理(Natural Language Processing，NLP)工具包，是 Python 的第三方库，包含丰富的文本处理和文本挖掘应用程序接口(Application Programming Interface，API)。自然语言是人类智慧的结晶，自然语言处理 NLP 是人工智能中最为困难的问题之一，对自然语言处理的研究也是充满魅力和挑战的。

string 模块中定义一些有用的常量。
(1) string.digits：包含数字 0 至 9 的字符串。
(2) string.ascii_letters：包含所有 ASCII 字母(大写和小写)的字符串。
(3) string.ascii_lowercase：包含所有小写 ASCII 字母的字符串。
(4) string.ascii_uppercase：包含所有大写 ASCII 字母的字符串。

(5) string.punctuation：包含所有 ASCII 标点字符的字符串。
(6) string.printable：包含所有可打印的 ASCII 字符的字符串。

【例 4-4】 字符串常量示例。

```
>>> import string
>>> string.digits
'0123456789'
>>> string.ascii_letters
'abcdefghijklmnopqrstuvwxyzABCDEFGHIJKLMNOPQRSTUVWXYZ'
>>> string.ascii_lowercase
'abcdefghijklmnopqrstuvwxyz'
>>> string.ascii_uppercase
'ABCDEFGHIJKLMNOPQRSTUVWXYZ'
>>> string.punctuation
'!"#$%&\'()*+,-./:;<=>?@[\\]^_`{|}~'
>>> string.printable
'0123456789abcdefghijklmnopqrstuvwxyzABCDEFGHIJKLMNOPQRSTUVWXYZ!"#$%&\'()*+,-./:;<=>?@[\\]^_`{|}~ \t\n\r\x0b\x0c'
```

4.1.3 字符串格式化

格式化字符串时，Python 使用一个字符串作为模板。模板中有格式化字符(又称转换说明符)，这些格式化字符为真实值预留位置，并说明真实数值应该呈现的格式。

常用的字符串格式化方法包括"旧式"字符串格式化(%操作符)、"新式"字符串格式化(str.format)、字面量格式化字符串(f-strings)、内置函数 format()和字符串模板(Python 标准库)。其中，字符串模板是指 python 标准库 string 提供的一个字符串模板对象 Template，可采用 from string import Template 导入，Template 对象包括 substitute()和 safe_substitute()两个方法。

1. "旧式"字符串格式化(%操作符)

Python 中内置字符串格式设置运算符百分号%，可用于基于位置的格式化字符串操作，控制字符串的呈现格式。

字符串格式化%操作符的语法格式：<模板字符串>%<参数表>

模板字符串(又称格式字符串)是由若干个普通字符和%操作符组成的字符串，其中%操作符(又称格式化字符，例如%s)是用来控制字符串中嵌入值出现的位置和格式，其基本思想是将参数表中若干真实值按顺序传递给(替换)模板字符串中%操作符，且按指定格式呈现。

参数表根据%操作符提供的位置，可以提供单值或多值，若传入多个位置，则可以用一个元组或列表将多个值传递给模板字符串，每个值对应一个%操作符或格式化字符。

例如，print("I'm %s. I'm %d year old" % ('Zhanghai', 30)，其中"I'm %s. I'm %d year old" 为模板；%s 为第一个格式化字符，表示一个字符串；%d 为第二个格式化字符，表示一个整数；("Zhanghai", 30)中两个元素"Zhanghai"和 30 为替换两个格式化字符%s 和%d 的真实值。

模板和 tuple 之间有一个分隔符(%)，代表格式化操作。整个"I'm %s. I'm %d year old" % ("Zhanghai", 30) 实际上构成一个字符串表达式，可以和一个正常字符串一样赋值给某个变量。例如，a = "I'm %s. I'm %d year old" % ("Zhanghai", 30)；print(a)。

Python 还可以用词典来传递多个真值。例如，print("I'm %(name)s. I'm %(age)d year old" %

{"name": "Zhanghai", 'age':30})。可以看到，对两个格式化字符进行命名，命名使用()括起来，每个命名对应词典中一个 key。

【例 4-5】 "旧式"字符串格式化示例。

```
>>> "I'm %s. I'm %d year old" % ("Zhanghai", 30)
"I'm Zhanghai. I'm 30 year old"
>>> "I'm %(name)s. I'm %(age)d year old" % {'name': "Zhanghai", 'age':30}
"I'm Zhanghai. I'm 30 year old"
```

格式化字符%可以包含一个类型码，用以控制显示的类型。

(1)%s：字符串(采用 str()的显示)。

(2)%r：字符串 (采用 repr()的显示)。

(3)%c：单个字符(ASCII 码值或长度为 1 的字符串)。

(4)%u：二进制整数。

(5)%d：十进制整数。

(6)%i：十进制整数。

(7)%o：八进制整数。

(8)%x：十六进制整数。

(9)%e：指数(基底写为 e)。

(10)%E：指数(基底写为 E)。

(11)%f：浮点数。

(12)%F：浮点数。

(13)%g：指数(e)或浮点数(根据显示长度)。

(14)%G：指数(E)或浮点数(根据显示长度)。

(15)%%：字符"%"。

【例 4-6】 十进制整数 36 以八进制、十六进制、指数(基底写为 e)格式显示。

```
>>> x=36
>>> "%o"%x,"%x"%x,"%e"%x
('44', '24', '3.600000e+01')
```

2. "新式"字符串格式化(str.format)

严格来说，Python 3 以上版本中，旧式"字符串格式化已经被"新式"字符串格式化方法代替，但仍可用。Python 3 引入一个新的字符串格式化方法，且支持 Python 2.7。"新式"字符串格式化方法摆脱%操作符，且通过调用字符串对象的.format()方法进行格式化，使得字符串格式化语法更规范。

字符串格式化 format()的语法格式：<模板字符串> .format(<参数表>)

模板字符串是由若干个普通字符和{}组成的字符串，其中{}是用来控制字符串中嵌入值出现的位置和格式，其基本思想是将参数表中若干真实值传递给(替换)模板字符串中{}：若{}为空，则按出现顺序替换，否则按{}中指定的序号(从 0 开始编号)对应替换。

format()实现简单的基于位置的字符串格式化，位置参数不受顺序约束，且可以为{}，只要 format()有相对应的参数值即可。参数表若由多个参数组成(参数索引从 0 开始)，可用*字符串、*元组、*列表或**字典表示，且支持序列解包格式化字符串。

【例4-7】 "新式"字符串格式化示例。

```
>>> "My name is {}. I'm {} year old".format("Zhanghai", 30)
"My name is Zhanghai. I'm 30 year old"
>>> "My name is {1}. I'm {0} year old".format(30, "Zhanghai")
"My name is Zhanghai. I'm 30 year old"
>>> list1=["Zhanghai", 30]
>>> "My name is {}. I'm {} year old".format(*list1)
"My name is Zhanghai. I'm 30 year old"
>>> "My name is {name}. I'm {age} year old".format(name="Zhanghai", age=30)
"My name is Zhanghai. I'm 30 year old"
>>> dict1={"name":"Zhanghai", "age":30}
>>> "My name is {name}. I'm {age} year old".format(**dict1)
"My name is Zhanghai. I'm 30 year old"
>>> "int: {0:d}; hex: {0:x}; oct: {0:o}; bin: {0:b}".format(36)
'int: 36; hex: 24; oct: 44; bin: 100100'
```

str.format()方法用"{}"和":"代替以前的"%."符号，更详细的说明请参考官方文档：https://docs.python.org/3/library/string.html#formatstrings

3. 字面量格式化字符串（f-strings）

Python 3.6 中添加一个新的字符串格式化方法，被称为字面量格式化字符串或 f-strings。f-strings 是指以"F"或"f"为前缀的字符串。f-strings 新方法能够在字符串常量中嵌入 Python 表达式。

【例4-8】 字面量格式化字符串示例。

```
>>> x=5;y=10
>>> f"Five plus ten is {x+y} and not {2*(x+y)}."
'Five plus ten is 15 and not 30.'
```

格式化字符串字面量是 Python 的解析特性，可以把 f-strings 转成一连串的字符串常量和表达式，随后在一起组合成最终的字符串。

4.1.4 字符串常用方法

Python 3 中，每个字符串都由单个或多个字符构成，每个字符都有其在字符串中的位置，这个位置又称字符的索引，是从 0 开始。但是，索引只能调出一个字符。切片是为了弥补索引的不足，一次性把需要的字符串切割出来。切片的切割范围是"左闭右开"区间。

针对字符串处理，Python 提供许多字符串内置方法，包括字符串大小写转换、字符串格式输出、字符串的替换、删除、截取、复制、连接、比较、查找、分割等。

字符串是不可变序列，字符串操作方法都不会改变原来字符串的值。

1. 字符串大小写转换

（1）str.capitalize()：返回将字符串的首字母大写、其他小写后生成的字符串。

（2）str.casefold()：返回将字符串中所有大写字符转为小写后生成的字符串。

（3）str.lower()：返回将字符串中所有大写字母转为小写后生成的字符串。

（4）str.swapcase()：返回字符串中大写转为小写、小写转为大写后生成的新字符串。

(5) str.title()：返回"标题化"的字符串(单词以大写开始，其余字母均为小写)。

(6) str.upper()：返回将字符串中所有小写字母转为大写后生成的字符串。

【例 4-9】 字符串大小写转换示例。

```
>>> str1="aBcE123"
>>> str1.capitalize(), str1.swapcase()
('Abce123', 'AbCe123')
>>> str1.title(), str1.upper()
('Abce123', 'ABCE123')
```

2. 字符串格式输出

(1) str.center(width[, fillchar])：将字符串按照给定的宽度居中显示，如果指定长度小于字符串长度，则返回原字符串，默认填充为 ASCII 空格，可指定填充的字符串。

(2) str.ljust(width[, fillchar])：返回指定宽度的字符串，字符串内容居左，如果长度小于字符串长度，则返回原始字符串，默认填充为 ASCII 空格，可指定填充的字符串。

(3) str.rjust(width[, fillchar])：返回指定宽度的字符串，字符串内容居右，如果长度小于字符串长度，则返回原始字符串，默认填充为 ASCII 空格，可指定填充的字符串。

(4) str.zfill(width)：用"0"填充字符串，并返回指定宽度的字符串。

(5) str.expandtabs(tabsize=8)：用指定的空格替代横向制表符，使得相邻字符串之间间距保持在指定的空格数以内。

(6) str.format(^args, ^^kwargs)：语法较繁多，详见官方文档。

(7) str.format_map(mapping)：类似 str.format(*args, **kwargs)，差别是 mapping 指定一个字典对象。

【例 4-10】 字符串格式输出示例。

```
>>> "12345".center(10,"*"), "12345".ljust(10,"*"), "12345".zfill(10)
('**12345***', '12345*****', '0000012345')
>>> People={"name":"john","age":56}
>>> "My name is {name}, I am {age} old".format_map(People)
'My name is john, I am 56 old'
```

3. 字符串搜索定位与替换

(1) str.count(sub[, start[, end]])：返回 sub 在 str 里面出现的次数，如果 start 或 end 指定则返回指定范围内 sub 出现的次数。

(2) str.find(sub[, start[, end]])：检测 sub 是否包含在字符串 str 中，如果指定范围 start 和 end，则检查是否包含在指定范围内；如果包含返回开始的索引值，否则返回-1。

(3) str.rfind(sub[, start[, end]])：从右边检测 sub 是否包含在字符串 str 中，如果指定范围 start 和 end，则检查是否包含在指定范围内；如果包含返回开始的索引值，否则返回-1。

(4) str.index(sub[, start[, end]])：检测字符串 str 中是否包含子字符串 sub，如果存在，则返回 sub 在 str 中的索引值(下标)；如果指定 start 和 end 范围，则检查是否包含在指定范围内。该方法与 str.find()方法一样，但是如果 sub 不在 str 中会报一个异常。

(5) str.rindex(sub[, start[, end]])：从右边检测字符串 str 中是否包含子字符串 sub，如果存

在，则返回 sub 在 string 中的索引值(下标)；如果指定 start 和 end 范围，则检查是否包含在指定范围内。该方法与 str.rfind()方法一样，但是如果 sub 不在 str 中会报一个异常。

(6) str.replace(old, new[, count])：把将字符串 str 中的 old 替换成 new，如果 count 指定，则替换不超过 count 次。

(7) str.lstrip([chars])：截掉字符串左边的空格或指定字符。

(8) str.rstrip([chars])：截掉字符串右边的空格或指定字符。

(9) str.strip([chars])：字符串上执行 lstrip()和 rstrip()。

(10) static str.maketrans(x[, y[, z]])：创建字符映射的转换表，如果仅有一个参数，则该参数必须是一个字典；如果有两个参数，则两个参数形成映射，且两个字符串必须是长度相等；如果有第三个参数，则第三个参数也必须是字符串，该字符串将自动映射到 None。

(11) str.translate(table)：以 table 作为翻译表或转换表，对原字符串中内容进行替换，而被映射为 None 的字符会被删除。

【例 4-11】 字符串搜索定位与替换示例。

```
>>> "12345612AB".count("12"), "12345612AB".find("12"), "12345612AB".rfind("12")
(2, 0, 6)
>>> "123612AB".replace("12", "KK"), "123612AB".replace("12", "KK", 1)
('KK36KKAB', 'KK3612AB')
>>> " 123AB ".lstrip(), " 123AB ".rstrip(), " 123AB ".strip()
('123AB ', ' 123AB', '123AB')
>>> table1={ord("1"):ord("a"),   ord("2"):ord("b")}
>>> table2=str.maketrans({"1":"a", "2":"b"})
>>> table1,table2
({49: 97, 50: 98}, {49: 'a', 50: 'b'})
>>> "123AB".translate(table1), "123AB".translate(table2)
('ab3AB', 'ab3AB')
>>> table3=str.maketrans("1234567", "一二三四五六日")
>>> "周 1,周 2,周 6,周 8".translate(table3)
'周一,周二,周六,周 8'
```

4. 字符串的联合与分割

(1) str.join(iterable)：用指定的字符串，连接元素为字符串的可迭代对象。

(2) str.partition(sep)：将字符串 str 用 sep 分段，从左边开始搜索，若出现 sep 返回三个元素的元组(sep 之前部分，sep，sep 之后部分)。

(3) str.rpartition(sep)：将字符串 str 用 sep 分段，从右边开始搜索，若出现 sep 返回三个元素的元组(sep 之前部分，sep，sep 之后部分)。

(4) str.split(sep=None, maxsplit=-1)：默认按空格字符将字符串从左至右切割，返回列表，可以指定分割符和切割次数。

(5) str.rsplit(sep=None, maxsplit=-1)：按空格字符将字符串从右至左切割，返回列表，可以指定分割符和切割次数。

(6) str.splitlines([keepends])：按照行('\r', '\r\n', \n')分隔，返回一个包含各行作为元素的列表，如果参数 keepends 为 False，则不包含换行符，否则保留换行符。

【例 4-12】 字符串的联合与分割示例。

```
>>>"-".join(["2019","3","16"])
 '2019-3-16'
>>>"12445".partition("4")
 ('12', '4', '45')
>>>"12445".rpartition("4")
('124', '4', '5')
>>> "12 *AB 34 *D".split()
['12', '*AB', '34', '*D']
>>> "12 *AB 34 *D".split("*", 2)
['12 ', 'AB 34 ', 'D']
>>> "12 *AB 34 *D".rsplit(" ",2)
['12 *AB', '34', '*D']
>>> "12 *AB 34 *D".rsplit("*",1)
['12 *AB 34 ', 'D']
```

5. 字符串条件判断

(1) str.endswith(suffix[, start[, end]])：检查 str 是否以 suffix 结束(后缀)，是则返回 True，否则返回 False；如果 start 或 end 指定，则检查指定范围。

(2) str.startswith(prefix[, start[, end]])：检查 str 是否是以 prefix 开头(前缀)，是则返回 True，否则返回 False；如果 start 或 end 指定，则在指定范围内检查。

(3) str.isalnum()：判断 str 是否由字母或数字组成，并且至少有一个字符(不为空)。

(4) str.isalpha()：判断 str 是否由字母组成，并且至少有一个字符(不为空)。

(5) str.isdecimal()：判断 str 是否由 Unicode 数字或全角数字(双字节)组成，并且至少有一个字符(不为空)。

(6) str.isdigit()：判断 str 是否由 Unicode 数字、byte 数字(单字节)、全角数字(双字节)或罗马数字组成，并且至少有一个字符(不为空)。

(7) str.isnumeric()：判断 str 是否由 Unicode 数字、全角数字(双字节)、罗马数字或汉字数字组成，并且至少有一个字符(不为空)。

(8) str.isidentifier()：判断 str 是否有效 Python 标识符(可用来判断变量名是否合法)。

(9) str.islower()：判断 str 中所有的字母是否为小写。

(10) str.isprintable()：判断 str 的字符是否都可打印或 str 为空。

(11) str.isspace()：判断 str 的字符是否都是空格，并且至少有一个字符(不为空)。

(12) str.istitle()：判断 str 中的每个单词是否是首字母大写，且其他字母是小写(忽视非字母字符)。

(13) str.isupper()：判断 str 中所有的字母是否为大写。

【例 4-13】 字符串条件判断示例。

```
>>> "ABCD1234".endswith("34"), "ABCD1234".startswith("ab")
(True, False)
>>> "ABC123".isalnum(), "ABC123 六".isalnum(), "ABC123".isalpha()
(True, True, False)
```

```
>>> "12 3 45".isdecimal(), "123 四".isdigit(), "123 四".isnumeric()
(True, False, True)
>>> "3*A".isidentifier(), "ab12".islower()
(False, True)
>>> " A ".isspace(), "Ab de".istitle(), "Ab De".istitle()
(False, False, True)
```

4.1.5 字符串处理应用案例

【例 4-14】 输入一个字符串，统计其中的 4 个字母 A、B、C、D 出现的次数和频率(4 个字母不区分大小写)。

```python
# python 程序文件名 ex4_1.py
str1 = input("请输入一个字符串：")
str2 = str1.upper()
sum_all = len(str2)
sum_a = str2.count("A")
sum_b = str2.count("B")
sum_c = str2.count("C")
sum_d= str2.count("D")
print("字符串中字符总数：", sum_all)
print("字母 A、B、C、D 出现的次数和频率分别为：")
print("A：  {0}\t{1:2.2f}%".format(sum_a, sum_a/sum_all * 100))
print("B：  {0}\t{1:2.2f}%".format(sum_b, sum_b/sum_all * 100))
print("C：  {0}\t{1:2.2f}%".format(sum_c, sum_c/sum_all * 100))
print("D：  {0}\t{1:2.2f}%".format(sum_d, sum_d/sum_all * 100))
```

【例 4-15】 读取文本文件，统计其中的行数、单词个数和字符个数。

```python
# python 程序文件名 ex4_2.py
line_sum = 0                    #行数
word_sum = 0                    #单词个数
character_sum = 0               #字符个数
with open("ex4_2.py", "r",encoding = "utf8") as filestr:   #读取文本文件 ex4_2.py
    for line in filestr:
        words = line.split()                #分离出单词
        line_sum += 1                       #行数加 1
        word_sum += len(words)              #单词个数加 1
        character_sum += len(line)          #字符数加 1
print("行数：", line_sum)
print("单词个数：", word_sum)
print("字符个数：", character_sum)
```

4.2　正则表达式

正则表达式(Regular Expression，RE)是一种文本模式，包括普通字符(例如，a 至 z 之间的字母)和特殊字符(称为"元字符")。正则表达式采用单个字符串来描述、匹配一系列匹配某个句法规则的字符串。正则表达式是一个很强大的字符串处理工具,关于字符串的任何操作都可以使用正则表达式来完成。

正则表达式处理字符串主要包括四大功能。

(1)字符串匹配:查看一个字符串是否符合正则表达式的语法,一般返回 true 或者 false。
(2)字符串获取:正则表达式来提取字符串中符合要求的文本。
(3)字符串替换:查找字符串中符合正则表达式的文本,并用相应的字符串替换。
(4)字符串分割:使用正则表达式对字符串进行分割。

4.2.1 正则表达式语法

正则表达式是由普通字符和特殊字符(称为元字符)组成的文字模式。普通字符包括ASCII 字符、Unicode 字符和转义字符。一个正则表达式中普通字符匹配自身。元字符可以分为字符类、预定义字符类、边界匹配符、重复限定符、逻辑和分组等。

1. 字符类元字符

字符类是由一对方括号[]括起来的字符集合,包括以下定义方式。
(1)[XYZ]:枚举字符集,匹配[]中任意字符。例如,[0123456789]表示匹配任何数字。
(2)[^XYZ]:与[XYZ]相反,匹配除不在[]中的任意字符。
(3)[X-Z]:通过-连接两个字符,表示匹配指定范围的任意字符。例如,[0-9]表示匹配任何数字。
(4)[^X-Z]:与[X-Z]相反,表示匹配指定范围外的任意字符。

2. 预定义字符类元字符

正则表达式包含若干预定义字符。
(1).:匹配任意单个字符(通配符),默认不会匹配\n 换行符。
(2)\:转义字符,\后边跟元字符,表示去除其特殊功能;\后边跟普通字符,表示实现其特殊功能。
(3)\d:匹配任意数字,等价于[0-9]。
(4)\D:匹配任意非数字,等价于[^0-9]
(5)\s:匹配任意空白字符,等价于[\t\n\r\f\v]。
(6)\S:匹配任意非空白字符,与\s 相反。
(7)\w:匹配字母、数字及下划线,等价于[A-Za-z0-9_]。
(8)\W:匹配非字母、非数字及非下画线,等价于[^A-Za-z0-9_]。

3. 边界匹配符类元字符

字符串匹配涉及从某个位置开始匹配。边界匹配符用于指定匹配字符串的位置。
(1)^:匹配字符串的开头。
(2)$:匹配字符串的尾部或换行符的前一个字符。
(3)\A:匹配字符串开始,忽略多行模式。
(4)\Z:匹配字符串结束,忽略多行模式。
(5)\b:匹配一个单词边界(单词头或单词尾)。例如,'er\b'匹配"never"中'er'。

(6)\B：匹配非单词边界。例如，'er\B'匹配"verb"中'er"。

4. 重复限定符类元字符

重复限定符可以指定重复匹配的次数。

(1)*：匹配*前字符，个数从0至正无穷重复匹配。例如，X*表示X重复0次或n次。

(2)+：匹配+前字符，个数从1至正无穷重复匹配。例如，X+表示X重复1次或n次。

(3)?：匹配?前字符，个数从0至1个匹配。例如，X?表示X重复0次或1次。

(4){}：匹配{}前字符，按{}中指定的次数匹配。例如，X{n}表示X重复n次；X{n,}表示X重复n次以上；X{n,m}表示X重复n至m次。

5. 逻辑和组合类元字符

(1)|：匹配位于|之前或之后的字符串（逻辑或）。例如，A|B表达匹配A或B。

(2)()：匹配括号内()内容，并标识出组合的开始和结尾。

正则表达式中的元字符($、?等)包含特殊含义，若按普通字符使用，则需要转义，例如\\$、\\?等。正则表达式中包含反斜杠\\的特殊字符，例如\b表示匹配单词边界；字符串中的转义字符\b表示退格字符。正则表达式分析器支持Python的标准转义字符。因此，正则表达式中以\开头的元字符与转义字符相同，若按转义字符使用，则需要使用两个反斜杠\\\\或使用原始字符串(字符串前加r或R)。

4.2.2 正则表达式实例

正则表达式具体应用时，可以单独使用某种类型的无字符。但是，复杂字符串处理时，经常需要组合若干个元字符。以下列出一些实例。

(1)python：匹配"python"。

(2)[Pp]ython：匹配"Python"或"python"。

(3)rub[ye]：匹配"ruby"或"rube"。

(4)[name]：匹配中括号内的任意一个字母。

(5)[0-9]：匹配任何数字，类似于[0123456789]。

(6)[a-z]：匹配任何小写字母。

(7)[A-Z]：匹配任何大写字母。

(8)[a-zA-Z0-9]：匹配任何字母及数字。

(9)[^name]：匹配除name字母以外的所有字符。

(10)[^0-9]：匹配除数字外的字符。

(11)^\d{1,3}\.\d{1,3}\.\d{1,3}\.\d{1,3}$：检查给定字符串是否为合法IP地址。

(12)^(13[4-9]\d{8})|(15[01289]\d{8})$：检查给定字符串是否为移动手机号码。

(13)^\w+@(\w+\.)+\w+$：检查给定字符串是否为合法电子邮件地址。

4.2.3 正则表达式模块

正则表达式应用某种预定义的模式去匹配一类具有共同特征的字符串，可以快速、准确地完成字符串查找、替换等复杂处理要求。

Python提供的re模块可以实现正则表达式操作所需要的功能。

re 模块提供的方法主要包括。

(1) re.search(pattern, string, flags=0)：扫描整个 string 找到匹配模式 pattern 的第一个位置，并返回相应匹配对象，否则返回 None。

(2) re.match(pattern, string, flags=0)：如果 string 开始 0 或多个字符匹配模式 pattern，则返回相应匹配对象，否则返回 None。

(3) re.fullmatch(pattern, string, flags=0)：如果整个 string 匹配到 pattern，则返回相应的匹配对象，否则返回 None。

(4) re.findall(pattern, string[, flags])：从左到右进行扫描 string，返回一个不重复的 pattern 匹配列表(按找到的顺序返回列表)。

(5) re.finditer(pattern, string[, flags])：pattern 在 string 里所有的非重复匹配，返回为一个迭代器 iterator 保存匹配对象(string 从左到右扫描，匹配结果按顺序排列)。

(6) re.sub(pattern, repl, string, count=0, flags=0)：在 string 找到的第一个 pattern，更换为 repl，并返回整个字符串；如果没找到则直接返回 string；repl 可以是字符串或者函数。

(7) re.subn(pattern, repl, string, count=0, flags=0)：与 re.sub()相同，但是返回一个元组(字符串，替换次数)。

(8) re.split(pattern, string[, maxsplit=0, flags=0])：根据匹配的子串将字符串 string 分割后返回列表。maxsplit 是执行拆分的最高次数，默认情况下执行所有可能的拆分。

(9) re.compile(pattern[, flag])：将字符串数据类型的正则表达式 pattern 编译为正则表达式对象。

re 模块方法中的参数 flags 可以为以下匹配选项。

(1) re.I：忽略大小写(Ignorecase)的匹配模式。
(2) re.L：字符集本地化(Locale)。
(3) re.M：多行(Multiline)模式，改变^和$的行为。
(4) re.S：匹配任何字符，包括换行符。
(5) re.X：匹配忽略空白和#号的注释。
(6) re.U：使用 \w、\W、\b、\B 等元字符时匹配 Unicode 字符。
(7) re.A：使用 \w、\W、\b、\B 等元字符时匹配 ASCII 字符。

【例 4-16】 正则表达式模块方法示例。

```
>>> import re
>>> print(re.search("break|loop|else", "kloop"))
<re.Match object; span=(1, 5), match='loop'>
>>> print(re.match("break|loop|else", "kloop"))
None
>>> text1="one1two2three3four4"
>>> re.findall(r"(\D+)", text1)
['one', 'two', 'three', 'four']
>>> text2 = "Computer?aided?diagnosis?can?provide?decision?supports?for?doctors."
>>> re.split('[\?.]+', text2)
['Computer', 'aided', 'diagnosis', 'can', 'provide', 'decision', 'supports', 'for', 'doctors', '']
>>> re.split('[\?]+', text2)
['Computer', 'aided', 'diagnosis', 'can', 'provide', 'decision', 'supports', 'for', 'doctors.']
>>> re.split('[\?]+', text2,maxsplit=5)              #分割 5 次
```

```
['Computer', 'aided', 'diagnosis', 'can', 'provide', 'decision?supports?for?doctors.']
>>> patt2="[a-zA-Z]+"
>>> re.findall(patt2, text2)                                  #查找所有单词
['Computer', 'aided', 'diagnosis', 'can', 'provide', 'decision', 'supports', 'for', 'doctors']
>>> patt3 = "Computer aided diagnosis"
>>> text3 = "Computer aided diagnosis can provide decision supports for doctors."
>>> re.sub(patt3, "Computer aided detection", text3)          #字符串替换
'Computer aided detection can provide decision supports for doctors.'
```

4.2.4 正则表达式对象

采用 re 模块中 compile 方法，可以将正则表达式编译为一个正则表达式对象（正则对象），然后使用正则对象方法来处理字符串，可以提高字符串处理速度。

正则表达式对象提供的方法主要包括（注，pattern 为编译后匹配模式，string 为匹配字符串）。

(1) pattern.search(string[, pos[, endpos]])：扫描整个 string 或指定范围寻找第一个匹配的位置，并返回相应的匹配对象 match，否则返回 None。参数 pos 给出字符串中开始搜索位置索引（默认为 0）。参数 endpos 限定字符串搜索的结束（默认为字符串长度）。

(2) pattern.match(string[, pos[, endpos]])：如果 string 开始位置或指定位置能够找到正则表达式的任意个匹配，则返回相应的匹配对象 match，否则返回 None。

(3) pattern.fullmatch(string[, pos[, endpos]])：如果整个 string 匹配正则表达式，则返回相应的匹配对象 match，否则返回 None。

(4) pattern.findall(string[, pos[, endpos]])：扫描整个 string 或指定范围，所有匹配对象以列表形式（按找到的顺序）返回。

(5) pattern.finditer(string[, pos[, endpos]])：扫描整个 string 或指定范围，所有非重复匹配对象以列表形式（按找到的顺序）返回。

(6) pattern.sub(repl, string, count=0)：string 中找到第一个 pattern，更换为 repl，并返回整个字符串；如果没找到则直接返回 string；repl 可以是字符串或者函数。

(7) pattern.subn(repl, string, count=0)：与 pattern.sub()相同，但是返回一个元组（字符串，替换次数）。

【例 4-17】 正则表达式对象方法示例。

```
>>> import re
>>> text1 = "Computer aided diagnosis can provide decision supports for doctors."
>>> patt1 = re.compile(r"\b[D|d]\w+\b")        #D 或 d 开头的单词
>>> patt1.findall(text1)
['diagnosis', 'decision', 'doctors']
>>> patt2 = re.compile(r"\w+s\b")              #s 结尾的单词
>>> patt2.findall(text1)
['diagnosis', 'supports', 'doctors']
>>> patt3 = re.compile(r"\b[a-zA-Z]{7}\b")     #字母个数为 7 的单词
>>> patt3.findall(text1)
['provide', 'doctors']
>>> patt4 = re.compile(r"\bD\w*\b", re.I)      #以 D 或 d 开头的单词
>>> patt4.sub("*", text1)
```

```
'Computer aided * can provide * supports for *.'
>>> patt4.sub("*", text1, 2)                    #替换 2 次
'Computer aided * can provide * supports for doctors.'
>>> patt5 = re.compile(r"[,./ \\?[\]\|]")       #指定多个可能的分隔符(包括空格)
>>> patt5.split(text1)
['Computer', 'aided', 'diagnosis', 'can', 'provide', 'decision', 'supports', 'for', 'doctors', '']
```

4.2.5 正则表达式匹配对象

正则表达式模块或正则表达式对象的 match()方法和 search()方法匹配成功后都会返回匹配对象(match 对象)。采用 match 对象的方法,可以进行字符串匹配结果处理。

匹配对象提供的方法主要包括。

(1) match.group([group1, ...]):返回一个或多个匹配的子组。如果只有一个参数,结果是一个字符串;如果有多个参数,结果是一个元组(每个参数对应一个项);如果没有参数,返回整个匹配。

(2) match.groups(default=None):返回一个元组,包含所有匹配的子组,default 参数用于不参与匹配的情况(默认为 None)。

(3) match.groupdict(default=None):返回一个字典,包含所有匹配的命名组,key 是组名,default 参数用于不参与匹配的组合(默认为 None)。

(4) match.start([group]):返回 group 匹配到的子串的开始标号。group 默认为 0(整个匹配的子串);如果 group 存在,但未产生匹配,则返回-1。

(5) match.end([group]):返回 group 匹配到的子串的结束标号。

(6) match.span([group]):返回一个二元组 (m.start(group), m.end(group))。

【例 4-18】 正则表达式匹配对象方法示例。

```
>>> text2 = "Computer aided diagnosis; decision supports"
>>> match1 = re.match(r"(\w+)    (\w+)", text2)
>>> match1.group(0), match1.group(1), match1.group(2), match1.group(1,2)
('Computer aided', 'Computer', 'aided', ('Computer', 'aided'))
>>> match1.groups()
('Computer', 'aided')
>>> match1.span(), match1. span(1), match1.span(2)
((0, 14), (0, 8), (9, 14))
```

4.2.6 正则表达式应用案例

【例 4-19】 输入一个字符串(内容为电子邮件地址文本),使用正则表达式验证其是否为有效的电子邮件地址。

〖问题分析〗

Internet 中每个用户的电子邮箱(Email)地址具有唯一性,这样可使邮件的收发更加方便、准确。电子邮件地址格式:user@mail.server.name,其中 user 是收件人的用户名;mail.server.name 是收件人的电子邮件服务器名,也可以是域名或十进制数字表示的 IP 地址)。

用户对陌生电子邮箱发信前,应该养成良好的习惯,首先验证其电子邮件地址是否正确,以免浪费时间和精力。电子邮件系统也会自动判定地址是否符合电子邮箱地址的格式,若不符合将拒绝发送邮件。

例如，ABC@163.com、ABC@126.com、ABC@sina.com、ABC@yahoo.com 等是有效的电子邮箱地址；ABC·yahoo.com 是无效的电子邮箱地址。

〖程序代码〗

```
# python 程序文件名 ex4_3.py
import os, re
#输入一个有效的电子邮箱地址：ABC@yahoo.com
#输入一个无效的电子邮箱地址：ABC·yahoo.com
text_email = input("请输入一个 Email 地址(字符串)： ")
patt_email = re.compile(r"^[\w\.\-]+@([\w\-]+\.)+[\w\-]+$")
if patt_email.match(text_email):
    print(text_email,'是有效的电子邮件格式!')
else:
    print(text_email,'是无效的电子邮件格式!')
```

【例 4-20】 输入一个字符串(含有电话号码)，使用正则表达式提取电话号码并打印输出。

〖问题分析〗

通常，电话号码格式：所在地电话区号-固定电话号码，其中所在地电话区号由 3 位或 4 位数字组成；固定电话号码由 7 位或 8 位数字组成。因此，匹配电话号码的正则表达式可写为 "(\d{3,4})-(\d{7,8})"。

〖程序代码〗

```
# python 程序文件名 ex4_4.py
import re
'''输入一个字符串(含电话号码)：My Phone No.is 0553-1234567, yours is 0551-12345678, his is 010-87654321. '''
tel_number = input("请输入一个字符串(含电话号码)： ")
patt_tel = re.compile(r"(\d{3,4})-(\d{7,8})")
index = 0
while True:
    match_result = patt_tel.search(tel_number, index)    #从指定位置开始匹配
    if not match_result:
        break
    print("*"*40)
    print("Successfully retrieve the phone number:")
    for n in range(3):
        print("The phone number:", match_result.group(n), ",pos_start:",
            match_result.start(n), ",pos_end:", match_result.end(n))
    index = match_result.end(2)                          #指定下次匹配的开始位置
```

习 题 4

一、填空题

1. 字符串内置方法_____返回将字符串中所有大写字符转为小写后生成的字符串。
2. 字符串内置方法_____返回指定长度的字符串，字符串内容居左。

3．"123AB456AB".count("AB")结果是_____。

4．"123AB456AB".replace("AB","A")结果是_____。

5．字符串内置方法_____是从右边检测 sub 是否包含在字符串 str 中。

6．字符串内置方法_____判断 str 是否由字母组成，并且至少有一个字符(不为空)。

7．正则表达式的元字符可以分为字符类、预定义字符类、_____、_____、逻辑和分组等。

8．正则表达式[a-z]可以匹配_____。

9．匹配任何字母及数字的正则表达式是_____。

10．Python 提供的_____模块可以实现正则表达式操作所需要的功能。

11．re 模块提供的方法_____能够从左到右进行扫描 string，返回一个不重复的 pattern 匹配列表。

12．re.sub("CD","12","ABCDEFCDGH")结果是_____。

13．re.subn("CD","12","ABCDEFCDGH")结果是_____。

14．re.split("1","AB1CD1EF2GH")结果是_____。

15．采用 re 模块中_____方法，可以将正则表达式编译为一个正则表达式对象。

16．正则表达式对象提供_____方法用于扫描整个 string 或指定范围，且所有匹配对象以列表形式返回。

17．正则表达式对象提供_____方法和_____方法匹配成功后都会返回匹配对象。

18．匹配对象提供_____方法用于返回一个元组，包含所有匹配的子组。

二、简答题

1．ASCII 编码和 Unicode 编码之间有何差异？

2．Unicode 和 UTF-8 编码之间有何差异？

3．常用的字符串格式化方法包括哪些？

4．字符串内置方法 split()和 rsplit()之间有何差异？

5．字符串内置方法 str.isdecimal()、str.isdigit()、str.isnumeric()之间有何差异？请举例说明。

6．简述正则表达式处理字符串的四大功能。

三、编程题

1．输入一个字符串，统计字母和数字出现的次数和频率。

2．读取一个文本文件，统计其中的行数、单词个数和字符个数。

3．输入一个字符串(含有 E-mail 地址)，使用正则表达式提取 E-mail 地址并打印输出。

4．输入一个字符串(含有手机号码文本)，使用正则表达式提取手机号码并打印输出。

5．输入一个字符串(内容为电话号码文本)，使用正则表达式验证其是否为有效的电话号码。

6．输入一个字符串(内容为网站网址文本)，使用正则表达式验证其是否为有效的网址。

第 5 章　自定义函数设计与应用

函数是一段可以重复使用的代码段，用来独立地完成某个功能，它可以接收用户传递的数据，也可以不接收。接收用户数据的函数在定义时要指明参数，不接收用户数据的不需要指明，由此可以将函数分为有参函数和无参函数。将代码段封装成函数的过程叫作函数定义。本章主要介绍函数定义与调用、参数传递、参数类型、变量作用域、递归函数等内容。掌握这些内容，可以把一些完成特定功能的模块编写成自定义函数，然后通过调用这些函数以完成相应功能，提高编程效率。

5.1　函数定义与调用

5.1.1　函数定义

Python 中，定义一个函数要使用 def 语句，依次写出函数名、一对圆括号、圆括号中的参数和冒号；然后，在缩进块中编写函数体，函数返回值用 return 语句返回。

函数定义的语法格式：

def　函数名([形参表]):
　　　函数体

说明：

(1)函数使用保留字 def 声明，函数名是有效的标识符。

(2)形参表(圆括号括起来，多个形参用逗号分隔)为函数定义的形式参数(简称形参)列表，形参使用时不需要声明其类型；如果不需提供形参，必须保留一对空的圆括号。

(3)圆括号后面的冒号必不可少。

(4)相对于 def 关键字，函数体必须保持一定的空格缩进。

(5)函数体内部的语句在执行时，一旦执行到 return [表达式表]时，函数就执行完毕，并返回表达式表中若干个表达式的值(多个值将以元组形式返回)。如果没有 return 语句，函数执行完毕后返回 None 结果。因此，函数内部通过条件判断和循环可以实现非常复杂的逻辑。

(6)Python 允许嵌套定义函数。

用户可以在 Python 交互环境中定义函数(函数定义结束后需要按两次 Enter 键重新回到>>>提示符下)，也可将函数定义代码保存在 Python 文件中。

将函数定义保存在.py 文件中，代码必须位于调用该函数的全局代码之前，通常顺序为：①import 语句；②函数定义；③全局代码(含函数调用语句)。

【例 5-1】　自定义一个函数 fib(n)，生成并打印输出斐波那契数列前 n 项。

〖问题分析〗

斐波那契数列(Fibonacci Sequence)，又称黄金分割数列，是数学家列昂纳多·斐波那契(Leonardoda Fibonacci)以兔子繁殖为例而引入的，故又称为"兔子数列"，指的是数列 1、1、

2、3、5、8、13、21、34、55、89、144……即前2项都是1,从第3项开始,每一项都等于前两项之和。

数学上递推定义：F(1)=1, F(2)=1, F(n)=F(n-1)+F(n-2)(n>=3)。

〖程序代码〗

```
def fib(n):
    a, b =1, 1
    print(a,b,end=" ")
    for m in range(3,n+1):
        a, b = b, a+b
        print(b, end=" ")
```

【例 5-2】 自定义一个函数 harmonic (n),打印输出第 n 个调和(harmonic)数(1 +1/2+1/3 +1/4 + 1/5+ 1/6+1/7+1/8 +...+1/n)。

```
def harmonic(n):
    sum=0
    for x in range(1, n+1):
        sum += 1/x
    return sum
```

5.1.2 函数调用

函数调用的语法格式：

函数名([实参表])

说明：

(1)实参表(圆括号括起来,多个实参用逗号分隔)为函数调用的实际参数(简称实参)列表,必须和函数定义时形参表中形参一一对应。

(2)函数调用是表达式。如果函数存在返回值,则可以在表达式中直接使用,参加表达式运算；否则可以单独作为表达式语句使用。

(3)如果定义函数 fib()保存在 ex5_1.py 文件,则可以在该文件的当前目录下启动 Python 解释器,通过 from ex5_1 import fib 来导入 fib ()函数,注意 ex5_1 是文件名(不含.py 扩展名)。

(4)函数调用可以直接从 Python 命令提示符执行。

【例 5-3】 调用例 5-1 自定义的函数 fib()。

〖调用方法一〗 Python 交互环境中定义函数 fib()。

```
>>> def fib(n):
        a, b =1, 1
        print(a,b,end=" ")
        for m in range(3,n+1):
            a, b = b, a+b
            print(b, end=" ")
>>> fib(6)
1 1 2 3 5 8
>>> fib(8)
```

```
1 1 2 3 5 8 13 21
>>>
```

〖调用方法二〗 自定义函数 fib()并保存在 ex5_1.py 文件中，如图 5-1 所示。

从 Python 命令提示符调用函数 fib()，结果如下：

```
>>> from ex5_1 import fib
>>> fib(7)
1 1 2 3 5 8 13
```

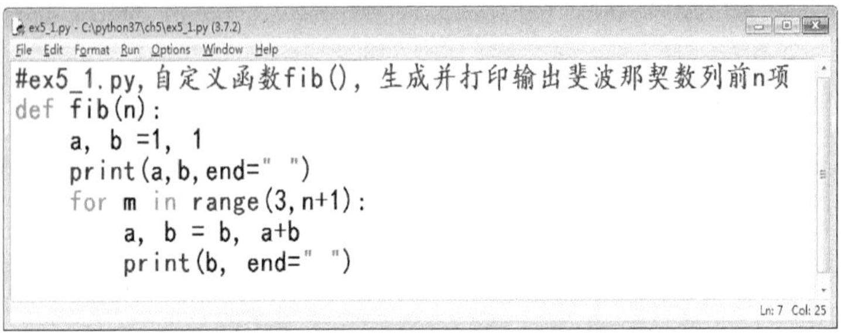
ex5_1.py - C:\python37\ch5\ex5_1.py (3.7.2)
File Edit Format Run Options Window Help
#ex5_1.py,自定义函数fib()，生成并打印输出斐波那契数列前n项
def fib(n):
a, b =1, 1
print(a,b,end=" ")
for m in range(3,n+1):
a, b = b, a+b
print(b, end=" ")
Ln: 7 Col: 25

图 5-1　ex5_1.py 中定义函数 fib()

〖调用方法三〗 自定义函数 fib()保存在 ex5_2.py 文件中，函数调用也保存在 ex5_2.py 文件中，如图 5-2 所示。

运行程序 ex5_2.py 的结果

```
>>>
==================== RESTART: C:/python37/ch5/ex5_2.py ====================
1 1 2
1 1 2 3
1 1 2 3 5
1 1 2 3 5 8
1 1 2 3 5 8 13
1 1 2 3 5 8 13 21
```

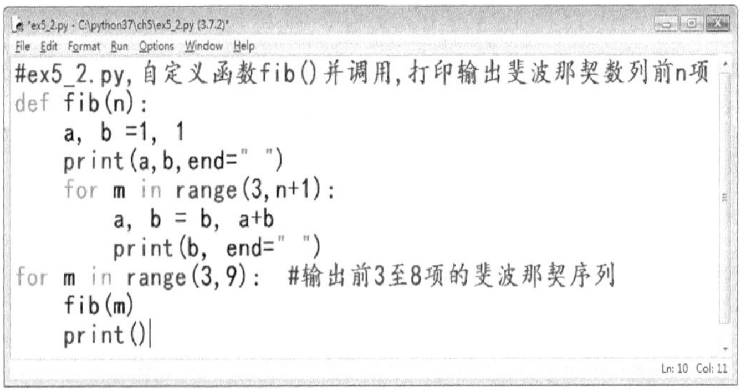
ex5_2.py - C:\python37\ch5\ex5_2.py (3.7.2)
File Edit Format Run Options Window Help
#ex5_2.py,自定义函数fib()并调用,打印输出斐波那契数列前n项
def fib(n):
a, b =1, 1
print(a,b,end=" ")
for m in range(3,n+1):
a, b = b, a+b
print(b, end=" ")
for m in range(3,9): #输出前3至8项的斐波那契序列
fib(m)
print()
Ln: 10 Col: 11

图 5-2　ex5_2.py 中定义与调用函数 fib()

〖调用方法四〗 自定义函数 fib()保存在 ex5_3.py 文件中，函数调用也保存在 ex5_3.py 文件中，如图 5-3 所示。

在 windows 命令行中执行 python ex5_3.py 10，从命令行第一参数中获取所需输出前 3 至 n 项的斐波那契序列的项数 10，并循环调用自定义函数 fib()，运行结果如图 5-4 所示。

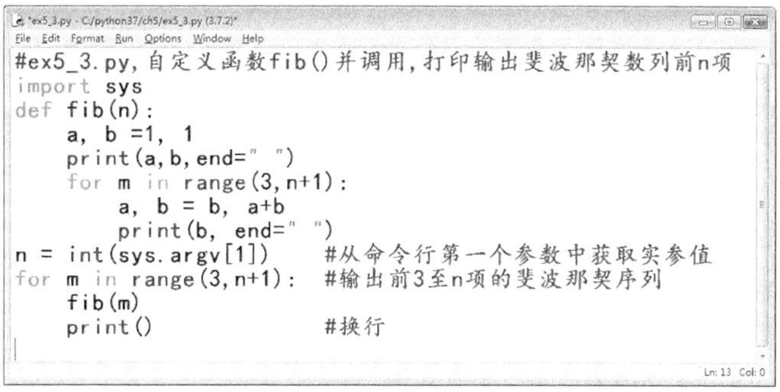

图 5-3　ex5_3.py 中定义与调用函数 fib()

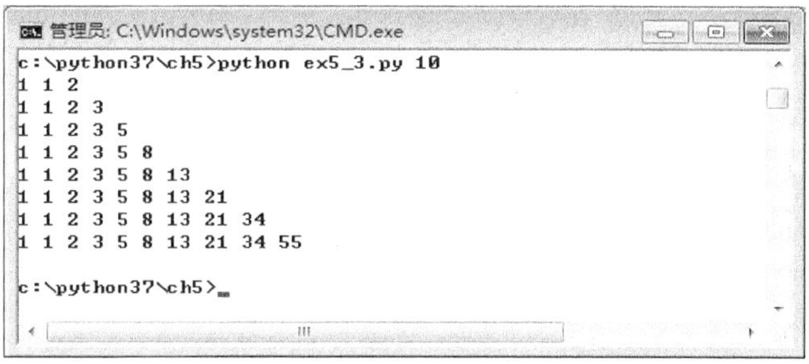

图 5-4　命令行中执行 ex5_3.py 结果

5.1.3　函数返回值

函数体中 return [表达式表]语句可以放置在函数体中任何位置，当执行到第一个 return 语句时，可实现从自定义函数返回一个值，并退出自定义函数。如果需要返回多个值，则可以返回一个元组。

【例 5-4】　自定义一个函数 randarray(n)（保存在 ex5_4.py 文件中），返回一个由 n 个 10 至 1000 之间的随机整数构成的列表。

〖问题分析〗

(1) 函数名 randarray(n)，其中 n 为形参。

(2) 产生一个随机整数需要导入 random 模块和调用 randint()方法。

(3) 创建一个空列表 list_randint=[]，随机整数添加到列表中需要调用 append()方法。

〖程序代码〗

```
#ex5_4.py
import random
def randarray(n):  #生成由 n 个随机整数构成的列表
    list_randint = []
    for m in range(n):
        list_randint.append(random.randint(10,1000))
    return list_randint
#自定义函数调用测试代码
list5=randarray(5)           #生成由 5 个随机整数构成的列表
for m in list5: print(m)     #输出列表中每个元素
```

5.1.4 匿名函数

匿名函数是指不使用 def 语句形式来定义的函数。Python 中使用 lambda 表达式来创建匿名函数。因此，匿名函数又称 lambda 函数。

匿名函数定义的语法格式：
(1) 函数名= lambda [形参表]: 表达式表
(2) lambda [形参表]: 表达式表

其中，函数名= lambda [形参表]: 表达式表，等价于：
def 函数名([形参表]):
    return 表达式表

匿名函数定义只包含一个语句，只能写一行；函数体只是一个表达式，而不是一个代码块，比 def 简单很多。

【例 5-5】 匿名函数示例。

```
>>> fdemo=lambda x, y, z: x+y+z
>>> print(fdemo("11", "22", "33"))
112233
>>> fdemo=lambda x, y, z = 100: x+y+z
>>> print(fdemo(11, 22))
133
>>> list1=[1, 2, 3, 4, 5]
>>> list(map((lambda x: x+10), list1))
[11, 12, 13, 14, 15]
```

5.1.5 嵌套函数

Python 支持嵌套函数。嵌套函数是指在函数内定义了另外一个函数，内层函数不能被外部直接使用，只能在外层定义它的函数中使用，否则会抛出异常。

内层函数可以访问外层函数中定义的变量，但不能重新赋值。

【例 5-6】 嵌套函数示例。

```
>>> def fdemo1(x,y):
        def fdemo2(z):
            return x+y*z
        return fdemo2
>>> abc=fdemo1(10, 20)    #定义一个可调用对象
>>> abc(30)
610
```

5.2 参 数 传 递

5.2.1 形式参数和实际参数

定义函数时所声明的参数，即为形式参数，简称形参。调用函数时，提供函数所需参数的实际值，即为实际参数，简称实参。

函数定义时圆括号内为若干个用逗号分隔的形参。一个函数可以没有形参，但是圆括号必须保留，表示该函数是无参函数，不接受参数。

函数调用时向形参传递对应的实参，也就是将实参的值或引用传递给对应的形参。

实参值默认按位置顺序依次传递给形参。如果实参个数不对，会产生错误。

函数定义时声明的形式参数，等同于函数体中的局部变量，在函数体中的任何位置都可以使用。局部变量和形式参数变量的区别在于，局部变量在函数体中绑定到某个对象；而形式参数变量则绑定到函数调用代码传递的对应实际参数对象。

Python 参数传递方法是传递对象引用，而不是传递对象的值。

传递对象引用又可分传递不可变对象的引用和传递可变对象的引用。

5.2.2 传递不可变对象的引用

函数调用时，如果传递的是不可变对象（例如，数字型、字符串、元组等），且函数体中修改不可变对象的值，其实质是创建一个新的不可变对象。

【例 5-7】 传递不可变对象的引用示例（保存在 ex5_7.py 文件中）。

```
#ex5_7.py
x=100
y=200
def abc(m,n):
    m += n
    n += m
    return n
y=abc(x,y)
print(x,y)
```

运行程序 ex5_7.py 的结果：

100　500

本示例中，x 的初始值为 100，y 的初始值为 200；调用函数 abc(x,y)后，在函数体内执行"x += 200"后，函数体内 x 的值为 300，执行"y += 300"后，函数体内 y 的值为 500，并返回函数值 500；函数 abc(x,y)调用结束后，不可变对象 x 的值仍为 100；不可变对象 y 被重新赋仍为 500，等价于新建一个不可变对象 y。

5.2.3 传递可变对象的引用

函数调用时，如果传递的是可变对象（例如，列表、集合、字典等）的引用，则函数体中可以直接修改可变对象的值。

【例 5-8】 传递可变对象的引用示例（保存在 ex5_8.py 文件中）。

```
#ex5_8.py
list1=[1,2,3,4,5,6]
def exchange(lst,m,n):
    lst[m], lst[n] = lst[n], lst[m]
#函数调用
exchange(list1, 2, 4)
print(list1)
```

运行程序 ex5_8.py 的结果：

[1, 2, 5, 4, 3, 6]

函数调用时，如果传递给函数的是可变序列，并且在函数内部使用下标或可变序列自身的方法增加、删除元素或修改元素时，修改后的结果是可以反映到函数之外的，实参也得到相应的修改。

5.2.4 序列解包参数传递

函数调用时，若为多个形参传递参数时，可以使用 Python 元组、列表、集合、字典等可迭代对象作为实参，并在实参前加一个星号，Python 解释器自动将其解包，然后传递给多个形参。字典对象作为实参时，默认使用字典的"键"；如果需要使用字典中"键-值"作为参数，则需要使用字典 item()方法；如果需要使用字典中"值"作为参数，则需要使用字典 values()方法。

【例 5-9】 序列解包参数传递示例。

```
>>> def fdemo(x, y, z): print(x, y, z); print(x + y + z)
>>> list1=[1, 2, 3]
>>> fdemo(*list1)
1 2 3
6
>>> dict1={"x":"AA", "y":"BB", "z":"CC"}
>>> fdemo(*dict1)
x y z
xyz
>>> fdemo(*dict1.values())
AA BB CC
AABBCC
>>> fdemo(*dict1.items())
('x', 'AA') ('y', 'BB') ('z', 'CC')
('x', 'AA', 'y', 'BB', 'z', 'CC')
```

5.3 参 数 类 型

Python 中，函数参数可以分为位置参数、关键参数、默认参数、可变参数等。

Python 在函数定义时不需要指定形参的类型，其类型是由函数调用传递的实参类型以及 Python 解释器的理解和推断来决定，类似于重载和泛型。

Python 函数定义时也不需要指定函数的数据类型，其类型由函数中 return 语句来决定，如果没有 return 语句或 return 没有得到执行，则认为返回空值 None。

5.3.1 位置参数

位置参数（Positional Arguments）是指函数调用时，实参默认按位置顺序传递形参。位置参数是较常用的参数类型，调用函数时实参和形参的顺序必须严格一致，并且实参和形参的数量必须相同。

【例 5-10】 位置参数示例。

>>> def fdemo(x, y, z): print(x, y, z)
>>> fdemo(1, 2, 3); fdemo("66", "55", "44")
1 2 3
66 55 44

调用函数 fdemo(1, 2)和 fdemo(1, 2, 3, 4)都会显示出错信息。

5.3.2 关键参数

关键参数是指函数调用时，可以通过形参名字指定传入的形参，又称命名参数。

关键参数是一种调用函数时的参数传递方式，与函数定义无关。

通过关键参数，实参顺序可以和形参顺序不一致，但不影响传递结果，避免用户需要牢记位置参数顺序的麻烦。

【例 5-11】 关键参数示例。

>>> def fdemo(x,y,z): print(x, y, z)
>>> fdemo(x=3,z=5,y=4)
3 4 5
>>> fdemo(z="AA", x="BB", y=123)
BB 123 AA

5.3.3 默认参数

默认参数是指函数定义时为形参设置默认值。

带有默认参数的函数定义语法格式：

def 函数名(形参 1,…,形参 n=默认值):
　　函数体

说明：

(1)默认参数必须出现在函数参数列表的最右端，且任何一个默认参数右边不能有非默认参数。例如，def fdemo(x=3, y, z=10)和 def fdemo(x=3, y) 都会导致函数定义失败。

(2)调用函数时，如果没有传入对应的实参值，则函数使用定义时指定的默认参数值。

(3)调用带有默认参数的函数时，可以不对默认参数进行赋值，也可以赋值，具有较大的灵活性。

(4)可以使用"函数名.__defaults__"查看所有默认参数的当前值。

【例 5-12】 默认参数示例。

>>> def fdemo(x, y, z=10): print(x, y, z)
>>> fdemo(1, 2); fdemo(1, 2, 3)
1 2 10
1 2 3

默认参数如果使用不当，会导致很难发现的逻辑错误。

例如：

>>>def fdemo(newitem,old_list=[]):

```
        old_list.append(newitem)
        return old_list
>>> print(fdemo("4", [1, 2, 3]))
[1, 2, 3, '4']
>>> print(fdemo("AA", ["11", "22", "33"]))
['11', '22', '33', 'AA']
>>> print(fdemo("AA"))
['AA']
>>> print(fdemo("BB"))
['AA', 'BB']
```

print(fdemo("BB"))执行结果为何不是['BB']？原因在于多次调用函数且不为默认参数传递参数时，默认参数只在第一次调用时解释，即在调用 print(fdemo("AA"))时解释。因此，当使用可变对象作为参数默认值时，一定要谨慎操作。

解决方法：

```
>>> def fdemo(newitem,old_list=None):
        if old_list is None:
            old_list=[]
        old_list.append(newitem)
        return old_list

>>> print(fdemo("AA"))
['AA']
>>> print(fdemo("BB"))
['BB']
```

5.3.4 可变参数

可变参数是指函数定义时标识带星(*)的参数，从而函数调用时允许向函数传递可变数量的实参。

可变参数主要包括两种形式。

(1)*parameter：接收多个实参并在放在一个元组中。

(2)**parameter：接收多个关键参数并存放到一个字典中。

注意，函数定义时带星或双星的参数必须位于形参列表的最后位置。

【例 5-13】 可变参数示例。

```
>>> def fdemo(*p): print(p)
>>> fdemo(1, 2, 3)
(1, 2, 3)
>>> def fdemo(**p): print(p)
>>> fdemo(x=1, y=2, z=3)
{'x': 1, 'y': 2, 'z': 3}
>>> def fdemo(m,n="AA", *p, **q):
        print(m,n)
        print(p)
        print(q)
```

```
>>> fdemo("AA", "BB", 11, 22, 33, x="11", y="22", z="33")
AA BB
(11, 22, 33)
{'x': '11', 'y': '22', 'z': '33'}
```

注意：调用函数时如果对可迭代对象实参使用一个星号*进行序列解包，则这些解包后的实参将被作为普通位置参数对待，并且在关键参数和使用两个星号**可变参数进行序列解包的参数之前进行处理。

5.4 变量作用域

Python 中，一个变量除了数据类型和取值外，还有一个重要的属性就是其作用域。变量作用域是指变量在程序中的作用范围，表明变量在什么代码范围内是有效或能够被访问的。不同作用域内变量名可以相同，互不影响。也就是说，Python 程序中的变量并不是在哪个位置都可以访问的，访问权限决定于这个变量是在哪里赋值的。变量的作用域决定在哪一部分程序可以访问哪个特定的变量名称。

5.4.1 Python 作用域

Python 作用域一共包括 4 种：局部作用域(Local)、嵌套父级函数的局部作用域(Enclosing)、全局作用域(Global)、内置作用域(Built-in)。

局部作用域：作用于函数定义所在范围。

嵌套父级函数的局部作用域：作用于嵌套的父级函数定义所在范围，即作用于包含此函数的上级函数定义所在范围，是一种局部作用域(Enclosing Function Locals)。内层函数引用外层函数的变量，形成闭包。

全局作用域：作用于函数定义所在模块范围。

内置作用域：作用于 Python 内置模块范围。

搜索变量的优先级顺序：局部作用域>嵌套父级函数的局部作用域>全局作用域>Python 内置作用域。

Python 中只有模块(module)、类(class)以及函数(def、lambda)才会引入新的作用域，其他代码块(例如，if/elif/else/、try/except、for/while 等)是不会引入新的作用域，也就是说这些语句内定义的变量，外部也可以访问。

内置作用域是通过一个名为 builtins 的标准模块来实现，但是必须通过 import builtins 导入 builtins 才能够使用。可以使用 dir(builtins)查看 builtins 标准模块预定义的内置变量。

一个变量在函数外部定义和在函数内部定义，其作用域是不同的。函数定义中，变量按其作用域，可分为全局变量和局部变量两种。

使用内置函数 globals()和 locals()，可以查看并输出局部变量和全局变量列表。

局部变量的引用比全局变量速度快，应优先考虑使用。

5.4.2 局部变量

局部变量是指在函数内部定义的变量(包括形参)，其有效范围(作用域)为函数体(函数内部)。当函数执行结束后，局部变量自动删除，不再可以使用。

【例 5-14】 局部变量示例。

```
>>> def fdemo(x, y):          #形参 x 和 y 是局部变量
        z = x+y                #z 是局部变量
        print(x, y, z)
        print(locals())
>>> fdemo(100, 200)
100 200 300
{'x': 100, 'y': 200, 'z': 300}
>>> x
NameError: name 'x' is not defined
```

5.4.3 全局变量

全局变量是指模块在函数定义之外声明的变量，可在全局作用域中使用，即在模块中所有函数定义外使用。

如果在一个函数中定义的局部变量(包括形参)与全局变量重名，则局部变量优先，即函数中定义的变量是指局部变量，而不是全局变量。

【例 5-15】 全局变量示例。

```
>>> z=100                    #z 是全局变量
>>> def fdemo(x, y):
        z = x + y            #z 是同名的局部变量
        print(x, y, z)
>>> fdemo(200,300)
200 300 500
>>> z                        #z 是全局变量
100
```

5.4.4 全局语句 global

如果想要在函数内部给一个定义在函数外的变量赋值，那么这个变量就不能是局部的，其作用域必须为全局的，能够同时作用于函数内外，称为全局变量，可以通过 global 来定义。

global 是 Python 中一个保留字，用来显式声明一个变量为全局变量。

global 定义全局变量时，可分为两种情况：

(1) 一个变量已在函数外定义，如果在函数内需要为这个变量赋值，并要将这个赋值结果反映到函数外，可以在函数内用 global 声明这个变量，将其声明为全局变量。

(2) 一个变量在函数外没有声明，在函数内部直接将一个变量声明为全局变量，该函数执行后，将增加为新的全局变量。

【例 5-16】 全局语句 global 示例。

```
>>> def fdemo(x, y):
        global z        #显示定义 z 是全局变量
        z = x + y
        print(x, y, z)
>>> fdemo(200, 300)
200 300 500
```

```
>>> z
500
```

5.4.5 非局部语句 nonlocal

在函数体中，可以定义嵌套函数。在嵌套函数中，如果要为定义在上级函数体的局部变量赋值，可以使用 nonlocal 语句，表明变量不是所在块的局部变量，而是在上级函数体中定义的局部变量。nonlocal 语句可以指定多个非局部变量。例如，nonlocal x, y, z。

【例 5-17】 非局部语句 nonlocal 示例。

```
>>> def outf():
        s = 100
        print(s)
        def inf():
            nonlocal s
            s = 200
            print(s)
        inf()
        print(s)
>>> outf()
100
200
200
>>> s
NameError: name 's' is not defined
```

5.5 递 归 函 数

函数内部可以调用其他函数。如果一个函数在内部调用本身，则该函数是递归函数。

5.5.1 递归函数定义

递归函数即自调用函数，在函数体内部直接或间接地自己调用自己，即函数的嵌套调用是函数本身。

【例 5-18】 计算阶乘 n! 的递归函数。

正整数的阶乘(factorial)是所有小于及等于该数的正整数的积。自然数 n 的阶乘写作 n!，n!=1×2×3×...×n。阶乘的递归定义：0!=1，n!=(n-1)!×n。

```
>>> def factorial(n):                          #函数定义
        if n == 0: return 1
        return factorial(n-1) * n
>>> for x in range(10): print(x, "!=", factorial(x))   #函数调用
0 != 1
1 != 1
2 != 2
3 != 6
4 != 24
```

```
5 != 120
6 != 720
7 != 5040
8 != 40320
9 != 362880
```

5.5.2 递归函数原理

递归函数执行过程中将反复调用其自身，每调用一次就进入新的一层。因此，递归函数必须有结束条件，当函数在一直递推，直到遇到墙后返回，这个墙就是结束条件。

递归函数包括两个要素：终止条件与递推关系。

(1) 终止条件。终止条件用于结束递归，返回函数值。例 5-18 中 factorial()函数的终止条件是 n==0。缺少终止条件的递归函数，将会导致无限递归函数调用，其最终结果是系统会耗尽内存。

(2) 递推关系。相邻两次递归步骤之间有紧密的联系，前一次要为后一次做准备，也就是将第 n 步的参数值的函数与第 n–1 步的参数值的函数关联。而且每次进入更深一层递归时，问题规模相比上次递归都应有所减少，保证收敛。否则，也会导致无限递归函数调用。

例 5-18 中 factorial()函数的递推关系是 factorial(n-1) * n。

通常，递归函数中需要设置终止条件。Python 中 sys 模块中提供 sys.getrecursionlimit()、sys.setrecursionlimit()函数用于获取和设置最大递归次数。

【例 5-19】 最大递归次数示例。

```
>>> import sys
>>> sys.getrecursionlimit()
1000
>>> sys.setrecursionlimit(3000)
>>> sys.getrecursionlimit()
3000
```

5.5.3 递归函数应用

【例 5-20】 计算最大公约数的递归函数。

最大公约数(greatest common diviso, gcd)是指两个或多个整数共有约数中的最大数，又称最大公因、最大公因子。a 和 b 的最大公约数记为 gcd(a, b)，a、b 和 c 的最大公约数记为 gcd(a, b, c)，多个整数的最大公约数也有同样的记号。最大公约数有多种求解方法，常见的包括辗转相除法、质因数分解法、短除法和更相减损法。

其中，辗转相除法又称欧几里德算法，主要依赖于定理：gcd(a, b) = gcd(b, a mod b)

计算最大公约数的递归函数：

(1) 终止条件：当 b=0 时，gcd(a, b)=a。

(2) 递推关系：gcd(b, a % b)。

```
>>> def gcd(x, y):                #函数定义
        if y == 0: return x
        return gcd(y, x % y)
>>> gcd(36, 60)                   #函数调用
12
```

【例5-21】 实现汉诺塔的递归函数。

汉诺塔(Tower of Hanoi)问题是源于印度一个古老传说的益智玩具。大梵天创造世界时造了三根金刚石柱子，其中一根柱子自底向上按照大小顺序叠着64片黄金圆盘(称为汉诺塔)，如图5-5所示。大梵天命令婆罗门把圆盘从下面开始按大小顺序重新摆放在另一根柱子上。并且规定，在小圆盘上不能放大圆盘，在三根柱子之间一次只能移动一个圆盘。

图5-5 汉诺塔问题示意图

设三根金刚石柱编号为x(起始柱)、y(中转柱)和z(目标柱)，定义函数ht(n, x, y, z)表示把n个圆盘从x柱移到z柱(可以经由中转柱y)。

实现汉诺塔的递归函数：

(1)终止条件：当n==1时，ht(n, x, y, z) = ht(1, x, y, z)。如果起始柱x只有一个圆盘，则可以直接将其移动到目标柱z上。

(2)递推关系：ht(n, x, y, z)可以分解成ht(n-1, x, z, y)、ht(1, x, y, z)和ht(n-1, y, x, z)三个步骤。

```
>>> def ht(n, x, y, z):            #函数定义
        if n == 1: print(x,"==>",z)
        else:
            ht(n-1, x, z, y)
            ht(1, x, y, z)
            ht(n-1, y, x, z)
>>> ht(3, "X", "Y", "Z")            #函数调用
X ==> Z
X ==> Y
Z ==> Y
X ==> Z
Y ==> X
Y ==> Z
X ==> Z
```

5.6 函 数 应 用

【例5-22】 定义一个函数，能够接收任意多个实数，并能返回一个元组，其中第一个元素为所有参数的平均值，其他元素为所有参数中大于平均值的实数。

```
#ex5_22.py
def fdemo(*para):
    avg = sum(para)/len(para)
    tavg = [n for n in para if n>avg]
```

```
            return (avg,)+tuple(tavg)
print(fdemo(10, 20, 30, 40, 50))
```

运行程序 ex5_22.py，执行结果：

```
(30.0, 40, 50)
```

【例 5-23】 定义一个函数，能够接收字符串参数，返回一个列表，其中第一个元素为大写字母个数，第二个元素为小写字母个数，第三个元素是数字个数。

```
#ex5_23.py
def fdemo(str1):
    result = [0,0,0]
    for ch in str1:
        if "A"<=ch<="Z":
            result[0] += 1
        elif "a"<=ch<="z":
            result[1] += 1
        elif ch.isdigit():
            result[2] += 1
    return result
print(fdemo("ABCDabcde123456"))
```

运行程序 ex5_23.py，执行结果：

```
[4, 5, 6]
```

【例 5-24】 定义一个函数，能够接收包含 15 个整数的列表 list1 和一个整数 n 作为参数。处理规则：列表 list1 中下标 n 之前的元素逆序打印输出；下标 n 及其之后的元素逆序打印输出；整个列表 list1 中的所有元素再逆序返回。

```
#ex5_24.py
def fdemo(list1, n):
    x = list1[:n]
    x.reverse()
    print(x)
    y = list1[n:]
    y.reverse()
    print(y)
    z = list1
    z.reverse()
    return z
list2 = list(range(1, 16))
print(fdemo(list2, 6))
```

运行程序 ex5_24.py 的结果：

```
[6, 5, 4, 3, 2, 1]
[15, 14, 13, 12, 11, 10, 9, 8, 7]
[15, 14, 13, 12, 11, 10, 9, 8, 7, 6, 5, 4, 3, 2, 1]
```

【例 5-25】 定义一个函数，能够接收整数参数 n，返回斐波那契数列中大于 n 的第一个数。

```
#ex5_25.py
def fdemo(n):
    a, b = 1, 1
    print(a,b,end=" ")
    while b<=n:
        a, b = b, a+b
        print(b,end=" ")
    else:
        return b
print(fdemo(50))
```

运行程序 ex5_25.py 的结果：

1 1 2 3 5 8 13 21 34 55

【例 5-26】 定义一个函数，能够接收整数参数 n，打印输出 n×n 乘法表。

```
#ex5_26.py
def fdemo(n):
    for x in range(1,n+1):
        for y in range(1,x+1):
            print(str(x)+"*"+str(y)+"="+str(x*y).rjust(2," "),end="   ")
        print()
fdemo(5)
```

运行程序 ex5_26.py 的结果：

```
1*1= 1
2*1= 2   2*2= 4
3*1= 3   3*2= 6   3*3= 9
4*1= 4   4*2= 8   4*3=12   4*4=16
5*1= 5   5*2=10   5*3=15   5*4=20   5*5=25
```

【例 5-27】 定义一个函数，能够接收整数参数 n，判断 n 是否为素数。

```
#ex5_27.py
import math
def isprime(n):
    if n==1: return (str(n)+"非素数!")
    for x in range(2, int(math.sqrt(n)) + 1):
        if n % x == 0: return (str(n) + "非素数!")
    return (str(n) + "是素数!")
print(isprime(17))
print(isprime(27))
```

运行程序 ex5_27.py 的结果：

17 是素数!
27 非素数!

【例 5-28】 定义一个函数，能够接收一个大于 2 的正偶数为参数，输出两个素数，并且这两个素数之和等于原来的正偶数(哥德巴赫猜想)。如果存在多组符合条件的素数，则全部输出。

```
#ex5_28.py
import math
def isprime(n):
    m = int(math.sqrt(n))+1
    for x in range(2, m):
        if n%x==0:
            return False
    return True
def gt(n):
    if isinstance(n,int) and n>2 and n%2==0:
        for x in range(3,int(n/2)+1):
            if x%2==1 and isprime(x) and isprime(n-x):
                print(n, "=", x, "+", n-x)
gt(100)
```

运行程序 ex5_28.py 的结果：

100 = 3 + 97
100 = 11 + 89
100 = 17 + 83
100 = 29 + 71
100 = 41 + 59
100 = 47 + 53

习 题 5

一、填空题

1. 定义函数时使用关键字_____。
2. _____表达式可以用来创建只包含一个表达式的匿名函数。
3. 执行 f1=lambda x,y:x*y; f1(10,20)的结果是_____。
4. Python 中，函数参数可以分为_____、_____、_____和可变参数等。
5. Python 作用域可以分为_____、外部嵌套函数作用域、_____和_____。
6. 在函数内部可以通过关键字_____来声明或定义全局变量。
7. 使用内置函数_____和_____，可以查看并输出局部变量和全局变量列表。
8. 递归函数包括两个要素：_____和_____。

二、简答题

1. 如何定义一个匿名函数？
2. 传递不可变对象的引用和传递可变对象的引用有何差异？
3. 如何传递序列解包参数？

4. 位置参数和关键参数之间有何差异?
5. 默认参数和可变参数之间有何差异?
6. 局部变量和全局变量之间有何差异?

三、程序阅读题

1. 下面程序的执行结果是_____。

```
def f1(x, y):
    if y==0:
        return x
    else:
        return x%y
print(f1(18, 5))
```

2. 下面程序的执行结果是_____。

```
s=map(lambda x:x**2, [1, 2, 3])
for n in s:
    print(n, end=" ")
```

3. 下面程序的执行结果是_____。

```
def f2(p1, *p2):
    print(p1)
    print(p2)
f2(1, 2, 3, 4)
```

4. 下面程序的执行结果是_____。

```
def f3(p1, **p2):
    print(p1)
    print(p2)
f3(1, x=2, y=3, z=4)
```

5. 下面程序的执行结果是_____。

```
n=1
m=0
def f4():
    global n
    for x in [1, 2, 3]: n +=1
    m=10
    print(n, m)
f4()
print(n, m)
```

四、程序设计题

1. 自定义一个函数 sumfib(n)，返回斐波那契数列前 n 项之和。
2. 自定义一个函数 jc(n)，返回 n!。
3. 自定义一个函数 fcg(a,b,c)，返回一元二次方程 $ax^2+bx+c=0$ 的根，假设 $a\neq 0$。
4. 自定义一个函数 hw(ch)，判断 ch 是否为回文字符串。

第6章 面向对象程序设计

面向对象程序设计是一种程序设计范型，同时也是一种程序开发的方法，通过将对象作为程序的基本单元，将程序和数据封装其中，以提高软件的重用性、灵活性和扩展性。本章主要介绍面向对象的程序设计方法，包括面向对象的最核心概念（类和对象）及基本特征（封装、继承和多态）、对象的属性和方法、对象的赋值与复制等。掌握面向对象的基本概念和程序设计方法，可以大大增加代码的可重用性、程序的可靠性和可维护性，从而提高程序开发效率。

6.1 Python 面向对象概念

1. 程序设计方法的发展历程

程序设计方法经历了面向过程程序设计（Procedure Oriented Programming，POP）和面向对象程序设计（Object Oriented Programming，OOP）两个阶段。

面向过程程序设计（POP）是一种采用自顶向下、逐步求精的程序设计方法，以过程为中心，将一个问题分解成若干子问题，再对每个子问题进行分解（模块化），找出解决子问题所需要的步骤，然后用模块把这些步骤一步一步实现，又称面向过程的结构化程序设计方法（Structurized Procedure Oriented Programming，SPOP），简称结构化程序设计。

面向过程的程序结构：

(1) 程序按功能划分为若干个基本模块（Module），形成一个树状结构。

(2) 程序中各模块之间的关系尽可能简单，功能上相对独立，每一模块内部均由顺序、选择和循环三种基本结构组成。

(3) 程序中模块化实现的具体方法是使用子程序。

面向过程程序设计中，问题被看作一系列需要完成的任务，模块（函数、过程）用于完成这些任务，解决问题的焦点集中于模块。其中模块是面向过程的，即它关注如何根据规定的条件完成指定的任务。POP 设计思路是采用模块分解与功能抽象，自顶向下、逐步求精、分而治之。但是，面向过程程序设计中，数据和对数据的操作是分离的。

POP 优点是有效地将一个较复杂的程序系统设计任务分解成许多易于控制和处理的子任务，便于开发和维护。

POP 缺点是程序可重用性差、数据安全性差，且难以开发大型软件和图形界面的应用软件等。

面向对象程序设计（OOP）是将构成问题的事务分解成各个对象，建立对象的目的不是为了完成一个步骤，而是为了描叙某个事物在整个解决问题的步骤中的行为。

面向对象程序设计主要针对大型软件设计而提出，使得软件设计更加灵活，能够很好地支持代码复用和设计复用，并且使代码具有更好的可读性和可扩展性。

面向对象程序设计的一条基本原则是计算机程序由多个能够起到子程序作用的单元或对象组合而成，这大大地降低软件开发的难度，使得编程就像搭积木一样简单。

面向对象程序设计的一个关键概念是将数据及对数据的操作方法封装在一起 作为一个相互依存、不可分离的整体——对象(object)，对同类型对象抽象出其共性，形成类(class)，类通过一个简单的外部接口(interface)与外界(environment)发生关系(relation)，对象与对象之间通过消息(message)进行通信(communication)。面向对象程序设计的关键就是如何合理地定义和组织这些类以及类之间的关系。

2. 面向对象的核心概念

Python 是一种支持 OOP 的动态语言，完全采用面向对象程序设计的思想，是真正面向对象的高级动态编程语言，完全支持面向对象的基本功能，如封装、继承、多态以及对基类方法的覆盖或重写。

面向对象的核心概念包括类、对象、属性、方法等。其中，类和对象是面向对象程序设计方法中最核心的概念。

类是对某一类事物的描述，是抽象的、概念上的定义。而对象则是实际存在的属于该类事物的具体个体，又称为实例(instance)。例如，汽车设计图是"汽车类"，根据这个汽车设计图产生的 1000 辆汽车则是按照该类生产出的"汽车对象"。类是对象的模板、图纸，而对象则是类的一个实例，是实实在在的个体，一个类可以对应多个对象。

显然，面向对象程序设计思想的重点是类的设计，而不是对象的设计。

类是对具有共同特征(属性)和行为(方法)的一类事物的抽象描述。其中，共同的特征被描述为类的数据成员，共同行为被描述为类的函数成员。

对象是用来描述客观事物的一个实体，由一组特征(属性)和行为(方法)构成。现实生活中的事物被抽象成对象，把具有相同特征和行为的对象被抽象成类，再从具有相同特征和行为的类中抽象出父类。

属性是指对象具有的各种特征。每个对象的每个属性都有特定值。例如，每辆汽车的车牌号不同。属性包括公有属性、私有属性、静态属性。

方法是指对象执行的操作，作用于属性的操作(体现事物的行为)。

从程序设计者来看，对象是一个程序模块。从用户来看，对象为用户提供所期望的行为。

一个对象有自己的状态(属性)、行为(方法)和唯一的标识。

(1)状态(state)：包括对象已有的属性和对象具有的当前属性值(这些属性往往是动态的)。

(2)行为(behavior)：对象如何影响外界及被外界影响，表现为对象自身状态的改变和信息的传递。

(3)标识(identity)：对象所具有的区别于所有其他对象的属性。本质上指内存中所创建对象的地址。

实例是由类所创建的具体对象，即给类定义的数据赋予具体值，操作赋予确定处理程序而所获得的实际对象。

消息是指一个对象向另一个对象发出的请求，是向某对象请求服务的一种表达方式，是对象与外界、对象与对象之间联系的工具。同一个对象可以接收不同形式的多个消息，并作出不同的响应。相同形式的消息可以传递给不同的对象，但不同对象所作出的响应可以不同。消息的发送可以不考虑具体的接收者。

3. 面向对象的基本特征

面向对象的基本特征包括封装(encapsulation)、继承(inheritance)和多态(polymorphism)。其中，封装是将数据抽象的外部接口与内部实现的细节清楚地分开，同时将抽象得到的属性(数据)和方法(行为)相结合，形成一个有机的整体(即类)；继承是指根据现有的类为基础派生出新的类；多态是指同一操作(方法)作用于不同的对象时，可以有不同的解释，产生不同的执行结果。

封装的目的是简化编程、增强安全性和可扩展性。封装可以简化编程，使用者不必了解具体的实现细节。封装可以增强安全性，类中把某些属性和方法隐藏起来(或定义成私有)，只在类的内部使用、外部无法访问，或者留下少量接口(函数)供外部访问。封装提供良好的扩展性。封装在于明确区分内外，类定义者可以修改封装内且不影响外部调用者的代码；而外部使用者只知道一个接口(函数)，只要接口(函数)名、参数不变，使用者的代码也无须改变。因此，类设计者可以增加类的功能。

继承可以使用现有类的所有功能，并在无须重新编写原来的类的情况下对这些功能进行扩展。通过继承创建的新类称为"子类"或"派生类"，被继承的类称为"基类"、"父类"或"超类"。通过类继承方式，子类可以从父类继承属性和方法，可以避免代码重复开发，减少代码和数据冗余，提高编程效率。

多态是和继承结合在一起的，其本质是子类通过覆盖或重载(覆重)父类的方法，实现对同一类对象同一方法的调用而产生不同的结果。

6.2 类对象与实例对象

类是一种数据结构，类定义数据类型的数据(属性或状态)和行为(方法)。对象是类的具体实体或实例。Python 中，所有的数据类型都被视为对象，类可称为类对象，类的实例可称为实例对象。

1. 类对象

Python 采用 class 关键字来定义类对象，class 关键字之后是一个空格，空格后是类对象的名字(类对象名的首字母通常要大写)，然后是一个冒号，最后换行并定义类对象的内部实现。

类对象定义的语法格式：

class 类名:
    类体

说明：

(1)类名必须是有效的标识符，命名规则通常是多个单词组成的名称，且每个单词的第一个字母大写，其余字母均小写。

(2)类体由缩进的语句块组成。

(3)定义在类体内的元素均是类的成员。类成员主要包括描述状态的数据成员(属性)和描述操作的函数成员(方法)。

【例 6-1】 类对象定义示例。

```
>>> class Student1:
        def infor(self):
            print("He is a student.")
```

2. 实例对象

类对象是抽象的。类对象定义后，可以用来创建实例对象，并通过"实例对象名.成员"的方式来访问其中的数据成员(属性)或函数成员(方法)。

实例对象定义的语法格式：对象名=类名(实参表)

对象成员调用的语法格式：对象名.属性或对象名.函数

Python 中，可以使用内置方法 isinstance()来测试一个对象是否为某个类的实例。

【例 6-2】 实例对象操作示例。

```
>>> s1 = Student1()
>>> s1.infor()
He is a student.
>>> isinstance(s1, Student1), isinstance(s1, list)
(True, False)
```

6.3 对象的属性

类对象中定义的数据成员是类对象中定义的成员变量，用来存储描述类对象的特征值，称为属性。属性可以被类对象中定义的方法访问，也可以通过类对象或实例对象进行访问。属性实质是类对象中的变量，可以在类对象定义的开始位置初始化属性或在构造函数(__init__)中初始化实例属性。

1. 实例属性

实例属性是指通过"self.变量名"定义的属性，又称实例变量或动态属性。

实例属性在类对象定义的内部通过 self 访问，在外部通过实例对象访问。

通常，实例属性在__init__()方法中初始化，其语法格式：

self.实例属性名=初始值

然后，在类对象定义的其他函数中，通过 self 访问，其语法格式：

(1) self.实例属性名=表达式

(2) self.实例属性名

或者，创建实例对象后，通过实例对象访问。

【例 6-3】 实例属性应用示例(ex6_3.py)。

```
# ex6_3.py
#定义类对象
class Student2:                              #定义类 Student2
    def __init__(self, xh, name, age):       #__init__方法,定义类数据成员(属性)
        self.xh = xh                         #初始化 self.xh，即成员变量 xh
        self.name = name                     #初始化 self.name，即成员变量 name
        self.age = age                       #初始化 self.age，即成员变量 age
    def hello(self):                         #定义类函数成员(方法)hello
        print('您好，我是', self.name)        #实例对象方法中通过 self.name 读取 name
#测试实例属性
s2 = Student2("9901","张三",19)              #创建实例对象
s2.hello()                                   #调用实例对象方法
print(s2.xh, s2.name, s2.age)                #通过 s2.xh 等访问(读取)实例变量 xh,并打印输出
```

运行程序 ex6_3.py 的结果

```
您好，我是 张三
9901 张三 19
```

2. 类属性

类属性是指类对象本身的属性，又称类变量、静态属性。类属性属于整个类对象，不是实例对象的一部分。

通常，类属性在类对象定义(类体)中初始化，其语法格式：

类属性名=初始值

然后，在类对象定义或外部代码中，通过类对象名访问，其语法格式：

(1)类对象名.类属性名=表达式

(2)类对象名.类属性名

【例 6-4】 类属性应用示例(ex6_4.py)。

```
# ex6_4.py
#定义类对象
class Student3:
    count = 100          #定义类属性 count，表示计数
    name = "Student"     #定义类属性 name，表示名称
#测试类属性
Student3.count += 1
print(Student3.count)
print(Student3.name)
s31 = Student3()
s32 = Student3()
print((s31.name, s32.name))
Student3.name = "计算机专业"
print((s31.name, s32.name))
s31.name = "人工智能专业"   #通过实例对象访问，则属于该实例的实例属性
print((s31.name, s32.name))
```

运行程序 ex6_4.py 的结果

```
101
Student
('Student', 'Student')
('计算机专业', '计算机专业')
('人工智能专业', '计算机专业')
```

3. 公有属性和私有属性

私有属性是指属性名以两个下划线开头，但是不以两个下划线结束的属性。

私有属性是为了数据的封装和保密而设计的，通常只能在类的内部访问。私有属性不能在类的外部被直接访问。

公有属性是指除了私有属性的其他属性。公有属性是可以公开使用的，既可以在类的内部进行访问，也可以在类的外部使用。

【例 6-5】 公有属性和私有属性应用示例(ex6_5.py)。

```
# ex6_5.py
class Pri1:
    pname = "public attribute of class Pri1"        #公有属性
    __pname = "private attribute of class Pri1"     #私有属性
    def get_name():
        print("1:", Pri1.pname)                     #类内直接访问公有属性
        print("2:", Pri1.__pname)                   #类内直接访问私有属性
#测试公有、私有属性
Pri1.get_name()
print("3:", Pri1.pname)                             #类外直接访问公有属性
print("4:", Pri1.__pname)                           #类外直接访问私有属性，导致错误
```

运行程序 ex6_5.py 的结果

```
1: public attribute of class Pri1
2: private attribute of class Pri1
3: public attribute of class Pri1
    print("4:",Pri1.__pname)                        #类外直接访问私有属性，导致错误
AttributeError: type object 'Pri1' has no attribute '__pname'
```

4. @property 装饰器

面向对象编程的封装性原则要求不直接访问类中的数据成员(属性)。Python 中可以通过定义私有属性，然后定义相应的访问该私有属性的函数，并使用@property 装饰器或 property() 装饰器来管理或装饰这些函数。程序可以把函数当作属性访问，从而提供更友好的访问方式。

@property 是属于 Python 中一个内置装饰器，广泛应用于类对象定义中。@property 装饰器可以将一个直接访问的属性转变为函数触发式属性。一个 property 对象包括 getter、setter 和 deleter 方法可用于装饰器。单独使用@property 创建@x.getter 装饰器，则表示只读(获取属性)。如果需要，可以同时使用@property 和@x.setter 表示可读可写；或同时使用@property、@x.setter 和@x.deleter 表示可读可写可删除。

property()是 Python 中一个内置函数，其语法格式：

property(fget=None, fset=None, fdel=None, doc=None)

其中：

(1) fget 是一个用来获取属性值的函数。
(2) fset 是一个用来设置属性值的函数。
(3) fdel 是一个用来删除某个属性值的函数。
(4) doc 是一个为属性创建的文档字符串。

【例 6-6】 只读属性设置示例。

```
>>> class Tprop1:
        def __init__(self, age):
            self.__age = age +20
        @property
        def age(self):                              #age 属性只读
            return self.__age
```

```
>>> tp1= Tprop1(10)
>>> tp1.age
30
>>> tp1.age = 40            #修改 age 属性值,失败
AttributeError: can't set attribute
>>> del tp1.age             #删除 age 属性,失败
AttributeError: can't delete attribute
>>> tp1.age
30
```

上述定义类 Tprop1 可采用 property()方法,等价于:

```
>>> class Tprop1:
        def __init__(self, age):
            self.__age = age +20
        def getage(self):
            return self.__age
        age = property(getage)      #age 属性只读
```

【例 6-7】 可读可写属性设置示例。

```
>>> class Tprop2:
        def __init__(self, age):
            self.__age = age +20
        @property
        def age(self):              #age 属性可读
            return self.__age
        @age.setter
        def age(self, value):       #age 属性可写
            self.__age = value
>>> tp2= Tprop2(10)
>>> tp2.age
30
>>> tp2.age = 100
>>> tp2.age
100
```

【例 6-8】 可读可写可删除属性设置示例。

```
>>> class Tprop3:
        def __init__(self, age):
            self.__age = age +20
        def getage(self):
            return self.__age
        def setage(self, value):
            self.__age = value
        def delage(self):
            del self.__age
        age=property(getage, setage, delage)
>>> tp3 = Tprop3(10)
>>> tp3.age
```

```
30
>>> tp3.age =100
>>> tp3.age
100
>>> del tp3.age
>>> tp3.age
AttributeError: 'Tprop3' object has no attribute '_Tprop3__age'
```

5. 特殊属性

Python 对象中以双下划线开头和结尾的属性称为特殊属性(Special Attributes)。

Python 对象常见的特殊属性包括：

(1) class.__name__：类的名称。例如，类型对象(type, class)的名称(int.__name__)就是系统内置的或自定义的名称字符串，类型对象的实例通常没有属性__name__。

(2) class.__bases__：类的基类元组，包含类型对象(type, class)的全部基类，类型对象的实例通常没有属性__bases__。

(3) class.__base__：类的基类。

(4) instance.__class__：对象所属的类，是实例或类型 instance 所属的类型，其值等于 type(instance)。

(5) object.__dict__：对象的属性字典。除了一些特殊的属性，实例、类型等对象的所有属性，都放置在其__dict__ 字典中。

(6) class.__doc__：类的文档字符串。

(7) class.__module__：类定义所在的模块。

【例 6-9】 特殊属性示例。

```
>>> int.__name__
'int'
>>> int.__bases__
(<class 'object'>,)
>>> int.__base__
<class 'object'>
>>> x=int(10.5)
>>> x.__class__
<class 'int'>
>>> int.__class__
<class 'type'>
>>> int.__module__
'builtins'
```

6. 自定义属性

Python 对象中可以根据需要自定义一个属性，即类定义中不存在的属性，称为自定义属性(custom attributes)。

【例 6-10】 自定义属性示例。

```
>>> class A123: pass
>>> a1 = A123()
```

```
>>> a1.name = "张三"
>>> a1.name
'张三'
>>> a1.__dict__
{'name': '张三'}
```

6.4 对象的方法

方法是与类相关的函数,类方法的定义和一般函数的定义一致。

1. 实例方法

类定义内部,方法定义采用 def 关键字。但是,与一般函数定义不同,类方法必须包含参数 self,且为第一个参数,self 表示类对象的实例,这种类方法称为实例方法。

实例方法定义的语法格式:

def 实例方法名(self [, 形参表]):
　　函数体

实例方法调用的语法格式:

实例对象.实例方法名([实参表])

实例方法调用时,Python 自动把实例对象传递给第一个参数 self。因此,不需要也不能给参数 self 传递值。

2. 静态方法

静态方法是指与类的实例对象无关的方法。静态方法不对特定实例对象进行操作,在静态方法中访问实例对象会导致错误。

静态方法通过装饰器@staticmethod 来定义,其语法格式:

@staticmethod
def 静态方法名([形参表]):
　　函数体

静态方法一般通过类名来访问,也可以通过实例对象来调用,其语句格式:

类对象.静态方法名([实参表])

实例对象.静态方法名([实参表])

3. 类方法

类方法是指属于类本身的方法。类方法不对特定实例对象进行操作,在类方法中访问实例对象属性会导致错误。

类方法通过装饰器@classmethod 来定义,第一个形式参数必须为类对象本身,通常为 cls。

类方法定义的语法格式:

@classmethod
def 类方法名(cls [, 形参表]):
　　函数体

类方法一般通过类名来访问,也可通过实例对象来调用,其语句格式:

类对象.类方法名([实参表])

实例对象.类方法名([实参表])

注意：类方法调用时不需要也不能给第一个形式参数 cls 传递值，系统会自动传递类对象或实例对象。

4. 私有方法与公有方法

私有方法是指方法名以两个下划线开头，但不以两个下划线结束的方法。公有方法是指除了私有方法的方法。

以双下划线开始和结束的方法是 Python 的专有特殊方法。

私有方法不能直接访问，但可以在其他方法中访问。

5. 方法重载

方法重载是指在一个类中定义多个同名的方法，但要求每个方法具有不同的参数的类型或参数的个数。通常，方法重载用于创建完成一组任务相似但参数的类型或参数的个数不同的方法。方法重载主要是为了解决两个问题：一是可变参数类型；二是可变参数个数。

方法重载的一个基本原则是当且仅当两个方法除参数类型和参数个数不同以外，其功能是完全相同的，此时才使用方法重载；如果两个方法的功能其实不同，那么不应当使用重载，而应当使用一个不同方法名的方法。

Python 本身是动态语言，方法的参数没有声明类型（调用时通过实参传值确定参数的类型），参数的数量由可选参数和可变参数来控制。因此，Python 对象方法不需要重载。

Python 中定义一个方法即可实现多种调用，从而实现相当于其他程序设计语言的重载功能。

6.5 对象的特殊方法

1. 内置函数所对应的特殊方法

Python 中，以下划线开头的变量名和方法名具有特殊的含义。尤其是在类的定义中，用下划线作为变量名和方法名前缀和后缀来表示类的特殊成员：

(1)_xxx：对象以单下划线开始，是保护(protected)成员，不能用"from module import *"导入，只有类对象及其子对象能够访问保护成员。

(2)__xxx__：对象以双下划线开始和结束，该对象是系统定义的特殊成员。

(3)__xxx：对象以双下划线开始，该对象是私有(private)成员，只有类对象能够访问，其子类对象不能直接访问私有成员。但是，在对象外部可以通过"对象名._类名__xxx"方式来访问。

说明：

(1)严格意义上说，Python 中不存在私有成员。

(2)IDLE 交互模式下，一个下划线"_"表示解释器中最后一次显示的内容或最后一次语句正确执行的输出结果。

Python 对象中包含许多以双下划线开始和结束的方法，称之为特殊方法。

通常，特殊方法是针对对象的某种操作时自动调用。

(1)__new__方法，是一个类方法，创建对象时调用，返回当前对象的一个实例，一般无须重载该方法。

(2)__init__方法，即构造函数(构造方法)，用于执行类的实例的初始化工作。创建对象后调用，初始化当前对象的实例，无返回值。

(3)__del__方法，即析构函数(析构方法)，用于实现销毁类的实例所需的操作，释放实例对象占用的非托管资源。默认情况下，当对象不再被使用时，__del__方法运行，由于 Python 解释器实现自动垃圾回收，即无法保证这个方法究竟在什么时候运行。通过 del 语句，可以强制销毁一个对象实例，从而保证调用对象实例的__del__方法。

Python 内置函数实际上是通过调用对象所对应的特殊方法实现的。

例如：

```
>>> x=9.6
>>> int(x)
9
>>> x.__int__()
9
```

Python 执行 int(x)语句时，自动调用整型对象 x 的__int__()方法。

Python 中内置函数所对应的特殊方法，部分如下。

(1)__abs__()：与内置函数 abs()对应。
(2)__bool__()：与内置函数 bool()对应。
(3)__bytes__()：与内置函数 bytes()对应。
(4)__complex__()：与内置函数 complex()对应。
(5)__dir__()：与内置函数 dir()对应。
(6)__divmod__()：与内置函数 divmod()对应。
(7)__float__()：与内置函数 float()对应。
(8)__hash__()：与内置函数 hash()对应。
(9)__int__()：与内置函数 int()对应。
(10)__len__()：与内置函数 len()对应。
(11)__next__()：与内置函数 next()对应。
(12)__reduce__()：与内置函数 reduce()对应。
(13)__reversed__()：与内置函数 reversed()对应。
(14)__round__()：与内置函数 round()对应。
(15)__str__()：与内置函数 str()对应。

Python 类体中，通过重写各内置函数所对应的特殊方法，即可实现内置函数的重载。

【例 6-11】 内置函数重载示例(ex6_11.py)。

```
# ex6_11.py
class Vector:
    def __init__(self, x, y):
        self.x = x
        self.y = y
```

```
        def __str__(self):
            return "Vector (%d, %d)" % (self.x, self.y)
    #测试内置函数重载
    v1 = Vector(3, 10)
    print (str(v1))
```

运行程序 ex6_11.py 的结果

　　Vector (3, 10)

2. 运算符所对应的特殊方法

Python 运算符实际上是通过调用对象的特殊方法实现的。
例如：

```
>>> x = 100; y = 200
>>> x + y
300
>>> x.__add__(y)
300
```

Python 中数字运算符所对应的特殊方法包括。

(1) __add__：加 +。

(2) __sub__：减 -。

(3) __mul__：乘 *。

(4) __truedif__：除/。

(5) __floordiv__：整除//。

(6) __mod__：取模/求余 %。

(7) __pow__：幂/次方 **。

Python 中反向数字运算符所对应的特殊方法包括。

(1) __radd__(self, lhs)：加 lhs + self。

(2) __rsub__(self, lhs)：减 lhs + self。

(3) __rmul__(self, lhs)：乘法 lhs * self。

(4) __rtruediv__(self, lhs)：除法 lhs / self。

(5) __rfloordiv__(self, lhs)：整除 lhs // self。

(6) __rmod__(self, lhs)：取模 lhs % self。

(7) __rpow__(self, lhs)：幂运算 lhs ** self。

注：lhs(left hand side) 左手边。

Python 中复合赋值数字运算符所对应的特殊方法包括。

(1) __iadd__(self, other)：加 self += other。

(2) __isub__(self, other)：减 self -= other。

(3) __imul__(self, other)：乘 self *= other。

(4) __itruediv__(self, other)：除 self /= other

(5) __ifloordiv__(self, other)：整除 self //= other

(6) __imod__(self, other)：取模 self %= other

(7) __ipow__(self, other)：幂运算 self **= other

注：当重载后优先使用重载的方法，否则使用__add__等方法代替。

Python 中比较运算符所对应的特殊方法包括。

(1) __lt__：小于 <。
(2) __le__：大于等于 <=。
(3) __gt__：大于 >。
(4) __ge__：大于等于 >=。
(5) __eq__：等于 ==。
(6) __ne__：不等于 !=。

Python 中位操作运算符所对应的特殊方法包括。

(1) __and__：位与 &。
(2) __or__：位或 |。
(3) __xor__：位异或 ^。
(4) __lshift__：左移 <<。
(5) __rshift__：右移 >>。

Python 中反向位操作运算符所对应的特殊方法包括。

(1) __rand__：位与 &。
(2) __ror__：位或 |。
(3) __rxor__：位异或 ^。
(4) __rlshift__：左移 <<。
(5) __rrshift__：右移 >>。

Python 中复合赋值位运算符所对应的特殊方法包括。

(1) __iand__：位与 &。
(2) __ior__：位或 |。
(3) __ixor__：位异或 ^。
(4) __ilshift__：左移 <<。
(5) __irshift__：右移 >>。

Python 中一元运算符所对应的特殊方法包括。

(1) __neg__：符号 −。
(2) __pos__：正号 +。
(3) __invert__：取反 ~。

运算符重载是指让用户自定义的类创建的对象像内置对象一样进行运算符操作。

【例 6-12】 运算符重载示例（ex6_12.py）。

```
#ex6_12.py
class Vector:
    def __init__(self, x, y):
        self.x = x
        self.y = y
    def __str__(self):
        return "Vector (%d, %d)" % (self.x, self.y)
    def __add__(self, other):
```

```
            return Vector(self.x + other.x, self.y + other.y)
#测试运算符重载
v1 = Vector(3, 10)
v2 = Vector(5, 22)
print (v1 + v2)
```

运行程序 ex6_12.py 的结果

Vector (8, 32)

6.6　对象的继承

继承是指可以使用现有类的所有功能，并在无须重新编写原来类的情况下对这些功能进行扩展。通过继承创建的新类称为"子类"或"派生类"，被继承的类称为"基类"、"父类"或"超类"。Python 中继承包括数据成员(属性)和函数成员(方法)的继承，继承过程是从一般到特殊的过程，也就是说子类是父类的特殊化，子类继承了父类的特性，同时可对继承到的特性进行修改，也可以拥有父类没有的特性。

类的继承方式可分为单继承和多继承两种。其中，单继承是指一个子类只能继承一个基类；多继承是指一个子类可以继承多个基类。一般情况下，一个子类只能有一个基类，要实现多重继承，可以通过多级继承来实现。

1. 派生类

Python 支持多重继承，即一个派生类可以继承多个基类。

派生类定义的语法格式：

class 派生类名(基类 1 [, 基类 2, …]):
　　类体

其中，派生类名后为所有基类的名称元组。

如果在派生类定义中没有指定基类，则默认基类为 object。object 是所有对象的根基类，定义了公用方法的默认实现。

定义派生类时，必须在其构造函数__init__()中调用基类的构造函数，其调用语法格式：

基类名.__init__(self, 参数表):
　　类体

【例 6-13】　派生类示例(ex6_13.py)。创建基类 Person，包含三个数据成员 name、sex 和 age；创建派生类 Student，增加一个数据成员 stu_id。

```
# ex6_13.py
class Person:                                       #基类
    def __init__(self, name, sex, age):             #构造函数
        self.name = name                            #姓名
        self.sex = sex                              #性别
        self.age = age                              #年龄
    def hello(self):                                #定义基类方法 hello
        print("您好，我是{0}，{1}岁".format(self.name,self.age))
class Student(Person):                              #派生类
```

```
        def __init__(self, name, sex, age, stu_id):      #构造函数
            Person.__init__(self, name, sex, age)        #调用基类构造函数
            self.stu_id = stu_id                          #学号
        def hello(self):                                  #定义派生类方法 hello
            Person.hello(self)                            #调用基类方法 hello
            print("我是{0}生，学号是{1}".format(self.sex,self.stu_id))
p1 = Person("张三", "男", 24)                             #创建对象
p1.hello()
s1 = Student("李四", "男", 22, "201801001")               #创建对象
s1.hello()
```

运行程序 ex6_13.py，结果如下：

```
您好，我是张三，24 岁
您好，我是李四，22 岁
我是男生，学号是 201801001
```

2. 查看继承的层次关系

多个类的继承可以形成层次关系。通过类的方法 mro()或类的属性 __mro__ 可以输出其继承的层次关系。

【例 6-14】 查看继承的层次关系示例。

```
>>> class A1: pass
>>> class A11(A1): pass
>>> class A12(A1): pass
>>> class A112(A11, A12): pass
>>> A11.mro()
[<class '__main__.A11'>, <class '__main__.A1'>, <class 'object'>]
>>> A112.__mro__
(<class '__main__.A112'>, <class '__main__.A11'>, <class '__main__.A12'>, <class '__main__.A1'>, <class 'object'>)
```

3. 类成员的继承和重写

通过继承，派生类可以继承父类的公有成员和保护成员，但是不能继承其私有成员。如果需要在派生类中调用基类的函数成员(方法)，可以使用内置 super()方法或通过"基类名.方法名()"的方式来实现的。内置 super()方法提供一种调用父类函数成员的方法，能够自动找出父类中对应的方法，而不需要明确地给出父类的名字。

如果在派生类中重新定义从基类继承的函数成员(方法)，则派生类中定义的方法覆盖从基类中继承的方法。另外，若子类中的方法和父类的某一方法具有相同的方法名、返回类型和参数表，则新方法将覆盖原有的方法，这称为方法重写。

【例 6-15】 类成员的继承和重写示例(ex6_15.py)。

```
#ex6_15.py
class Demo:                       #定义基类 Demo
    def __init__(self, x, y, z):  #构造函数
        self.x = x
        self.y = y
```

```
            self.z = z
        def xyz(self):              #基类方法 xyz()
            return self.x + self.y + self.z
    class Demo1(Demo):              #定义子类 Demo1
        def __init__(self, x, y, z):    #构造函数
            Demo.__init__(self, x, y, z)
        def xyz(self):              #覆盖基类方法 xyz()
            return self.x + self.y - self.z
    class Demo2(Demo):              #定义子类 Demo2
        def __init__(self, x, y, z):    #构造函数
            Demo.__init__(self, x, y, z)
        def xyz(self):              #覆盖基类方法 xyz()
            return self.x - self.y - self.z
#测试类成员重写
d1 = Demo(10, 20, 30)
d2 = Demo1(10, 20, 30)
d3 = Demo2(10, 20, 30)
print(d1.xyz(), d2.xyz(), d3.xyz())
```

运行程序 ex6_7.py 的结果

  60 0 -40

6.7 对象的赋值与复制

1. 对象的赋值

Python 中，变量赋值实际上是简单的对象引用。Python 创建一个对象后，再把它赋给另一个变量的时候，并没有复制这个对象，而只是简单地复制这个对象的引用，其 id()保持一致。

Python 中，一切皆为对象，一个对象可以保存若干个(一个或多个)值。因此，Python 提供两种存储模型：原子存储和容器存储。原子存储是指能够保存单个字面对象的存储类型，又称标量存储。容器存储是指可以容纳多个对象的存储类型。Python 容器对象都可以容纳不同类型的对象。

原子对象是指对象只能保存一个值。容器对象是指对象可以保存多个值。Python 中，数字、字符串等是原子类型；元组、列表、字典等是容器类型。

注意，Python 中没有字符类型，字符串看上去应该是容器类型(包含多个字符)，实际是原子类型。

【例 6-16】 原子对象赋值示例。

```
>>> x = 100
>>> y = x
>>> x, y
(100, 100)
>>> id(x), id(y)
(1528159968, 1528159968)
>>> x = 200
```

```
>>> x, y
(200, 100)
>>> id(x), id(y)
(1528161568, 1528159968)
```

原子对象赋值说明：

(1) x = 100 创建一个整型原子对象(值为 100)并将这个整型对象的引用赋给 x。

(2) y = x 创建指向同一个对象的别名 y，事实上并没有为 y 创建新的整型对象。

(3) x = 200 又创建一个新的整型对象(值为 200)并将这个新的整型对象的引用赋给 x，此时并没有改变 y 指向的值为 100 的整型对象。

【例 6-17】 容器对象赋值示例。

```
>>> x = [10, 20, [30, 40]]
>>> y = x
>>> x, y
([10, 20, [30, 40]], [10, 20, [30, 40]])
>>> id(x), id(y)
(35299000, 35299000)
>>> x[1] = 200
>>> x[2][1] = 400
>>> x, y
([10, 200, [30, 400]], [10, 200, [30, 400]])
>>> id(x), id(y)
(35299000, 35299000)
```

容器对象赋值说明：

(1) x = [10, 20, [30, 40]] 创建一个容器列表对象并将这个列表对象的引用赋给 x。

(2) 第二行代码的赋值操作(y = x)后，x 和 y 的内存地址都是一样的，包括子元素的内存地址也都是一样的。

(3) 当更新容器对象 x 中元素内容时，更新的是 x 所指向的容器对象的内容，由于 y 也是指向这个对象的，因此 y 的内容也会跟着一起改变。

2. 对象的浅复制

Python 中，对一个容器对象进行浅复制或浅拷贝(shallow copy)，将产生新的对象，新对象类型和原对象类型相同，但是浅复制只是引用原对象中包含的子对象，也就是说其包含的子对象(原始对象)不是新对象。

浅复制只复制父对象，不会复制父对象内部的子对象(即引用父对象内部的子对象)。例如，对象["10", 20, ["30", 40]]中子对象为["30", 40]。

Python 中，实现浅复制的方式主要包括。

(1) 完全切片操作：y = x[:]。

(2) 类实例函数：y = list(x) 或 y= dict(x)等。

(3) copy 模块中 copy()函数：y = copy.copy(x)。

【例 6-18】 容器对象浅复制示例。

```
>>> import copy
```

```
>>> x = ["10", 20, ["30", 40]]        #子对象["30", 40]
>>> x1 = x[:]
>>> x2 = list(x)
>>> x3 = copy.copy(x)
>>> id(x), id(x1), id(x2), id(x3)
(35264632, 35307808, 35266392, 35307568)
>>> x1[0] = "ABC"
>>> x1[2][0] = "DEF"
>>> x, x1
(['10', 20, ['DEF', 40]], ['ABC', 20, ['DEF', 40]])
>>> id(x[2]), id(x1[2]), id(x2[2]), id(x3[2])
(35299080, 35299080, 35299080, 35299080)
```

对象浅复制说明：

(1) x = [10, 20, [30, 40]] 创建一个含有子对象["30", 40]的容器列表对象并将这个列表对象的引用赋给 x。

(2) 原对象和各个浅复制对象的 id(id(x), id(x1), id(x2), id(x3)) 各不相同。

(3) 执行后 x1[2][0] = "DEF"，x1 中子对象["30", 40]更新为["DEF", 40]，x、x2 和 x3 中子对象["30", 40]也一同更新为["DEF", 40]，因为它们均指向同一个子对象，它们的 id 均相同，即 id(x[2])、id(x1[2])、id(x2[2])和 id(x3[2])结果一样。

3. 对象的深复制

对于浅复制示例，如果希望修改 x1[2]内容时 x[2]内容不跟着一起改变，就需要用到深复制(deep copy)。深复制复制父对象的同时，也会复制父对象内部的子对象(原始对象)。

Python 中，实现深复制的方式是调用 copy 模块中 deepcopy()函数：y = copy.deepcopy(x)。

【例 6-19】 容器对象深复制示例。

```
>>> import copy
>>> x = ["10", 20, ["30", 40]]        #子对象["30", 40]
>>> x1 = copy.copy(x)
>>> x2 = copy.deepcopy(x)
>>> x1[2][1] = "ABC"
>>> x, x1, x2
(['10', 20, ['30', 'ABC']], ['10', 20, ['30', 'ABC']], ['10', 20, ['30', 40]])
>>> x2[2][1] = "DEF"
>>> x, x1, x2
(['10', 20, ['30', 'ABC']], ['10', 20, ['30', 'ABC']], ['10', 20, ['30', 'DEF']])
>>> id(x[2]), id(x1[2]), id(x2[2])
(35030160, 35030160, 35283312)
```

习 题 6

一、填空题

1. 面向对象的基本特征包括_____、_____和_____。

2. Python 采用＿＿＿＿＿＿＿关键字来定义类对象。
3. 通常，实例属性在＿＿＿＿＿＿＿方法中初始化。
4. 私有属性是指属性名以＿＿＿＿＿＿＿开头，但是不以两个下画线结束的属性。
5. 单独使用@property 创建@x.getter 装饰器，则表示只读＿＿＿＿＿＿＿；同时使用@property 和＿＿＿＿＿＿＿，表示可读可写；同时使用@property、＿＿＿＿＿＿＿和＿＿＿＿＿＿＿，则表示可读可写可删除。
6. Python 对象中以＿＿＿＿＿＿＿开头和结尾的属性称为特殊属性。
7. Python 中继承包括数据成员和＿＿＿＿＿＿＿的继承两种。
8. 类的继承方式可分为＿＿＿＿＿＿＿和＿＿＿＿＿＿＿两种。
9. 定义派生类时，必须在其构造函数＿＿＿＿＿＿＿中调用基类的构造函数。
10. 通过类的方法＿＿＿＿＿＿＿或类的属性＿＿＿＿＿＿＿可以输出其继承的层次关系。
11. 派生类可以继承父类的公有成员和保护成员，但是不能继承＿＿＿＿＿＿＿。
12. 派生类中调用基类方法，可以使用内置＿＿＿＿＿＿＿方法或基类名.方法名()方式实现。
13. 原子对象只能保存＿＿＿＿＿＿＿值。
14. 容器对象可以保存＿＿＿＿＿＿＿值。
15. ＿＿＿＿＿＿＿只复制父对象，不会复制父对象内部的子对象。
16. ＿＿＿＿＿＿＿复制父对象的同时，也会复制父对象内部的子对象。

二、简答题

1. 类和对象有何差异？
2. 什么是对象的属性和方法？
3. 面向对象的基本特征封装、继承和多态之间有何差异？
4. 如何定义一个类对象？
5. 实例属性和类属性之间有何差异？
6. 公有属性和私有属性之间有何差异？
7. 实例方法、静态方法和类方法之间有何差异？
8. 私有方法与公有方法之间有何差异？
9. 什么是方法重载？方法重载主要解决什么问题？
10. 如何定义派生类？什么是方法重写？
11. 原子存储和容器存储之间有何差异？
12. 浅复制和深复制之间有何差异？

三、程序阅读题

1. 下面程序的执行结果是＿＿＿＿＿＿＿。

```
class C1:
    def __init__(self, num):
        self.num = num
        num = 666
abc = C1(100)
print(abc.num)
```

2．下面程序的执行结果是_____。

```
class C2:
    def __init__(self, num):
        self.num = num
abc = C2(100)
abc.__dict__["xh"] = "9901"
abc.__dict__["xb"] = "male"
print(abc.xh, len(abc.__dict__))
```

3．下面程序的执行结果是_____。

```
class C3:
    def __init__(self, x, y, z):
        self.num = x+y+z
xyz = C3(10, 20, 30)
abc = getattr(xyz, "num")
setattr(xyz, "num", abc+100)
print(xyz.num)
```

4．下面程序的执行结果是_____。

```
import copy
x1 = {"a":[10, 20], "b":20}
x2 = copy.copy(x1)
x1["a"][0] = 100
sum = x1["a"][0] + x2["a"][0]
print(sum)
```

5．下面程序的执行结果是_____。

```
import copy
x1 = {"a":[10, 20], "b":20}
x2 = copy.deepcopy(x1)
x1["a"][0] = 100
sum = x1["a"][0] + x2["a"][0]
print(sum)
```

四、程序设计题

1．参照例 6-3 定义一个 Student 类，并且完善 Student 类的结构。

2．创建 Student 类的两个实例，并且访问其属性和方法。

3．创建 Student 类的一个方法，该方法能够接收参数且对 Student 类中的各个属性进行赋值。

4．参照例 6-6～例 6-8，创建 Student 类的只读属性、可读可写属性以及可读可写可删除属性。

5．参照例 6-13～例 6-15，以 Student 类为基类，创建一个子类 StudentA，实现增加一个数据成员和覆盖基类中的一个函数成员(方法)。

6．创建类 Triangle，计算三角形的周长和面积，并创建两个实例进行测试。

7．创建类 Circle，计算圆的周长和面积，并创建两个实例进行测试。

8．创建类 Globe，计算球体的表面积和体积，并创建两个实例进行测试。

第 7 章　文件操作和处理

文件是指存储在外部介质上的程序和数据的集合，是程序设计中一个重要的概念。文件处理在各类应用软件的开发中均占有重要的地位。磁盘上读写文件的功能都是由操作系统提供的，现代操作系统不允许普通的应用程序直接操作磁盘。读写文件首先请求操作系统打开一个文件对象(通常称为文件描述符)；然后，通过操作系统提供的接口从这个文件对象中读取数据(读文件)，或把数据写入这个文件对象(写文件)。本章主要介绍文件的打开与关闭方法、文件的读写方法，以及对文件和文件夹的一些其他操作。

7.1　文件与文件对象

7.1.1　文件

计算机文件是存储在外部存储器上的一组相关信息的集合，以文件名作为唯一标识。操作系统通过文件名对文件进行管理和操作。文件名由文件主名和扩展名两部分构成，两者之间用小圆点作为分隔符，例如，文件主名.扩展名。

如果文件名中有多个小圆点，则最后一个小圆点后面的部分才是该文件的扩展名。文件的扩展名代表文件的类型，代表着文件的内部结构以及有效的文件打开方式。

Python 中，常用的数据文件类型有文本文件、二进制文件和 CSV 文件。

(1)文本文件是指由字母、数字、符号和汉字等常规字符组成的顺序文件。其中，字母、数字等字符存储的是 ASCII 码，而汉字存储的是机内码。文本文件由若干文本行组成，通常每行以换行符"\n"结尾。常规字符是指记事本或其他文本编辑器能正常显示、编辑并且人类能够直接阅读和理解的字符。文本文件是基于字符定长编码的文件，适用于对字符逐一处理的应用场合。

(2)二进制文件是指将数据或程序以字节串(bytes)进行存储，无法用记事本或其他普通字处理软件直接进行编辑，通常也无法被人类直接阅读和理解，需要使用专门的软件进行解码后读取、显示、修改或执行。例如，图形图像文件、音视频文件、可执行文件、资源文件、数据库文件、Office 文档等都属于二进制文件。二进制文件是基于值变长编码的文件。

(3)逗号分隔值(Comma-Separated Values，CSV)文件，又称字符分隔值文件，是以纯文本的形式存储表格数据。其中，表格中每一行称为一条记录，在 CSV 文件中记录之间以某种换行符分隔；表格中每一列称为字段，记录都由若干字段组成，且每条记录的字段序列相同，字段之间分隔符是其他符号或字符串，最常见的是逗号或制表符。CSV 文件是一种通用的、相对简单的文件格式，常用于在程序间转移表格数据。CSV 文件可以用 Excel 打开，但是打开后 ExceL 会要求用科学计数法的形式重新存储数值。因此，打开 CSV 文件最好使用文本编辑器。

7.1.2 文件对象

通常，文件都存储在磁盘等外部介质中。计算机中存储的图片、资料、音视频等都是以文件方式存储的，每个文件都有一个名称，可以根据文件的名称来选择打开或存储到某一文件。当计算机中文件很多时，引入文件目录，每一个目录就是一个存储文件的集合，目录下面又有子目录，形成层级目录。打开计算机查看盘符时，会看到盘符下面有目录也有文件，目录里面也有文件或目录。

同一文件夹中，文件名不允许重复，但是在不同文件夹中，可以存在文件名相同的情况。文件操作需要指定文件所处的位置，即文件路径。路径可分为绝对路径和相对路径。Windows中，绝对路径是从盘符开始，一级一级向下查找，直到达到目标文件；相对路径是从当前工作位置开始查找。

Python 成功安装完成后，python.exe 所在的位置就是当前工作位置。Windows 下反斜杠"\"是表示层级关系的符号。但是，字符串中反斜杠是转义字符，可以使用两种特殊的办法来表示这串字符串是一个路径，不再需要被转义：一是在路径字符串前加 r；二是路径字符串中的层级关系使用双反斜杠来表示。

Python 标准库提供若干个与文件操作相关的内置函数。

（1）os.getcwd()：以字符串形式返回当前的工作路径。

（2）os.chdir(path)：将当前工作路径修改为 path 指定的工作路径。

（3）os.listdir(path)：获得 path 指定的工作路径下所有的文件和文件夹。

【例 7-1】 文件路径操作示例。

```
>>> import os
>>> path=os.getcwd()
>>> print(path)
C:\Users\Administrator\AppData\Local\Programs\Python\Python37-32
>>> list1=os.listdir(path)
>>> print(list1)
['DLLs', 'Doc', 'include', 'Lib', 'libs', 'LICENSE.txt', 'NEWS.txt', 'python.exe', 'python3.dll', 'python37.dll', 'pythonw.exe', 'Scripts', 'tcl', 'Tools', 'vcruntime140.dll']
>>> os.chdir("C:\\Users\\Administrator\\AppData\\Local\\Programs\\Python")
>>> path=os.getcwd()
>>> print(path)
C:\Users\Administrator\AppData\Local\Programs\Python
>>> list2=os.listdir(path)
>>> print(list2)
['Python37-32']
```

从运行结果可知，os 模块中的 listdir()函数只能显示文件夹中的内容，并不能更改当前工作位置，更改当前工作位置需要使用 os 模块中的 chdir()函数。

Python 中，如果要进行文件操作和处理，必须先得到文件的对象。负责文件操作和处理对象称为文件对象。文件对象并不是指文件的内容，而是代表着计算机中一个文件本身。文件对象不仅可以访问存储在磁盘中的文件，也可以访问网络文件。文件对象通过 open 函数得到，获取文件对象后，就可以使用文件对象提供的方法来读写文件。

文件对象常用的属性。

(1) name 属性：表示包含路径的文件名。

(2) closed 属性：表示文件的状态，关闭为 True，打开为 False。

(3) mode 属性：表示文件的打开模式。

文件对象打开模式包括。

(1) r：表示只读模式。

(2) w：表示只写模式。

(3) a：表示追加模式。

(4) b：表示二进制模式(可与 r、w、a 模式组合使用)。

(5) t：表示文本模式(可省略，可与 r、w、a 模式组合使用)。

(6) +：表示读、写模式(可与 r、w、a 模式组合使用)。

每个文件对象都有一个文件指针，用于存储下次读取或写入操作的位置。使用不同模式打开文件时，文件指针的初始位置不同。

(1) 使用只读或只写模式打开文件时，文件指针在文件头。

(2) 使用追加方式打开文件时，文件指针在文件尾。

(3) 使用文件对象 tell() 方法，能够以长整型的方式返回当前文件指针的位置。

(4) 使用文件对象 seek() 方法，能够以文件头、文件尾或当前文件指针位置为起始，对文件指针进行移动。

文件对象操作的常用方法。

(1) file.close()：将缓冲区内容写入文件，同时关闭一个已打开的文件并释放文件对象。关闭后的文件不能再进行读写操作。当 file 对象被引用到操作另外一个文件时，Python 会自动关闭之前的 file 对象。

(2) file.flush()：将缓冲区内容写入文件，刷新缓冲区但不关闭文件。

(3) file.fileno()：方法返回一个整型的文件描述符(File Descriptor，FD)，可用于底层操作系统的 I/O 操作。

(4) file.isatty()：如果文件连接到一个终端设备，则返回 True，否则返回 False。

(5) file.next()：用于文件迭代器，循环中 next() 方法会在每次循环中调用，该方法返回文件的下一行。

(6) file.read([size])：用于从文件读取指定的字符数，如果未给定或为负则读取所有，并返回字符串。

(7) file.readline([size])：用于从文件读取整行，并返回字符串。如果指定一个非负数的参数，则返回指定大小的字符数，包括"\n"字符。

(8) file.readlines([sizehint])：用于读取所有行(直到文件尾)并返回列表，列表中每个元素是文件中一行数据。

(9) file.seek(offset[, whence])：用于移动文件读取指针到指定位置。

(10) file.tell()：返回文件的当前位置，即文件指针当前位置。

(11) file.truncate([size])：用于截断文件，如果指定可选参数 size，则表示截断文件为 size 个字符；如果没有指定 size，则从当前位置起截断。

(12) file.write(str)：用于向文件中写入指定字符串。在文件关闭前或缓冲区刷新前，字符串内容存储在缓冲区中，这时在文件中是看不到写入的内容的。

(13) file.writelines(sequence)：用于向文件中写入序列字符串。序列字符串可以是由迭代对象产生的。换行需要制定换行符\n。

7.2 文件打开和关闭

对文件进行操作时，必须先打开文件。打开文件意味着将外存储器上的数据文件与脚本中的文件对象进行关联。文件使用结束后，应立即关闭文件，以避免数据丢失。

通常，数据文件操作可分为三个步骤：
(1) 文件打开或建立。
(2) 文件读、写等操作。
(3) 文件关闭。

对文件进行的部分操作是通过一系列函数来完成的，这些函数可能属于不同的模块，而另一部分操作是通过调用文件对象的方法来实现。

7.2.1 打开文件

打开或创建文件可直接使用 Python 内置函数 open()。

打开或创建文件的语法格式：open(filename[, mode][, buffering])

说明：

(1) filename 是 open 函数必有参数，表示要打开或创建的文件。如果要打开的文件不在当前工作位置，则必须给出文件路径，否则创建一个新文件。

(2) mode 指明对文件的访问模式，包括只读、只写、追加、读写等。该参数不是必有参数，如果缺省，则访问模式为只读。注意：不能以只读方式创建一个新文件。

(3) buffering 不是必有参数，其值取 0 代表无缓冲区，取 1 代表读取文件时将按行缓冲，如果 buffering 被设定为大于 1 的整数，则该值表示缓冲区的大小，单位是字节。如果 buffering 取负，缓冲区的大小将是系统默认值。缓冲区存在的价值在于匹配内存和外存之间读写速度。

(4) open() 函数的返回值是一个文件对象。

7.2.2 关闭文件

文件使用完毕后必须关闭。一方面，文件对象会占用操作系统的资源；另一方面，如果采用带缓冲的方式写入数据，关闭文件能够保证所有数据被写入文件，而不是仅仅停留在缓冲区，这样能够避免程序崩溃或意外断电带来的数据损失。

关闭文件的语法格式：文件对象.close()

本书将 Python 安装目录下的 license.txt 复制到文件 test1.txt 进行示例。

【例 7-2】 文件打开、关闭示例。

```
>>> f1=open("test1.txt")            #打开 Python 安装目录下的 test1.txt
>>> print(f1.name)
test1.txt
>>> print(f1.closed)
False
>>> print(f1.mode)
```

```
r
>>> f1.close()
>>> print(f1.closed)
True

>>> f2=open("test2.txt")              #只读方式打开一个不存在的文件
FileNotFoundError: [Errno 2] No such file or directory: 'test2.txt'

>>> f2=open("test2.txt","w")          #写方式打开一个不存在文件，等价于创建文件
>>> print(f2.name)
test2.txt
>>> print(f2.closed)
False
>>> print(f2.mode)
w
>>> print(f2.tell())
0
>>> f1.close()
```

从运行结果可知，以只写模式打开并不存在的文件时，系统会以此文件名自动新建文件并打开，文件内容为空，文件指针指向文件的起始处。与此类似，在以追加模式打开并不存在的文件时，也等同于新建文件。

如果脚本已经正常打开文件，但在之后的操作出现严重错误，导致无法继续运行，此时已打开的文件并没有被正常关闭。为了确保文件被关闭，可以使用异常处理的 finally 子句。

异常处理的 finally 子句语法格式：

```
f=open(filename, mode)    #打开文件
try:
    #文件处理操作
finally:
    f.close()      #关闭文件
```

通常，文件操作一般采用 with 语句，以保证系统自动关闭打开的文件。

自动关闭的 with 子句语法格式：

```
with open(filename, mode) as f:
    #文件处理操作
```

7.3 文件读取和写入

文件最重要的功能就是提供和保存数据。为了使用文件中的数据，需要对文件进行读取操作；为了保存当前有价值的数据，需要对文件进行写入操作。读取和写入操作都要求文件已经按需要的模式打开。

7.3.1 文本文件读取和写入

文本文件读写是通过文件对象的方法来实现的。读取文件的方法包括 read()、readline()

和 readlines()。读取数据的起始位置是文件指针的当前位置。写入文件的方法包括 write()和 writelines()。

1. 读取文件的 read()方法

语法格式：file_object.read([size])

说明：

(1) file_object 表示文件对象。

(2) size 表示读取数据的长度，单位是字节。若 size 缺省或文件中剩余不足 size 字节，则读取至文件尾。

(3) 返回值是读取到的字符串。

2. 读取文件的 readline()方法

语法格式：file_object.readline([size])

说明：

(1) size 表示读取数据的长度，单位是字节。若 size 缺省或本行中剩余不足 size 字节，则读取至行尾。

(2) 返回值是读取到的字符串。

【例 7-3】 read()方法和 readline()方法示例。

```
>>> f3=open("test1.txt")
>>> print(f3.read(20))
A. HISTORY OF THE SO
>>> f3.close()
>>> f4=open("test1.txt")
>>> print(f4.readline())
A. HISTORY OF THE SOFTWARE
>>> f4.close()
```

3. 读取文件的 readlines()方法

语法格式：file_object.readlines([sizehint])

说明：

(1) sizehint 表示读取数据的长度，单位是字节。若 sizehint 缺省或文件中剩余不足 sizehint 字节，则读取至文件尾。

(2) 返回值是读取到的字符串列表，文件中的一行将作为列表中的一个元素。

read()方法是最简单的读取方法，能够一次性将文件中所有内容读入到内存中一个大字符串里，速度快。但是，当文件内容过大，将会占用较多的内存空间。如果想要一个一个字符读入，可使用 read(1)。

readline()方法是按行读取，占用内存相对较小。但是读取速度要慢一些，换行符为"\n"。

readlines()方法适用于文件内容较少的情况，且将文件中内容一次性全部读取到内存。与 read()方法不同，该方法返回一个列表，列表中每个元素是文件中一行，且每行结尾都有换行符"\n"。

read()和 readline()方法会使用返回一个空字符串的方式来表示文件已结束，这可以作为循环结束的判断条件。

【例 7-4】 readlines()方法示例。

```
>>> f5=open("test1.txt")
>>> print(f5.readlines(60))
['A. HISTORY OF THE SOFTWARE\n', '============================================\n', '\n', 'Python was created in the early 1990s by Guido van Rossum at Stichting\n']
>>> f5.close()
```

4. 写入文件的 write()方法

语法格式：file_object.write(str)

说明：

(1) str 是即将写入文件的字符串，它将出现在文件指针的当前位置。

(2) 写文件时要特别注意文件的访问模式。当访问模式是 w+时，文件刚打开，其长度就被截为 0，相当于文件被清空，新写入的内容将取代原内容。而访问模式是 r+或 a+时，文件刚打开，原有内容保持不变，新写入的内容出现的位置与文件指针当前位置有关。

(3) 如果字符串 str 后面没有换行符 "\n"，write 不会自动添加换行符。

【例 7-5】 write()方法示例。

```
>>> f6=open("test2.txt", "w")
>>> f6.write("123456ABDCE")
11
>>> f6=open("test2.txt")
>>> print(f6.read())
123456ABDCE
```

5. 写入文件的 writelines()方法

语法格式：file_object.writelines(sequence)

说明：

(1) 序列(列表或元组等)中每个元素将作为文件中的一行。

(2) 如果在文件中每行结尾有换行符 "\n"，则在序列元素中确定后再进行写入操作。

【例 7-6】 writelines()方法示例。

```
f6=open("test2.txt", "w")
f6.writelines(["100200\n", "ABCDEF6666\n", "300400AAAA\n"])
>>> f6=open("test2.txt")
>>> print(f6.read())
100200
ABCDEF6666
300400AAAA
```

7.3.2 二进制文件读取和写入

二进制文件的读取和写入方法与文本文件相同，只要在文件打开时指定打开模式 "b" 即可。

【例 7-7】 二进制文件读取和写入示例。

```
>>> f7=open("test3.dat", "wb")
>>> f7.write(b"12345")
```

```
5
>>> f7.write(b"ABCDE")
5
>>> f7=open("test3.dat", "rb")
>>> print(f7.read())
b'12345ABCDE'
```

7.3.3　csv 文件

csv 文件读写操作需要采用 Python 内置的 csv 模块。

读取 csv 文件的常用方法包括 csv.reader()和 csv.DictReader()两种。

写入 csv 文件的的常用方法包括 csv.writer()和 csv.DictWriter()两种。

1. 读取 csv 文件的 csv.reader()方法

语法格式：csv.reader(file_object)

说明：

(1)返回值为可迭代的 reader 对象。每次迭代的字符串是文件中的一行。

(2)reader 对象不能直接输出，可转换为列表输出。

(3)内置函数 next 能够返回 reader 对象里的下一行，但 reader 对象只能被遍历一次。

2. 读取 csv 文件的 csv.DictReader()方法

语法格式：csv.DictReader(file_object)

说明：

(1)返回值为可迭代的 reader 对象。每次迭代是文件中的一行，但不是字符串格式，而是字典。

(2)默认情况下，文件的第一行即表格第一行的字段名将作为字典的键 key。

(3)表格中的每个单元格均以键值对形式存储，键为字段名，值为单元格内容。

3. 写入 csv 文件的 csv.writer()方法

语法格式：csv.writer(file_object)

说明：

(1)writer 对象不能直接写入数据，写入数据需要调用 writer 对象的方法。

(2)支持 writer 对象写入数据的方法：一是 writerow(s)，能将一行数据写入文件，其中 s 为字符串或数字序列；二是 writerows(ss)，能将多行数据写入文件，其中 ss 为能够传递给 writerow 的多行序列。

【例 7-8】　csv.writer()方法示例。

现有数据如表 7-1，采用 csv.writer()方法写入 test1.csv 文件，并读取文件中的内容。

表 7-1　数据表记录

xh	name	grade	score
99101	LiMing	3	625
99102	SunYu	2	709
99312	ZhaoJing	3	712
99476	XuDong	3	688

```
>>> import csv

#准备数据
>>> data1=["xh", "name", "grade", "score"]
>>> data2=[["99101", "LiMing", 625],
           ["99102", "SunYu", 709],
           ["99312", "ZhaoJing", 712],
           ["99476", "XuDong", 688]]

#创建文件并写入数据
>>> f8=open("test1.csv", "w", newline="")
>>> w1=csv.writer(f8)
>>> w1.writerow(data1)
21
>>> w1.writerows(data2)
>>> f8.close()
>>> f8=open("test1.csv", "r")

#reader()方法读取数据并打印输出
>>> w1=csv.reader(f8)
>>> print([row for row in w1])
[['xh', 'name', 'grade', 'score'], ['99101', 'LiMing', '625'], ['99102', 'SunYu', '709'], ['99312', 'ZhaoJing', '712'], ['99476', 'XuDong', '688']]
>>> f8.close()

# DictReader()方法读取数据并打印输出
>>> f8=open("test1.csv", "r")
>>> w2=csv.DictReader(f8)
>>> print([row for row in w2])
[OrderedDict([('xh', '99101'), ('name', 'LiMing'), ('grade', '625'), ('score', None)]), OrderedDict([('xh', '99102'), ('name', 'SunYu'), ('grade', '709'), ('score', None)]), OrderedDict([('xh', '99312'), ('name', 'ZhaoJing'), ('grade', '712'), ('score', None)]), OrderedDict([('xh', '99476'), ('name', 'XuDong'), ('grade', '688'), ('score', None)])]
>>> f8.close()
```

从运行结果可知，在对 csv 文件进行读写的时候，首先要创建读写对象，再使用读写对象或调用读写对象的方法。本例中 open 函数给出另一个可选参数 newline，主要用于控制通用换行符，其备选值包括：none，""（空），"\n"，"\r"，"\r\n"，此处若省略不写，则文件中每行间会多一个空格。

4. 写入 csv 文件的 csv.DictWriter()方法

格式：csv.DictWriter(file_object,column_name)
说明：
(1) file_object 用于写入的文件对象，column_name 是字段名序列。
(2) DictWriter 对象不能直接写入数据，写入数据需要调用 DictWriter 对象的方法。
(3) 支持 DictWriter 对象写入数据的方法：一是 writerow(Dict)，能将一行字典数据写入文件，其中 Dict 为字典；二是 writerows(Dicts)，能将多行数据写入文件，其中 Dicts 为能够传递给 writerow 的多行序列。

【例 7-9】 csv.DictWriter()方法示例。

```
>>> import csv

#准备数据
>>> head=["xh", "name", "grade", "score"]
>>> data1={"xh":"99101", "name":"LiMing", "grade":3, "score":625}
>>> data2=[{"xh":"99102","name":"SunYu","grade":2,"score":709},
          {"xh":"10312","name":"ZhaoJing","grade":3,"score":712},
          {"xh":"10476","name":"XuDong","grade":3,"score":688}]

#创建文件并写入数据
>>> f9=open("test2.csv", "w", newline="")
>>> w2=csv.DictWriter(f9, head)
>>> w2.writeheader()
>>> w2.writerow(data1)
20
>>> w2.writerows(data2)
>>> f9.close()

#读取数据并查看
>>> f9=open("test2.csv", "r")
>>> w2=csv.reader(f9)
>>> for row in w2: print(row)
['xh', 'name', 'grade', 'score']
['99101', 'LiMing', '3', '625']
['99102', 'SunYu', '2', '709']
['10312', 'ZhaoJing', '3', '712']
['10476', 'XuDong', '3', '688']
>>> f9.close()
```

本例中，虽然在 csv.DictWriter 中给定表头为 head，但是必须通过调用 DictWriter 对象的 writerheader()方法将表头写入，否则 csv 文件中将没有表头的字段名部分。

【例 7-10】 csv 文件中 next()方法示例。

```
>>> import csv
>>> f9=open("test2.csv", "r")
>>> data=csv.reader(f9)
>>> head=next(data)
>>> print(head)
['xh', 'name', 'grade', 'score']
>>> print(list(data))
[['99101', 'LiMing', '3', '625'], ['99102', 'SunYu', '2', '709'], ['10312', 'ZhaoJing', '3', '712'], ['10476', 'XuDong', '3', '688']]
>>> f9.close()
```

如果想查看表中某一列的内容，使用 reader()读取后必须已知该列的序号，不能根据列标题进行查找。但是采用 DictReader 读取后可使用列标题进行查找。

【例 7-11】 csv 文件中某列内容查找示例

```
>>> import csv
>>> f9=open("test2.csv", "r")
>>> data1=csv.reader(f9)
>>> column1=[row[1] for row in data1]
>>> print(column1)
['name', 'LiMing', 'SunYu', 'ZhaoJing', 'XuDong']
>>> f9.close()

>>> import csv
>>> f9=open("test2.csv", "r")
>>> data2=csv.DictReader(f9)
>>> column2=[row["name"] for row in data2]
>>> print(column2)
['LiMing', 'SunYu', 'ZhaoJing', 'XuDong']
>>> f9.close()
```

7.4 文件定位读写

文件对象提供移动文件指针的方法，能够将文件指针移动到文件中的任何位置，称为文件的定位。

1. 文件指针的当前位置

在以不同模式打开文件时，文件指针的初始位置有文件头和文件尾两种。随着对文件内容的不断读取或写入，文件指针随之进行移动，某一时刻文件指针的位置称为当前位置。文件对象的 tell()方法能够返回文件指针的当前位置。

语法格式：file_object.tell()

功能：以长整型返回文件指针当前位置。

【例 7-12】 文件指针当前位置 tell()方法示例。

```
>>> f10=open("test1.txt")
>>> print("position:", f10.tell())
position: 0
>>> print(f10.read(2))
A.
>>> print("position:", f10.tell())
position: 2
>>> print(f10.read(4))
 HIS
>>> print("position:", f10.tell())
position: 6
>>> print(f10.readline())
TORY OF THE SOFTWARE
```

```
>>> print("position:", f10.tell())
position: 28
>>> print(f10.readlines())
…
>>> print("position:",f10.tell())
position: 30189
>>> f10.close()
```

从运行结果可知，当文件指针位于文件头时，tell()返回值为 0；对 Windows 下文本文件打开时没有指定 newline 的话，按 Enter 键换行占用两字节的位置。

2. 文件指针的移动定位

文件对象 seek()方法能够移动当前文件指针，以便可以随机访问文件中任何位置。

移动方式是从基础位置进行偏移，因此 seek()方法需要两个参数，分别代表基础位置与偏移量。当文件指针可以访问文件中任何位置后，再进行读写操作，即文件的定位读写操作。

语法格式：file_object.seek(offset[,whence])

说明：

(1) whence 不是必有参数，可取值为 0、1、2，分别代表文件头、当前文件指针位置、文件尾。缺省情况下取 0。

(2) offset 为必有参数，代表偏移量，以字节为单位。

(3) offset 可正可负，取正值表示向表尾方向移动文件指针，取负值表示向表头方向移动文件指针。只有在打开模式为二进制模式时，offset 方可取负值。

(4) 当 whence 为 0 时，offset 不可取负值。

(5) 返回值为文件指针的新位置。

【例 7-13】 文件指针移动定位 seek()方法示例。

```
>>> f11=open("test3.txt", "w")
>>> f11.write("0123456789")
10
>>> f11.seek(3)
3
>>> f11.write("Python")
6
>>> f11.close()
>>> f11=open("test3.txt", "rb")
>>> f11.seek(-4,2)
6
>>> print(f11.read(2))
b'ho'
>>> f11.seek(0)
0
>>> print(f11.read())
b'012Python9'
>>> f11.close()
```

需要注意的是，文件指针与文件对象相关联，而不是与文件本身相关联。因此，如果多次打开同一个文件,并赋给不同的文件对象,则每个文件对象都有自己的文件指针,互不影响。

7.5 文件内容迭代

迭代是 Python 中内涵最丰富的功能之一,指对那些可迭代的对象,重复做相同的事。对于文件对象,常见的操作是按照字符(字节)进行迭代,或按照行进行迭代。按字符读取使用 read(),按行读取使用 readline()。不论采用哪种方式,读取到文件尾时,都会返回空。因此,只要返回值不是空(布尔值为真),就可以继续循环。

【例 7-14】 test4.txt 中写入字符串 "Python",并逐字符输出。

```
#ex7_14.py
f12=open("test4.txt", "w")
f12.write("Python")
f12.close()
f12=open("test4.txt")
while True:
    char=f12.read(1)
    if not char:
        break;
    print(char)
f12.close()
```

运行程序 ex7_14.py 的结果:

```
P
y
t
h
o
n
```

【例 7-15】 打印输出 test2.txt 中每行内容,并在前面给出行号。

```
#ex7_15.py
f13=open("test2.txt")
n=0
while True:
    line=f13.readline()
    if not line:
        break;
    n=n+1
    print("line "+str(n)+ ": "+line.rstrip())
f13.close()
```

运行程序 ex7_15.py 的结果:

```
line1:100200
line2:ABCDEF6666
```

line3:300400AAAA

如果文件不太大，可以使用 read()或 readlines()一次读取全部文件内容，得到一个大字符串或字符串列表，而这两者都是可迭代对象。因此，可以使用 for 循环。

故上两例中 while 循环，也可以写成如下格式：

```
for char in f12.read():
    print(char)
```

和

```
for line in f13.readlines():
    n=n+1
    print('line'+str(n)+':'+line.rstrip())
```

如果文件很大，用 for 循环就不合适，这时可以使用 fileinput 模块中的 input()函数实现延迟行迭代。但是，fileinput 模块需要事先导入。

【例 7-16】 fileinput 模块中 input()函数示例。

```
#ex7_16.py
import fileinput
path="test2.txt"
n=0
for line in fileinput.input(path):
    n=n+1
    print("line"+str(n)+":"+line.rstrip())
fileinput.close()
```

事实上，文件也是可以迭代的。因此，上面行迭代代码还可以写成如下形式。

```
path="test2.txt"
f13=open(path)
n=0
for line in f13:
    n=n+1
    print("line"+str(n)+":"+line.rstrip())
fileinput.close()
```

7.6 os 模块中文件操作方法

Python 中 os 模块提供一些常用的操作系统服务接口。除了前面介绍过的 os.getcwd()、os.chdir()和 os.listdir()之外，os 模块中还包括一些常用函数。

1. os.mkdir(path)

os.mkdir(path)用于创建单级目录。

（1）mkdir(path)只能创建单级目录。例如，os.mkdir("test ")。

（2）如果创建多级目录，可以使用 makedirs(path)，创建 path 上所有不存在的目录。例如，os.makedirs("test\test1\test2")，如果当前位置没有 test 文件夹，则同时创建 test、test 下 test1 和 test1 下 test2。

2. os.rmdir(path)

os.rmdir(path)用于删除指定文件夹。
(1)删除的文件夹必须已存在。
(2)删除的文件夹必须为空，否则会抛出OSerror异常。

3. os.rename(oldname, newname)

os.rename(oldname, newname)用于文件或文件夹重新命名。
(1)oldname 为原文件(夹)名，newname 为新文件(夹)名。例如，os.rename("add.txt", "sub.txt")能够将当前位置下的文件add.txt重命名为sub.txt。
(2)在重命名前，文件必须已关闭。
(3)文件名中不允许使用通配符。
(4)特别注意，原文件名如果有扩展名，oldname中必须写清扩展名，在操作系统中文件"add"与"add.txt"并不是同一个文件。

4. os.remove(path)

os.remove(path)用于删除指定文件。
(1)删除的文件必须已存在，否则抛出FileNotFoundError异常。
(2)删除的文件必须已关闭。

5. os.stat(path)

os.stat(path)用于返回文件属性。
(1)返回值是一个对象，这个对象的属性包含文件信息。
(2)返回对象的st_size属性表示文件的大小，单位为字节；st_atime属性表示最后一次访问时间；st_mtime表示最后一次修改时间；st_ctime表示最后一次状态变化时间。

【例7-17】 当前位置下ex7_14.py 到ex7_16.py 进行重命名，在每个文件主名前加上字符串"test_"，并查看运行结果。

```
#ex7_17.py
import os
path=os.getcwd()
os.chdir(path)
print("before:")
print(os.listdir())
rename_files=[]
for n in range(14,17):
    rename_files.append("ex7_"+str(n)+".py")
    #rename_files.append("test_ex7_"+str(n)+".py")
for name in rename_files:
    newname="test_"+name
    #newname=name[5:]
    os.rename(name, newname)
print("after:")
print(os.listdir())
```

运行程序 ex7_17.py 的结果：

```
before:
['ex7_14.py', 'ex7_15.py', 'ex7_16.py', 'ex7_17.py']
after:
['ex7_17.py', 'test_ex7_14.py', 'test_ex7_15.py', 'test_ex7_16.py']
```

本例中需要进行批量重命名的文件是当前文件夹内容的一部分，不是全部，而且需要重命名的文件名具有一定的特征，于是创建一个列表 rename_files，利用循环生成需要重命名的所有文件名。然后再对列表中的每个文件进行重命名操作。

程序 ex7_17.py 中带注释的两行可以取代各自的上一行，构成的新脚本是本样例的逆操作，将所有文件名恢复原样。

os 模块除了提供新建文件夹、删除文件和文件夹、查看文件属性等操作，还提供丰富的关于进程、环境、文件、目录、配置和异常等方面的其他功能。

os 模块的子模块 path 也提供与文件路径有关的文件操作方法，如表 7-2 所示。

【例 7-18】 删除当前位置下所有扩展名为 txt 的文件。

```
#ex7_18.py
import os
filetype=(".txt")
def deletetype(path):
    if not os.path.isdir(path):
        return "path wrong"
    for flist in os.listdir(path):
        sub_path=os.path.join(path, flist)
        if os.path.isdir(sub_path):
            deletetype(sub_path)
        elif os.path.splitext(sub_path)[1] in filetype:
            os.remove(sub_path)
            print("delete",sub_path)
path=os.getcwd()
deletetype(path)
```

表 7-2 os.path 模块常用文件操作方法

方法	功能描述
abspath(path)	返回给定路径的绝对路径
dirname(__file__)	返回脚本的路径
exists(path)	判断路径(文件/文件夹)是否存在
getatime(filename)	最后一次访问文件的时间
getctime(filename)	创建文件的时间(Windows)
getmtime(filename)	最后一次修改文件的时间
getsize(filename)	返回文件的大小
isabs(path)	判断 path 是否为绝对路径
isdir(path)	判断 path 是否为文件夹
isfile(path)	判断 path 是否为文件
join(path1[,path2[,…]])	将多个 path 组合成一个，自动添加分隔符
split(path)	将 path 拆分成 head 和 tail，其中 tail 是最后一个路径组件
splitdrive(path)	将 path 拆分成 drive 和 filename，其中 drive 是驱动器说明
splitext(path)	将 path 拆分成基本文件名和扩展名对

7.7 shutil 模块中文件操作方法

Python 中 shutil 模块主要用于对文件和文件夹执行高级文件操作，如复制、移动、压缩和解压缩等。详细的方法列表可以先使用 import shutil 语句导入模块 shutil，再使用 dir(shutil) 查看。

以下介绍 shutil 模块中的一些常见方法。

1. shutil.move(src, dst)

shutil.move(src, dst)用于将文件或文件夹移动到目标位置。
(1)src 表示源文件(夹)名，dst 表示目标位置名称。
(2)目标位置如果是文件夹，源文件(夹)将会以递归的方式移动至此位置。所谓递归方式是指，如果源是文件夹，则该文件夹及其内部的所有文件和文件夹将全部移动到目标位置。
(3)目标位置如果是文件，且与源文件同名，则其会被源文件覆盖。
(4)目标位置如果是文件，且不与源文件同名，则其会被更名为源文件名，同时被源文件覆盖。

2. shutil.copyfileobj(srcfileobj, dstfileobj)

shutil.copyfileobj(srcfileobj, dstfileobj)用于将源文件的内容复制给目标文件。
(1)srcfileobj 表示源文件对象，dstfileobj 表示目标文件对象，注意，两个参数都是文件对象，不是文件名。这意味着，两个文件都已经被打开，且要求解读格式是二进制文件格式。
(2)复制的方式为覆盖，即目标文件中原有内容会丢失。
(3)目标文件对象 dstfileobj 所关联的文件必须是以可写的方式打开。

3. shutil.copyfile(srcfile, dstfile)

shutil.copyfile(srcfile, dstfile)用于将源文件的内容复制给目标文件。
(1)srcfile 表示源文件名。dstfile 表示目标文件名，若无此文件，则创建之。
(2)复制的方式为覆盖，即目标文件中原有内容会丢失。
(3)两个文件无须事先打开。
(4)若源文件与目标文件为同一文件，则抛出 SameFileError 异常。
例如，将当前位置的文本文件 license.txt 复制到 license1.txt。

```
>>> import shutil
>>> shutil.copyfile("license.txt", "license1.txt")
'license1.txt'
```

4. shutil.copytree(src, dst)

shutil.copytree(src, dst)用于将源文件夹复制到目标文件夹。
(1)src 表示源文件夹，dst 表示目标文件夹，且当前不存在。
(2)复制将以递归的方式进行，即源文件夹中的所有内容，都将被复制到目标文件夹中。

5. shutil.rmtree(path)

shutil.rmtree(path)用于删除文件夹 path。

6. shutil.make_archive(filename, format, path)

shutil.make_archive(filename, format, path)用于将文件夹压缩。
(1)path 表示待压缩的文件夹，缺省表示当前文件夹。
(2)filename 表示压缩后的压缩包存储位置与文件主名，若已存在，则新产生的压缩包将替换掉原有压缩包。
(3)format 表示压缩包的种类，包括 zip、tar、bztar 和 gztar。
例如，将 C:\Python37\ch7 文件夹及该文件夹中所有文件压缩至 D:\ch7.zip 文件。

```
>>> import shutil
>>> shutil.make_archive("D:\\ch7", "zip", "C:\\Python37\\ch7")
'D:\\ch7.zip'
```

7. shutil.unpack_archive(filename, path)

shutil.unpack_archive(filename, path)用于对压缩文件进行解压缩处理。
(1)filename 表示压缩包文件名。
(2)path 表示为解压后的文件夹指定的目标位置。
例如，将压缩文件 D:\ch7.zip 解压缩至 D:\ch7_unpack 文件夹，然后删除 D:\ch7_unpack 文件夹。

```
>>> import shutil
>>> shutil.unpack_archive("D:\\ch7.zip", "D:\\ch7_unpack")
>>> shutil.rmtree("D:\\ch7_unpack")
```

习 题 7

一、填空题

1. Python 中，常用的数据文件类型包括_____、_____和 csv 文件。
2. 文件对象常用属性包括_____、_____和 mode。
3. 文件对象打开模式包括_____、_____、b、t 和+。
4. 读取文件的方法包括_____、_____和_____。
5. 写入文件的方法包括_____和_____。
6. 读取 csv 文件的常用方法包括_____和_____两种。
7. 写入 csv 文件的的常用方法包括_____和_____两种。
8. 文件对象_____方法能够返回文件指针的当前位置。
9. 文件对象_____能够移动当前文件指针，以便可以随机访问文件中任何位置。
10. os 模块中_____方法用于删除指定文件夹。
11. os 模块中_____方法用于文件或文件夹重新命名。
12. os.path 模块中_____方法用于判断给定路径是否为绝对路径。

13. os.path 模块中_____方法用于获取最后一次修改文件的时间.
14. shutil 模块中 _____方法用于将源文件的内容复制给目标文件。
15. shutil 模块中 _____方法用于将文件夹压缩。

二、简答题

1. 文本文件、二进制文件和 csv 文件之间有何区别？
2. open()打开指定文件的模式包括哪几种？默认打开模式是什么？
3. file.read()、file.readline()和 file.readlines()之间有何区别？
4. file.write()、file.writelines()之间有何区别？
5. 文本文件的读取和写入基本步骤分别是什么？
6. 二进制文件的打开模式是什么？二进制文件的读取和写入基本步骤分别是什么？

三、程序阅读题

1. 下面程序的执行结果是_____。

```
f1=open("test1.txt", "w")
f1.write("123\n")
f1.write("ABC\n")
f1=open("test1.txt")
for str1 in f1: print(str1, end="")
```

2. 下面程序的执行结果是_____。

```
f2=open("test2.txt", "w")
print("指针位置:", f2.tell())
f2.write("Python 3.7\n")
f2.write("ABCDEF123456\n")
f2=open("test2.txt")
print(f2.read(4))
print("指针位置:", f2.tell())
```

四、程序设计题

1. 将下列 5 行内容写入文本文件 data1.txt。

```
#准备数据
head=["xh", "name", "grade", "score"]
data1={"xh":"99101", "name":"LiMing", "grade":3, "score":625}
data2=[{"xh":"99102","name":"SunYu","grade":2,"score":709}]
#创建文件并写入数据
```

2. 在文本文件 data1.txt 的最前面插入一行字符串"import csv"。
3. 删除文本文件 data1.txt 中以#开头的行。
4. 读取文本文件 data.txt，将其每行的行尾加上行号后再写入文本文件 data1.txt 中。
5. 计算文本文件 data1.txt 中最长行的长度。
6. 将当前工作目录修改为"D:\"，并验证，最后将当前工作目录恢复为原来的目录。

第 8 章　程序错误和异常处理

程序编写和运行过程中，出现错误和异常是不可避免的。程序错误，即英文 bug，又称为缺陷、臭虫，是指在软件运行中因为程序本身有错误而造成的功能不正常、死机、数据丢失、非正常中断等现象。导致程序异常的原因很多，例如，除零、下标越界、文件不存在、网络异常、类型错误、名字错误、字典键错误、磁盘空间不足等。异常处理（又称为错误处理）是指程序运行时处理出现的任何意外或异常情况的方法。本章介绍 Python 程序错误、内置异常类、异常处理机制、异常断言处理、程序调试及单元测试等。掌握程序错误和异常处理方法，可以提高程序设计综合水平和能力，同时能够增强代码可读性，方便维护者的阅读和理解。

8.1　程　序　错　误

程序在运行过程中，总会遇到各种各样的错误。有的错误是程序编写有问题造成的，例如本来应该输出整数，结果输出字符串，这种错误通常称为 bug，bug 是必须修复的。有的错误是用户输入造成的，例如让用户输入 email 地址，结果得到一个空字符串，这种错误可以通过检查用户输入来做相应的处理。还有一类错误是完全无法在程序运行过程中预测的，例如写入文件时，磁盘满了，写不进去，或从网络抓取数据，网络突然断掉。这类错误也称为异常，在程序中通常是必须处理的，否则程序会因为各种问题终止并退出。

通常，程序错误可以分为语法错误、逻辑错误和运行错误。

1. **语法错误**

语法错误是指程序源代码中拼写语法错误，这些错误导致 Python 编译器无法把 Python 源代码转换为字节码，故也称为编译错误。

程序中包含语法错误时，编译器将显示 SyntaxError 错误信息。

通过分析编译器抛出的运行时错误信息，仔细分析相关位置的代码，可以定位并修改程序错误。

【例 8-1】　Python 语法错误示例。

```
>>> print(123, 345))
SyntaxError: invalid syntax
>>> x=2*(3+4}
SyntaxError: invalid syntax
```

2. **逻辑错误**

逻辑错误是指程序可以执行（程序运行本身不报错），但执行结果不正确。对于逻辑错误，Python 解释器无能为力，需要读者根据结果来调试判断。

【例 8-2】　Python 逻辑错误示例。

```
>>> print("半径为 5 的圆面积:",  math.pi*5*2)    #计算公式错误导致的逻辑错误。
```

半径为 5 的圆面积: 31.41592653589793
>>> print("半径为 5 的圆面积:",math.pi*5**2)
半径为 5 的圆面积: 78.53981633974483

3. 运行错误

运行错误是指程序在解释执行过程中产生的错误,又称异常。程序在运行时,如果 Python 解释器遇到到一个错误,会停止程序的执行,并且提示一些错误信息,这就是异常。程序停止执行并且提示错误信息,这个动作通常称为抛出(raise)异常。

严格来说,语法错误和逻辑错误不属于异常,但有些语法错误往往会导致异常,例如由于大小写拼写错误而访问不存在的对象。

【例 8-3】 Python 运行错误示例。

```
>>> x=2**3
>>> X                              # NameError
Traceback (most recent call last):
  File "<pyshell#2>", line 1, in <module>
    X
NameError: name 'X' is not defined

>>> x/0                            #ZeroDivisionError
Traceback (most recent call last):
  File "<pyshell#3>", line 1, in <module>
    x/0
ZeroDivisionError: division by zero
>>> "123"+100                      # TypeError
Traceback (most recent call last):
  File "<pyshell#4>", line 1, in <module>
    "123"+100
TypeError: can only concatenate str (not "int") to str

>>> fp = open("xyz.txt")           #FileNotFoundError
Traceback (most recent call last):
  File "<pyshell#6>", line 1, in <module>
    fp = open("xyz.txt")
FileNotFoundError: [Errno 2] No such file or directory: 'xyz.txt'
```

异常代表一个事件,会在程序运行(或脚本执行)过程中发生,原因是错误或环境变化等导致程序无法完成运行。当异常发生时,如果不进行处理,程序会显示错误信息并中止运行。错误信息以红色突出显示,其中包含着异常文件路径、异常代码行号、异常代码、异常类型和异常内容提示等部分,如图 8-1 所示。

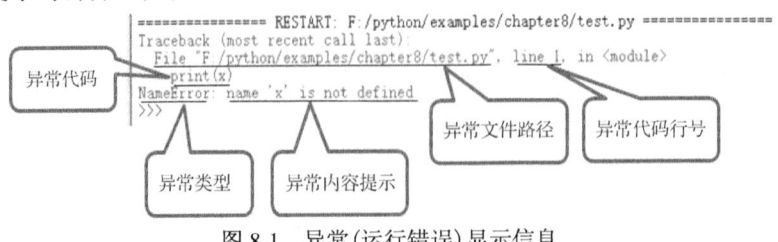

图 8-1 异常(运行错误)显示信息

8.2 内置异常类

Python 程序在运行过程中，如果出现错误或异常，则 Python 解释器会创建一个异常对象，并抛出给系统自动运行。也就是说，程序终止正常执行流程，转而执行异常处理流程。

异常对象是异常类的实例对象，表示一种非正常的状态，且封装错误信息。Python 内置异常类定义在 exception 模块中，该模块无须用户导入。BaseException 类是所有异常的根类，所有内置异常均派生于 BaseException 类。

Python 内置的异常类的继承层次关系如图 8-2 所示。

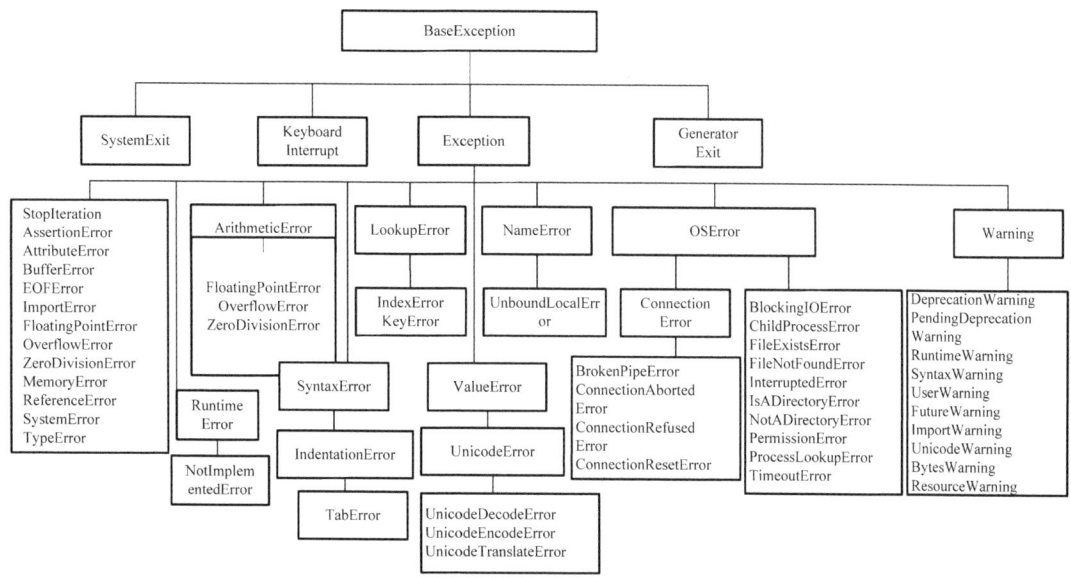

图 8-2 Python 内置异常类的继承层次关系

大部分由程序错误而产生的错误和异常，一般由 Python 虚拟机自动抛出。如果判断某种错误情况，则可以创建相应的异常类的对象，并通过 raise 语句抛出。

【例 8-4】 Python 虚拟机自动抛出异常示例。

```
>>> int("ABC")
Traceback (most recent call last):
  File "<pyshell#18>", line 1, in <module>
    int("ABC")
ValueError: invalid literal for int() with base 10: 'ABC'
```

【例 8-5】 程序代码中通过 raise 语句抛出异常。

```
>>> x=int(input("请输入一个正数:"))
请输入一个正数:-100
>>> if x<=0: raise ValueError("数值不能为非正数!")

Traceback (most recent call last):
  File "<pyshell#10>", line 1, in <module>
    if x<=0: raise ValueError("数值不能为非正数!")
ValueError: 数值不能为非正数!
```

用户可以继承 Python 内置异常类来实现自定义的异常类。如果自己编写的某个模块需要抛出多个不同的异常，可以先创建一个基类，再创建多个派生类分别表示不同的异常。

8.3 异常处理

程序一旦发生异常，需要对其进行处理，否则程序会中止运行。Python 提供强大的异常处理机制，能够准确地反馈错误信息，指明错误发生的位置及原因，同时提供多种对异常的处理办法，允许在一些可以预见会引发异常的地方，给出应对方案。这种异常处理机制已经成为当前许多程序设计语言处理错误的标准模式。

8.3.1 try…except 结构

try…except 结构的语法格式：
try:
  <try 语句块>   #被监控的语句或尝试执行的语句
except 异常类名/Exception [as reason]:
  <except 语句块>   #出现异常的处理语句

其中，<try 语句块>放置可能出现异常的语句，<except 语句块>放置发生异常类名/Exception 指定的异常时所执行的语句。

try…except 结构执行过程：程序执行过程中一旦遇到 try 子句，便在上下文中做好标记，然后执行<try 语句块>；如果<try 语句块>执行过程中没有产生异常，则 except 子句被忽略，顺利通过整个 try…except 结构语句，否则如果发生 except 预期的异常，则开始执行<except 语句块>来处理异常，之后结束整个 try…except 结构语句。

当需要捕获所有异常时，可以使用 BaseException。但是，不建议这样处理。
try:
  try 语句块   #被监控的语句
except BaseException as be:
  except 语句块   #处理所有错误

【例 8-6】 要求用户必须输入数字字符串，否则重新输入。

```
>>> while True:
        x = input("请输入一个数字字符串:")
        try:
            print("输入内容:{0}".format(int(x)))
            break
        except ValueError:
            print("非数字字符串，请重新输入!")


请输入一个数字字符串:ABC
非数字字符串，请重新输入!
请输入一个数字字符串:123
输入内容:123
```

【例8-7】 输入两个数 x 和 y，输出打印 x/y，要求能捕获处理除数 y 为 0 情况。

```
#ex8_7.py
print("输入两个数 x 和 y，输出打印 x/y!")
while True:
    x=float(input("请输入被除数 x："))
    y=float(input("请输入除数 y："))
    try:
        print(x/y)
        break
    except ZeroDivisionError:
        print("除数 y 不能为 0！请重新输入!")
```

运行程序 ex8_7.py 的结果：

```
输入两个数 x 和 y，输出打印 x/y!
请输入被除数 x：100
请输入除数 y：0
除数 y 不能为 0！请重新输入!
请输入被除数 x：100
请输入除数 y：50
2.0
```

本例中，两个数 x 和 y 由用户交互输入，编写程序时无法预知用户会输入怎样的数，如若用户输入的 y 值为 0，则违背除法的基本规则，将提示异常 ZeroDivisionError，并结束程序运行。这种情况可以预见，一旦出现这种异常，可以将其捕获，即便无法做补救措施，至少能给出更明确的提示。

8.3.2 带有多个 except 的 try…except 结构

带有多个 except 的 try…except 结构的语法格式：

```
try:
    <try 语句块>                    #被监控的语句
except 异常类名/Exception1:
    <except 语句块 1>              #处理 Exception1 异常的语句
except 异常类名/Exception2:
    <except 语句块 2>              #处理 Exception2 异常的语句
except 异常类名/Exception3:
    <except 语句块 3>              #处理 Exception3 异常的语句
……
```

程序在实际执行过程中，一段代码有可能出现多种异常。例如，例 8-7 中用户不仅可能输入 0，也可能输入某个字母，这会引发另一个异常 ValueError。程序 ex8_7.py 无法捕获这个异常，将中止运行。

针对上述情况有两种处理办法。如果多种异常的处理方式相同，可将多个异常类的名称构成元组，当实际发生的异常是该元组中的一项时，则被捕获，甚至可以同时获取异常类型与描述信息。如果多种异常的处理方式不同，则可以使用多个 except 子句，多个 except 子句中，至多只有一个 except 能够被执行。

【例 8-8】 多种异常处理方式相同的示例。

```
#ex8_8.py
print("输入两个数 x 和 y，输出打印 x/y!")
while True:
    x=input("请输入被除数 x：")
    y=input("请输入除数 y：")
    try:
        print(float(x)/float(y))
        break
    except (ZeroDivisionError, ValueError):
        print("输入有误！请重新输入！")
```

运行程序 ex8_8.py 的结果：

```
输入两个数 x 和 y，输出打印 x/y!
请输入被除数 x：100
请输入除数 y：ABC
输入有误！请重新输入！
请输入被除数 x：100
请输入除数 y：10
10.0
```

【例 8-9】 多种异常处理方式相同且输出异常信息的示例。

```
#ex8_9.py
print("输入两个数 x 和 y，输出打印 x/y!")
while True:
    x=input("请输入被除数 x：")
    y=input("请输入除数 y：")
    try:
        print(float(x)/float(y))
        break
    except (ZeroDivisionError, ValueError) as message:
        print("错误信息：{}!".format(message), "请重新输入！")
```

运行程序 ex8_9.py 的结果：

```
输入两个数 x 和 y，输出打印 x/y!
请输入被除数 x：100
请输入除数 y：0
错误信息：float division by zero! 请重新输入！
请输入被除数 x：100
请输入除数 y：ABC
错误信息：could not convert string to float: 'ABC'! 请重新输入！
请输入被除数 x：100
请输入除数 y：10
10.0
```

【例8-10】 多种异常处理方式不相同的示例。

```
#ex8_10.py
print("输入两个数 x 和 y，输出打印 x/y!")
while True:
    x=input("请输入被除数 x：")
    y=input("请输入除数 y：")
    try:
        z=float(x)/float(y)
    except ZeroDivisionError:
        print("除数不能为 0!")
    except ValueError:
        print("被除数和除数应为数字!")
    except NameError:
        print("变量不存在!")
    else:
        print(x, "/", y, "=", z)
        break
```

【例8-11】 多种异常处理方式相同及不相同混合的示例。

```
#ex8_11.py
import sys
try:
    f1 = open("ex8_10.py")
    s1 = f1.readline()
    n1 = int(s1.strip())
    f1.close()
except OSError as err:
    print("OS error: {0}".format(err))
except ValueError:
    print("Could not convert data to an integer.")
except (RuntimeError, NameError):
    pass
```

即使在程序设计阶段考虑很多引发异常的情况，但程序代码在实际运行时仍可能发生意外。未被捕获的异常会被传递给上一级代码块，直到程序最高级，如果仍未被捕获，则程序中止运行并显示错误信息。捕获全部异常不失为一种保证程序能够继续向下运行的有效方法。

假设例 8-7 中的除数为 0 是预计会发生的异常，而输入字母是没有被考虑到的异常之一，可以采用下述两种方法来捕获其他全部的异常。

【例8-12】 输入两个数 x 和 y，输出打印 x/y，要求能捕获处理除数 y 为 0 等所有情况。

```
#ex8_12.py
print("输入两个数 x 和 y，输出打印 x/y!")
while True:
    x=input("请输入被除数 x：")
    y=input("请输入除数 y：")
    try:
```

```
            print(x/y)
            break
    except ZeroDivisionError:
        print("除数 y 不能为 0！请重新输入!")
    except:
        print("输入有误！")
```

注意，ex8_12.py 中第 2 个 except 后没有标明异常类的名称，表示除前面 except 中已标明异常类以外的所有异常类。没有标明异常类名称的 except 只能存在于所有 except 的最后。如果第 2 个 except 后给出 Exception，则表示是除了与程序退出相关异常之外的所有异常的基类。

虽然捕获全部异常能够保证程序继续向下执行。但是，对所有未知异常都按照同一方式进行处理显然是不合适的，用户无法获取更多的信息，会隐藏起很多预先没有考虑到的错误。因此，捕获全部异常时最好使用 as 来获取异常对象，并对其进行检查。当然，也存在一种观点认为，与其隐藏未知异常，不如直接令程序崩溃。

8.3.3 try…except…else 结构

如果<try 语句块>并没有发生异常，则 except 子句被跳过，结束 try…except…语句。但是，有时会希望为正确执行的<try 语句块>做些补充操作或阶段性提示，则需要用到 else 子句。else 子句的用法与 if…else…中类似，如果发生 except 预期的异常，则执行对应语句块，否则执行 else 后的<else 语句块>。

try…except…else 结构的语法格式：

```
try:
    <try 语句块>                    #被监控的语句
except 异常类名/Exception [as reason]:
    <except 语句块>                 #处理 Exception 异常的语句
else:
    <else 语句块>
```

执行过程：如果 try 范围内捕获异常，则执行<except 语句块>；如果 try 范围内没有捕获异常，则执行<else 语句块>。

【例 8-13】 要求用户必须输入列表中元素的序号，否则重新输入。

```
#ex8_13.py
slist = ["China", "America", "England", "France"]
while True:
    m = input("请输入列表中字符串元素的索引号:")
    try:
        m = int(m)
        print(slist[m])
    except IndexError:
        print("列表元素下标越界，请重新输入!")
    else:
        break
```

程序 ex8_13.py 的运行结果：

```
请输入列表中字符串元素的索引号:5
列表元素下标越界，请重新输入！
请输入列表中字符串元素的索引号:3
France
```

【例 8-14】 要求用户必须输入整数，否则重新输入。

```
>>> while True:
        n = input("请输入一个整数：")
        try:
            n = int(n)
        except Exception as be:
            print("输入的是非整数，请重新输入!")
        else:
            print("用户输入整数：{0}".format(n))
            break
```

```
请输入一个整数：12.3
输入的是非整数，请重新输入！
请输入一个整数：123
用户输入整数：123
```

8.3.4 try…except…finally 结构

程序运行的最后，经常需要一些标志性的操作行为，例如关闭文件、释放资源等清理工作。这些操作无论是否发生或捕捉过异常，都需要被执行，称为终止行为。

try…except…finally 结构的语法格式：

```
try:
    <try 语句块>                    #被监控的语句
except 异常类名/Exception1:
    <except 语句块 1>              #处理 Exception1 异常的语句
except 异常类名/Exception2:
    <except 语句块 2>              #处理 Exception2 异常的语句
except 异常类名/Exception3:
    <except 语句块 3>              #处理 Exception3 异常的语句
……
finally:
    < finally 语句块>
```

执行过程：程序运行时，try 子句中<try 语句块>如果没发生异常，执行完毕后跳转到 finally 子句中执行< finally 语句块>；如果发生异常，根据 except 子句自上而下匹配引发的异常并处理，然后去执行 finally 子中< finally 语句块>，运行结束后才重新引发匹配不成功的异常。

< finally 语句块>始终在执行完<try 语句块>和<except 语句块>之后执行，而与是否引发异常或者是否找到与异常类型匹配的<except 语句块>无关。

【例 8-15】 下面语句在执行完<try 语句块>和<except 语句块>之后执行< finally 语句块>。

```
>>> try:
```

```
        100/0
except:
        print(100)
finally:
        print(200)

100
200
```

如果 try 子句中的异常没有被捕获和处理，或者 except 子句和 else 子句中的代码出现异常，则这些异常将会在 finally 子句执行完后再次抛出。例如，下面的语句 100/0 在 finally 子句 print(200)执行完后再次抛出。

```
>>> try:
        100/0
finally:
        print(200)

200
ZeroDivisionError: division by zero
```

finally 子句中的代码也可能会抛出异常。例如，下面语句以只读方式打开一个不存在的文本文件，finally 子句中关闭文件对象的代码将会抛出异常从而导致程序终止运行。

```
>>> try:
        ff = open("test.txt")
        line = ff.readline()
        print(line)
finally:
        ff.close()

NameError: name 'ff' is not defined
```

【例 8-16】 try...except...finally 结构示例。

```
#ex8_16.py
def divide(x, y):
    try:
        result = x / y
    except ZeroDivisionError:
        print("division by zero!")
    else:
        print("result is", result)
    finally:
        print("executing finally clause!")

divide(2, 1)
divide(2, 0)
divide("2", "1")
```

运行程序 ex8_16.py 的结果：

```
result is 2.0
executing finally clause!
division by zero!
executing finally clause!
executing finally clause!
TypeError: unsupported operand type(s) for /: 'str' and 'str'
```

8.3.5 异常捕获的顺序

如果认为某些代码可能会出错时，就可以用 try 来运行这段代码，如果执行出错，则后续代码不会继续执行，而是直接跳转至错误处理代码，即 except 语句块，执行完 except 后，如果有 finally 语句块，则执行 finally 语句块，至此执行完毕。没有错误发生，因此 except 语句块不会被执行，但是如果有 finally，则一定会被执行（可以没有 finally 语句）。

异常处理的完整结构包括 4 个子句：try、except、else 和 finally。

(1) try：放置逻辑主体代码。
(2) except：捕获指定异常。
(3) else：没有异常时处理。
(4) finally：总是会被执行。

异常处理的完整结构语法格式：

```
try:
    <try 语句块>                  #被监控的语句
except 异常类名/Exception1:
    <except 语句块 1>             #处理 Exception1 异常的语句
except 异常类名/Exception2:
    <except 语句块 2>             #处理 Exception2 异常的语句
except 异常类名/Exception3:
    <except 语句块 3>             #处理 Exception3 异常的语句
……
else:
    <else 语句块>
finally:
    < finally 语句块>
```

Except 子句可以捕获并处理特定的异常类型(此类型又称为"异常筛选器")，具有不同异常筛选器的多个 except 子句可以串联在一起。程序运行时，系统将自动自上而下匹配引发的异常，如果匹配成功，则执行相应 except 子句中的异常处理语句；否则继续匹配下一个 except 子句。因此，需要将派生度高的异常类放置在派生度低的异常类之前，否则派生度高的异常类将永远无法捕获。

【例 8-17】 异常类位置顺序示例。

```
#ex8_17.py
demo = (66, 78, 95, -60, 55, 100)
```

```
            sum = 0
            try:
                for n in demo:
                    if n < 0: raise ValueError(str(n)+"为负数")
                    sum += n
                print("合计=", sum)
            except Exception:
                print("发生异常!")
            except ValueError:
                print("数值不能为负!")
```

运行程序 ex8_17.py 的结果：

```
发生异常!
```

结果显示，派生程度高的异常类 ValueError 放置在派生程度低的 Exception 后面，导致程序永远无法捕获。因此，两者顺序应该交换。

8.3.6 异常抛出 raise 语句

异常表示一种非正常的执行状态，它不仅可以因为程序运行时出现错误而被动的引发，也可以由用户选择在合适的时机主动抛出，使用的语句是 raise。

异常抛出的语句格式：raise [异常对象|异常类[(描述信息)]]

说明：

(1) 当某个异常对象已存在时，可直接抛出。

(2) raise 后接异常类名称时，会隐式创建一个异常类的对象并抛出。

(3) 不带任何参数的 raise 表示重新抛出刚刚发生的异常。

【例 8-18】 异常抛出 raise 语句示例。

```
# ex8_18.py
# 输入语文、数学、英语三门课成绩，求平均分，要求能够一次执行多次计算。
while True:
    try:
        sum_score=0
        chinese=int(input("请输入语文成绩："))
        math=int(input("请输入数学成绩："))
        english=int(input("请输入英语成绩："))
        score=(chinese, math, english)
        for n in score:
            if n<0 or n>100:
                raise TypeError
            sum_score=sum_score+n
        print("平均成绩：", sum_score/3)
    except TypeError:
        print("成绩要在 0～100 之间!")
    except ValueError:
        print("输入不正确，需重新输入!")
    flag=input("再次计算，请按 Y/y: ")
```

```
if flag!="Y" and flag!="y":
    break
```

8.3.7 自定义异常

例 8-18 程序 ex_18.py 中，当分数不在 0~100 之间，用户主动抛出 TypeError 异常，将被第一个 except 捕获。而内置异常 TypeError 的含义是类型错误，并不与实际情况对应。事实上，并没有一个内置异常对应着输入数据不在 0~100 之间这种情况。此时，可以通过自定义异常为某种特殊情况专门命名一个异常类。

except 子句中以异常类名称作为分支匹配的依据，因此允许用户自建异常类能够带来更丰富的异常处理层次。自定义异常类一般继承于 Exception 或其子类。自定义异常类的命名规则一般以 Error 或 Exception 为后缀。

【例 8-19】 创建自定义异常（NumberError.py），捕获和处理程序中数据异常情况。例如，学生单科成绩必须在 0~100 之间。

```
# ex8_19.py
class NumberError(Exception):        #自定义异常类，继承于 Exception
    def __init__(self,data):
        Exception.__init__(self, data)
        self.data = data
    def __str__(self):               #重载__str__方法
        return self.data + ": 非法数值(<0 or >100)"
def sum(cj):
    sum = 0
    for n in cj:
        if n<0 or n>100: raise NumberError(str(n))
        sum += n
    return sum
#测试代码
cj1 = (50, 78, 90, 80, 65)
print("总分=", sum(cj1))
cj2 = (-50, 78, 90, 80, 65)
print("总分=", sum(cj2))
```

8.4 断 言 处 理

断言是一种比较特殊的异常处理方式，在形式上比异常处理结构要简单一些。

程序编写时，通常在调试阶段需要判断代码执行过程中变量的值等信息。例如，判断对象是否为空，数值是否为负数。

通常，断言用于下列三种情况。

(1) 前置条件断言：代码执行之前必须具备的特性。
(2) 后置条件断言：代码执行之后必须具备的特性。
(3) 前后不变断言：代码执行前后不能变化的特性。

断言的主要功能是帮助程序员调试程序，以保证程序运行的正确性。通常，断言放在开发调试阶段使用，即调试模式时断言有效，优化模式运行时，自动忽略断言。

断言语句的语法格式：

assert　<布尔表达式> [,<字符串表达式>]

其中，<布尔表达式>结果是一个布尔值(True 或 False)，<字符串表达式>是断言失败时输出的失败消息。

调试过程中，如果<布尔表达式>为真，则什么都不做；否则抛出 AssertionError 异常对象实例。

Python 解释器包括两种运行模式：调试模式和优化模式。通常，Python 运行在调试模式，内置只读变量__debug__为 True，程序中 assert 断言语句可以帮助程序调错。当 Python 脚本以 -O 选项编译为字节码文件时（即 python.exe －O）是优化模式，此时内置只读变量__debug__为 False，assert 语句将被移除以提高程序运行速度。

断言语句和异常处理结构经常结合使用。

【例 8-20】　断言处理语句示例。

```
# ex8_20.py
x = float(input("请输入被除数 x："))
y = float(input("请输入除数 y："))
assert y!=0, "除数不能为 0!"
z = x / y
print(x, "/", y, "=", z)
```

运行程序 ex8_20.py 的结果：

```
请输入被除数 x: 10
请输入除数 y: 0
AssertionError: 除数不能为 0!
```

8.5　程 序 调 试

8.5.1　程序调试概念

程序调试是指程序在投入实际运行前，用手工或编译程序等方法进行测试，查找和修正错误的过程。

程序中可能存在三种错误：语法错误、运行错误和逻辑错误。前两种系统会直接抛出异常，用于判断问题产生的原因和位置；对于逻辑错误，可以使用 print 语句输出变量的中间值来判断出错位置，但是比较麻烦，更好的操作是使用调试器来进行流程跟踪并监视变量。

1. 语法错误的调试

根据 Python 解释器抛出的异常，分别判断产生异常的原因，并修改程序代码。

2. 运行错误的调试

可以通过 try…except 语句捕获并处理。如果程序中没有 try…except，则 Python 解释器直接打印出异常信息。

3. 逻辑错误的调试

逻辑错误的调试方法包括断点跟踪、输出信息等方法。一些集成开发环境(IDE)可以设置断点，并查看变量等。通过 print 语句输出程序运行过程中变量值(跟踪信息)，是观察和调试程序运行逻辑正确性的有效方法。

8.5.2 程序调试工具 IDLE

IDLE 是 Python 自带的集成开发环境，包括 Python 解释器、编辑器和调试器。

Python 安装完成后在开始菜单中即可启动 IDLE，启动后出现 Python Shell 窗口。单击 Python Shell 窗口的 Debug 菜单中的 Debugger 选项能够打开 Debug 控制台，如图 8-3 所示。

图 8-3　Debug 控制台窗口

Debug 控制台中按钮功能：

(1) Go：执行。如果程序中已设置断点，那么执行至断点，否则执行至程序结束。运行结束后 IDLE 恢复到[DEBUG ON]状态。

(2) Step：单步执行，逐条语句进行调试。

(3) Over：逐过程调试，遇到函数不进入。

(4) Out：如果进入函数，单击该按钮可退出函数。

(5) Quit：结束本次调试。

调试的基本过程：

(1) 打开 Debug 控制台。单击 Python Shell→Debug→Debugger，弹出如图 8-3 所示的 Debug 控制台。此时 Python Shell 窗口显示[DEBUG ON]，如图 8-4 所示。

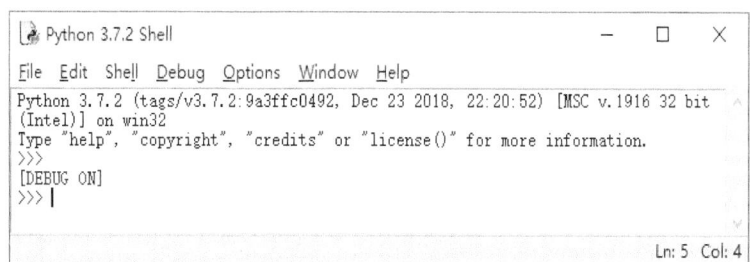

图 8-4　开始调试

(2) 打开待调试的文件。单击 Python Shell→File→Open，找到并打开待调试的文件，例如 ex8_20.py。

(3) 运行程序。在程序编辑窗口中单击 Run→Run Module 或直接按 F5 键，运行程序，Debug 控制台将会自动弹出，并开始显示部分信息，如图 8-5 所示。特别注意，在开始运行程序前，必须保证 Debug 控制台已打开。

(4) 设置或取消断点。此时可以在程序中设置或取消断点，方法是在语句上右击鼠标，从快捷菜单中选择 Set Breakpoint（表示当前行设置断点）或 Clear Breakpoint（表示取消当前行已设的断点）。成功设置断点的代码行将用黄色背景标识，如图 8-6 所示的。

(5) 开始执行。使用 Go 或 Step 等按钮开始调试。在 Python Shell 窗口中根据提示输入被除数 100，程序执行到第一个断点时效果如图 8-6 所示。继续执行至程序结束。

(6) 结束调试。单击 Debug 控制台右上角的"关闭"按钮，或再次单击 Python Shell→Debug→Debugger，关闭 Debug 控制台，结束调试。Python Shell 窗口中显示 DEBUG OFF。

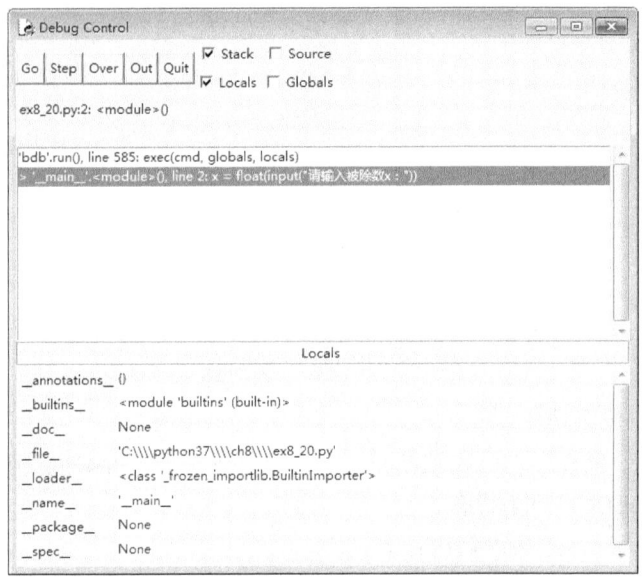

图 8-5　Debug 控制台执行内容

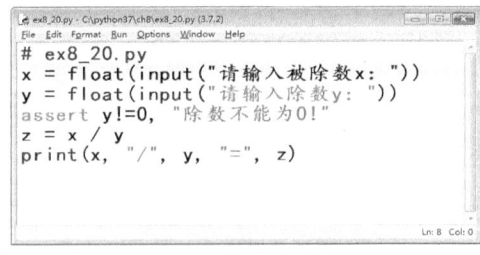

图 8-6　设置/取消断点

8.5.3　程序调试工具 pdb

pdb 是 Python 自带的交互式源代码调试模块，程序文件为 pdb.py。但是，pdb 需要导入后才能使用其中的功能，使用该模块可以完成代码调试的绝大部分功能，包括设置/清除（条件）断点、启用/禁用断点、单步执行、查看栈帧、查看变量值、查看当前执行位置、列出源代码、执行任意 Python 代码或表达式等。

Pdb 模块常用的调试命令包括。

(1) a(rgs)：打印当前函数的参数列表。

(2) b(reak) [n]：在当前文件中的第 n 行设置断点。n 缺省表示打印当前的所有断点。

(3) cl(ear) [bpnumber1[bpnumber2…]]：清除断点编号列表，缺省表示清楚所有断点。

(4) c(ont(inue))：继续执行，直至遇到下一个断点。

(5) h(elp) [command]：显示可用命令列表，若指定了命令 command 则显示该命令的帮助信息。

(6) l(ist) [first[,last]]：列出当前要运行的从 first 行到 last 行的源代码块，缺省表示当前行前后共 11 行（前 5 行+当前行+后 5 行）。

(7) n(ext)：单步执行，跳过函数调用中包含的代码。

(8) p expression：计算表达式的值并打印。

(9) q(uit)：退出调试器。

(10) r(eturn)：运行至函数返回。

(11) s(tep)：执行一行代码并进入函数内。

(12) tbreak [n]：设置一个临时断点，该断点在第一次到达时删除。

pdb 模块用法主要包括三种：一是交互模式下调试语句块、表达式、函数等多种脚本；二是程序中嵌入调试功能；三是命令行调试程序。

交互模式下常用调试方法。

(1) pdb.run(statement[, globals[, locals]])：调试指定语句，可选参数 globals 和 locals 用来指定代码执行的环境，默认是 __main__ 模块的字典。

(2) pdb.runeval(expression[, globals[, locals]])：返回表达式的值，其他与 run 函数一样。

(3) pdb.runcall(function[, argument, ...])：调试指定函数。

(4) pdb.post_mortem([traceback])：进入指定 traceback 对象的时候调试模式，如果没有指定 traceback 对象，则使用当前正在处理的一个异常。

【例 8-21】 pdb 模块交互模式下调试示例。

```
>>> import pdb
>>> pdb.run("print('1234'+str(99.9))")
> <string>(1)<module>()
(Pdb) continue
123499.9
>>> pdb.run("print("1234"+str(99.9))")
SyntaxError: invalid syntax
```

程序中嵌入调试功能：

(1) 程序中首先导入 pdb 模块，然后使用 pdb.set_trace()在需要的位置设置断点。

(2) 命令提示符环境下执行该程序或双击执行程序时将自动打开 pdb 调试环境，即使该程序当前不处于调试状态。

【例 8-22】 程序中启动 pdb 并调试示例。

```
#ex8_22.py
import pdb
print("输入两个数 a 和 b,计算 a/b")
```

```
a=input("请输入 a:")
b=input("请输入 b:")
pdb.set_trace()
x=int(a)/int(b)
print(x)
```

运行程序 ex8_22.py 的结果:

```
输入两个数 a 和 b,计算 a/b
请输入 a:5
请输入 b:0
> c:\python37\ch8\ex8_22.py(7)<module>()
-> x=int(a)/int(b)
(Pdb) b 2
Breakpoint 1 at c:\python37\ch8\ex8_22.py:2
(Pdb) b 3
Breakpoint 2 at c:\python37\ch8\ex8_22.py:3
(Pdb) p "a="+a+",b="+b
'a=5,b=0'
  (Pdb) cl 1
Deleted breakpoint 1 at c:\python37\ch8\ex8_22.py:2
(Pdb)
```

脚本模式调试功能:
(1)命令行提示符下执行"python -m pdb 测试程序文件",则直接进入调试环境;
(2)当调试结束或程序正常结束以后,pdb 将重启该程序。

8.6 单元测试

软件测试是指在规定的条件下对程序进行操作,以发现程序错误,衡量软件质量,并对其是否能满足设计要求进行评估的过程。从软件工程角度,软件测试可分为白盒测试和黑盒测试两种。其中,白盒测试主要是通过阅读源代码来判断源程序是否满足功能要求;黑盒测试把代码看作一个看不见内部的黑色盒子,给其特定的输入后,观察其输出是否符合预期。

软件测试对于保证软件质量非常重要,尤其是系统升级过程中对程序代码的改动不应该影响原有功能,是未来重构代码的信心保证。几乎所有软件公司都有专门的软件测试团队来保证软件质量。作为程序员,首先应该保证自己编写的代码准确无误地实现预定功能,单元测试是保证模块质量的重要手段之一。

单元测试是指对软件中最小可测试单元进行检查和验证,目的是验证这一小段代码的有效性。最小可测试单元是指程序的基本部件,例如函数、类等。大部分的软件开发都是先开发小部件再组合成大的套件,直至组装出整套系统。因此,通过测试的小部件再组合时仍需要进行测试。问题发现得越早,维护成本越低。

单元测试的工作一般由程序员来完成。传统观念中,程序员在写完一个相对独立的代码单元后需要进行测试,而另一种"测试驱动编程"方法认为,应该先写好测试,再进行程序的编写。"测试驱动编程"方法虽然与大部分人直觉观念不符,但事实证明这是一种不错的方法。

测试也是程序,是一段用于验证代码正确性的代码。一旦源代码后期被重构,在测试用例覆盖度完整的情况下,只要重构的代码能够通过全部测试用例,就说明并没有引入新的 bug。同时,单元测试也是一种极有价值的文档,一方面它说明源代码的用法,另一方面也能展示正确的功能,且可以随时再运行、更新。

覆盖率是一个重要的测试概念。测试样例也不过是所有可能输入中的极小一部分。但是,在选择测试样例集时,应尽可能让其覆盖程序可能出现的所有状态。如果测试样例集不够详尽,则可能会存在一些 bug 无法被及时识别,待后期发现时,付出的修改代价将极大。只有明确通过测试样例集的部分,才是这段代码已确定具有的功能。如果代码发生修改,也应及时更新测试样例集,令其与代码保持一致。

在编写测试程序时,首先应明确代码段功能,并给出合适的测试样例,如果被测试的源代码未能顺利通过测试样例,说明源代码可能会存在问题,需要进行修改。

【例 8-23】 单元测试示例。

创建一个程序 ex8_23f.py,定义一个函数 fcg(),其功能是求解一元一次方程 ax+b=0 的根。程序代码如下:

```
#ex8_23f.py
def fcg(a,b):
    if a!=0:
        return(b/a)
    else:
        return("此方程无解!")
```

创建一个测试程序 ex8_23t.py,对 ex8_23f.py 内的函数 fcg()进行单元测试。
程序代码如下:

```
#ex8_23t.py
from ex8_23f import fcg
class Test:
    def __init__(self):
        self.number=0
        self.a=1
        self.b=1
        self.answer=1
    def print_result(self):
        result=fcg(self.a,self.b)
        if self.answer==result:
            print("test"+str(self.number),"pass")
        else:
            print("test"+str(self.number),"failed")
#验证代码
test1=Test()
test1.number=1
test1.a=3
test1.b=-12
test1.answer=4
test1.print_result()
```

```
test2=Test()
test2.number=2
test2.a=0
test2.b=2
test2.answer="此方程无解!"
test2.print_result()
```

运行程序 ex8_23t.py 的结果：

```
test1 failed
test2 pass
```

根据 fcg()函数的功能，给出两组测试样例，分别取 a 不等于 0 和 a 等于 0 的两种情况。由测试结果可见，第一组测试未通过，第二组测试通过，则说明源代码中存在 bug，需要修改。经过仔细检查，if 分支的 return 中缺少负号，修正后再次测试，两组样例全部通过，单元测试完成。

Python 提供一个通用的测试框架 unittest 模块。使用时需创建一个新的模块并导入 unittest 模块及待测试的模块，然后定义一个继承自 unittest.TestCase 的类，在这个类中，各种测试需由名称以 test 开头的方法定义(特别强调，名称可以任选，但必须以 test 开头)，而各种测试的内部，可以使用 unittest 提供的方法。最后，由 unittest.main 负责运行测试，它将运行所有名称以 test 开头的方法。

unittest 中常用方法。

(1) setUp()：执行任何方法之前，用来执行设置步骤。

(2) tearDown：运行测试之后，用来执行清除操作。

(3) assertEqual(x,y[,msg])：如果 x 和 y 不等，则测试失败，msg 为提示信息。

(4) failUnlessEqual(x,y[,msg])/assertNotEqual(x,y[,msg])：如果 x 和 y 相等，则测试失败，msg 为提示信息。

(5) failIfEqual(x,y[,msg])/failUnless(expr[,msg])：如果 expr 计算结果为 False，则测试失败，msg 为提示信息。

(6) failIf(expr[,msg])：如果 expr 计算结果为 True，则测试失败，msg 为提示信息。

(7) fail([msg])：表明测试失败，msg 为提示信息。

【例 8-24】 unittest 框架测试示例。

创建一个测试程序 ex8_24.py，使用 unittest 框架对 ex8_23f.py 内的函数 fcg()进行单元测试。代码如下：

```
#ex8_24.py
import unittest
from ex8_23f import fcg
#单元测试
class Test_function(unittest.TestCase):
    def testnormal(self):
        self.assertEqual(4,fcg(3,-12),"testnormal failed")
    def testabnormal(self):
        self.assertEqual("此方程无解!",fcg(0,2),"testabnormal failed")
```

```
#运行 unittest
if __name__=="__main__":
    unittest.main()
```

程序 ex8_24.py 运行后给出测试未通过的结果，以及产生这个结果的原因，能够看到给出的原因和相关信息非常详尽。

习 题 8

一、填空题

1．通常程序错误可以分为_____、_____和运行错误。
2．程序中包含语法错误时，解释器将在程序运行时抛出_____错误信息。
3．程序中试图打开不存在的文件，解释器将抛出_____错误信息。
4．程序中 s=[1, 2, 3]，如果语句中使用 s[3]，解释器将抛出_____错误信息。
5．程序中语句使用除零运算，解释器将抛出_____错误信息。
6．执行 print(58+"abc")时，解释器将产生名为_____的异常。
7．Python 内置异常类定义在_____模块中，该模块无须用户导入。
8．Python 所有内置异常类的根类是_____类。
9．异常处理结构包括_____、_____、_____和 else 等 4 个子句。
10．如果在没有_____的 try 语句中使用 else，会引发语法错误。
11．如果判断某种错误情况，则可以创建相应异常类的对象，并通过_____语句抛出。
12．自定义异常类一般继承于_____或其子类。
13．自定义异常类的命名规则一般以_____或_____为后缀。
14．Python 解释器包括两种运行模式：_____和_____。

二、简答题

1．语法错误、逻辑错误和运行错误有何差异？
2．异常和错误有何区别？
3．什么是异常处理？Python 异常处理结构包括哪几种形式？
4．什么是断言？断言主要用于哪三种情况？
5．什么是程序调试？程序调试 pbd 模块主要包括哪几种用法？
6．什么是软件测试？什么是单元测试？

三、程序阅读题

1．下面程序的执行结果是_____。

```
x="abc"
try:
    print("x:{0}".format(int(x)))
except ValueError:
    print("非数字字符串!")
```

2．下面程序的执行结果是_____。

```
x=0
try:
    100/x
except:
    print(100)
finally:
    print(200)
```

3. 下面程序的执行结果是_____。

```
def divide(x, y):
    try:
        result = x / y
    except ZeroDivisionError:
        print("division by zero!")
    else:
        print("result is", result)
    finally:
        print("executing finally clause!")
divide(10, 0)
```

4. 下面程序的执行结果是_____。

```
demo = (50, 60, 70, 80, 90, 100)
sum = 0
try:
    for n in demo:
        if n < 0: raise ValueError(str(n)+"为负数")
        sum += n
    print("合计=", sum)
except Exception:
    print("发生异常!")
except ValueError:
    print("数值不能为负!")
```

四、程序设计题

1. 设 10 个学生成绩已存于列表[87, 56, 92, 75, 83, 61, 95, 74,8, 82]中，要求程序能够查询列表中第 n 个学生的成绩，且能够捕获处理用户输入带来的异常。

2. 输入一个数 x，输出打印其平方根，要求能捕获处理 x 不能为负数的情况。

3. 自定义一个异常类，能够捕获处理程序中数据不异常情况。例如，年龄必须在 18~60 之间。

4. 创建一个判断分数等级的函数 Fscore()，100~80 分等级为 A，79~60 分等级为 B，59~0 分等级为 C。并使用 unittest 测试该函数。

第 9 章　图形用户界面编程

图形用户界面(Graphical User Interface,GUI),又称图形用户接口,是指用图形化的方式实现用户与计算机之间的交互。GUI 通过图形的方式,借助于菜单、按钮等标准界面元素和鼠标操作,帮助用户向计算机系统发出命令、启动程序,并将程序运行的结果以图形化的方式显示给用户。用户使用鼠标等输入设备操纵屏幕上的图标或菜单选项,以选择命令、调用文件、启动程序或执行其他一些日常任务。本章介绍 Tkinter 图形用户界面编程(包括 Tkinter 框架、Tkinter 几何布局管理、Tkinter 事件处理、Tkinter 常用控件、Tkinter 对话框)和 wxPython 图形用户界面编程。掌握图形用户界面编程技术,可以提供丰富的用户交互界面,从而实现各种复杂功能的应用程序。

9.1　图形用户界面概述

图形用户界面(GUI)是应用程序与用户交互的窗口,利用 GUI 可以接收用户的输入并向用户输出程序运行的结果。从 Python 语言诞生起,就有许多优秀的 GUI 工具库整合到 Python 当中。这些优秀的 GUI 工具库使得 Python 语言可以在图形用户界面编程领域中大显身手。

Python 提供一些常用的图形用户界面开发库。

(1) Tkinter: Tkinter(Tk interface,Tk 接口)是 Tk 图形用户界面工具包标准的 Python 接口。Tkinter 是 Python 标准的 GUI 库,支持跨平台的图形用户界面应用程序开发,包括 Windows、Linux、Unix 和 Macintosh 操作系统。Python 自带的 IDLE 就是采用 Tkinter 开发。Tkinter 适合小型图形界面应用程序的快速开发。

(2) wxPython: wxPython 是优秀的 GUI 图形库,允许 Python 程序员很方便地创建完整的、功能键全的 GUI 用户界面。wxPython 中封装了跨平台的 GUI 库 wxWidgets(一个开源的跨平台 C++构架库,可提供 GUI 和其他工具),功能强于 Tkinter。

(3) Jython: Jython 是 Python 的 Java 实现,和 Java 实现无缝集成,可以访问 Java 类库,使用 Swing、AWT 或 SWT 构建图形用户界面程序。

(4) PyQt: PyQt 是 Python 语言和 Qt 库的成功融合。有超过 300 个类,将近 6000 个函数和方法。可以运行在包括 UNIX、Windows 和 Mac 等主流操作系统上。

(5) PyGtk: PyGtk 是 Python 语言对 GTK 中 GUI 库的包装,是 Gnome 图形界面工具包标准的 Python 接口。

(6) PySide: PySide 也是 Python 对跨平台的 GUI 工具库 Qt 的包装,它捆绑在 Python 当中,最初由 Boost C++ 库实现,后来迁移到 Shiboken。

9.2　Tkinter 图形用户界面编程

Tkinter 是 Python 标准的 GUI 编程接口,只需要安装好 Python 就可以导入和使用 Tkinter 模块,无须安装第三方库。

9.2.1 Tkinter 模块及控件

Tkinter 由_tkinter、tkinter 和 tkinter.constans 等若干模块组成。其中，tkinter 是二进制扩展模块，提供访问 Tk 的低级接口，应用级程序员通常不会直接使用；tkinter 是应用程序主要使用的模块，导入 tkinter 时，会自动导入 tkinter.constans；tkinter.constans 模块定义许多常量。

Tkinter 提供各种控件，例如按钮、标签和文本框等。其中，核心控件包括十多种，如表 9-1 所示。控件具体的使用过程将在 9.6 节中介绍。

表 9-1　Tkinter 图形控件

控件名称	控件描述
Button	按钮控件：在程序中显示按钮
Canvas	画布控件：显示图形元素如线条或文本
Checkbutton	多选框控件：用于在程序中提供多项选择框
Entry	输入控件：用于显示简单的文本内容
Frame	框架控件：在屏幕上显示一个矩形区域，多用来作为容器
Label	标签控件：可以显示文本和位图
Listbox	列表框控件：用来显示一个字符串列表给用户
Menubutton	菜单按钮控件：由于显示菜单项
Menu	菜单控件：显示菜单栏、下拉菜单和弹出菜单
Message	消息控件：用于显示多行文本，与 Label 比较类似
Radiobutton	单选按钮控件：显示一个单选的按钮状态
Scale	范围控件：显示一个数值刻度，为输出限定范围的数字区间
Scrollbar	滚动条控件：当内容超过可视化区域时使用，如列表框
Text	文本控件：用于显示多行文本
Toplevel	容器控件：用于提供一个单独的对话框，和 Frame 比较类似
Spinbox	输入控件：与 Entry 类似，但是可以指定输入范围值
PanedWindow	窗口布局管理的插件：可以包含一个或者多个子控件
LabelFrame	简单的容器控件：常用与复杂的窗口布局
tkMessageBox	消息框控件：用于显示应用程序的消息框

标准属性是所有控件的共同属性，例如大小、字体和颜色等，如表 9-2 所示。

表 9-2　控件属性

标准属性	属性描述	标准属性	属性描述
Dimension	控件大小	Relief	控件样式
Color	控件颜色	Bitmap	位图
Font	控件字体	Cursor	光标
Anchor	锚点		

Tkinter 通过特定的几何布局管理器(Gemetry Manager)来组织管理整个控件区域。通用的 Tkinter 几何布局管理类如表 9-3 所示。具体的使用过程将在 9.4 节中介绍。

表 9-3　Tkinter 几何布局管理类

管理类名	功能
pack()	采用块的方式组织控件
grid()	采用表格结构组织控件
place()	允许指定控件的大小和位置

9.2.2 图形用户界面构成

图形用户界面构成的基本元素包括窗口、文本框、按钮、菜单、图标等。

基于 Tkinter 模块构建的图形用户界面通常包括以下内容。

(1)通过类 Tk 的无参构造函数创建应用程序主窗口(又称根窗口、顶层窗口)。

(2)应用程序主窗口中,添加各种可视化控件,例如文本框、按钮等。通过对应用控件类的构造函数,创建其实例并设置其属性。

(3)调用控件的 pack/grid/place 方法,通过几何布局管理器,调整其显示位置和大小。

(4)通过绑定事件处理程序,响应用户操作(例如,双击按钮)所引发的事件。

【例 9-1】 创建图形用户界面 hello 程序示例。

```
#ex9_1.py
#创建应用程序主窗口,单击"你好"按钮,将弹出"你好,Python 世界!"消息框。
import tkinter as tk
from tkinter import messagebox
#定义事件处理程序
def sayHello(e):
    messagebox.showinfo("消息","你好,Python 世界!")    #弹出消息框
#创建 Tk 主窗口控件 top,设置窗口标题为你好,大小为 200*40
top = tk.Tk()
top.title("你好")
top.geometry('200x40')
#在 top 中创建 Hello 按钮
btnHello = tk.Button(top)
#设置 text 属性
btnHello["text"] = "你好"
#调用控件 pack 方法,调整其位置和大小
btnHello.pack()
#绑定事件处理程序,鼠标左键
btnHello.bind("<Button 1>",sayHello)
#进入消息循环
top.mainloop()
```

程序 ex9_1.py 的运行结果如图 9-1 所示。

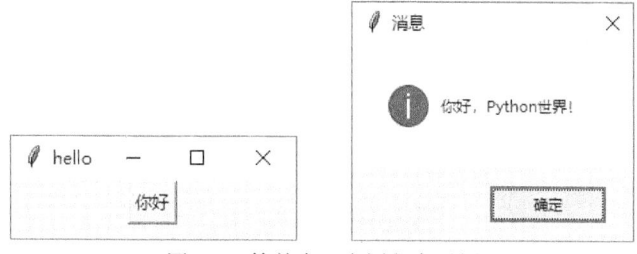

图 9-1 简单窗口应用程序示例

9.3 Tkinter 框架

框架(Frame)是 Tkinter 控件之一,表示屏幕上一块矩形区域。通常,框架作为容器使用,框架内可以包含其他控件,从而实现复杂的窗体布局。

具体来说，GUI 中每个按钮(Button)、标签(Label)、文本框(Text)等都是一个窗口小部件(Widget)。框架(Frame)则是可以容纳其他 Widget 的 Widget，通过几何布局管理器的 pack 方法可以将 Widget 加入到父容器中，从而实现布局。

【例 9-2】 应用图形用户界面应用程序类，实现"你好，Python 世界！"。利用框架创建 GUI 应用程序，在程序窗口设计一个 Label 和一个响应按钮。

```
#ex9_2.py
#第 1 步：导入 Tkinter 模块所有内容
from tkinter import *
#第 2 步：从 Frame 派生 Application 类
class Application(Frame):
    def __init__(self, master=None):
        Frame.__init__(self, master)
        self.pack()
        self.createWidgets()
#createWidgets()方法中创建一个 Label 和一个 Button
#当 Button 被点击时# 触发 self.quit()使程序退出
    def createWidgets(self):
        self.helloLabel = Label(self, text='你好，Python 世界!')
        self.helloLabel.pack()
        self.quitButton = Button(self, text='退出', command = self.quit)
        self.quitButton.pack()
#第 3 步：实例化 Application，并启动消息循环
app = Application()
#设置窗口标题：
app.master.title('hello')
#主消息循环
app.mainloop()
```

程序 ex9_2.py 的运行结果如图 9-2 所示。

图 9-2 利用框架创建 GUI 应用程序

9.4 Tkinter 几何布局管理

Tkinter 几何布局管理器用于组织和管理在父控件中子控件的布局方式。Tkinter 提供三种几何布局管理类，分别是 grid、pack 和 place。

9.4.1 grid 几何布局管理器

几何布局管理器 grid 是采用表格结构组织控件。控件所有的内容会被放到由行/列确定的

单元格中。子控件的位置由行/列确定的单元格决定，子控件可以跨越多行/列。每一列中，列宽由该列中最宽的单元格确定。grid 适合于表格形式的布局。

调用子控件的方法 grid：grid(option=value, …)

grid 方法提供的选项如表 9-4 所示。

表 9-4 grid 方法的选项

方法选项	选项含义
column	指定控件插入的列(0 表示第一列)，2 默认值是 0
columnspan	指定用多少列(跨列)显示该控件
in	将该控件放到该选项指定的控件中，指定的控件必须是该控件的父控件
ipadx	指定水平方向上的内边距
ipady	指定垂直方向上的内边距
padx	指定水平方向上的外边距
pady	指定垂直方向上的外边距
row	指定控件插入的行(0 表示第一行)
rowspan	指定用多少行(跨行)显示该控件
sticky	控制控件在 grid 分配的空间中的位置，可以使用 n、e、s、w 以及它们的组合来定位，使用加号(+)表示拉长填充。例如，n+s 表示将该控件垂直拉长填充网格，n+s+w+e 表示填充整个网格不指定该值则居中显示

【例 9-3】 应用 grid 方法进行界面内容布局。

```
#ex9_3.py
import tkinter as tk
#第 1 步：实例化 object，建立窗口 window
window = tk.Tk()
#第 2 步：给窗口的命名
window.title('My Window')
#第 3 步：设定窗口的大小(长 * 宽)
window.geometry('500x300')   # 这里的乘是小 x
#第 4 步：grid 放置方法，参数 row 为行，colum 为列，padx 是单元格左右间距
#pady 是单元格上下间距，ipadx 是单元格内部元素与单元格的左右间距
#ipady 是单元格内部元素与单元格的上下间距
k=1
for i in range(3):
    for j in range(3):
        tk.Label(window, text=k).grid(row=i, column=j, padx=10, pady=10, ipadx=10, ipady=10)
        k +=1
#第 5 步：主窗口循环显示
window.mainloop()
```

程序 ex9_3.py 的运行结果如图 9-3 所示。

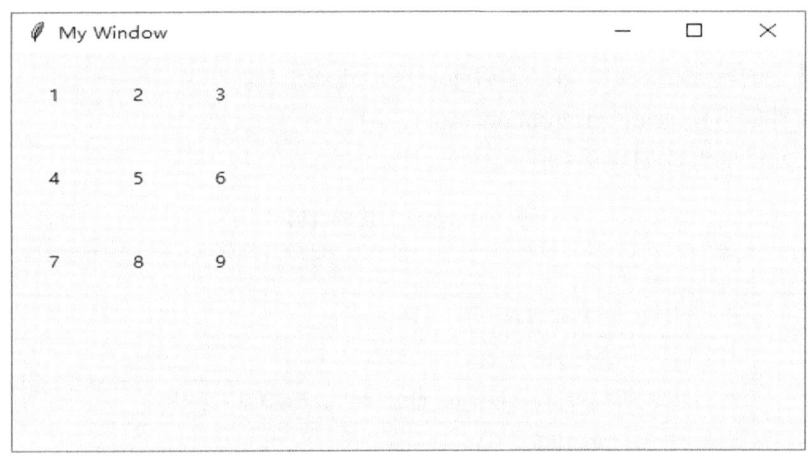

图 9-3　grid 方法的几何布局示例

9.4.2　pack 几何布局管理器

几何布局管理器 pack 采用块的方式组织控件。pack 根据控件创建生成的顺序将子控件添加到父控件中。根据设置选项，可以控制子控件的位置等。

调用子控件的方法 pack：pack (option=value, …)

pack 方法提供的选项如表 9-5 所示。

表 9-5　pack 方法的选项

方法选项	选项含义
anchor	控制控件在 pack 分配的空间中的位置，n、ne、e、se、s、sw、w、nw 或 center 来定位 (ewsn 表示东南西北)，默认值是 center
expand	指定是否填充父控件的额外空间，默认值是 False
fill	指定填充 pack 分配的空间默认值是 none，表示保持子控件的原始尺寸。还可以使用的值：x(水平填充)、y(垂直填充)和 both(水平和垂直填充)
in	将该控件放到该选项指定的控件中，指定的控件必须是该控件的父控件
ipadx	指定水平方向上的内边距
ipady	指定垂直方向上的内边距
padx	指定水平方向上的外边距
pady	指定垂直方向上的外边距
side	指定控件的放置位置，默认值是 top。还可以设置的值：left、bottom、right

【例 9-4】　应用 pack 方法进行界面内容布局。

```
#ex9_4.py
import tkinter as tk
#第 1 步：实例化 object，建立窗口 window
window = tk.Tk()
#第 2 步：给窗口的可视化起名字
window.title('My Window')
#第 3 步：设定窗口的大小(长*宽)
window.geometry('500x300')   # 这里的乘是小 x
#第 4 步：pack 放置方法
tk.Label(window, text='Hello Python!', fg='red').pack(side='top')        # 上
```

```
tk.Label(window, text='Hello Python!', fg='red').pack(side='bottom')   # 下
tk.Label(window, text='Hello Python!', fg='red').pack(side='left')     # 左
tk.Label(window, text='Hello Python!', fg='red').pack(side='right')    # 右
#第 5 步：主窗口循环显示
window.mainloop()
```

程序 ex9_4.py 的运行结果如图 9-4 所示。

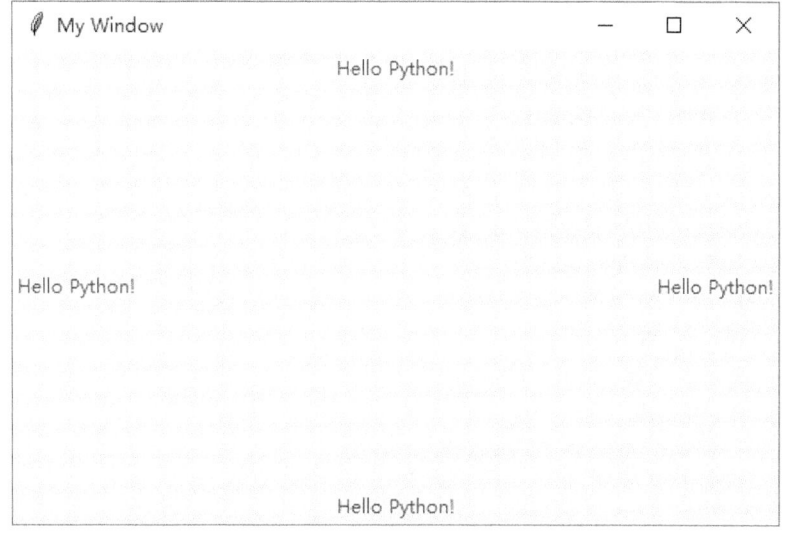

图 9-4　pack 方法的几何布局示例

9.4.3　place 几何布局管理器

几何布局管理器 place 允许指定控件的大小和位置。place 优点是可以精确控制控件的位置，不足之处是改变窗口大小时，了控件不能随之灵活地改变大小。

调用子控件的方法：

place：plac (option=value, …)

place 方法提供的选项如表 9-6 所示。

表 9-6　place 方法的选项

方法选项	选项含义
anchor	控制控件在 place 分配的空间中的位置，n、ne、e、se、s、sw、w、nw 或 center 来定位(ewsn 表示东南西北)，默认值是 nw
expand	指定边框模式(inside 或 outside)，默认值是 inside
height	指定该控件的高度(像素)
width	指定该控件的宽度(像素)
in	将该控件放到该选项指定的控件中，指定的控件必须是该控件的父控件
relheight	指定该控件相对于父控件的高度，取值范围是 0.0～1.0
relwidth	指定该控件相对于父控件的宽度，取值范围是 0.0～1.0
relx	指定该控件相对于父控件的水平位置，取值范围是 0.0～1.0
rely	指定该控件相对于父控件的垂直位置，取值范围是 0.0～1.0
x	指定该控件的水平偏移位置(像素)，如果同时指定 relx 选项，则优先实现 relx 选项
y	指定该控件的垂直偏移位置(像素)，如果同时指定 rely 选项，则优先实现 rely 选项

【例 9-5】 应用 place 方法进行界面内容布局。

```
#ex9_5.py
from tkinter import *
top = Tk()
top.title("登录")
top['width']=200
top['height']=80
#用户名标签，绝对坐标(1,1)
Label(top, text='用户名',width=6).place(x=1,y=1)
#用户名文本框，绝对坐标(45,1)
Entry(top,width=20).place(x=45,y=1)
#密码标签，绝对坐标(1, 20)
Label(top, text='密码',width=6).place(x=1,y=20)
#密码文本框，绝对坐标(45,20)
Entry(top,width=20).place(x=45,y=20)
#登录按钮，绝对坐标(40,40)
Button(top,text='登录',width=8).place(x=40,y=40)
#取消按钮，绝对坐标(110,40)
Button(top,text='取消',width=8).place(x=110,y=40)
top.mainloop()
```

程序 ex9_5.py 的运行结果如图 9-5 所示。

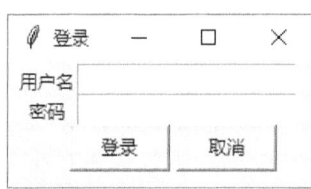

图 9-5 place 几何布局示例

9.5 Tkinter 事件处理

9.5.1 事件序列

用户通过鼠标或键盘与图形用户界面交互时，会触发各类事件。Tkinter 使用一种称为事件序列的机制来完成用户定义事件，用户需要使用事件绑定 bind 方法将具体的事件序列与自定义的方法相绑定。

事件序列是以字符串的形式表示的，可以表示一个或多个相关联的事件（如果是多个事件，那么对应的方法只有在满足所有事件的前提下才会被调用）

事件序列的语法格式：

<[modifier-]…type[-detail]>

事件序列是包含在尖括号(<...>)中的，type 部分的内容是必需的，通常用于描述普通的事件类型，例如鼠标单击或键盘按键。

事件序列 type 内容主要选项如表 9-7 所示。

表 9-7 事件序列 type 内容描述

Type 类型	内容描述
Active	当控件的状态从"未激活"变为"激活"的时候触发该事件
Deactivate	当控件的状态从"激活"变为"未激活"的时候触发该事件
Button	当用户单击鼠标时触发该事件，detail 部分指定是具体用键：<Button-1>鼠标左键，<Button-2>鼠标中键（滚轮点击），<Button-3>鼠标右键
ButtonRelease	当用户释放鼠标按键的时候触发该事件
Enter	当鼠标指针进入控件的时候触发该事件
Leave	当鼠标指针离开控件的时候触发该事件
KeyPress	当用户按下键盘按键的时候触发该事件。detail 指定具体的按键。例如，<KeyPress-H>表示当大写字母 H 被按下的时候触发该事件
KeyRelease	当用户释放键盘按键的时候触发该事件

modifier 部分的内容是可选的，通常用于描述组合键，例如 Ctrl + C (<Control-Key-C>)，Shift + 鼠标左键单击 (<Shift-Button-1>)。

事件序列 modifier 主要选项如表 9-8 所示。

表 9-8 modifier 内容描述

按键类型	按键功能描述
Alt	当按下 Alt 按键的时候
Any	表示任何类型的按键被按下的时候。例如，<Any-keyPress>表示当用户按下任何按键时触发事件
Control	当按下 Ctrl 按键的时候
Double	当后续两个事件被连续触发的时候。例如，<Double-Button-1>表示当用户双击鼠标左键时触发事件
Lock	当打开大写字母锁定键 (CapsLock) 的时候
Shift	当按下 Shift 按键的时候
Triple	跟 Double 类似，当后续三个事件被连续触发的时候

事件序列 detail 部分的内容是可选的，通常用于描述具体的按键。例如：
(1) 事件序列<Button-1>：用户单击鼠标左键。
(2) 事件序列<KeyPress-H>：用户按 H 键。
(3) 事件序列<Control-Shift-KeyPress-H>：用户同时按 Ctrl + Shift +H 键。

9.5.2 事件绑定

Tkinter 提供一个强大的机制去管理和定义事件的操作。对每一个控件来说，可以通过 bind() 的方法将自己定义的函数或方法绑定到具体的事件上。

1. 创建控件对象实例时指定

创建控件对象实例时，可以通过其命名参数 command 指定事件处理函数。

2. 实例绑定

调用控件对象实例方法 bind()，可以为指定组件实例绑定事件。
方法：w.bind("<event> ", eventhandler [, add=""])

其中：<event>指定事件；eventhandler 指定事件处理函数；可选参数 add 默认为""，表示事件处理函数替代其他绑定。

3. 类绑定

调用组件对象实例方法 bind_class 函数，可以为特定组件类绑定事件。
方法：w.bind_class("Widget", "<event>", eventhandler, add="")

4. 程序界面绑定

调用组件对象实例方法 bind_all 函数，可以为所有组件类绑定事件。
方法：w.bind_all("<event>", eventhandler, add="")
例如，widget.bind(event, handler)
当被触发的事件满足控件绑定的事件时，tkinter 就以事件对象（Event，事件本身的描述）去调用自定义的 handler 方法。

9.5.3 事件处理函数

1. 定义事件函数和事件方法

事件处理可以定义为函数，也可以定义为对象的方法。两种处理都需带一个参数：event。触发事件处理函数时，将传递 Event 事件对象实例。

def handlerName(event):
函数体
def handlerName(self,event):
方法体

2. Event 事件对象参数属性

通过传递的 Event 事件对象的属性，可以获取各种相关参数。

【例 9-6】 事件处理示例。鼠标左键每在窗口上单击一次，则在单击之处输出一行"我爱 python"信息。

```python
#ex9_6.py
import tkinter as tk
#定义事件处理函数
def p_label(event): #必须跟一个参数
    global top
    label = tk.Label(top,text='我爱 python')
    label.place(x=event.x,y=event.y)
top = tk.Tk()
top['width'] =200
top['height'] = 200
# 鼠标单击事件 <Button-1>表示左键，2 表示滚轮，3 表示右键
top.bind("<Button-1>",p_label)
top.mainloop()
```

程序 ex9_6.py 的运行结果如图 9-6 所示。

图 9-6 事件处理示例

9.6 Tkinter 常用控件

例 9-1～例 9-5 中已经列举标签 Label、单行文本框 Entry、按钮 Button 等控件。此外，常用的控件还有菜单 Menu、标签框架 LabelFrame、消息 Message、多行文本框 Text、单选按钮 Radiobutton、复选框 Checkbutton、列表框 Listbox、选择项 OptionMenu、移动滑块 Scale 等。表 9-9 给出常用控件的简介。

表 9-9 Tkinter 常用控件

控件名	简介
Button 按钮	支持鼠标掠过、按下、释放以及键盘操作等事件
Canvas 画布	提供绘图功能(直线、椭圆、多边形、矩形)；包含图形或位图
Checkbutton 选择按钮	一组方框，可以选择其中的任意多个，类似 HTML 中 checkbox
Entry 单行文本框	文字域，用来收集键盘输入，类似 HTML 中 text
Label 标签	用来显示文字或图片
Listbox 列表框	一个选项列表，用户可以从中选择
Menu 菜单	单击菜单按钮后弹出的一个选项列表，用户可以从中选择
Menubutton 菜单按钮	用于包含菜单的控件，包括有下拉式、层叠式等
Message 消息框	类似于标签，但可以显示多行文本
Radiobutton 单选按钮	一组按钮，其中只有一个可被按下，类似 HTML 中的 radio
Scale 进度条	线性滑块控件，可设定起始值和结束值，显示当前位置的精确值
Scrollbar 滚动条	对支持的控件(文本域、画布、列表框、文本框)提供滚动功能
Text 多行文本框	多行文字区域，用于收集或显示用户输入文字，类似 HTML 中 textarea

9.6.1 菜单控件

菜单是图形用户界面应用程序的常见应用，通常包括主菜单、上下文菜单(又称为快捷菜单)和工具栏三类菜单。

1. 创建主菜单

主菜单一般提供窗体的主菜单系统。通过单击下拉出子菜单，选择其上命令即可执行相关操作。

创建主菜单包括以下步骤。

(1)创建主菜单：menubar = tk.Menu(top)，创建主菜单 menubar。

(2)创建菜单：filemenu = tk. Menu(menubar,tearoff=0)，创建菜单 menubar, tearoff=0 表示将菜单项最上面的一条虚线去掉，默认有虚线。

(3)添加菜单项：filemenu.add_command(label="保存")，在 filemenu 中添加菜单项"保存"。

(4)将菜单项添加到步骤(1)所创建的菜单中：menubar.add_cascade(label="菜单", menu=filemenu)，以层叠的方式将菜单添加到主菜单 menubar 中。

(5)将菜单添加到主窗口中：top.config(menu=menubar)。

【例 9-7】 创建主菜单示例。

```
#ex9_7.py
from tkinter import *
top = Tk()
def check():
    print("被调用查看了")
def save():
    print("调用保存了")
menubar Menu(top)                                       #步骤 1：创建主菜单栏
filemenu Menu(menubar,tearoff=0)                        #步骤 2：创建菜单
filemenu.add_command(label="保存",command=save)    #步骤 3：添加菜单项目
filemenu.add_command(label="查看",command=check)
#步骤 4：菜单作为层叠菜单添加到主菜单栏中
menubar.add_cascade(label="菜单",menu=filemenu)
#步骤 5：将菜单添加到主窗口中。
top.config(menu=menubar)
top.mainloop()
```

程序 ex9_7.py 的运行结果如图 9-7 所示。

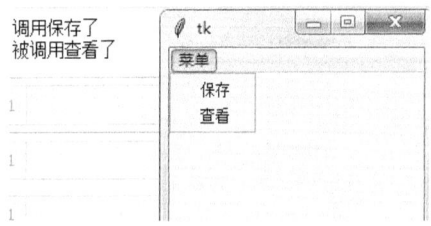

图 9-7 Menu 控件主菜单示例

2. 创建上下文菜单

上下文菜单又称快捷菜单，是通过右击而弹出的菜单，其菜单项一般是与该对象相关的常用命令。

创建上下文菜单的步骤：

(1)创建菜单(与创建主菜单相同)。

(2)绑定鼠标右击事件，并在事件处理函数中弹出菜单。

```
top.bind("<Button-3>",popup)
#定义事件处理函数
def popup(event):
    menubar.post(event.x_root,event.y_root)
```

【例 9-8】 创建上下文菜单示例。

```
#ex9_8.py
from tkinter import *
#定义右键激活的事件
def popup(event):
    #显示菜单
    menubar.post(event.x_root,event.y_root)
#定义单击菜单后的示例提示
def printItem():
    print("popup menu")
#定义菜单
top = Tk()
menubar = Menu(top)
filemenu = Menu(menubar,tearoff=0)
for kk in ["Copy","Cut","Paste"]:
    filemenu.add_command(label=kk,command=printItem)
    filemenu.add_separator()          #添加分割符
menubar.add_cascade(label="Edit",menu=filemenu)
#绑定鼠标右键事件，右键调用 popup
top.bind("<Button-3>",popup)
mainloop()
```

程序 ex9_8.py 的运行结果如图 9-8 所示。

工具栏的实现过程与主菜单和上下文菜单类似，限于篇幅，具体细节可参考相关文献资料。

9.6.2 其他常用控件

下面举例介绍多行文本框 Text、列表框 Listbox、移动滑块 Scale、消息框 Message、树形视图 Treeview 等常用控件。

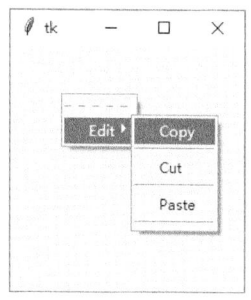

图 9-8 Menu 控件上下文菜单示例

【例 9-9】 Text 控件示例。

```
#ex9_9.py
from tkinter import *
top = Tk()
#设置 width 为 30 个字符，height 为两行
text = Text(top, width=30, height=3)
text.pack()
#INSERT 表示输入光标所在的位置，初始化后的输入光标默认在左上角
text.insert(INSERT, 'I Love\n')
text.insert(END, 'Study!')
mainloop()
```

程序 ex9_9.py 的运行结果如图 9-9 所示。

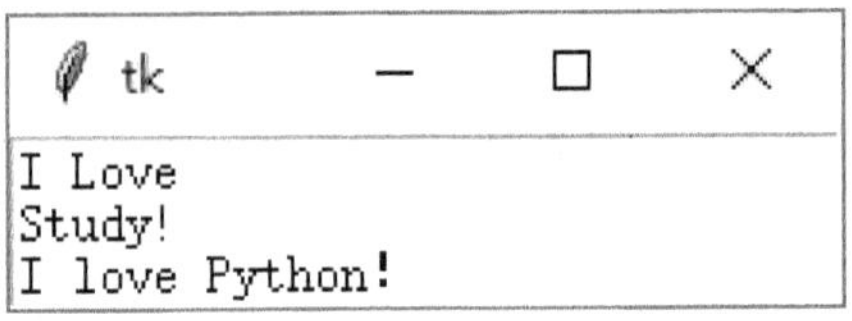

图 9-9 Text 控件示例

【例 9-10】 Listbox 控件示例。

```
#ex9_10.py
import tkinter as tk
top = tk.Tk()
top.title('My Window')
top.geometry('400x300')
m_listbox_var = tk.StringVar()
m_list = tk.Listbox(top, listvariable=m_listbox_var)
temp_list = ['Hello 2019', 'Hello 2020', 'Hello 2021']
for item in temp_list:    # 插入元素
    m_list.insert(tk.END, item)
m_list.grid()
top.mainloop()
```

程序 ex9_10.py 的运行结果如图 9-10 所示。

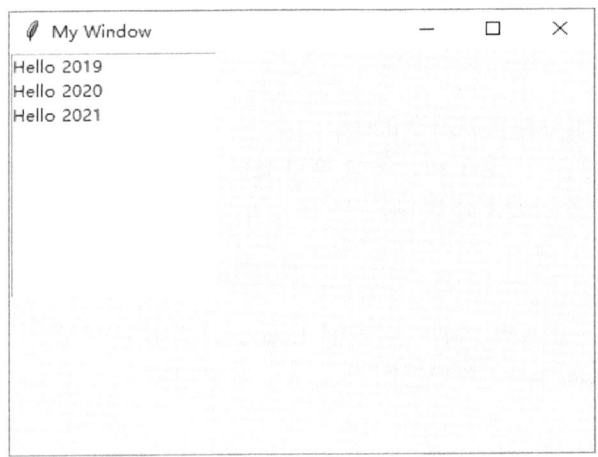

图 9-10 Listbox 控件示例

【例 9-11】 Scale 控件示例。

```
#ex9_11.py
import tkinter as tk
top =tk.Tk()               #实例化一个窗口
top.title('my window')     #定义窗口标题
top.geometry('400x200')    #定义窗口大小
l=tk.Label(top,bg='yellow',width=20,height=2,text='empty')
l.pack()
def print_selection(V):
```

```
        l.config(text='you have selected'+V)
    #显示名字，长度（像素），是否直接显示值，标签的单位长度，保留精度，定义功能
    s =tk.Scale(top,label='try me',from_=5,to=11,orient=tk.HORIZONTAL,length=200,showvalue=1,tickinterval=3,
        resolution=0.01,command=print_selection)
    s.pack()
```

程序 ex9_11.py 的运行结果如图 9-11 所示。

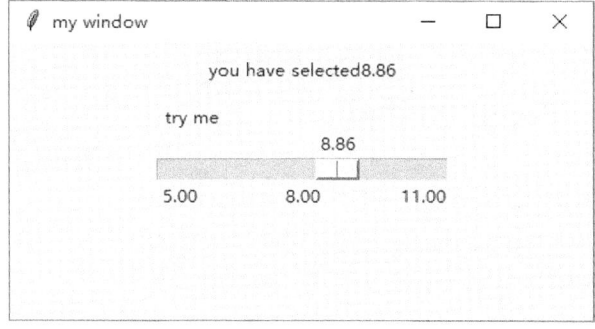

图 9-11　Scale 控件示例

【例 9-12】　Message 控件示例。

```
#ex9_12.py
from tkinter import *
top = Tk()
w1 = Message(top,text="Python 消息",width=100)
w1.pack()
w2 = Message(top,text="Python 消息很长，this message is very long !!!!",width=100)
w2.pack()
mainloop()
```

程序 ex9_12.py 的运行结果如图 9-12 所示。

图 9-12　Message 控件示例

【例 9-13】　Treeview 控件示例。

```
#ex9_13.py
import tkinter
from tkinter import ttk
win =tkinter.Tk()
tree =ttk.Treeview(win)
#参数:parent, index, iid=None, **kw (父节点，插入的位置，id，显示出的文本)
myid =tree.insert("",0,"中国",text="中国 China",values=("1"))    # ""表示父节点是根
```

```
        myidx1=tree.insert(myid,0,"安徽",text="安徽",values=("2"))    # text 表示显示出的文本，values 是
隐藏的值
        myidx2=tree.insert(myid,1,"江苏",text="江苏",values=("3"))
        myidy=tree.insert("",1,"美国",text="美国 USA",values=("4"))
        myidy1=tree.insert(myidy,0,"加州",text="加州",values=("5"))
        tree.pack()
        win.mainloop()
```

程序 ex9_13.py 的运行结果如图 9-13 所示。

9.7　Tkinter 对话框

Tkinter 提供一系列的对话框子模块 messagebox、filedialog、colorchooser 和 simpledialog，可以用来显示文本消息，提示警告信息和错误信息，还可以打开、读取保存文件以及选择颜色等。此外，还有一些简单的对话框可以输入文本、数字等信息。

9.7.1　通用消息对话框

图 9-13　Treeview 控件示例

Tkinter 子模块 messagebox 包含以下消息框类型。

（1）askokcancel(title=None, message=None, **options)：询问用户操作是否继续，选择 ok 则返回 True；选择 cancel 则返回 False。

（2）askretrycancel(title=None, message=None, **options)：询问用户是否要重试操作，选择 ok 则返回 True；选择 cancel 则返回 False。

（3）askyesno(title=None, message=None, **options)：显示一个问题，选择 ok 则返回 True；选择 cancel 则返回 False。

（4）askquestion(title=None, message=None, **options)：显示一个问题，选择 yes 则返回'yes'；选择 no 则返回'no'。

（5）showerror(title=None, message=None, **options)：给出一条错误信息。

（6）showinfo(title=None, message=None, **options)：给出一条提示信息。

（7）showwarning(title=None, message=None, **options)：给出一条警告信息。

说明：title 是弹出对话框窗口的标题；message 是对话框显示的内容；options 用于指定 default（默认按钮，取值为 CANCEL、OK、NO、RETRY、YES 等），ICON（图标，取值为 ERROR、INFO、QUESTION、WARNING）等选项，通常取默认值。

【例 9-14】　通用消息框示例。

```
#ex9_14.py
from tkinter.messagebox import *
r1 = askokcancel(title='askokcancel', message='是否继续？')
r2 = askretrycancel(title='askretrycancel',message='是否继续尝试？')
r3 = askyesno(title='askyesno', message='是否继续？')
r4 = askquestion(title='askquestion', message='是否存盘？')
showerror(title='showerror', message='系统出错！')
```

showinfo(title='showinformation',message='运行正常！')
showwarning(title='showwarning',message='系统警告！')

程序 ex9_14.py 的运行结果如图 9-14 所示。

图 9-14　通用对话框示例

9.7.2　文件对话框

Tkinter 中子模块 filedialog 提供打开文件对话框，实现打开文件，文件读取/写入等功能。

（1）asksaveasfilename(**option)：打开保存对话框，选择以什么文件名保存，返回文件名。

（2）asksaveasfile(**option)：打开保存对话框，选择以什么文件保存，创建文件并返回文件流对象。

（3）askopenfilename(**option)：打开文件对话框，选择打开什么文件，返回文件名。

（4）askopenfile(**option)：打开文件对话框，选择打开什么文件，返回 IO 流对象。

（5）askopenfilenames(**option)：打开文件对话框，选择打开多个文件，以元组形式返回多个文件名。

（6）askopenfiles(**option)：打开文件对话框，选择打开多个文件，以列表形式返回多个 IO 流对象。

（7）askdirectory(**option)：打开目录对话框，选择目录，返回目录名。

说明：使用命令参数 option 指定 defaultextensions（默认后缀 .xxx）、文件过滤器 filetypes=[(label1,pattern1),...]、title（窗口标题）、initialdir（初始目录）等选项。

【例 9-15】 文件对话框示例。

```
>>>from tkinter.filedialog import *
>>>f1= askopenfilename(title="askopenfile", filetypes=[("", ".py")])
```

图 9-15　文件对话框示例

9.7.3　简单对话框

Tkinter 中子模块 simpledialog 可以打开输入整数、浮点数及字符串的简单对话框。

（1）askinteger(title, prompt, **kw)：打开输入对话框，输入整数并返回。
（2）askfloat(title, prompt, **kw)：打开输入对话框，输入浮点数并返回。
（3）askstring(title, prompt, **kw)：打开输入对话框，输入字符串并返回。

说明：title 为打开对话框标题；prompt 为提示文本信息；命令参数 kw 指定 initialvalue（初始值）、minvalue（最小值）和 maxvalue（最大值）等选项。

【例 9-16】 简单对话框示例。

```
#ex9_16.py
from tkinter import *
top = Tk()
from tkinter.simpledialog import *
i = askinteger(title='整数录入', prompt='请输入整数', initialvalue=100)
f = askfloat(title='浮点数录入', prompt='请输入浮点数', initialvalue=1.01)
s = askstring(title='字符录入', prompt='请输入字符', initialvalue='hello world!')
```

程序 ex9_16.py 的运行结果如图 9-16 所示。

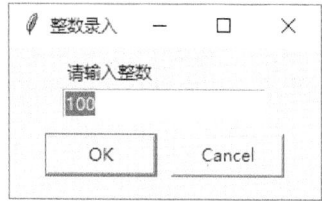 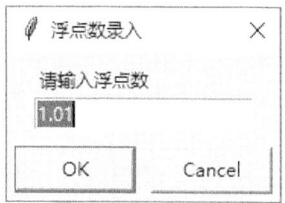 

图 9-16　简单对话框示例

9.7.4　颜色选择对话框

Tkinter 中子模块 colorchooser 可以打开颜色选择对话框。

函数：askcolor(color=None, **options)

其中，color 为初始颜色；命名参数 options 指定 title（对话框标题）等选项。

【例 9-17】　颜色选择对话框示例。

```
>>>from tkinter.colorchooser import *
>>>c = askcolor(title='askcolor')
```

运行结果如图 9-17 所示。

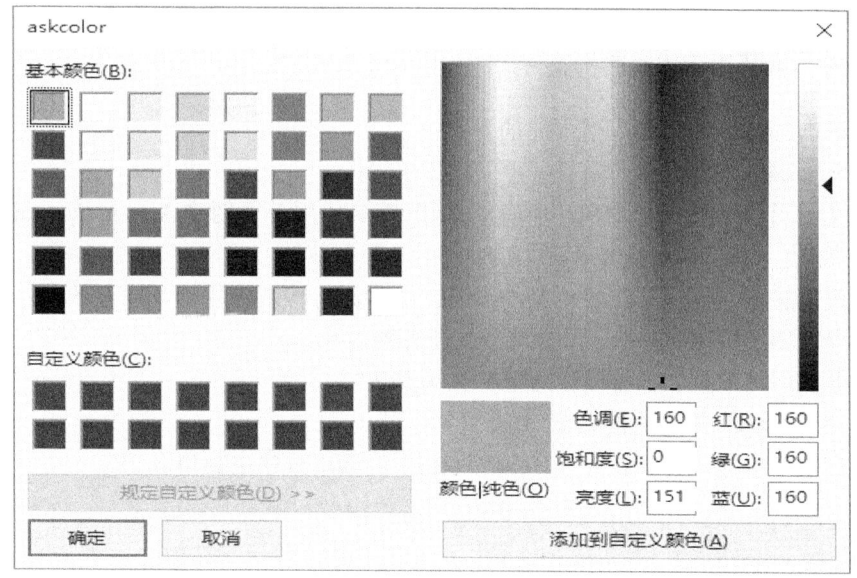

图 9-17　颜色对话框示例

9.8　wxPython 图形用户界面编程

wxPython 是 Python 语言的跨平台 GUI 工具包，1998 年发布第一个版本。wxPython 是开源免费使用的，相比于 Python 自带的 Tkinter 库，采用 wxPython 的图形界面设计更灵活，也更美观。

9.8.1 wxPython 安装

wxPython 作为 Python 的第三方库，需要自行安装后才能使用。安装 wxPython 时，可以从 http://www.wxpython.org/download.php，根据自己的操作系统下载相应版本；或者直接通过 pip 命令安装。

安装过程非常简单，以 Windows 10 系统为例，如图 9-18 所示。

```
d:\Python37-32>pip install -U wxPython
Collecting wxPython
  Downloading https://files.pythonhosted.org/packages/5b/1c/f1b46a9c79c572ab35276d6f07023a2794cc
/wxPython-4.0.4-cp37-cp37m-win32.whl (14.0MB)
    100% |████████████████████████████████| 14.0MB 316kB/s
Collecting Pillow (from wxPython)
  Downloading https://files.pythonhosted.org/packages/d7/ea/46fd5bd57c5df5a2e79e508294acec4be0fc
/Pillow-5.4.1-cp37-cp37m-win32.whl (1.7MB)
    100% |████████████████████████████████| 1.7MB 1.0MB/s
Collecting six (from wxPython)
  Downloading https://files.pythonhosted.org/packages/73/fb/00a976f728d0d1fecfe898238ce23f502a72
/six-1.12.0-py2.py3-none-any.whl
Installing collected packages: Pillow, six, wxPython
Successfully installed Pillow-5.4.1 six-1.12.0 wxPython-4.0.4
```

```
d:\Python37-32>python
Python 3.7.2 (tags/v3.7.2:9a3ffc0492, Dec 23 2018, 22:20:52) [MSC v.1916 32 bit (Intel)] on win32
Type "help", "copyright", "credits" or "license" for more information.
>>> import wx
>>>
```

图 9-18　安装 wxPython

9.8.2 wxPython 界面应用程序构建

利用 wxPython 构建界面应用程序的步骤：

(1) 导入 wx 模块。

(2) 定义应用程序类 App 对象。所有的 wxPython 应用必须创建 App 对象。App 对象维护 MainLoop 事件，并驱动 wxPython 应用。

(3) 创建顶层窗口的 wx.Frame 类的对象，通常给出构造标题和尺寸参数。

(4) 如果需要灵活控制布局，可加入 Panel 容器对象。

(5) 根据应用需求添加各类控件对象，并调整布局。

(6) 通过 Show()方法激活框架窗口。

【例 9-18】 创建一个标题为“Hello World”的应用程序主窗口。

```
#ex9_18.py
#导入 wxPython 包
import wx
# 产生 App 应用对象
app = wx.App()
#产生 Frame
frm = wx.Frame(None, title="Hello World")
#显示 Frame
frm.Show()
#窗口循环显示
app.MainLoop()
```

程序 ex9_18.py 的运行结果如图 9-19 所示。

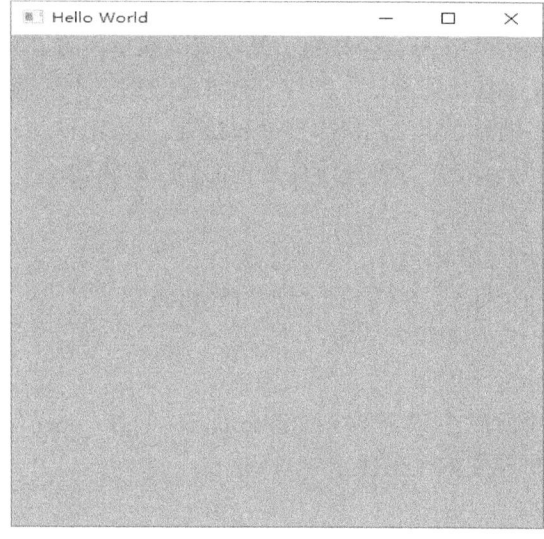

图 9-19　wxPython 创建应用程序主窗口

【例 9-19】　在例 9-18 基础上，添加单行编辑框、多行编辑框和两个按钮。

```
#ex9_19.py
import wx
app = wx.App()
win = wx.Frame(None,title='Simple Editor',size=(410,335))
#pos 表示坐标，左上是 0,0，size 表示宽高
editButton = wx.Button(win,label='Edit',pos=(225,5),size=(80,25))
saveButton = wx.Button(win,label='Save',pos=(315,5),size=(80,25))
editText = wx.TextCtrl(win,pos=(5,5),size=(210,25))
#创建一个多行带滚动条的文本
contents=wx.TextCtrl(win,pos=(5,35),size=(390,260),style=wx.TE_MULTILINE| wx.HSCROLL)
win.Show()
app.MainLoop()
```

程序 ex9_19.py 的运行结果如图 9-20 所示。

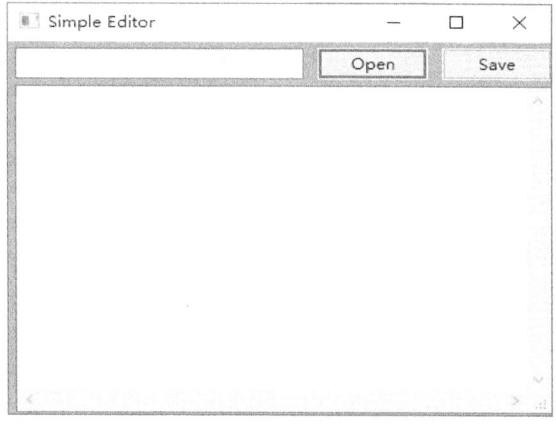

图 9-20　wxPython 创建控件对象

9.8.3 事件处理

在例 9.19 中单击 Open 和 Save 两个按钮后是没有响应行为的。为了让按钮在单击后有相应的响应行为，需要定义事件处理函数，并与按钮绑定。

如果要完善例 9.19，则需要定义两个事件处理函数：load()和 save()。

【例 9-20】 在例 9-19 基础上，补充事件处理的简单编辑器。

使用方法：

(1) 文本框输入文件名，如 test.txt。

(2) 在多行文本编辑框中输入文本，如"Hello Python"。

(3) 单击"save(保存)"按钮保存文本。

(4) 关闭编辑器，重新运行打开。

(5) 在单行文本框中输入之前设定的文件名 test.txt，单击"open(打开)"按钮，上次编辑的内容"Hello Python"则在文本区出现。

```
#ex9_20.py
import wx
'''打开单行编辑框写入的文件名，文件使用 filename 对象的 GetValue 方法获取。读取的文本使用
SetValue 方法放入多行文本编辑框中
'''
def load(event):
    file=open(filename.GetValue())
    contents.SetValue(file.read())
    file.close()
'''
save 函数和 load 类似，GetValue 用于从文本区获得信息，再用 write 方法写入文件中
'''
def save(event):
    file=open(filename.GetValue(),'w')
    file.write(contents.GetValue())
    file.close()

app = wx.App()
win=wx.Frame(None,title='Simple Editor',size=(410,335))
loadButton=wx.Button(win,label='Open',pos=(225,5),size=(80,25))
saveButton=wx.Button(win,label='Save',pos=(315,5),size=(80,25))
filename=wx.TextCtrl(win,pos=(5,5),size=(210,25))
#创建一个多行带滚动条的文本
contents=wx.TextCtrl(win,pos=(5,35),size=(390,260),style=wx.TE_MULTILINE| wx.HSCROLL)

loadButton.Bind(wx.EVT_BUTTON,load)
saveButton.Bind(wx.EVT_BUTTON,save)
win.Show()
app.MainLoop()
```

程序 ex9_20.py 的运行结果如图 9-21 所示。

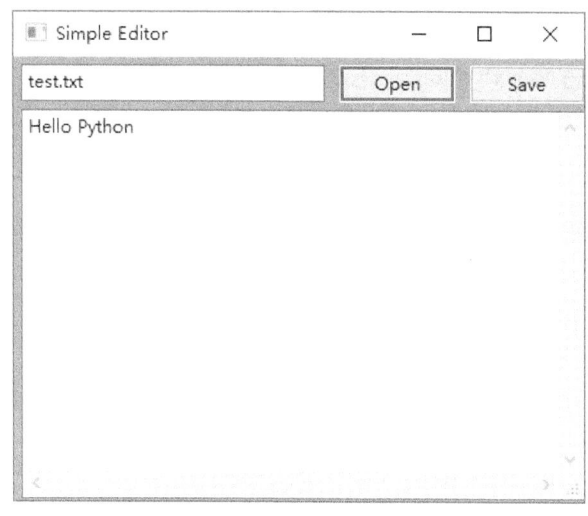

图 9-21　wxPython 创建简单文本编辑器

习 题 9

一、填空题

1. Python 标准 GUI 库 Tkinter 由_____、_____和_____等模块组成。
2. 通过控件的_____和_____选项可以设置控件的高度和宽度。
3. _____控件用于显示列表框。
4. _____控件用于选择多行文本框。
5. _____控件用于在有界区间内通过移动滑块来选择值。
6. _____控件用于显示树形列表选项。
7. _____是 Tkinter 控件之一，表示屏幕上一块矩形区域。
8. Tkinter 中_____子模块用于实现通用消息对话框功能。
9. Tkinter 中_____子模块用于实现文件对话框功能。
10. Tkinter 中_____子模块用于实现颜色选择对话框功能。
11. Tkinter 中_____子模块用于实现输入对话框功能。
12. Tkinter 提供_____、_____和_____三种几何布局管理类。
13. 事件绑定包括创建控件对象实例时指定、_____、_____和_____四种。
14. 图形用户界面的菜单通常包括_____、_____和工具栏三种。
15. 图形用户界面的对话框通常包括_____、_____和_____三种。

二、简答题

1. Python 中如何导入 Tkinter 模块？
2. Tkinter 中常见控件有哪些？
3. Tkinter 如何实现控件管理？
4. Tkinter 中如何创建主菜单？请列出创建步骤。
5. Tkinter 中如何创建上下文菜单？请列出创建步骤。

6．什么是事件序列？事件序列包括哪三个内容？

7．如何导入第三方库 wxPython？

8．基于 Tkinter 模块构建的图形用户界面通常包括哪些内容？

三、程序设计题

1．设计一个应用程序窗口，并放置一个按钮，单击按钮后弹出颜色对话框，关闭颜色对话框后提示选中的颜色。

2．设计一个应用程序窗口，并放置一个按钮，按钮默认文本为"开始"，单击按钮后文本变为"结束"，再次单击后变为"开始"，循环切换。

3．设计一个应用程序窗口，模拟 QQ 登录界面，当用户输入号码 123456 和密码 654321 时提示正确，否则提示错误。

4．利用 Listbox 控件，设计图 9-22 所示的窗口界面。

图 9-22

5．利用 messagebox，设计图 9-23 所示的消息窗口。

  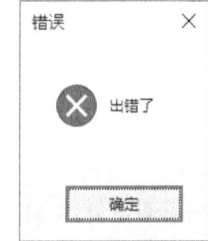

图 9-23

第 10 章 网络应用编程

Python 提供强大的网络应用编程支持，可以实现常见的网络协议及其抽象层。本章介绍因特网中两个重要的运输层协议和部分应用层协议。对于运输层协议，重点介绍 Python 使用套接字编程接口实现运输层协议；对于应用层协议，以 FTP 和 E-mail 为例，介绍 Python 实现应用层协议的一般过程；最后，简要介绍一个事件驱动的网络框架 Twisted。

10.1 网络通信原理

10.1.1 计算机网络编程

计算机网络是一些互相连接的、自治的计算机的集合。每个计算机都有自己的硬件和软件，可以单独运行，也能够与其他计算机进行数据通信或者交换信息。

20 世纪 50 年代中期，开始出现单个计算机为中心的远程联机系统，逐渐形成面向终端的计算机网络。1969 年，美国国防部创建第一个分组交换网 APRANET，成为现在因特网（Internet）的雏形。1983 年，TCP/IP（Transmission Control Protocol/Internet Protocol）协议成为 ARPANET 上的标准协议，使得所有使用 TCP/IP 协议的计算机都能利用互联网相互通信，该年也被作为因特网的诞生时间。1985 年起，美国国家科学基金会（National Science Foundation，NSF）围绕 6 个大型计算机中心建设计算机网络，即国家科学基金网 NSFNET，覆盖全美主要大学和研究所，成为因特网中的主要部分。1991 年，NSF 和美国的其他政府机构开始认识到，因特网必须扩大其使用范围，因此引入公司接入因特网，开始将因特网的主干网交给私人公司经营。1993 年开始，由美国政府资助的 NSFNET 逐渐被若干个商用的因特网主干网替代，政府机构退出因特网的运营，形成目前由因特网服务商（Internent Service Provider，ISP）运营模式。

目前，因特网已成为世界上最大的计算机网络。因特网的拓扑结构非常复杂，并且在地理上覆盖全球。因特网根据其功能，可以划分为两大块。

（1）核心部分：由大量网络和连接这些网络的路由器组成，提供网络的连通性和数据交换功能。

（2）边缘部分：由所有连接在因特网上的主机组成。这部分是用户直接使用的，用来运行各种网络应用，为用户直接提供电子邮件、文件传输以及网络音频/视频等服务。

网络应用编程是在网络边缘部分，实现主机 A 和主机 B 之间的通信。主机 A 和主机 B 进行通信，实际上是指运行在主机 A 上的某个程序（或称为进程）和运行在主机 B 上的另一个程序进行通信，简称计算机之间通信。

主机有时也被划分为客户机（Client）和服务器（Server），相应的网络应用方式被称为客户/服务器（Client/Server，C/S）方式。采用 C/S 方式的网络应用，运行在一端系统上的客户进程总是主动向运行在另一端系统上的服务器进程发出服务请求，服务器进程可接收来自多个客户进程的请求，并进行响应以提供服务。客户进程间通常不直接进行通信。C/S 方式是因特网网络应用最常使用的方式，如万维网（World Wide Web，WWW）、电子邮件（E-mail）、文件传输协议（File Transfer Protocol，FTP）等。

10.1.2 TCP/IP 体系结构

在处理、设计和讨论一个复杂系统时，人们总是将复杂系统划分为若干个规模小、功能相对独立的模块或子系统，进而将注意力集中于系统中某个特定部分，从而更好地把握。对于因特网，通常使用如图 10-1 所示的 TCP/IP 四层体系结构。

1. 应用层

应用层是体系结构中的最高层。应用层的任务是通过应用进程间的交互来完成特定的网络应用。对于不同的网络应用需要有不同的应用层协议。

(1) 域名系统（Domain Name System，DNS）：是解决网上机器命名的一种系统，用于实现网络设备名到 IP 地址映射的网络服务。

图 10-1　TCP/IP 四层体系结构

(2) 文件传输协议（File Transfer Protocol，FTP）：用于实现交互式文件传输功能。
(3) 简单邮件传送协议（Simple Mail Transfer Protocol，SMTP）：用于实现电子邮箱传送功能
(4) 超文本传输协议（HyperText Transfer Protocol，HTTP）：用于实现 WWW 服务。
(5) 简单网络管理协议（Simple Network Management Protocol，SNMP）：用于管理与监视网络设备。
(6) 远程登录协议（Telnet）：用于实现远程登录功能。

2. 运输层

运输层的任务就是负责向两台主机中进程之间的通信提供通用的数据传输服务。应用进程利用该服务传送应用层报文。所谓通用，是指并不针对某个特定网络应用，多种应用可以使用同一个运输层服务。

在因特网中，主要有两个运输层协议：
(1) 传输控制协议（Transmission Control Protocol，TCP），提供面向连接的、可靠的数据传输服务，其数据传输的单位是报文段。
(2) 用户数据报协议（User Datagram Protocol，UDP），提供无连接的、尽最大努力（Best-Effort）的数据传输服务（不保证数据传输的可靠性），其数据传输的单位是用户数据报。

3. 网络层

网络层负责为分组交换网上的不同主机提供通信服务。在发送数据时，网络层把运输层产生的报文段或用户数据报封装成分组或包进行传送。在 TCP/IP 中，由于网络层使用 IP 协议，因此分组也称为 IP 数据报，或简称为数据报。

互联网协议（Internet Protocol，IP）地址，又称为网络协议地址或 IP 地址，是分配给用户上网使用的网络协议的设备的数字标签。常见的 IP 地址可分为 IPv4 与 IPv6 两大类。IPV4 版本规定 IP 地址由 32 位二进制数码组成。一般采用以点分十进制表示方法，即 32 位二进制数

码组成 IP 地址,每 8 位为一组,共分为 4 组,中间用"."隔开。IP 地址与域名是一对多的关系。一个 IP 地址可以对应多个域名,但是一个域名只有一个 IP 地址。

4. 网络接口层

网络接口层负责向网络媒体发送 TCP/IP 数据包并从网络媒体上接收 TCP/IP 数据包。从理论上讲,该层不是 TCP/IP 协议的组成部分,但是该层是 TCP/IP 的基础,负责各种网络与 TCP/IP 的接口。

MAC 地址也称为物理或硬件地址,是分配给计算机的网络接口卡(Network Interface Controller, NIC)的唯一标识符。MAC 地址的编号是以十六进制格式进行唯一格式化,格式为六组两个数字或字符,即 12 位十六进制数字(48 位或 6 字节长),用连字符(或分号)分隔。MAC 地址通常由硬件制造商分配,并且这些编号 ID 会被视为烧录到网络访问硬件的固件中的。由于 MAC 地址是唯一的地址,因此计算机网络不会将相同的 MAC 地址分配给多个计算机或网络设备,同一网络子网上的所有设备都具有不同的 MAC 地址。

本机的 IP 地址和 MAC 地址可以在命令行窗口中使用 ipconfig/all 命令查看。

10.1.3 网络协议

因特网中,各类网络应用均需调用相应的应用层协议,进而通过运输层协议实现数据传输。表 10-1 给出常见网络应用所使用的应用层和运输层协议。

表 10-1 网络应用使用的应用层和运输层协议

应用	应用层协议	运输层协议
名字转换	域名系统(DNS)	UDP
文件传送	文件传输协议(FTP)	UDP
简单文件传送	简单文件传输协议(TFTP)	TCP
网络管理	简单网络管理协议(SNMP)	UDP
IP 地址配置	动态主机设置协议(DHCP)	UDP
电子邮件	简单邮件传输协议(SMTP)	TCP
万维网	超文本传输协议(HTTP)	TCP
IP 电话	专用协议	UDP/TCP
流式多媒体通信	专用协议	UDP/TCP

10.2 基于 Socket 的网络应用编程

10.2.1 Socket 简介

Socket 的英文原义是"孔"或"插座",也称为"套接字"。应用程序通常通过"套接字"向网络发出请求或应答网络请求,使主机间或一台计算机上的进程间可以通信。网络应用编程中,Socket 套接字提供一个通信链的句柄,用于描述 IP 地址和端口,进而让不同主机的两个应用程序进行通信,简称 Socket 编程。

通常,Internet 上主机会运行多个服务软件,同时提供几种服务。每种服务都打开一个 Socket,并绑定到一个运输层端口上,不同的端口对应于不同的服务。形象地说,Socket 像一个多孔插座,客户软件将插头插到不同编号的插座,就可以得到不同的服务。

1. 创建 Socket 对象

Python 中，导入 Socket 模块命令：import socket；然后，使用 socket()函数创建一个 socket 对象，返回该 Socket 对象的描述符。

socket()函数创建套接字的语法格式：

socket.socket([family[, type[, proto]]])

socket()函数带有三个参数：

(1) family：通常选择 AF_INET，用于 Internet 进程间通信，也可以选择 AF_UNIX，用于同一台机器进程间通信。

(2) type：套接字类型，可以是 SOCK_STREAM，表示用于 TCP 协议的流套接字，或是 SOCK_DGRAM，表示用于 UDP 协议的数据报套接字。

(3) protocol：一般不填默认为 0。

服务器端套接字 Socket 对象的主要内建方法：

(1) s.bind()：绑定地址(host, port)到套接字，在 AF_INET 下以元组(host, port)的形式表示地址。

(2) s.listen()：开始 TCP 监听。backlog 指定在拒绝连接之前，操作系统可以挂起的最大连接数量。该值至少为 1，大部分应用程序设为 5。

(3) s.accept()：被动接收 TCP 客户端连接，(阻塞式)等待连接的到来。

客户机端套接字 Socket 对象的主要内建方法：

(1) s.connect()：主动初始化 TCP 服务器连接。一般 address 格式为元组(hostname, port)，如果连接出错，返回 socket.error 错误。

(2) s.connect_ex()：connect()函数扩展版本，出错时返回出错码，而不是抛出异常。

公共用途套接字 Socket 对象的主要内建方法：

(1) s.recv()：接收 TCP 数据，数据以字符串形式返回，bufsize 指定要接收的最大数据量。flag 提供有关消息的其他信息，通常可以忽略。

(2) s.send()：发送 TCP 数据，将 string 中的数据发送到连接的套接字。返回值是要发送的字节数量，该数量可能小于 string 的字节大小。

(3) s.sendall()：完整发送 TCP 数据，将 string 中的数据发送到连接的套接字，但在返回之前会尝试发送所有数据。成功返回 None，失败则抛出异常。

(4) s.recvfrom()：接收 UDP 数据，与 recv()类似，但返回值是(data, address)。其中 data 是包含接收数据的字符串，address 是发送数据的套接字地址。

(5) s.sendto()：发送 UDP 数据，将数据发送到套接字，address 是形式为(ipaddr, port)的元组，指定远程地址。返回值是发送的字节数。

(6) s.close()：关闭套接字

(7) s.getpeername()：返回连接套接字的远程地址。返回值通常是元组(ipaddr, port)。

(8) s.getsockname() 返回套接字自己的地址。通常是一个元组(ipaddr, port)。

(9) s.setsockopt(level,optname,value)：设置给定套接字选项的值。

(10) s.getsockopt(level,optname[.buflen])：返回套接字选项的值。

(11) s.settimeout(timeout)：设置套接字操作的超时期，timeout 是一个浮点数，单位是秒。值为 None 表示没有超时期。一般超时期应该在刚创建套接字时设置，因为它们可能用于连接的操作。

(12)s.gettimeout()：返回当前超时期的值，单位是秒，如果没有设置超时期，则返回 None。

(13)s.fileno()：返回套接字的文件描述符。

(14)s.setblocking(flag)：如果 flag 为 0，则将套接字设为非阻塞模式，否则将套接字设为阻塞模式(默认值)。非阻塞模式下，如果调用 recv()没有发现任何数据，或 send()调用无法立即发送数据，那么将引起 socket.error 异常。

(15)s.makefile()：创建一个与该套接字相关联的文件。

【例 10-1】 创建用于 TCP 协议的流套接字和用于 UDP 协议的数据报套接字。

```
>>>import socket
>>>s=socket.socket()    #创建用于 TCP 协议的流套接字
>>> print(s)
<socket.socket fd=424, family=AddressFamily.AF_INET, type=SocketKind.SOCK_STREAM, proto=0>
>>> tcpSock=socket.socket(socket.AF_INET, socket.SOCK_STREAM)
>>>print(tcpSock)
<socket.socket fd=396, family=AddressFamily.AF_INET, type=SocketKind.SOCK_STREAM, proto=0>
>>>udpSock=socket.socket(socket.AF_INET, socket.SOCK_DGRAM)
>>>print(udpSock)
<socket.socket fd=420, family=AddressFamily.AF_INET, type=SocketKind.SOCK_DGRAM, proto=0>
```

2. 服务器端 Socket 绑定到指定 IP 地址

Socket 模块提供一些函数用于获取主机名和 IP 地址。

(1)socket.gethostname()：返回运行程序所在的计算机的主机名。

(2)socket.gethostbyname(name)：返回给定的主机名的 IP 地址。

(3)socket.gethostbyname_ex(name)：返回一个包含三个元素的元组，分别是给定地址的主要主机名、同一 IP 地址的可选主机名的一个列表、关于同一主机的同一接口的其他 IP 地址的一个列表。

(4)sockct.gethostbyaddr(address)：与 gethostbyname_ex 相同，只是提供的参数是一个 IP 地址字符串。

(5)socket.getservbyname(service,protocol)：返回服务器所使用的端口号。

【例 10-2】 获取主机名和 IP 地址示例。

```
>>> import socket
>>> socket.gethostname()
'PPOLK3CCODLZDZX'
>>> socket.gethostbyname("PPOLK3CCODLZDZX")
'172.18.33.17'
>>> socket.gethostbyname("www.sohu.com")
'110.43.83.1'
>>> socket.gethostbyname_ex("www.sohu.com")
('fjsy.a.sohu.com', ['www.sohu.com', 'gs.a.sohu.com'], ['110.43.83.1'])
```

创建服务器端套接字 Socket 对象后，通过方法 bind()把对象绑定到某个 IP 地址，然后客户机端才能与其连接。

【例10-3】 绑定 Socket 对象到 IP 地址示例。

```
>>> import socket
>>> sock1=socket.socket()
>>> sock1.bind(("localhost", 8000))
>>> sock2=socket.socket()
>>> sock2.bind((socket.gethostname(), 8001))
>>> sock3=socket.socket()
>>> sock3.bind(("127.0.0.1", 8002))
```

3. 服务器端 Socket 开始侦听

创建服务器端套接字 Socket 对象并绑定到某个 IP 地址后，可以采用 listen()、accept()方法进行侦听和接收连接。

```
>>> import socket
>>> sock1=socket.socket()
>>> sock1.bind(("localhost",8000))
>>> sock1.listen(5)
```

10.2.2 TCP 编程

TCP 采用客户/服务器方式(C/S)建立连接。客户端主动发起建立连接，服务器端接收到请求后反馈确认，客户端在收到确认信息后反馈给服务器，从而通过三次握手协议建立数据传输的管道，端到端地传输数据。

TCP 服务器端需要公布 IP 地址和端口，并保持开启状态。TCP 客户端在有数据传输时连接服务器端口进行传输，传输完毕后断开连接。具体地，使用管理员权限打开两个命令行窗口，首先打开 TCP 服务器端程序，然后在另一个命令行窗口运行 TCP 客户端程序，实现计算机本地的 TCP 通信。

TCP 服务端网络应用编程步骤：

(1)创建一个 Socket，采用函数 socket()。
(2)绑定 IP 地址、端口等信息到 Socket 上，采用函数 bind()。
(3)开启监听，采用函数 listen()。
(4)接收客户端上来的连接，采用函数 accept()。
(5)收发数据，采用函数 send()和 recv()，或 read()和 write()。
(6)关闭网络连接。
(7)关闭监听。

TCP 客户端网络应用编程步骤：

(1)创建一个 Socket，采用函数 socket()。
(2)绑定 IP 地址、端口等信息到 Socket 上，采用函数 bind()，可选。
(3)设置要连接对方的 IP 地址和端口等属性。
(4)连接服务器，采用函数 connect()。
(5)收发数据，采用函数 send()和 recv()，或 read()和 write()。
(6)关闭网络连接。

【例 10-4】 TCP 通信服务器端应用程序。

```python
#ex10_4.py
import socket
HOST="localhost"
PORT=8201
BUFSIZ=1024
ADDR=(HOST, PORT)
ssocket=socket.socket(socket.AF_INET, socket.SOCK_STREAM)
ssocket.bind(ADDR)          #绑定到本机和端口号
ssocket.listen(5)
csocket,caddress=ssocket.accept()
print("Connecting from",caddress)
while True:
        data=csocket.recv(BUFSIZ)
        if not data: break
        print("Recieved from client:",repr(data))
        print("Echo: ", repr(data))
        csocket.send(data)
csocket.close()
ssocket.close()
```

【例 10-5】 TCP 通信客户机端应用程序。

```python
#ex10_5.py
import socket
HOST="localhost"
PORT=8201
BUFSIZ=1024
ADDR=(HOST, PORT)
csocket=socket.socket(socket.AF_INET, socket.SOCK_STREAM)
csocket.connect(ADDR)       #连接到服务器
while True:
        data=input(">>")
        csocket.send(data.encode())
        if not data: break
        newdata=csocket.recv(BUFSIZ)
        print("Received from server:", repr(newdata))
csocket.close()
```

分别在两个命令行窗口执行服务器端应用程序 ex10_4.py 和客户机端应用程序 ex10_5.py，结果分别如图 10-2 和图 10-3 所示。

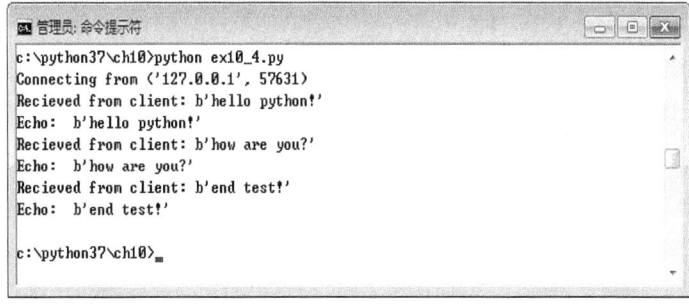

图 10-2　TCP 服务器端应用程序 ex10_4.py 执行结果

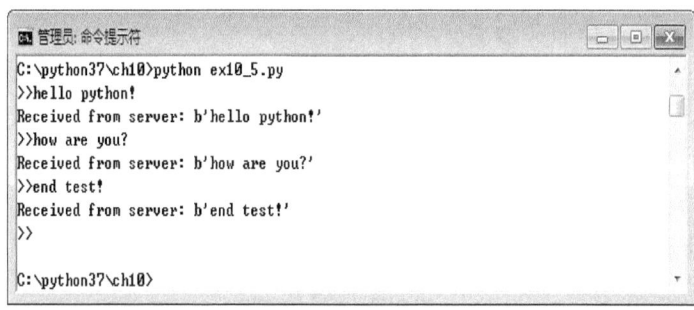

图 10-3 TCP 客户机端应用程序 ex10_5.py 执行结果

注意：不同主机之间的 TCP 协议通信只需将 IP 地址和端口号改为服务器的 IP 地址和端口号即可。在连接的过程中可能出现"由于目标计算机积极拒绝，无法连接"的错误，请关闭防火墙再试。

10.2.3 UDP 编程

UDP 在传送数据之前不需要先建立连接，接收方的运输层在收到 UDP 报文后，不需要给出任何确认。这种方式不能提供可靠交付，但在某些情况下 UDP 是一种最有效的工作方式。

UDP 服务器端也需要公布 IP 地址和端口，并保持开启状态。UDP 客户端在有数据传输时直接发送，无须了解服务器端运行情况。使用管理员权限打开两个命令行窗口，首先打开一个 UDP 通信的服务器端程序，然后在另一个命令行窗口运行客户端程序，实现计算机本地的 UDP 通信。

UDP 服务端网络应用编程步骤：
(1)创建一个 Socket，采用函数 socket()。
(2)绑定 IP 地址、端口等信息到 Socket 上，采用函数 bind()。
(3)循环接收数据，采用函数 recvfrom()。
(4)关闭网络连接。

UDP 客户端网络应用编程步骤：
(1)创建一个 Socket，采用函数 socket()。
(2)绑定 IP 地址、端口等信息到 Socket 上，采用函数 bind()，可选。
(3)设置对方的 IP 地址和端口等属性。
(4)发送数据，采用函数 sendto()。
(5)关闭网络连接。

【例 10-6】 UDP 通信服务端应用程序。

```
#ex10_6.py
import socket
HOST="localhost"
PORT=8201
BUFSIZ=1024
ADDR=(HOST, PORT)
ssocket = socket.socket(socket.AF_INET, socket.SOCK_DGRAM)
ssocket.bind(ADDR)        #绑定到本机和端口号
while True:
```

```
        data,address=ssocket.recvfrom(BUFSIZ)
        if not data: break
        print("Recieved from client:",address,repr(data))
        print("Echo:", repr(data))
        ssocket.sendto(data, address)
ssocket.close()
```

【例 10-7】 UDP 通信客户端应用程序。

```
#ex10_7.py
import socket
HOST="localhost"
PORT=8201
BUFSIZ=1024
ADDR=(HOST, PORT)
csocket = socket.socket(socket.AF_INET, socket.SOCK_DGRAM)
while True:
    data=input(">>")
    csocket.sendto(data.encode(),ADDR)
    if not data: break
    newdata = csocket.recv(BUFSIZ)
    print("Received from server:", repr(newdata))
csocket.close()
```

分别在两个命令行窗口执行服务器端应用程序 ex10_6.py 和客户机端应用程序 ex10_7.py，结果分别如图 10-4 和图 10-5 所示。

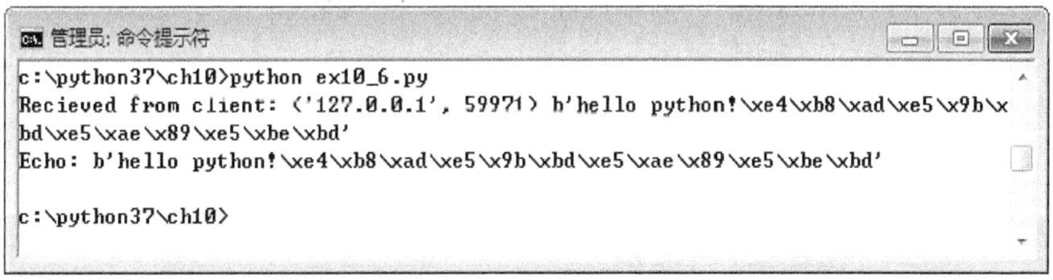

图 10-4 UDP 服务器端应用程序 ex10_6.py 执行结果

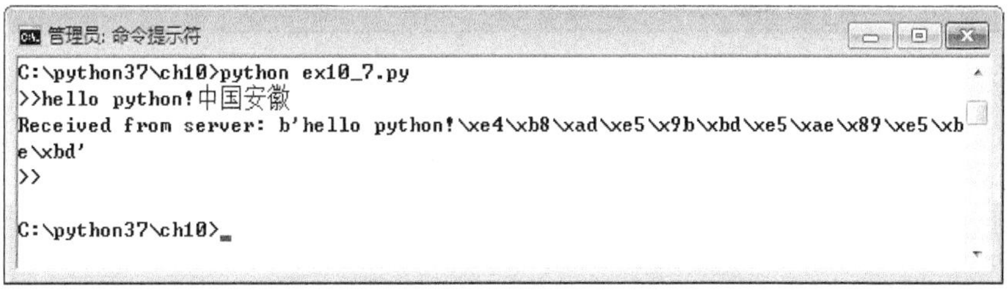

图 10-5 UDP 客户机端应用程序 ex10_7.py 执行结果

10.3 客户端应用编程

客户端应用程序通过调用网络应用层协议实现使用运输层 TCP 或 UDP 协议传输数据的

任务。通过加载 Python 相关模块,实现传输文件所用的 FTP 协议和收发 E-mail 所用的 SMTP、POP 和 IMAP 协议。

10.3.1 FTP 应用编程

文件传输协议(FTP)是在局域网或者因特网上进行文件传输和下载的主要手段之一,一般需要用户名和密码才能访问。不同用户通过用户名区分获得不同权限,在设定的路径下对文件进行读或者写操作。

FTP 协议的基本工作流程:

(1)客户端连接远程主机上的 FTP 服务器。
(2)客户端输入用户名和密码(某些 FTP 服务器支持匿名账户登录)。
(3)客户端进行各种文件传输和信息查询操作。
(4)传输结束,客户端从远程 FTP 服务器退出。

Python 下使用 FTP 协议时,需导入 ftplib 模块,通过 ftp()方法生成一个 FTP 对象,该对象包含登录、传输文件和注销等所有 FTP 操作,具体操作方法详如表 10-2 所示。

表 10-2 FTP 对象的方法

方法	描述
login(user='', passwd='', acct='')	登录 FTP 服务器,所有参数可选
pwd()	获得当前目录
cwd(path)	把当前工作目录设置为 path 所示路径
dir([path[,...[,cb]]])	显示 path 目录里的内容,可选参数 cb 是一个回调函数,传递给 retrlines()方法
nlst([path[,...])	与 dir()类似,但返回一个文件名的列表,而不是显示这些文件名
retrlines(cmd [, cb])	给定 FTP 命令(如"RETR filename"),用于下载文本文件。可选的回调函数 cb 用于处理文件的每一行
retrbinary(cmd, cb[,bs=8192[, ra]])	与 retrlines()类似,只是这个指令处理二进制文件。回调函数 cb 用于处理每一块(块大小默认为 8K)下载的数据
storlines(cmd, f)	给定 FTP 命令(如"STOR filename"),以上传文本文件。要给定一个文件对象 f
storbinary(cmd, f[,bs=8192])	与 storlines()类似,只是这个指令处理二进制文件。要给定一个文件对象 f,上传块大小 bs 默认为 8Kbs=8192)
rename(old, new)	rename(old, new) 把远程文件 old 改名为 new
delete(path)	delete(path) 删除位于 path 的远程文件
mkd(directory)	mkd(directory) 创建远程目录

FTP 对象方法中,login()、cwd()、dir()、pwd()、stor*、retr*和 quit()等命令涵盖从登录、显示、下载、上传和退出的过程,可以在命令行环境下依次执行。

【例 10-8】 假设本地架设一台 FTP 服务器,账号和密码均为 test,在 Python 交互窗口显示并下载本地 FTP 服务器上的文件。

```
>>>from ftplib import FTP
>>>f = FTP('127.0.0.1')
>>>f.login('test', 'test')
'230 User logged in, proceed.'
>>>f.dir()
drwxrwxrwx    1 user     group            0 Dec 27 12:00 20181227
-rw-rw-rw-    1 user     group           21 Mar 13 23:27 myfile.txt
```

```
>>>f.retrlines('RETR myfile.txt')
This is the content of myfile.
'226 Transfer complete. 21 bytes transferred. 1.28 KB/sec.'
>>>f.quit()
```

10.3.2 E-mail 编程

1. SMTP 编程

简单邮件传输协议(Simple Mail Transfer Protocol，SMTP)是一种邮件传送规则，可以把邮件从源地址传送到目的地址，或严格地说，目的地址所在的服务器上。一般地，发送一封 E-mail 需要 SMTP 服务器、发件人 E-mail 账号、收件人 E-mail 账号、发件人用户名和密码等。

Python 中，SMTP 协议是通过 smtplib 模块来调用的。利用 smtp()方法生产一个 SMTP 服务器对象后，可以用表 10-3 中方法实现邮件的传送。

表 10-3 SMTP 对象的方法

方法	描述
sendmail(from, to, msg[, mopts, ropts])	将邮件 msg 从 from 发送至 to，还可以选择性地设置 ESMTP 邮件 mopts 和收件人 ropts 选项
ehlo()或 helo()	使用 EHLO 或 HELO 初始化 SMTP 或 ESMTP 服务器的会话，sendmail()会在需要时自动调用相关内容
starttls(keyfile=None, certfile=None)	让服务器启动 TLS 模式，创建安全套接字
set_debuglevel(level)	为服务器通信设置调试级别
quit()	关闭连接并退出
login(user, passwd)	使用用户名和密码登录 SMTP 服务器

【例 10-9】 使用 ehlo()方法测试服务器的属性。

```
>>> import smtplib
>>> from smtplib import SMTP as smtp
>>> s = smtplib.SMTP("smtp.163.com")
>>> msg = s.ehlo()
>>> print(msg)
(250, b'mail\nPIPELINING\nAUTH LOGIN PLAIN\nAUTH=LOGIN PLAIN\ncoremail 1Uxr2xKj7kG0xk
I17xGrU7I0s8FY2U3Uj8Cz28x1UUUUU7Ic2I0Y2UFn3idCUCa0xDrUUUUj\nSTARTTLS\n8BITMIME')
```

【例 10-10】 发送文本邮件。

```
#ex10_10.py
import smtplib
from email.mime.text import MIMEText
#发送纯文本格式的邮件
msg = MIMEText('Hello, this is a test email...','plain','utf-8')
#发送邮箱地址
sender = 'sender@163.com'
#邮箱授权码，非登录密码
password = '123456'
#收件箱地址
receiver = 'receiver@163.com'
#smtp 服务器
```

```
smtp_server = 'smtp.163.com'
#发送邮箱地址
msg['From'] = sender
#收件箱地址
msg['To'] = receiver
#主题
msg['Subject'] = 'test'
server = smtplib.SMTP("smtp.163.com")
server.login(sender,password)
server.sendmail(sender,receiver,msg.as_string())
server.quit()
```

2. POP 和 IMAP 编程

邮局协议(Post Office Protocal，POP)是第一个用于下载邮件的协议，其目的是通过简单邮件传输协议(SMTP)将邮件发送到邮件服务器。POP 协议的最新版为第 3 版，称为 POP3，目前被广泛使用。

导入 Python 中 poplib 模块并实例化 pop3()方法，可以得到 POP3 对象，该对象具有如表 10-4 所示方法。

表 10-4 POP3 对象的方法

方法	描述
user(login)	向服务器发送登录名，并显示服务器的响应
pass_(passwd)	用户登录后，发送 passwd
stat()	返回邮件状态(msg_ct, mbox_siz)，分别表示消息数和消息总字节数
list([msgnum])	返回消息列表(rsp, msg_list, rsp_siz)，分别表示服务器响应、消息列表、返回消息的大小。给定 msgnum 下返回指定消息的数据
retr(msgnum)	从服务器中得到消息 msgnum，并设置已读标志，返回服务器响应、消息的所有行、消息的字节数
dele(msgnum)	标记删除消息 msgnum，quit()后执行操作
quit()	提交操作、终止连接、退出

【例 10-11】 使用 POP 协议收取邮件。

```
>>> from poplib import POP3
>>> p = POP3('pop.163.com')
>>> p.user('your account')
b'+OK core mail'
>>> p.pass_('your password')
b'+OK 2805 message(s) [219120061 byte(s)]'
>>> p.stat()
(2805, 219120061)
>>> rsp, msg, siz = p.retr(2805)
>>>for eachLine in msg:
        print(eachLine)

b'Received: from mail.12306.cn (unknown [114.251.18.30])'
......
```

POP 协议的一个有力的竞争对手是因特网消息访问协议(Internet Message Access

Protocol，IMAP），旨在提供比 POP 协议更完整的解决方案，特别适用于多邮件客户端接收邮件的情形。IMAP 协议当前使用最广泛的版本是 IMAP4rev1，成为主流邮件服务器提供的邮件下载方式。

Python 中 imaplib 模块的 IMAP()方法可以实例化一个 IMAP 对象，该对象具有如表 10-5 所示的方法。

表 10-5 IMAP 对象的方法

方法	描述
close()	关闭当前邮箱，同时将本地删除的邮件在服务器端也丢弃
fetch(message_set, message_parts)	获取电子邮件消息状态或部分状态
login(user, password)	使用指定的用户名和密码登录
logout()	从服务器注销
noop()	ping 服务器
search(charset,*criteria)	查询邮箱中至少匹配一块 criteria 的消息，默认使用 US-ASCII
select(mailbox='INBOX', eadonly=False)	选择一个文件夹，默认为 INBOX

【例 10-12】 使用 IMAP 协议收取邮件。

```
>>> from imaplib import IMAP4
>>> s = IMAP4('imap.qq.com')
>>> s.login('your account','your password')
('OK', [b'Success login ok'])
>>> rsp, msgs = s.select('INBOX',True)
>>> rsp
'OK'
>>> msgs
[b'667']
>>> rsp,data = s.fetch(msgs[0],'(RFC822)')
>>> rsp
'OK'
>>> for line in data[0][1].splitlines()[:5]:
        print(line)

b'Received: from out29-49.mail.aliyun.com (unknown [115.124.29.49])'
b'\tby newmx35.qq.com (NewMx) with SMTP id '
b'\tfor <xxxxxxx@qq.com>; Fri, 08 Mar 2019 19:03:43 +0800'
b'X-QQ-FEAT: uPKj8ga2w7H5GnTlqb8hN69Nebh77bhSp5d4dcvnnYLRu2X/jRq2QbK8jobTS'
b'\tM2CVh2h7md1+nCS5P2NLmZbHP76DA6lfPY6yOAqdJRucOE3drvIr4VyUDjSlZ43bMdwioS
```

10.4 Twisted 简介

Twisted 是一个基于事件驱动的网络引擎框架，是 Java 程序员在开发一款多人即时游戏 Twisted Reality 时，利用 Python 异步通信的便利开发的编程框架。该框架提供开发完整系统的各种支持，包括网络协议、线程、安全性和身份验证、聊天、数据库管理与集成、因特网、电子邮件以及 GUI 集成工具包等。

Twisted 支持许多常见的运输及应用层协议，包括 TCP、UDP、SSL/TLS、HTTP、IMAP、

SSH、IRC 及 FTP 等。Twisted 对于其支持的所有协议都带有客户端和服务器实现，同时附带有基于命令行的工具，便于配置和部署产品级的 Twisted 应用。

1. Transport

Transport 代表网络中两个通信节点之间的连接，负责描述连接的细节，例如连接方式、流量控制以及可靠性等。

Transport 包含以下的方法。
（1）write：以非阻塞的方式按顺序依次将数据写到物理连接上。
（2）writeSequence：将一个字符串列表写到物理连接上。
（3）loseConnection：将所有挂起的数据写入，然后关闭连接。
（4）getPeer：取得连接中对端的地址信息。
（5）getHost：取得连接中本端的地址信息。

2. Protocols

Protocols 描述如何以异步的方式处理网络中的事件，例如 HTTP、DNS 及 IMAP 等用层协议。

Protocols 包含以下的方法。
（1）Factory：协议工厂，每次连接进来产生一个 Protocol 对象。
（2）makeConnection：在传输对象和服务器之间建立一条连接。
（3）connectionMade：在客户端成功连接时被调用。
（4）dataReceived：接收数据时调用。
（5）connectionLost：关闭连接时调用。

3. Reactor 模式

Reactor 事件循环是 Twisted 核心，可以感知网络、文件系统及定时器事件，等待并处理这些事件。Reactor 提供统一的接口，在网络协议栈的任何位置对事件做出响应。

【例 10-13】 Twisted TCP 服务器。

```python
#ex10_13.py
from twisted.internet import protocol, reactor
PORT = 20008
class TSServProtocol(protocol.Protocol):
    def connectionMade(self):
        clnt = self.clnt = self.transport.getPeer().host
        print('...connected from:', clnt)
    def dataReceived(self,data):
        print(data)
        self.transport.write(data)
factory = protocol.Factory()
factory.protocol = TSServProtocol
print('waiting for connection...')
reactor.listenTCP(PORT, factory)
reactor.run()
```

本例使用 twisted.internet 的 protocol 和 reactor 子包实现 TCP 通信协议的服务器端。TCP 监听在 reactor 循环中通过 reactor.listenTCP 安装，一旦接收到请求，就会创建一个 TSSServProtocol 实例来处理，包括建立连接、发送和接收数据，在 connectionMade()和 dataReceived()中利用 transport 方法实现。

【例 10-14】 Twisted TCP 客户端。

```
#ex10_14.py
from twisted.internet import reactor
from twisted.internet.protocol import Protocol, ClientFactory
HOST = 'localhost'
PORT = 21567
class TSClntProtocol(Protocol):
    def sendData(self):
        data = input('> ')
        if data:
            print('...sending %s...' % data)
            self.transport.write(data.encode('utf-8'))
        else:
            self.transport.loseConnection()
    def connectionMade(self):
        self.sendData()
    def dataReceived(self, data):
        print(data)
        self.sendData()
class TSClntFactory(ClientFactory):
    protocol = TSClntProtocol
    clientConnectionLost = clientConnectionFailed = \
        lambda self, connector, reason: reactor.stop()
reactor.connectTCP(HOST, PORT, TSClntFactory())
reactor.run()
```

本例使用 twisted.internet 的 protocol、reactor 和 ClientFactory 子包实现 TCP 通信协议的客户端。TCP 传输在 reactor 循环中通过 reactor.connectTCP 安装，一旦接收到请求，就会创建一个 TSClntProtocol 实例来处理，包括建立连接、发送和接收数据，在 connectionMade()和 dataReceived ()和中利用 transport 方法实现。

习　题　10

一、填空题

1. ＿＿＿＿＿＿＿已成为世界上最大的计算机网络。
2. ＿＿＿＿＿＿＿的任务就是负责向两台主机中进程之间的通信提供通用的数据传输服务。在因特网中，主要有两个运输层协议＿＿＿＿＿＿＿和＿＿＿＿＿＿＿。
3. Python 中，用＿＿＿＿＿＿＿命令导入使用 Socket 模块。
4. ＿＿＿＿＿＿＿函数主动初始化 TCP 服务器连接，其参数 address 的格式为＿＿＿＿＿＿＿。
5. 在 Python 下使用 FTP 协议时，需要导入＿＿＿＿＿＿＿模块。
6. 在 Python 中，SMTP 协议通过＿＿＿＿＿＿＿模块来调用的。

7．＿＿＿＿是第一个用于下载邮件的协议，其目的是通过＿＿＿＿将邮件发送到邮件服务器。

8．POP 协议的一个有力的竞争对手是＿＿＿＿，旨在提供比 POP 协议更完整的解决方案，特别适用于＿＿＿＿的情形。

二、简答题

1．简述如何使用 socket()函数创建 Socket 对象。
2．简述 FTP 协议的一般工作流程。
3．发送一封 E-mail 需要哪些要素？
4．FTP 对象的方法中，常见的有哪些？
5．POP3 对象的 retr(msgnum)方法实现哪些功能？

三、程序阅读题

1．下面程序的执行结果是＿＿＿＿。

```
import socket
host = '127.0.0.1'
port = 8080
web = socket.socket()
web.bind((host,port))
web.listen(5)
print ('服务器等待客户端连接...')
while True:
    conn,addr = web.accept()
    data = conn.recv(1024)
    print(data)
    conn.sendall(b'HTTP/1.1 200 OK\r\n\r\nHello World')
conn.close()
```

2．下面程序的执行结果是＿＿＿＿。

```
import socket
s= socket.socket()
host = '127.0.0.1'
port = 8080
s.connect((host,port))
send_data = input("请输入要发送的数据：")
s.send(send_data.encode())
recvData = s.recv(1024).decode()
print('接收到的数据为:',recvData)
s.close()
```

四、程序设计题

1．设计一个温度换算程序，在客户端输入摄氏度，使用 UDP 协议传输给服务器端，并在服务器端转换为华氏度，然后反馈给客户端。

2．使用 TCP 协议建立客户端与服务器的连接,可以相互发送数据,任意一方发送"byebye"则断开 TCP 连接。

第 11 章　数据库应用编程

数据在程序运行时可以暂时存储在内存中。但是，当程序终止时，内存中的数据则需要保存到磁盘上。磁盘上的数据可以通过文件的形式进行存储。但是，为了方便程序存取数据，并能通过各种条件快速查询到指定的数据，则需要另一种存储方式，即数据库。数据库应用编程是针对数据库应用操作，通过编写程序的方式，让程序作为数据库应用的客户端进行数据库操作。本章主要介绍如何使用 Python 操作内置的 SQLite 数据库和开源的 MySQL 数据库，重点介绍 Python 连接数据库的驱动接口规范 Python DB API 在 SQLite 和 MySQL 数据库上的实现。

11.1　数据库应用基础

计算机中的数据最早以文件形式存储。20 世纪 60 年代，随着计算机技术的发展，一些大型企业和政府部门开始研究如何对大量数据有效存储和管理，开发各种层次数据库和网状数据库。直到 80 年代，关系型数据库统一数据库规范，发展成主流的数据库存储模式。数据库系统(DataBase System，DBS)是为适应数据处理的需要而发展起来的一种较为理想的数据处理系统，也是一个为实际可运行的存储、维护和应用系统提供数据的软件系统，是存储介质、处理对象和管理系统的集合体。

11.1.1　数据库基本概念

数据库系统通常由软件、数据库和数据管理员组成。其中，软件主要包括操作系统、各种宿主语言、实用程序以及数据库管理系统；数据库由数据库管理系统统一管理，数据的插入、修改和检索均要通过数据库管理系统进行；数据管理员负责创建、监控和维护整个数据库，使数据能被任何有权使用的人有效使用。

数据库是以一定方式储存在一起、能与多个用户共享、具有尽可能小的冗余度、与应用程序彼此独立的数据集合。

数据库管理系统(DataBase Management System，DBMS)是一种操纵和管理数据库的大型软件，用于建立、使用和维护数据库。数据库管理系统是数据库系统的核心，是管理数据库的软件。

DBMS 提供数据定义语言(Data Definition Language，DDL)和数据操作语言(Data Manipulation Language，DML)。

(1)数据定义语言：DDL 支持用户定义数据库的三级模式结构、两级映像以及完整性约束和保密限制等，主要用于建立、修改数据库的库结构，所描述的库结构仅仅给出数据库的框架，数据库的框架信息被存放在数据字典(Data Dictionary)中。

(2)数据操作语言：DML 支持用户实现对数据的追加、删除、更新、查询等基本操作。

11.1.2　数据库模型与分类

数据模型(Data Model)是数据特征的抽象，其中数据(Data)是描述事物的符号记录；模型

(Model)是现实世界的抽象。数据模型从抽象层次上描述系统的静态特征、动态行为和约束条件,为数据库系统的信息表示与操作提供一个抽象的框架。数据模型所描述的内容包括三部分:数据结构、数据操作和数据约束。数据模型按不同的应用层次分成三种类型:概念数据模型、逻辑数据模型、物理数据模型。

数据库技术发展至今,主要包括四种数据模型:层次模型(Hierarchical Model)、网状模型(Network Model)、关系模型(Relation Model)和面向对象的数据模型(Object Oriented Model)。其中,关系模型具有完备的数学基础,简单灵活,易学易用,已经成为数据库的标准。目前流行的数据库管理系统都是基于关系模型的关系数据库管理系统。

根据数据模型不同,数据库可以分为层次数据库、网状数据库、关系数据库和面向对象数据库。

根据存储数据结构和是否采用分布式技术特征,数据库可以分为关系型数据库和非关系型数据库。

(1)关系型数据库(Relational Database)是建立在关系模型基础上的数据库,借助于集合代数等数学概念和方法来处理数据库中的数据。现实世界中的各种实体以及实体之间的各种联系均用关系模型来表示。其最主要的技术特征:以行、列结构化关系表存储数据;SQL 查询语言提供数据读写操作,事务处理数据的多表操作,支持并发访问。

(2)非关系型数据库(Not Only SQL,NoSQL)是指在数据结构上采用非经典的行和列结构组织方式。NoSQL 大多数提供分布式处理技术,用来解决大数据处理问题。NoSQL 对数据库数据进行操作没有提供统一的 SQL 语言类似的操作标准。

根据是否只常驻于内存或者硬盘,数据库可以分为内存数据库和磁盘数据库。

(1)内存数据库是指将数据放在内存中直接操作的数据库。相对于磁盘,内存的数据读写速度要高出几个数量级,将数据保存在内存中相比从磁盘上访问能够极大地提高应用的性能。内存数据库数据处理速度比传统数据库的数据处理速度要快很多,一般都在 10 倍以上。

(2)磁盘数据库需要频繁地访问磁盘来进行数据的操作,由于对磁盘读写数据的操作一方面要进行磁头的机械移动,另一方面受到系统调用时间的影响(通常通过 CPU 中断完成,受到 CPU 时钟周期的制约),当数据量很大,操作频繁且复杂时,就会暴露出很多问题。

典型的磁盘数据库包括 Oracle、MySQL 等。典型的内存数据库包括 Redis、SQLite 等。

11.1.3 关系数据库

关系数据库是建立在关系模型基础上的数据库,借助于集合代数等概念和方法来处理数据库中的数据,同时也是一个被组织成一组拥有正式描述性的表格,表格中的数据能以不同的方式被存取或重新召集而不需要重新组织。

关系模型把世界看作是由实体(Entity)和联系(Relationship)构成的。实体是指现实世界中具有一定特征或属性并与其他实体有联系的对象,在关系模型中实体通常是以表的形式来表现。表的一行描述实体的一个实例,表的每一列描述实体的一个特征或属性。联系是指实体之间的对应关系,通过联系就可以用一个实体的信息来查找另一个实体的信息。

关系模型的基本概念:

(1)单一的数据结构,即关系或表文件。关系数据库的表采用二维表格来存储数据,是一种按行与列排列的具有相关信息的逻辑组,类似于 Excel 工作表。一个数据库可以包含任意多个数据表。从用户角度看，一个关系模型的逻辑结构是一张二维表，由行和列组成。这个二维表称为关系，也就是说，一个关系对应一张表。

(2) 元组(记录)。表中的一行即为一个元组，或称为一条记录。

(3) 属性(字段)。数据表中的每一列称为一个字段，表是由其包含的各种字段定义的，每个字段描述它所含有的数据的意义。数据表的设计实际上就是对字段的设计。创建数据表时，为每个字段分配一个数据类型，定义它们的数据长度和其他属性。字段可以包含各种字符、数字或图形。

(4) 属性值。行和列的交叉位置表示某个属性值。

(5) 属性值域。属性的取值范围。

(6) 主键(关键字)。关键字是表中用于唯一确定一个元组的数据，用来确保表中记录的唯一性，可以是一个字段或多个字段，常用作一个表的索引字段。每条记录的关键字都是不同的，因而可以唯一地标识一个记录，关键字又称为主关键字，或简称主键。

(7) 关系模式。关系的描述称为关系模式。对关系的描述，一般表示为：关系名(属性1，属性2，…，属性n)。

关系数据库中，数据库常见的对象包括表、视图、触发器和存储过程等。其中，数据库中的表由行(Row)和列(Column)组成。列由同类的信息组成，又称为字段(Field)。列的标题称为字段名。行是指包括若干列信息项的一行数据，也称为记录(Record)或元组(Tuple)。一个数据库表由一条或多条记录组成，没有记录的表称为空表。

每个数据表中通常都有一个主关键字(Primary Key)，用于唯一确定一条记录。例如，表 11-1 中第一列"学号"字段即为数据表的主关键字，第一行为列标题。

表 11-1 表的行(记录)和列(字段)

学号	姓名	班级	论文名称	成绩
99001	周俊人	计算机 991	掌上健康系统设计与开发	及格
99002	俞振海	计算机 991	协同工作平台设计与开发	及格
99003	龚心思	计算机 991	异地考勤管理系统设计与开发	中等
99004	王敬明	计算机 991	智能物业管理系统设计与实现	及格
99005	洪一璇	计算机 991	基于 Wi-Fi 指纹的室内定位系统	中等
99006	展丽姿	计算机 992	智能食堂 APP 设计与实现	及格
99007	云思松	计算机 992	医院移动挂号 APP 设计与实现	良好
99008	昂献仪	计算机 992	Web 网盘系统设计与实现	优秀
99009	文元彤	计算机 992	在线课程学习平台设计与开发	及格
99010	门俊良	计算机 992	基于运动手环的学生考勤系统	良好

11.2 Python 数据库接口模块

11.2.1 Python 数据库 API

1. 数据库应用程序接口

应用程序接口(Application Programming Interface，API)，又称为应用编程接口或应用程序编程接口，是一组定义、程序及协议的集合，便于实现计算机软件之间的相互通信。程序开发中，编程接口的设计首先要促使复杂软件系统的职责得到合理划分，降低软件系统各部分的相互依赖，提高组成单元的内聚性，降低组成单元间的耦合程度，从而提高软件系统的维护性和扩展性。通过对数据库 API 操作，Python 可以使用包括 SQLite、MySQL、Oracle、DB2、SQL Server 和 Access 在内的各种数据库。

数据库应用编程主要是通过使用程序代码的方式去连接数据库服务器，通过和服务器进行交互完成对数据库处理(增加、删除、修改和查询等操作)的方式。Python 需要为操作不同的数据库使用不同的模块，但不同的数据库模块基本都遵守 Python 数据库应用程序编程接口(DB API)协议，目前该协议的最新版本是 2.0。

数据库访问处理过程中，应用程序通过数据库驱动程序实现和数据库之间的数据交换。为了适用于不同编程语言，每款数据库系统产品都会开发自己标准的数据库驱动程序，提供应用程序编程接口 API 供不同编程语言调用，如图 11-1 所示。

在没有 Python DB API 之前，各数据库之间的应用接口非常混乱，实现各不相同，如果应用程序需要访问不同数据库时，则需要做大量的修改，代价非常大。制定 Python DB API 就是为了解决上述问题。

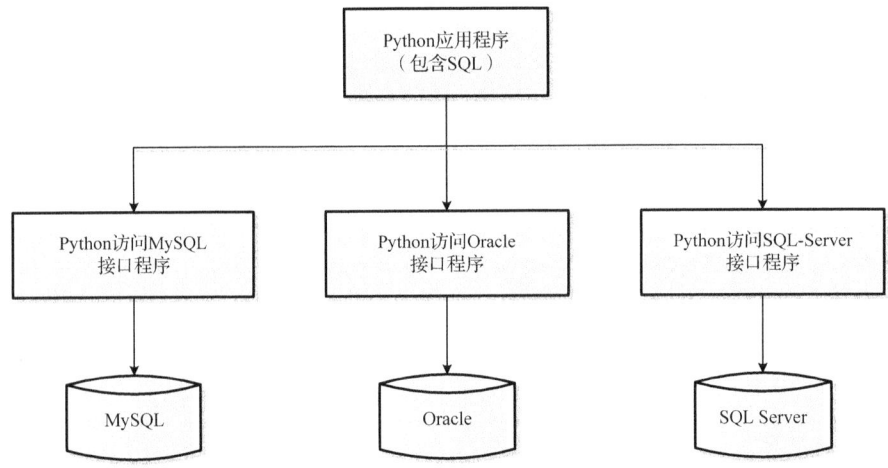

图 11-1　Python 程序通过不同接口访问数据库

Python DB API 是 Python 连接数据库的一个驱动接口规范，它定义一系列必需的对象和数据库存取方式，以便为各种各样的底层数据库系统和多种多样的数据库接口程序提供一致的访问接口，通过为 MySQL、Oracle、SQL Server 等不同的数据库提供一致的访问接口(图 11-2)，Python 代码在不同的数据库之间移植变得简单。

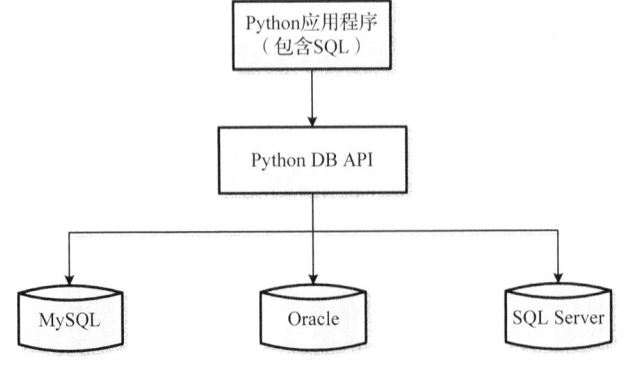

图 11-2　Python 程序通过 DB API 访问数据库

2. Python DB API 全局变量

Python 推荐支持 DB API 2.0 的数据库模块提供以下三个全局变量。

(1) apilevel：用于显示数据库模块的 API 版本号。

(2) threadsafety：用于指定数据库模块的线程安全等级。该等级值为 0~3，其中，3 代表该模块完全是线程安全的；1 表示该模块具有部分线程安全性，线程可以共享该模块，但不能共享连接；0 则表示线程完全不能共享该模块。

(3) paramstyle：用于指定当 SQL 语句需要参数时，可以使用风格的参数。

3. Python DB API 核心类和对象

Python DB API 主要包含数据库连接对象 connection、数据库游标对象 cursor 和数据库异常类 exceptions 等核心类和对象。

数据库连接对象(Connection Object)调用 connect()方法获取，主要提供获取数据库游标对象、提交当前事务、回滚当前事务及关闭数据库连接等连接函数。

数据库连接对象具有以下方法和属性。

(1) cursor()：创建游标对象，用于执行 SQL 语句。

(2) commit()：提交当前事务到数据库执行(表记录增删改)。

(3) rollback()：回滚当前事务。

(4) close()：关闭数据库连接。

(5) isolation_level：返回或设置数据库连接中事务的隔离级别。

(6) in_transaction：判断当前是否处于事务中。

在获取连接对象后，使用连接对象的 cursor()方法，可以获取到游标对象(Cursor Object)。游标对象是 Python DB API 的核心对象，代表数据库中的游标，用于指示抓取数据操作的上下文。游标对象主要用于执行各种 SQL 语句，包括 DDL、DML、Select 查询语句等。使用游标执行不同的 SQL 语句返回不同的数据。

游标对象具有以下方法和属性。

(1) callproc(name [, params])：使用给定名称和参数调用已命名的数据库过程。

(2) close()：关闭游标。

(3) execute(sql [, parameters])：执行 SQL 语句。parameters 参数用于为 SQL 语句中的参数指定值。

(4) executemany(sql, seq_of_parameters)：重复执行 SQL 语句。可以通过 seq_of_parameters 序列为 SQL 语句中的参数指定值，该序列有多少个元素，SQL 语句被执行多少次。

(5) fetchone()：获取查询结果集的下一行。如果没有下一行，则返回 None。

(6) fetchmany(size=cursor.arraysize)：返回查询结果集的下 N 行组成的列表。如果没有更多的数据行，则返回空列表。

(7) fetchall()：返回查询结果集的全部行组成的列表。

(8) nextset()：跳转下一个结果集(可选)。

(9) setinputsizes(sizes)：为参数预先定义内存区域。

(10) setoutputsize(size [, col])：为获取的大数据值设定缓存区尺寸。

(11) rowcount：只读属性，返回受 SQL 语句影响的行数。对于 executemany()方法，该方法所修改的记录条数也可通过该属性获取。

(12) lastrowid：只读属性，可获取最后修改行的 rowid。

(13) arraysize：用于设置或获取 fetchmany()默认获取的记录条数，默认值为 1。

(14) description：只读属性，可获取最后一次查询返回的所有列的信息。

(15) connection：只读属性，返回创建游标的数据库连接对象。

Python DB API 定义一种层次结构的数据库异常类 exceptions，以便尽可能进行错误处理。例如，所有异常的泛型基类 StandardError、在非致命错误时引发类 Waring、关于接口而非数据库的错误类 InterfaceError、与数据相关的问题类 DataError、数据库内部操作错误类 OperationalError 等。

4. Python DB API 访问数据库流程

使用 Python DB API 2.0 访问操作数据库的基本流程(图 11-3)。

(1) 调用 connect()方法打开数据库连接，该方法返回数据库连接对象。

(2) 通过数据库连接对象打开游标。

(3) 使用游标执行 SQL 语句(包括 DDL、DML、Select 查询语句等)。如果执行的是查询语句，则处理查询数据。

(4) 关闭游标。

(5) 关闭数据库连接。

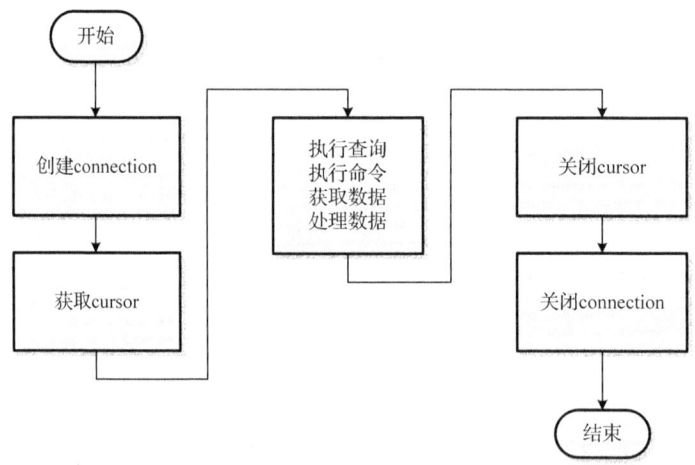

图 11-3　Python DB API 操作数据库的基本流程

11.2.2　通用数据库接口模块

Python DB API 提供通用数据库接口模块 ODBC 和 JDBC。

1. ODBC

ODBC(Open DataBase Connectivity，开放数据库互联)是微软公司开放服务结构(Windows Open Services Architecture，WOSA)中有关数据库的一个组成部分，通过建立一组规范，并提供一组对数据库访问的标准 API。ODBC 是基于 SQL 语言的，是一种在 SQL 和应用界面之间的标准接口，解决嵌入式 SQL 接口非规范核心，免除应用软件随数据库的改变而改变的麻烦。

ODBC 的一个显著优点是，用其生成的程序是与数据库或数据库引擎无关的，为数据库用户和开发人员屏蔽异构环境的复杂性，提供数据库访问的统一接口，为应用程序实现与平台的无关性和可移植性提供基础，因而 ODBC 获得广泛的支持和应用。ODBC 由四个主要成分构成：应用程序、驱动程序管理器、驱动程序和数据源。

Pyhthon 提供的 ODBC 访问数据的模块。

（1）mxODBC：流行的 mx 系列工具包中的一部分，也是其中唯一的商业产品，实现绝大部分 DB API 2.0 接口。

（2）pyodbc：开源的 Python ODBC 接口，完整实现 DB API 2.0 接口。

（3）ODBC Interface：PythonWin 附带发行的模块，缺乏文档和维护。

2. JDBC

JDBC（Java DataBase Connectivity，Java 数据库连接）是一种用于执行 SQL 语句的 Java API，可以为多种关系数据库提供统一访问，由一组用 Java 语言编写的类和接口组成。JDBC 对 Java 程序员而言是应用程序接口（API），对实现与数据库连接的服务提供商而言是接口模型。作为 API，JDBC 为程序开发提供标准的接口，并为数据库厂商及第三方中间件厂商实现与数据库的连接提供标准方法。JDBC 使用已有的 SQL 标准并支持与其他数据库连接标准，如 ODBC 之间的桥接。

zxJDBC 是专为 Jython 设计的 DB API 2.0 接口，建立在底层的 JDBC 接口之上。

11.2.3 专用数据库接口模块

Pyhthon DB API 也为一些数据库提供专用的接口模块。

（1）SQLite：SQLite 是目前最流行的开源嵌入式数据库。与其他数据库管理系统不同，SQLite 的安装和运行非常简单。在大多数情况下，只要确保 SQLite 的二进制文件存在即可开始创建、连接和使用数据库。Python 2.5 提供标准接口模块 SQLite3。SQLite 支持的数据类型包括 NULL、INTEGER、REAL、TEXT 和 BLOB，分别对应 Python 的数据类型：None、int、float、str 和 bytes。SQLite 遵守事务属性 AICD：原子性（Atomicity）、一致性（Consistency）、隔离性（Isolation）和持久性（Durability）。

（2）MySQL：最流行的开源数据库。Python 中需要通过第三方库才能访问 MySQL，包括 MySQL-python（即 MySQLdb）、PyMySQL 和 MySQL-connector。MySQL-python 是用 C 写的，速度最快，而后两者是用纯 Python 写的，相对来说速度慢一点。但是 MySQL-python 只支持到 python 2.7，对 Python 3.x 都没有支持。因此，Python 3.x 连接 MySQL 需要安装 PyMySQL 模块。

（3）PostgreSQL：比 MySQL 功能更强大、历史更悠久的开源数据库。Python 提供最流行的接口模块 PyGreSQL。

（4）Oracle：数据库领域中的巨鳄，最为强大先进的商业数据库产品。Python 接口模块 DCOracle2 和 cx_Oracle。

（5）Microsoft SQL Server：微软公司推出的数据库平台。Python 接口模块 PyMsSQL。

11.3 SQLite 数据库应用编程

SQLite 数据库是一款轻量级、基于文件的嵌入式数据库，实现自包容、零配置、支持事务的 SQL 数据库引擎。SQLite 是世界上最广泛部署的 SQL 数据库引擎，而且 SQLite 的源代码不受版权限制，是小型项目和简单 Web 应用的理想选择。SQLite 数据库最大能支持 2TB 的单个库文件。Python 标准库中已经包含支持 SQLite 的 API，即 SQLite3。

SQLite 通过 SQLite3 模块与 Python 进行集成。SQLite3 模块是由 Gerhard Haring 编写的，提供一个与 Python DB API 2.0 规范兼容的 SQL 接口。因此，可以直接通过 Python 来操作 SQLite 数据库。

11.3.1 SQLite 数据库和 SQLite3 模块

为了使用 SQLite3 模块，首先必须创建一个表示数据库的连接(Connection)对象，然后可以有选择地创建游标(Cursor)对象，最后游标对象调用 execute()方法帮助执行所有的 SQL 语句。

1. 创建数据库连接对象

创建数据库连接对象的语法格式：

sqlite3.connect(database [, timeout , other arguments])

说明：

(1)打开一个到 SQLite 数据库文件 database 的链接。database 可以使用":memory:"在 RAM 中打开一个数据库连接。如果数据库成功打开，则返回一个连接对象。

(2)timeout 参数表示连接等待锁定的持续时间，直到发生异常断开连接。timeout 参数默认是 5.0(5 秒)。

(3)如果给定的数据库不存在，则该调用将创建一个数据库。

2. 创建数据库游标对象

成功创建连接对象后，再创建一个游标对象。
创建数据库游标对象的语法格式：connection.cursor([cursorClass])

说明：

(1)创建一个游标对象 cursor，将应用于 Python 数据库编程中。

(2)该方法接收一个单一可选参数 cursorClass。如果提供该参数，则它必须是一个扩展自 SQLite3.Cursor 的自定义的 cursor 类。

3. 游标对象调用 execute()方法

Cursor 对象调用 execute()方法帮助执行所有的 SQL 语句，并返回结果。

调用 execute()方法的语法格式：cursor.execute(sql [,parameters])

说明：执行一个 SQL 语句，该 SQL 语句可以被参数化(即使用占位符代替 SQL 文本)，SQLite3 模块支持两种类型的占位符：问号和命名占位符(命名样式)。

【例 11-1】 创建或打开当前位置的数据库文件 StudentDB.db，执行 SQL 语句创建一个 student 表，student 表包含 xh 和 name 两个字段。

```
#ex11_1.py
import sqlite3
sconn=sqlite3.connect("StudentDB.db")
cursor=sconn.cursor()
```

```
#执行一条 SQL 语句，创建 user 表:
cursor.execute("create table student (xh varchar(5) primary key, name varchar(8))")
cursor.close()
sconn.commit()          #提交当前事务，保存数据
sconn.close()           #关闭数据库连接
```

11.3.2　Connection 对象

连接对象 Connection 是 SQLite3 模块中最基本且最重要的一个类，其主要方法包括。

(1) connection.execute(sql [, parameters])：该方法执行一条 SQL 语句。执行由游标(cursor)对象提供的方法的快捷方式，通过调用游标(cursor)方法创建一个中间的游标对象，然后通过给定的参数调用游标的 execute 方法。

(2) connection.executemany(sql [, parameters])：该方法执行多条 SQL 语句。执行由调用游标(cursor)方法创建中间游标对象的快捷方式，然后通过给定的参数调用游标的 executemany 方法。

(3) connection.executescript(sql_script)：该方法是一个由调用游标(cursor)方法创建的中间的游标对象的快捷方式，然后通过给定的参数调用游标的 executescript 方法。

(4) connection.total_changes()：该方法返回自数据库连接打开以来被修改、插入或删除的数据库总行数。

(5) connection.commit()：该方法提交当前的事务。如果未调用该方法，那么自上一次调用 commit()以来所做的任何动作对其他数据库连接来说是不可见的。

(6) connection.rollback()：该方法回滚自上一次调用 commit()以来对数据库所做的更改。

(7) connection.close()：该方法关闭数据库连接。注意，这不会自动调用 commit()。如果之前未调用 commit()方法，就直接关闭数据库连接，则所有更改将全部丢失。

11.3.3　Cursor 对象

游标对象 Cursor 主要方法包括。

(1) cursor.execute(sql [, parameters])：该方法执行一个 SQL 语句。

(2) cursor.executemany(sql [, seq_of_parameters])：该方法对 seq_of_parameters 中所有参数或映射执行一个 SQL 命令。

(3) cursor.executescript(sql_script)：该方法一旦接收到脚本，会执行多个 SQL 语句。它首先执行 COMMIT 语句，然后执行作为参数传入的 SQL 脚本。所有 SQL 语句应该用分号(;)分隔。

(4) cursor.fetchone()：该方法获取查询结果集中的下一行，返回一个单一序列，当没有更多可用数据时，则返回 None。

(5) cursor.fetchmany([size=cursor.arraysize])：该方法获取查询结果集中的下一行组，返回一个列表。当没有更多可用行时，则返回一个空列表。该方法尝试获取由 size 参数指定的尽可能多的行。

(6) cursor.fetchall()：该方法获取查询结果集中所有(剩余)的行，返回一个列表。当没有可用行时，则返回一个空列表。

(7) cursor.rowcount：返回记录修改的行数，必须放在一个更新或删除等修改类语句后面执行。

11.3.4 ROW 对象

ROW 对象 r 是一行查询系列，支持以下访问。
(1) r[n]：按索引访问，返回第 n 列的数据。
(2) r[cname]：按列名访问，返回 cname 列的数据。
(3) len(r)：返回列数。
(4) tuple(r)：数据转换成元组返回。
(5) r.keys(r)：返回由列名组成的列表。

11.3.5 SQL 语句

1. 插入(insert)操作

表中插入或新增数据的 SQL 语句语法格式：
insert into 表名 (字段名 1, 字段名 2, …) values (字段值 1, 字段值 2, …)

【例 11-2】 student 表中插入 6 条学生信息。

```
#ex11_2.py
import sqlite3
sconn=sqlite3.connect("StudentDB.db")
scursor=sconn.cursor()
# 执行 6 条 SQL 语句，插入 6 条记录:
scursor.execute('insert into student(xh,name) values("99001", "周俊人")')
scursor.execute('insert into student(xh,name) values("99002", "俞振海")')
scursor.execute('insert into student(xh,name) values("99003", "龚心思")')
scursor.execute('insert into student(xh,name) values("99004", "王敬明")')
scursor.execute('insert into student(xh,name) values("99005", "洪一璇")')
scursor.execute('insert into student(xh,name) values("99006", "展丽姿")')
scursor.close()
sconn.commit()
sconn.close()
```

2. 查询(select)操作

根据条件查询表中数据的 SQL 语句语法格式：
select 字段名 1, 字段名 2, … from 表名 where 查询条件
用户可以通过如下方式查看：

【例 11-3】 查询 student 表中的数据。注：分别采用游标对象方法 fetchone()、fetchmany(2) 和 fetchall()。

```
#ex11_3.py
import sqlite3
sconn=sqlite3.connect("StudentDB.db")
scursor=sconn.cursor()
scursor.execute("select * from student")
result1=scursor.fetchone()
print(result1)
```

```
            result2=scursor.fetchmany(2)
            print(result2)
            result3=scursor.fetchall()
            print(result3)
            scursor.close()
            sconn.close()
```

程序 ex11_3.py 运行结果：

```
('99001', '周俊人')
[('99002', '俞振海'), ('99003', '龚心思')]
[('99004', '王敬明'), ('99005', '洪一璇'), ('99006', '展丽姿')]
```

3. 更新(update)操作

更新表中数据的 SQL 语句语法格式：

update 表名 set 字段名 = 字段值 where 查询条件

【例 11-4】 在 student 表中 xh 为"99002"的 name 字段值改为"李向阳"，然后查看所有数据。

```
#ex11_4.py
import sqlite3
sconn=sqlite3.connect('StudentDB.db')
scursor=sconn.cursor()
scursor.execute("update student set name = ? where xh = ?", ("李向阳", "99002"))
scursor.execute("select * from student")
result=scursor.fetchall()
print(result)
scursor.close()
sconn.commit()
sconn.close()
```

程序 ex11_4.py 运行结果：

[('99001', '周俊人'), ('99002', '李向阳'), ('99003', '龚心思'), ('99004', '王敬明'), ('99005', '洪一璇'), ('99006', '展丽姿')]

4. 删除(delete)操作

删除表中数据的 SQL 语句语法格式：

delete from 表名 where 查询条件

【例 11-5】 删除 student 表中 xh 为"99002"的记录，然后显示剩余的记录。

```
#ex11_5.py
import sqlite3
sconn=sqlite3.connect('StudentDB.db')
scursor=sconn.cursor()
scursor.execute('delete from student where xh="99002"')
sconn.commit()
scursor.execute("select xh, name from student")
for row in scursor:
```

```
        print("xh=",row[0],"name=", row[1])
    scursor.close()
    sconn.close()
```

程序 ex11_5.py 运行结果：

```
xh= 99001 name= 周俊人
xh= 99003 name= 龚心思
xh= 99004 name= 王敬明
xh= 99005 name= 洪一璇
xh= 99006 name= 展丽姿
```

11.4 MySQL 数据库应用编程

SQLite 数据库的特点是轻量级、可嵌入，但不能承受高并发访问，适合桌面和移动应用。而 MySQL 数据库是为服务器端设计的数据库，能够承受高并发访问，同时占用的内存也远远大于 SQLite。PyMySQL 是用于 Python 3.x 版本链接 MySQL 数据库的接口，是实现 Python 数据库 API 规范 V2.0（Python DB API 2.0）的模块。

11.4.1 MySQL 数据库

MySQL 是由瑞典 MySQL AB 公司开发的开源数据库软件，目前属于 Oracle 下产品。MySQL 是最流行的关系型 DBMS 之一，是 Web 应用方面使用最广泛的关系型 DBMS。MySQL 是一款开源的数据库软件，由于其免费特性得到广大用户的喜爱，是目前使用人数最多的数据库。

1. 下载 MySQL

MySQL 数据库可以从官网下载。例如，下载 Windows 版本可在浏览器的地址栏输入地址"https://dev.mysql.com/downloads/windows/installer"，进入下载窗口单击 Download 按钮下载，进入图 11-4 开始下载页面。如果有 MySQL 的账户，可以单击 Login 按钮，登录账户后开始下载；如果没有可以直接单击下方的"No thanks, just start my download."超链接直接下载。

2. 安装 MySQL

下载完成以后，双击安装文件，在所示界面中选中"I accept the license terms"，单击 Next 按钮，进入设置类型界面，在选择设置中有 5 种类型。

(1) Developer Default：安装 MySQL 服务器以及开发 MySQL 应用所需的工具。
(2) Server only：仅安装 MySQL 服务器，适用于部署 MySQL 服务器。
(3) Client only：仅安装客户端，适用于基于已存在的 MySQL 服务器进行 MySQL 应用开发的情况。
(4) Full：安装 MySQL 所有可用组件。
(5) Custom：自定义需要安装的组件。

由于只需创建一个 MySQL 数据库，因此选择 Server only 类型即可。

图 11-4　MySQL 开始下载页面

3. 设置环境变量

安装完成后，需要设置环境变量，以便在任意目录下使用 MySQL 命令。右击"此电脑"，选择"属性"→"高级系统设置"→"环境变量"→"Path"→"编辑"→"新建"。将 MySQL 安装路径(如 C:\Program Files\MySQL\MySQL Server 8.0\bin)写在变量值中，如图 11-5 所示。

图 11-5　MySQL 环境变量设置界面

4. 启动 MySQL

使用 MySQL 数据库前，需要先启动 MySQL。以管理员身份打开 CMD 窗口，输入命令行"net start mysql80"。启动成功后，使用账户和密码进入 MySQL。输入命令"mysql -u root -p"，提示"Enter password："，输入密码"root"即可进入 MySQL。

5. Navicat for MySQL 管理软件

考虑到在命令提示符下操作 MySQL 数据库需要专业的 SQL 语言知识，各种 MySQL 图形化管理工具应运而生。

例如，Navicat for MySQL（官网 https://www.navicat.com.cn/）配置。

（1）下载并安装 Navicat for MySQL，然后新建 MySQL 连接。
（2）输入连接信息，如图 11-6 所示。
（3）单击"确定"按钮，创建完成。此时，双击 PythonDB，进入 PythonDB 数据库。
（4）使用 Navicat 创建一个名为"test"的数据库。具体步骤：右击 PythonDB，选择"新建数据库"，填写数据库信息，如图 11-7 所示。

图 11-6　MySQL 连接设置　　　　　图 11-7　新建数据库界面

11.4.2 PyMySQL 模块

PyMySQL 是在 Python 3.x 版本中用于连接 MySQL 服务器的一个第三方库。

1. 安装 PyMySQL

在 CMD 窗口中输入命令"pip install PyMySQL"即可安装 PyMySQL，如图 11-8 所示。

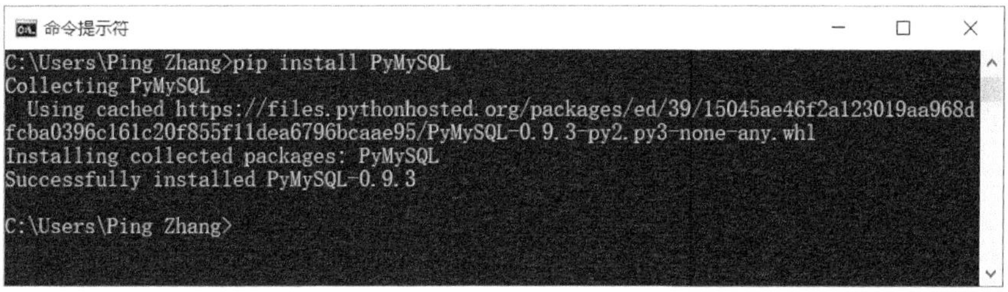

图 11-8　PyMySQL 安装界面

2. 连接数据库

【例 11-6】　查看 MySQL 数据库 "StudentDB"（用户名 "root"，密码 "root"）的版本信息。

```
#ex11_6.py
import pymysql
#打开数据库连接
#参数1:主机名或 IP；参数 2：用户名；参数 3：密码；参数 4：数据库名称
db=pymysql.connect("localhost", "root", "root", "StudentDB")
scursor=db.cursor()
scursor.execute("SELECT VERSION()")
data=scursor.fetchone()
print("Database version : %s " % data)
db.close()
```

3. 创建数据表

【例 11-7】　创建名为 student 的表，包含 id 和 name 字段。

```
#ex11_7.py
import pymysql
db = pymysql.connect("localhost", "root", "root", "StudentDB")
scursor = db.cursor()
sql = "create table student (id varchar(5) primary key, name varchar(8))"
scursor.execute(sql)
db.close()
```

通过 Navicat 可以看到新 StudentDB 数据库中新建表 student，由 id 和 name 两个字段组成，如图 11-9 所示。

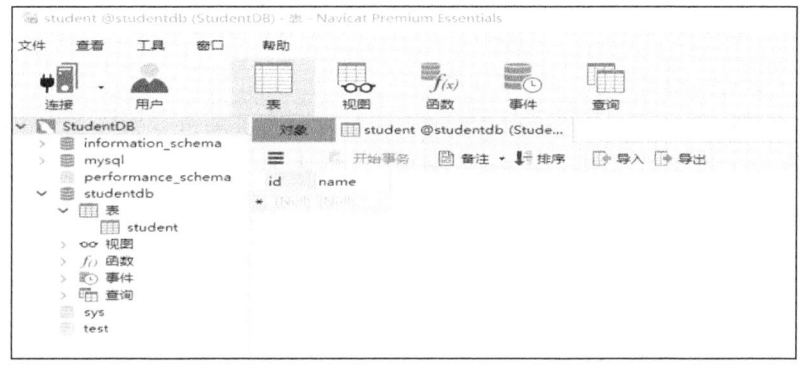

图 11-9　新建 student 表（无数据）

4. 操作数据表

【例 11-8】 在 student 表中增加记录。

```python
#ex11_8.py
import pymysql
db=pymysql.connect("localhost", "root", "root", "StudentDB",charset="utf8")
scursor=db.cursor()
data=[('99001', '周俊人'), ('99002', '俞振海'), ('99003', '龚心思'), ('99004', '王敬明'), ('99005', '洪一璇'), ('99006', '展丽姿')]
scursor.executemany("insert into student(id, name) values (%s, %s)", data)
db.commit()
db.close()
```

程序 ex11_8.py 运行结果如图 11-10 所示。

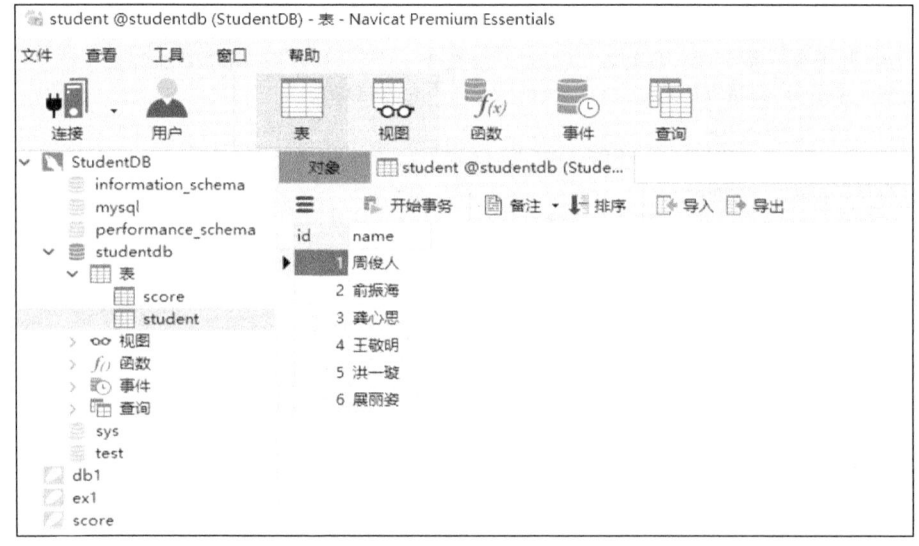

图 11-10 添加数据后的 student 表

习 题 11

一、填空题

1. 数据库系统包括_____、_____、_____和_____等。
2. 根据存储数据结构和是否采用分布式技术特征，数据库可分为_____和_____。
3. 根据是否只常驻于内存或者硬盘，数据库可以分为_____和_____。
4. 数据模型按不同的应用层次分成三种类型：_____、_____和_____。
5. 数据库技术发展至今，主要包括四种数据模型：层次模型、网状模型、_____和_____。
6. Python 推荐支持 DB API 2.0 的数据库模块提供三个全局变量：_____、_____和_____。
7. Python DB API 主要包含数据库连接对象、_____和_____。

8. SQLite 遵守事务属性 AICD：原子性、_____、_____和_____。

9. 事务主要用于处理数据量大、复杂度高的数据。如果操作的是一系列密切关联的动作，通过_____提交或_____回滚可以维护数据库的完整性。

10. _____是 Python 自带的一款基于内存或硬盘的开源关系型数据库。

11. Python 标准库中已经包含支持 SQLite 的 API，即_____。

12. _____是在 Python 3.x 版本中用于连接 MySQL 服务器的一个第三方库。

13. _____调用 connect()函数获取，主要提供获取数据库游标对象和提交、回滚事务的方法，以及关闭数据库连接等。

14. _____调用 cursor()函数抓取，用于指示抓取数据操作的上下文，主要提供执行 SQL 语句、调用存储过程、获取查询结果等方法。

二、简答题

1. 什么是 Python DB-API 2.0？
2. connect()函数作用是什么？如何实现在 SQLite 数据库中的调用？
3. cursor()函数作用是什么？如何实现在 MySQL 数据库中的调用？
4. SQLite 数据库和 MySQL 数据库的区别是什么？
5. Python 操作数据库的通用流程是什么？

三、程序阅读题

1. 下面程序的执行结果是_____。

```
import sqlite3
conn=sqlite3.connect("d:/ex1.db")
conn.cxecute("CREATE TABLE if not exists   Employees(Emp_id integer, Emp_name varchar(50) NOT NULL,Title varchar(50) NOT NULL, Wage float DEFAULT(0), IdCard varchar(20) NOT NULL, Dep_id integer NOT NULL)")
conn.execute("INSERT INTO Employees (Emp_name, IdCard, Dep_id, Title) VALUES('张三', '21541125714752',1,'')")
conn.commit()
cursor=conn.cursor()
cursor.execute("SELECT * FROM Employees")
print(cursor.fetchall())
cursor.close()
conn.close()
```

2. 下面程序的执行结果是_____。

```
import pymysql
db=pymysql.connect("localhost", "root", "root", "ex2",charset="utf8")
cursor=db.cursor()
cursor.execute("select name,price from books order by id ")
result=cursor.fetchall()
for book in result :
```

```
print("图书：《{name}》，价格：￥{price}元".format(name=book[0], price=book[1]))
db.close()
```

四、程序设计题

1. 在 StudentDB 数据库中，创建 score 数据表，内容如表 11-1 所示。
2. 查看 score 数据表的第 6 行和前 4 行。
3. 更新 score 数据表中学号为"99007"的成绩为"优秀"，并查看更新的结果。
4. 删除 score 数据表中最后一条记录，并显示剩余的记录。

第 12 章 多媒体应用编程

随着计算机应用领域的日益扩大，多媒体技术已经渗透到人们生产生活中的各个领域。本章主要介绍 Python 语言支持的第三方多媒体工具(PyOpenGL、PIL、PyGame 和 Speech 等)实现文本、声音、图形/图像、视频等基本媒体信息的获取和加工处理。了解和掌握多媒体应用软件的开发过程和方法，可以更好地实现各种复杂功能的应用程序。

12.1 多媒体应用简介

多媒体(Multimedia)是多种媒体的综合。媒体主要包括文字、图片、声音、动画和视频等。计算机系统中，多媒体应用指组合两种或两种以上媒体进行人机交互式信息交流和传播。多媒体的应用领域已涉及广告、艺术、教育、娱乐、工程、医药、商业及科学研究等领域。

Python 语言提供 PyOpenGL、PIL(或 pillow)、PyGame 和 Speech 等第三方库，分别用于图形处理、图像处理、游戏开发和语音处理。

(1) PyOpenGL 安装。

PyOpenGL(Python OpenGL)是对开放图形库(Open Graphics Library，OpenGL)的封装，支持不同的函数调用，可以绘制从简单的 2D 图形到复杂的 3D 图形。

PyOpenGL 需要通过 pip 工具安装。Windows 环境中，通过命令行执行 pip install PyOpenGL，pip 工具默认从网络上下载并自动安装 PyOpenG 到计算机系统中，如图 12-1 所示。

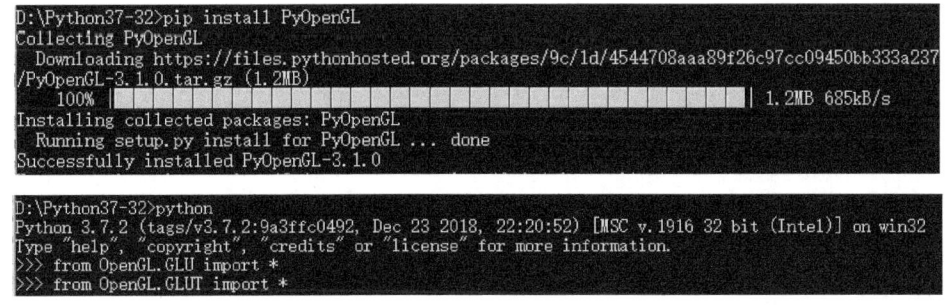

图 12-1　PyOpenGL 安装

(2) PIL(Python Imaging Library)是 Python 提供的第三方图像处理库，具有强大的图像处理能力，包括图像存储、显示和处理等用。PIL 库的官方版本只支持 Python 2，pillow 是 PIL 的替代版本，完美支持 Python 3。Python 3 下安装 PIL 库时需要注意安装库的名字是 pillow，即通过命令行执行 pip install pillow，pip 工具默认从网络上下载并自动安装 pillow 到计算机系统中。

(3) Pygame 是在 SDL(Simple Directmedia Layer)基础上开发的游戏库，专为电子游戏设计的第三方库，包含图像、声音等，支持实时电子游戏研发而不受机器语言和汇编语言等低级语言的束缚。Pygame 支持所有需要的游戏功能和理念都完全简化为游戏逻辑本身，所有的资源结构都可以由 Python 等高级语言提供。

Windows 环境中，通过命令行执行 pip install pygame，pip 工具默认从网络上下载并自动安装 pygame 到计算机系统中。

(4) Speech 是智能语音库，提供的主要功能包括：语音识别、将指定文本合成语音以及语音信号输出等。可以使用 pip 命令安装。

Speech 是以 pywin32 作为支撑，需要先下载安装 pywin32 模块(pywin32 即 Python for Windows Extensions，提供 Pyhton 访问和调用 Windows 底层功能函数的接口，pywin32 包括 win32api、win32com、win32gui、win32process 等模块)，可以使用 pip 命令安装。用 import speech 导入 speech 模块，如果没有报错则说明 speech 安装成功，如图 12-2 所示。

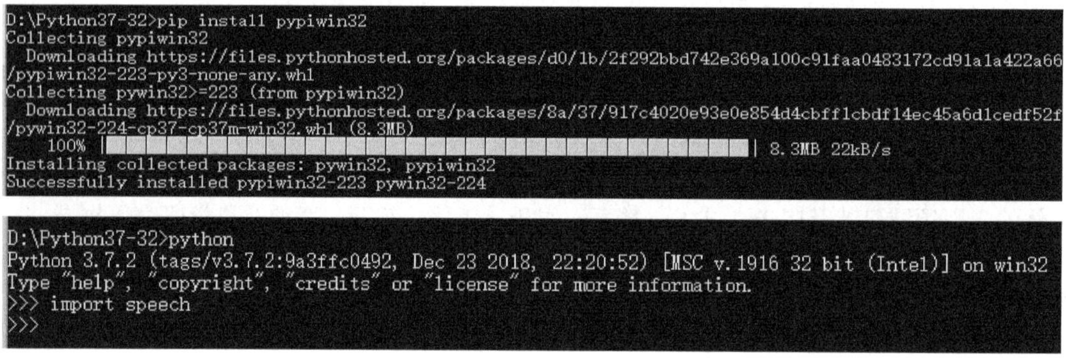

```
D:\Python37-32>pip install pypiwin32
Collecting pypiwin32
  Downloading https://files.pythonhosted.org/packages/d0/1b/2f292bbd742e369a100c91faa0483172cd91a1a422a66
/pypiwin32-223-py3-none-any.whl
Collecting pywin32>=223 (from pypiwin32)
  Downloading https://files.pythonhosted.org/packages/8a/37/917c4020e93e0e854d4cbff1cbdf14ec45a6d1cedf52f
/pywin32-224-cp37-cp37m-win32.whl (8.3MB)
    100% |████████████████████████████████| 8.3MB 22kB/s
Installing collected packages: pywin32, pypiwin32
Successfully installed pypiwin32-223 pywin32-224

D:\Python37-32>python
Python 3.7.2 (tags/v3.7.2:9a3ffc0492, Dec 23 2018, 22:20:52) [MSC v.1916 32 bit (Intel)] on win32
Type "help", "copyright", "credits" or "license" for more information.
>>> import speech
>>>
```

图 12-2　Speech 安装

12.2　PyOpenGL 库图形编程

开放图形库(Open Graphics Library，OpenGL)是用于渲染 2D、3D 矢量图形的跨语言、跨平台的应用程序编程接口(API)。该接口由 350 多个不同的函数调用组成，既可以绘制简单的平面图形，也可以绘制复杂的三维景象。PyOpenGL 是提供用 Python 语言调用 OpenGL 的接口，方便各类图形的绘制需要。

1. 创建图形编程框架

PyOpenGL 封装 OpenGL API，支持图形编程所需要的所有功能。用 PyOpenGL 进行图形编程的步骤如下。

(1) 导入所需模块。

```
import sys
from OpenGL.GL import *
from OpenGL.GLU import *
from OpenGL.GLUT import
```

(2) 应用 OpenGL 创建窗口类，重写构造函数，初始化 OpenGL 环境，指定显示模式以及用于绘图的函数。例如，首先需调用 glutInit()函数，向其传递命令行参数；然后调用 glutInitDisplayMode()函数设置显示模式，调用 glutCreateWindow()函数创建窗口，调用 glutDisplayFunc()设置场景绘制函数。

```
class MyPyOpenGLTest:
```

```
def __init__(self, width = 640, height = 480, title = b'MyPyOpenGLTest'):
    glutInit(sys.argv)
    glutInitDisplayMode(GLUT_RGBA | GLUT_DOUBLE | GLUT_DEPTH)
    glutInitWindowSize(width, height)
    self.window = glutCreateWindow(title)
    glutDisplayFunc(self.Draw)
    glutIdleFunc(self.Draw)
    self.InitGL(width, height)
```

(3)根据特定功能的需要，进一步完成 OpenGL 的初始化。

```
def InitGL(self, width, height):
    glClearColor(0.0, 0.0, 0.0, 0.0)
    glClearDepth(1.0)
    glDepthFunc(GL_LESS)
    glShadeModel(GL_SMOOTH)
    glEnable(GL_POINT_SMOOTH)
    glEnable(GL_LINE_SMOOTH)
    glEnable(GL_POLYGON_SMOOTH)
    glMatrixMode(GL_PROJECTION)
    glHint(GL_POINT_SMOOTH_HINT, GL_NICEST)
    glHint(GL_LINE_SMOOTH_HINT, GL_NICEST)
    glHint(GL_POLYGON_SMOOTH_HINT, GL_FASTEST)
    glLoadIdentity()
    gluPerspective(45.0, float(width)/float(height), 0.1, 100.0)
    glMatrixMode(GL_MODELVIEW)
```

(4)定义自己的绘图函数。

```
def Draw(self):
    glClear(GL_COLOR_BUFFER_BIT | GL_DEPTH_BUFFER_BIT)
    glLoadIdentity()
    glutSwapBuffers()
```

(5)消息主循环。

```
def MainLoop(self):
    glutMainLoop()
```

(6)实例化窗口类，运行程序。

```
if __name__ == "__main__":
    win = MyPyOpenGLTest()
    win.MainLoop()
```

2. PyOpenGL 绘制 2D 图形

OpenGL 中绘制图形的代码需要放在 glBegin(mode)和 glEnd()这一对函数的调用之间，其中，mode 表示绘图类型。

mode 参数取值范围。

(1)GL_POINTS：绘制点。

(2) GL_LINES：绘制直线。

(3) GL_LINE_STRIP：绘制连续直线，不封闭。

(4) GL_LINE_LOOP：绘制封闭的连续直线。

(5) GL_TRIANGLES：绘制三角形。

(6) GL_TRIANGLE_STRIP：绘制三角形串。

(7) GL_TRIANGLE_FAN：绘制三角扇形。

(8) GL_QUADS：绘制四边形。

(9) GL_QUAD_STRIP：绘制四边形串。

(10) GL_POLYGON：绘制多边形。

【例 12-1】 PyOpenGL 绘制 2D 圆形。

```python
#ex12_1.py
from OpenGL.GL import *
from OpenGL.GLU import *
from OpenGL.GLUT import *
import sys
import numpy as np
def circle(x, y, r, n):
    theta = np.linspace(0, 2*np.pi, n)
    x = x + r * np.cos(theta)
    y = y + r * np.sin(theta)
    return x, y
def plotfunc():
    glClear(GL_COLOR_BUFFER_BIT)                    # 清除之前缓存
    glPointSize(3.0)                                # 设置点大小
    glColor3f(1.0, 0.0, 0.0)                        # 设置点颜色
    glBegin(GL_POINTS)                              # 此次开始，设置此次画的几何图形
    x, y = circle(0, 0, 1, 100)
    for x_, y_ in zip(x, y):
        glVertex2f(x_, y_)
    glEnd()                                         # 此次结束
    glFlush()                                       # 刷新屏幕
if __name__ == '__main__':
    glutInit(sys.argv)                              #初始化
    glutInitDisplayMode(GLUT_SINGLE | GLUT_RGB)     #设置显示模式
    glutInitWindowPosition(100, 100)                #窗口打开的位置,左上角坐标在屏幕坐标
    glutInitWindowSize(400, 300)                    #窗口大小
    glutCreateWindow(b"Function Plotter")           #窗口名字，二进制
    glutDisplayFunc(plotfunc)                       #设置当前窗口的显示回调
    glClearColor(1.0, 1.0, 1.0, 1.0)                #设置背景颜色
    gluOrtho2D(-5.0, 5.0, -5.0, 5.0)                #设置显示范围
    glutMainLoop()                                  #启动循环
```

程序 ex12_1.py 的运行结果如图 12-3 所示。

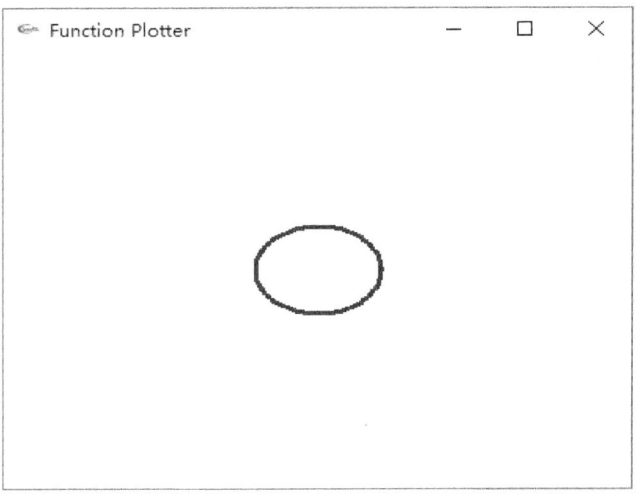

图 12-3 PyOpenGL 绘制 2D 圆形

【例 12-2】 PyOpenGL 绘制 2D 三角形。

```
#ex12_2.py
from OpenGL.GL import *
from OpenGL.GLU import *
from OpenGL.GLUT import *
def init():
    glClearColor(1,1,1,1)
    gluOrtho2D(-1,1,-1,1)
def triangle():
    glClear(GL_COLOR_BUFFER_BIT)
    glColor3f(1,0,0)
    glBegin(GL_TRIANGLES)           #开始绘制三角形，glBegin 与 glEnd 配合使用
    glColor3f(1,0,0)
    glVertex2f(-1, -1)
    glColor3f(0,1,0)
    glVertex2f(1, -1)
    glColor3f(0,0,1)
    glVertex2f(0, 1)
    glEnd()
    glFlush()
def main():
    glutInit(sys.argv)
    glutInitDisplayMode(GLUT_SINGLE | GLUT_RGB)
    glutInitWindowSize(800,600)
    glutInitWindowPosition(50,50)
    glutCreateWindow(b"Triangle")
    glutDisplayFunc(triangle)
    init()
    glutMainLoop()
if __name__ == '__main__':
    main()
```

程序 ex12_2.py 的运行结果如图 12-4 所示。

图 12-4 PyOpenGL 绘制 2D 三角形

3. PyOpenGL 绘制 3D 图形

OpenGL 中含有一个绘制 3D 茶壶的函数 glutWireTeapot()。

【例 12-3】 PyOpenGL 绘制 3D 旋转茶壶。

```
#ex12_3.py
from OpenGL.GL import *
from OpenGL.GLU import *
from OpenGL.GLUT import *
def drawFunc():
    glClear(GL_COLOR_BUFFER_BIT)        #清空画面
    glRotatef(0.1, 0,5,0)                #角度(x,y,z)
    glutWireTeapot(0.5)
    glFlush()                            #刷新显示
#使用 glut 初始化 OpenGL
glutInit()
#显示模式:GLUT_SINGLE 无缓冲直接显示|GLUT_RGBA 采用 RGB(A 非 alpha)
glutInitDisplayMode(GLUT_SINGLE | GLUT_RGBA)
#窗口位置及大小的生成
glutInitWindowPosition(0,0)
glutInitWindowSize(400,400)
glutCreateWindow(b"First")
#调用函数绘制图像
glutDisplayFunc(drawFunc)
#实现旋转
glutIdleFunc(drawFunc)
#主循环
glutMainLoop()
```

程序 ex12_3.py 的运行结果如图 12-5 所示。

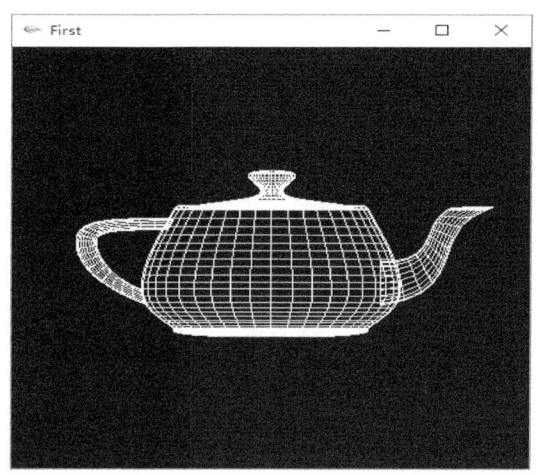

图 12-5　OpenGL 绘制 3D 茶壶

12.3　PIL 库图像编程

Python 图像处理库(PIL)支持图像存储、显示和处理，它能够处理几乎所有图片格式，可以完成对图像的缩放、剪裁、叠加以及向图像添加线条、图像和文字等操作。用户可以通过命令行执行 pip install pillow 来安装第三方库 PIL。

PIL 最常用的子库或模块包括 Image、ImageFilter、ImageEnhance 和 ImageDraw。

1. Image 模块

Image 模块是 PIL 图像处理中最重要的模块。在 Python 提示符下，通过执行 from PIL import Image 导入 Image 模块。

Image 模块处理图片时，所涉及的基本概念包括通道(bands)、模式(mode)、尺寸(size)、坐标系统(coordinate system)、调色板(palette)、信息(info)和滤波器(filters)等。

(1)通道。每张图片都由一个或多个数据通道构成。PIL 允许在单张图片中合成相同维数和深度的多个通道。以 RGB 图像为例，每张图片都由三个数据通道构成，分别为 R、G 和 B 通道。而对于灰度图像，则只有一个通道。一张图片的通道数量和名称，可以通过方法 getbands() 来获取。getbands() 是 Image 模块的方法，返回一个字符串元组(tuple)，每个字符串为一个通道的名称。

(2)模式。图像的模式定义图像的类型和像素的位宽。

PIL 当前支持模式：

1：1 位像素，表示黑和白，但是存储的时候每个像素存储为 8bit。

L：8 位像素，表示黑和白。

P：8 位像素，使用调色板映射到其他模式。

RGB：3×8 位像素，为真彩色。

RGBA：4×8 位像素，有透明通道的真彩色。

CMYK：4×8 位像素，颜色分离。

YCbCr：3×8 位像素，彩色视频格式。

I：32 位整型像素。

F：32 位浮点型像素。

PIL 也支持一些特殊的模式，包括 RGBX(有 padding 的真彩色)和 RGBa(有自左乘 alpha 的真彩色)。

用户可以通过 mode 属性读取图像的模式。其返回值是包括上述模式的字符串。

(3) 尺寸。通过 size 属性获取图片的尺寸，并以二元元组(width，height)形式返回图片的宽度和高度(水平和垂直方向上的像素数)。

(4) 坐标系统。PIL 使用笛卡儿像素坐标系统，坐标(0,0)位于左上角。注意：坐标值表示像素的角；位于坐标(0,0)处的像素的中心实际上位于(0.5,0.5)。坐标经常用于二元组(x，y)。长方形表示为四元组，前面是左上角坐标。例如，一个覆盖 800 图像×600 像素的图像的长方形表示为 (0,0,800,600)。

(5) 调色板。调色板模式(P)使用一个颜色调色板为每个像素定义具体的颜色值。图片的 palette 属性返回 ImagePalette 示例。

(6) 信息。info 属性为图片添加一些辅助信息，这个是字典对象。加载和保存图像文件时，多少信息需要处理取决于文件格式。

(7) 滤波器。滤波器是将多个输入像素映射为一个输出像素的几何操作。PIL 提供 4 个不同的采样滤波器：

NEAREST：最近滤波，从输入图像中选取最近的像素作为输出像素，忽略所有其他的像素。

BILINEAR：双线性滤波，在输入图像的 2×2 矩阵上进行线性插值。

BICUBIC：双立方滤波，在输入图像的 4×4 矩阵上进行立方插值。

ANTIALIAS：平滑滤波，对所有可以影响输出像素的输入像素进行高质量的重采样滤波，以计算输出像素值。

1) Image 模块提供的读取、创建图像方法

(1) Image.open (filename)：根据参数加载图像文件。

(2) Image.new(mode, size, color)：根据参数新建图像文件。

(3) Image.open (StringIO. stringIO (buffer))：从字符串获取图像。

(4) Image.frombytes(mode, size, data)：根据像素点 data 创建图像。

(5) Image.verify()：对图像文件的完整性进行检查，返回异常。

Image 模块提供的剪切、合并图像方法

(1) Image.cpoy ()：图像复制。

(2) Image.crop(box)：复制目标图像在 box 范围内的图像。其中，box 是一个四元组，定义左、上、右和下的像素坐标。

(3) Image.paste(im, box, mask)：将一张图粘贴到另一张图像上。box 是一个给定左上角的二元组，或是定义左、上、右和下像素坐标的四元组，或为空。

(4) Image.merge ("RGB", (b, g, r))：图像合并，将多个单波段图像合成为一个多波段图像。

2) Image 模块提供的数据获取方法

(1) Image.getdata()：以包含像素值的序列对象形式返回图像的内容。

(2) Image.getbands()：返回包括每个通道名称的元组。

(3) Image.getpixel(xy)：返回给定位置的像素值。如果图像为多通道，则返回一个元组。

(4) Image.getcolors(maxcolors)：返回一个(count,color)元组的无序 list，其中 count 是对应颜色在图像中出现的次数。如果 maxcolors 的值被超过，该方法将停止计算并返回空。maxcolors 默认值为 256。

(5) Image.getextrema()：返回一个二元组，包括该图像中的最小和最大值。

(6) Image.getbox()：计算图像非零区域的包围盒。这个包围盒是一个四元组，定义左、上、右和下像素坐标。如果图像是空的，这个方法将返回空。

(7) Image.histogram([mask])：返回一个图像或图像中模板图像非零地方的直方图。这个直方图是关于像素数量的 list，图像中每个像素值对应一个成员。如果图像有多个通道，所有通道的直方图会连接起来。

3) Image 模块提供的序列操作方法

(1) Image.seek(frame)：在给定的文件序列中查找指定的帧。

(2) Image.tell()：返回当前帧所处位置，从 0 开始计算。

4) Image 模块提供的图像转换、保存方法

(1) Image.save(title, command)：使用给定的文件名保存图像。

(2) Image.show(title, command)：显示一张图像。

(3) Image.convert(mode, matrix, colors=256)：将当前图像转换为其他模式，并且返回新的图像。

(4) Image.thumbnail(size, resample=1)：修改当前图像，使其包含一个自身的缩略图，该缩略图尺寸不大于给定的尺寸。

(5) Image.draft()：配置图像文件加载器，使得返回一个与给定的模式和尺寸尽可能匹配的图像的版本。

(6) Image.resize(width, height)：图片缩放。

(7) Image.rotate(angle [, expand=True])：任意角度的旋转图片。默认是逆时针旋转；expand 如果为 True，则旋转后的图片，内容区域大小不变，而图片大小发生改变，否则图片大小不变，内容区域发生改变。

(8) Image.transpose(method)：特殊角度的旋转图片。其中，参数 method 指定旋转方法，可为 Image.FLIP_LEFT_RIGHT、Image.FLIP_TOP_BOTTOM、Image.ROTATE_90、Image.ROTATE_180 和 Image.ROTATE_270。

5) Image 模块提供的像素点、通道处理方法

(1) Image.point(lut, mode=None)：返回给定查找表对应的图像像素值的复制。

(2) Image.eval(im, *args)：用于图像 point 级别的运算。

(3) Image.load()：为图像分配内存并从文件中加载它(或从源图像，对于懒操作)。

(4) Image.split()：返回当前图像各个通道组成的一个元组。例如，分离一个"RGB"图像将产生 3 个新的图像，分别对应原始图像的每个通道(红,绿,蓝)。

(5) Image.blend(im1, im2, alpha)：两幅图片融合生成新图片，融合公式为 im1*(1.0−alpha) + im2* alpha。其中，im1、im2 无 RGBA 要求，但是 size 相同。

(6) Image.composite(im1, im2, mask)：两幅图片融合生成新图片。其中 im1、im2 必须为"1"、"L"或"RGBA"模式图像，且 size 相同。

（7）Image.alpha_composite(im1, im2)：两幅图片融合生成新图片。其中 im1、im2 必须为 "RGBA"模式图像，且 size 相同。

6) Image 模块提供的图像滤镜方法

Image.filter(ImageFilter. fuction)：返回一个使用给定滤波器处理过的图像的拷贝。

【例 12-4】 Image 模块常用方法示例。

```
>>> from PIL import Image
>>> tim= Image.open("test.jpg")
>>> tim.show()
>>> tim.getbands()
('R', 'G', 'B')
>>> tim.mode
'RGB'
>>>tim.size
(2338, 1700)
>>> tim.format
'JPEG'
>>> tim.histogram()
>>> tim.getpixel((90, 60))
(126, 125, 120)
>>> tim.putpixel((100, 60), (128, 40, 120))    #设置像素值
>>> tim.save("test1.jpg '")
>>> tim.save("test.bmp")
>>> tim.resize(120, 80)
>>> tim1 = tim.rotate(90)
>>> tim2 = tim.transpose(Image.ROTATE_180)
>>> tim3 =tim.transpose(Image.FLIP_LEFT_RIGHT)
>>> box = (140, 190, 200, 290)
>>> region = tim.crop(box)
>>> region = region.transpose(Image.ROTATE_180)
>>> tim.paste(region,box)
>>> tim.show()
>>> r, g, b = tim.split()
>>>tim4 = Image.merge(tim.mode(r, g, b))
>>> tim5 = tim.point(lambda n:n*1.5)
>>> tim6 = tim.point(lambda n:n*0.5)
>>> r, g, b = tim.split()
>>> r = r.point(lambda n:n*1.5)
>>> g = g.point(lambda n:n*0.8)
>>> b = b.point(lambda n:0)
>>> tim7 = Image.merge(tim.mode(r, g, b))
>>> tim7.show()
```

2. ImageFilter 模块

ImageFilter 模块专门用于图像的过滤处理，支持 10 种预定义图像滤波器方法，这些滤波器主要用于 Image 类 filter()方法。

在 Python 提示符下，执行 from PIL import ImageFilter 导入 ImageFilter 模块。

>>> from PIL import ImageFilter

ImageFilte 模块提供的方法包括：

（1）ImageFilter.BLUR：模糊滤波，处理之后的图像会整体变得模糊。

>>> tim1 = tim.filter(ImageFilter.BLUR)

（2）ImageFilter.CONTOUR：轮廓滤波，将图像中的轮廓信息全部提取出来。

>>> tim2 = tim.filter(ImageFilter.CONTOUR)

（3）ImageFilter.DETAIL：细节增强滤波，使得图像中细节更加明显。

>>>tim3 = tim.filter(ImageFilter.DETAIL)

（4）ImageFilter.EDGE_ENHANCE：边缘增强滤波，突出、加强和改善图像中不同灰度区域之间的边界和轮廓的图像增强方法。

>>>tim4 = tim.filter(ImageFilter.EDGE_ENHANCEL)

（5）ImageFilter.EDGE_ENHANCE_MORE：深度边缘增强滤波，使得图像中边缘部分更加明显。

>>>tim5 = tim.filter(ImageFilter.EDGE_ENHANCE_MORE)

（6）ImageFilter.EMBOSS：浮雕滤波，使图像呈现出浮雕效果。

>>>tim6 = tim.filter(ImageFilter. EMBOSS)

（7）ImageFilter.FIND_EDGES：寻找边缘信息的滤波，找出图像中的边缘信息。

>>>tim7 = tim.filter(ImageFilter.FIND_EDGES)

（8）ImageFilter.SMOOTH：平滑滤波，突出图像的宽大区域、低频成分、主干部分或抑制图像噪声和干扰高频成分，使图像亮度平缓渐变，减小突变梯度，改善图像质量。

>>>tim8 = tim.filter(ImageFilter.SMOOTH)

（9）ImageFilter.SMOOTH_MORE：深度平滑滤波，使得图像变得更加平滑。

>>>tim9 = tim.filter(ImageFilter.SMOOTH_MORE)

（10）ImageFilter.SHARPEN：锐化滤波，补偿图像的轮廓，增强图像的边缘及灰度跳变的部分，使图像变得清晰。

>>>tim10 = tim.filter(ImageFilter.SHARPEN)

3. ImageEnhance 模块

ImageEnhanc 模块专门用于图像的增强处理，不仅可以增强（或减弱）图像的亮度、对比度、色度，还可以增强图像的锐度。

在 Python 提示符下，执行 from PIL import ImageEnhanc 导入 ImageEnhanc 模块。

>>> from PIL import ImageEnhance

ImageEnhance 模块提供的方法包括：

(1) ImageEnhance.enhance(factor)：返回一个增强过的图像，factor 是一个浮点数，控制图像的增强程度。factor 为 1 将返回原始图像的复制，factor 为 0 将产生黑色图像；factor 值越小，颜色越少（亮度、对比度等）。

```
>>>tim1 = ImageEnhance.enhance(0.3)
```

(2) ImageEnhance.Color(image)：颜色增强类，用于调整图像的颜色均衡。

创建一个增强对象，以调整图像的颜色。

```
>>>tim2 = ImageEnhance.Color(tim)
```

(3) ImageEnhance.Brightness(image)：亮度增强类，用于调整图像的亮度。

创建一个调整图像亮度的增强对象，增强因子为 0.0、1.0，分别产生黑色图像、原始图像。

```
>>> tim3 = ImageEnhance.Brightness(tim)
>>> tim3.enhance(1.5).show()
```

(4) ImageEnhance.Contrast(image)：对比度增强类，用于调整图像的对比度。

创建一个调整图像对比度的增强对象，增强因子为 0.0、1.0 时，分别产生纯灰色图像、原始图像。

```
>>> tim4 = ImageEnhance.Contrast(itm)
>>> tim4.enhance(1.5).show()
```

(5) ImageEnhance.Sharpness(image)：锐度增强类，用于调整图像的锐度。

创建一个调整图像锐度的增强对象，增强因子为 0.0、1.0 和 2.0 时，分别产生模糊图像、原始图像和锐化图像。

```
>>> tim5 = ImageEnhance.Sharpness(tim)
>>> tim5.enhance(1.5).show()
```

4. ImageDraw 模块

ImageDraw 模块用于图像对象的简单 2D 绘制。用户使用这个模块可以创建新的图像，注释或润饰已存在图像，为 Web 应用实时产生各种图形。

在 Python 提示符下，执行 from PIL import ImageDraw 导入 ImageDraw 模块。

ImageDraw 模块提供的方法包括：

(1) ImageDraw.Draw.arc (xy, start, end, fill)：在给定的区域内，在开始和结束角度之间绘制一条弧（圆的一部分）。其中，fill 用于设置弧的颜色。

```
>>> from PIL import Image, ImageDraw
>>> tim = Image.open("test.jpg")
>>> draw =ImageDraw.Draw(tim)
>>> draw.arc((0,0,200,200),0, 90, fill = (255,0,0))
>>> tim.show()
>>> del draw
```

(2) ImageDraw.Draw.bitmap (xy, bitmap, fill)：在给定的区域里绘制 bitmap 所对应的位图，

非零部分使用 fill 的值来填充；bitmap 位图是一个有效的透明模板(模式为"1")或蒙版(模式为"L"或者"RGBA")。

```
>>> draw =ImageDraw.Draw(tim)
>>> draw.bitmap((0,0), r, fill = (255,0,0))
>>> tim.show()
```

(3) ImageDraw.Draw.chord (xy, start, end, fill, outline)：和方法 arc() 一样，使用直线连接起始点。其中，outline 给定弦轮廓的颜色；fill 给定弦内部的颜色。

```
>>> draw.chord((0,0,200,200),0, 90, fill = (255,0,0))
>>> tim.show()
```

(4) ImageDraw.Draw.ellipse (xy, fill, outline)：在给定的区域绘制一个椭圆形。其中，outline 给定椭圆形轮廓的颜色；fill 给定椭圆形内部的颜色。

```
>>> draw.ellipse((0,0, 200, 200), fill = (255, 0, 0))
>>> tim.show()
```

(5) ImageDraw.Draw.line (xy, fill, width)：在 xy 列表所表示的坐标之间画线，其中 fill 给定线的颜色。坐标列表可以是任何包含二元组[(x,y),…]或数字[x,y,…]的序列对象，至少包括两个坐标。

```
>>> draw.line([(0,0),(100,300),(200,500)], fill = (255,0,0), width = 5)
>>> tim.show()
```

(6) ImageDraw.Draw.pieslice(xy, start, end, fill)：和方法 arc() 一样，在指定区域内结束点和中心点之间绘制直线。其中，fill 给定 pieslice 内部的颜色。

```
>>> draw.pieslice((0,0,100,200), 0, 90, fill = (255,0,0))
>>> tim.show()
```

(7) ImageDraw.Draw.point (xy, fill)：在给定的坐标点上画一些点，其中 fill 给定点的颜色。坐标列表是包含二元组[(x,y),…]或数字[x,y,…]的任何序列对象。

```
>>> draw.point([(0,0),(100,150), (110, 50)], fill = (255, 0, 0))
>>> tim.show()
```

(8) ImageDraw.Draw.polygon (xy, fill, outline)：绘制一个多边形，其中 fill 给定多边形内部的颜色。多边形轮廓由给定坐标之间的直线组成，在最后一个坐标和第一个坐标间增加一条直线，形成多边形。坐标列表是包含二元组[(x,y),…]或者数字[x,y,…]的任何序列对象，最少包括 3 个坐标值。

```
>>> draw.polygon([(0,0),(100,150), (210, 350)], fill = (255, 0, 0))
>>> tim.show()
```

(9) ImageDraw.Draw.rectangle (xy, fill, outline)：绘制一个长边形，其中 fill 给定长边形内部的颜色。box 是包含二元组[(x,y),…]或数字[x,y,…]的任何序列对象，包括 2 个坐标值。

```
>>> draw.rectangle((0,0,100,200), fill = (255,0,0))
>>> tim.show()
```

(10) ImageDraw.Draw.text (xy, text, fill, font, anchor)：在给定的位置绘制一个字符创，其中 fill 给定文本的颜色。

```
>>> draw.text((0,0),"Hello", fill = (255,0,0))
>>> tim.show()
```

(11) ImageDraw.Draw.textsize (text, font)：返回给定字符串的大小，以像素为单位。

```
>>> draw.textsize("Hello")
>>> tim.show()
```

【例 12-5】 简单的图片读取、旋转及保存操作。

```
#ex12_5.py
#调用库
from PIL import Image
#打开指定的图片文件
im = Image.open("cat.jpg")
#图片逆时针旋转 45°后打开
im_new =im.rotate(45)
im_new.show()
#图片保存
im_new.save("cat_new.jpg")
```

程序 ex12_5.py 的运行结果如图 12-6 所示。

(a) 处理前　　　　　　　　　　　　　　(b) 处理后

图 12-6　图片简单处理效果对比

【例 12-6】 绘制随机文字图片。

```
#ex12_6.py
from PIL import Image, ImageDraw, ImageFont, ImageFilter
import random
#生成随机字母
def rndChar():
    return chr(random.randint(65, 90))
#生成随机颜色 1
```

```python
def rndColor1():
    return (random.randint(64, 255), random.randint(64, 255), random.randint(64, 255))
#生成随机颜色 2
def rndColor2():
    return (random.randint(32, 127), random.randint(32, 127), random.randint(32, 127))
#设置图片大小为 240 × 60:
width = 60 * 4
height = 60
image = Image.new('RGB', (width, height), (255, 255, 255))
# 创建 Font 对象:
font = ImageFont.truetype('Arial.ttf', 36)
#创建 Draw 对象
draw = ImageDraw.Draw(image)
#填充每个像素
for x in range(width):
    for y in range(height):
        draw.point((x, y), fill=rndColor1())
#绘制文字
for t in range(4):
    draw.text((60 * t + 10, 10), rndChar(), font=font, fill=rndColor2())
#保存到文件中
image.save('code.jpg', 'jpeg')
```

程序 ex12_6.py 的运行结果如图 12-7 所示。

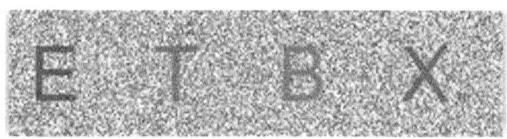

图 12-7　文字图片生成效果

【例 12-7】　图像合并示例。

```
#ex12_7.py
from PIL import Image
rawimg = Image.open("cat2.jpg")
print(rawimg.size)
im = Image.open("cat1.jpg")
print(im.size)
# rawimg 的 size 和 im 的 size 要一致，否则不能匹配
# paste(用来粘贴的图片, (位置坐标)), 可以通过设置位置坐标来确定粘贴图片的位置
#该方法没有返回值，直接作用于原图片
rawimg.paste(im,(420, -90))
rawimg.show()
```

程序 ex12_7.py 的运行结果如图 12-8 所示。

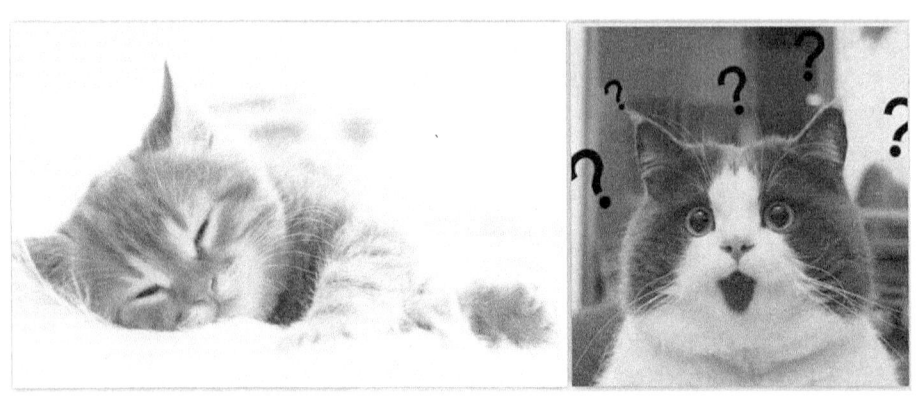

(a) 处理前的两幅图片

(b) 处理后合并的图片

图 12-8　图像合并效果对比

12.4　Pygame 编程

Pygame 是在 SDL 基础上开发的游戏库，专为电子游戏设计的第三方库，包含图像、声音等。Pygame 本身被分解成许多子模块，pygame 是最顶层的 Pygame 模块。为方便起见，pygame 中的大多数顶级变量都被放置在 pygame.locals 模块中。当导入 pygame 时，所有可用的 pygame 子模块都会自动导入。

1. pygame 模块中常用方法

(1) pygame.init()：初始化所有导入的 pygame 模块。
(2) pygame.quit()：卸载掉导入的 pygame 模块。
(3) pygame.get_error()：获取当前的错误信息。
(4) pygame.set_error()：设置当前的错误信息。
(5) pygame.get_sdl_version()：获取 SDL 的版本号。
(6) pygame.get_sdl_byteorder()：获取 SDL 的字节顺序。

(7) pygame.register_quit()：pygame 退出时注册一个函数。

(8) pygame.encode_string()：编码一个 Unicode 或字节对象

(9) pygame.encode_file_path()：一将 Unicode 或字节对象编码为文件系统路径。

2. pygame 模块中常用子模块

Pygame 可以被分成许多子模块，下面列出一些常用子模块。

(1) pygame.display：用于控制窗口和屏幕显示的模块。其中，pygame.display.update()用于更新部分软件界面显示；pygame.display.set_mode()用于初始化一个准备显示的窗口或屏幕。

(2) pygame.font：用于加载和表示字体的模块。其中，pygame.font.Font(object, size)从一个字体对象/文件创建一个 Font 对象；pygame.font.Font.render()用于在一个新 Surface 对象上绘制文本。

(3) pygame.draw：用于绘制形状、线和点的模块。

(4) pygame.image：用于加载和存储图片的模块。

(5) pygame.mixer：用于加载和播放声音的模块。

(6) pygame.movie：用于播放视频的模块。

(7) pygame.music：用于播放音频的模块。

【例 12-8】 pygame 模块简单示例。

```
#ex12_8.py
import pygame
from pygame.locals import *
white = 255,255,255
blue = 0,0,200
pygame.init()
game_display = pygame.display.set_mode((500,300))
game_font = pygame.font.Font(None,60)
game_image = game_font.render("Hello Pygame", True, white)
while True:
    for event in pygame.event.get():
        if event.type in (QUIT, KEYDOWN):
            sys.exit()
    game_display.fill(blue)
    game_display.blit(game_image, (100,100))
    pygame.display.update()
```

程序 ex12_8.py 的运行结果如图 12-9 所示。

图 12-9 pygame 模块简单示例

3. 加载和播放声音的 mixer 模块

Pygame 库提供的 pygame.mixer 模块支持音乐文件播放的功能，其含义为"混音器"，可以满足游戏过程中处理声音的需要。

mixer 模块中的常用方法包括：

(1) pygame.mixer.init()：初始化混音器模块。
(2) pygame.mixer.pre_init()：预设混音器初始化参数。
(3) pygame.mixer.quit()：卸载混音器模块。
(4) pygame.mixer.get_init：测试混音器是否初始化。
(5) pygame.mixer.stop()：停止播放所有通道。
(6) pygame.mixer.pause()：暂停播放所有通道。
(7) pygame.mixer.unpause()：恢复播放。
(8) pygame.mixer.fadeout()：淡出停止。
(9) pygame.mixer.set_num_channels()：设置播放频道的总数。
(10) pygame.mixer.get_num_channels()：获取播放频道的总数。
(11) pygame.mixer.set_reserved()：预留频道自动使用。
(12) pygame.mixer.find_channel()：找到一个未使用的频道。
(13) pygame.mixer.get_busy()：测试混音器是否正在使用。

pygame.mixer 提供两种加载音乐文件的方法：

(1) pygame.mixer.sound：从文件或缓冲区对象创建一个 Sound 对象。Sound 对象表示实际的声音样本数据，例如 wav 无损音乐文件。Sound 对象又包括 play()、stop()等方法。

(2) pygame.mixer.music：主要加载 mp3、wma、ogg 等音频文件。music 对象又包括 play()、stop()等方法。

【例 12-9】 加载和播放 wav 无损音乐文件。

```
>>> import pygame
>>> pygame.mixer.init()
>>> music=pygame.mixer.Sound("test.wav")
>>> while True:
        music.play()
```

【例 12-10】 加载和播放 mp3 压缩音乐文件。

```
>>> import pygame
>>> pygame.mixer.init()
>>> pygame.mixer.music.load("test.mp3")
>>> while True:
        if pygame.mixer.music.get_busy()==False:
            pygame.mixer.music.play()
```

12.5 Speech 编程

Python 语言开发语音处理程序需要第三方库 speech 的支持，并且需要安装 pywin32 和

Microsoft Speech SDK。Speech 模块主要包括 say()、input()、startlistening()、islistening()、listenforanything()、listenfor()和 stoplistening()等方法。

在 Python 命令行下,使用 say()方法可以直接读出所要表达的信息,如图 12-10 所示,计算机会直接读出 "Hello World" 和 "Hello Python"。

```
D:\Python37-32>python
Python 3.7.2 (tags/v3.7.2:9a3ffc0492, Dec 23 2018, 22:20:52) [MSC v.1916 32 bit (Intel)] on win32
Type "help", "copyright", "credits" or "license" for more information.
>>> import speech
>>> speech.say("Hello World")
>>> speech.say("Hello Python")
```

图 12-10 命令行下的 say()方法测试

【例 12-11】 将输入文字转化为语音输出。

```
#ex12_11.py
import speech
while True:
    speech.say("请输入一段文字: ")
    str = input("请输入一段文字: ")
    speech.say("刚才输入内容: ")
    speech.say(str)
```

【例 12-12】 将语音转化为文字输出。

```
#ex12_12.py
import speech
import time
response = speech.input("Say something, please.")
speech.say("You said"+ response)
def callback(phrasc,listener):
    if phrase =="goodbye":
        listener.stoplistening()
    speech.say(phrase)
    print(phrase)
listener = speech.listenforanything(callback)
while listener.islistening():
    time.sleep(0.5)
```

习 题 12

一、填空题

1. 多媒体中的媒体通常包括_____、_____、_____、_____和_____等。
2. Python 语言提供第三方库_____用于实现 2D 和 3D 图形处理。
3. Python 语言提供第三方库_____用于图像处理。
4. Python 语言提供第三方库_____用于游戏开发。
5. Python 语言提供第三方库_____用于声音处理。

6. PIL 最常用的子库或模块包括_____、_____、_____和_____等。

7. pygame.mixer 提供_____和_____两种加载音乐文件的方法。

8. Python 语言采用 speech 库时，同时需要安装_____和_____。

二、简答题

1. 什么是图像通道？
2. 图像模式包括哪些？
3. 图像采样滤波器包括哪些？
4. 在 Python 中如何导入使用 PyOpenGL 模块？
5. 在 Python 中如何导入使用 pillow 模块？
6. 在 Python 中如何导入使用 pygame 模块？
7. 在 Python 中如何导入 speech 模块。

三、程序设计题

1. 在窗口上绘制一个正方形，设置 4 个顶点为不同的颜色，并对内部进行光滑着色。

2. 读取两幅大小一样的图片，然后将两幅图像的内容融合成一幅图像，结果图像中每个像素值为原始两幅图像对应位置像素值的平均值。

3. 读取一幅图像的内容，然后将图像按象限分为 4 份，其中第 1 和第 3 象限内容交换，第 2 和第 4 象限内容交换，重新生成一幅图像。

4. 采用 speech 模块实现一段文字和语音的相互转换。

第 13 章　科学计算与机器学习

众多开源的科学计算软件包都提供 Python 调用接口。例如，著名的计算机视觉库 OpenCV、三维可视化库 VTK、医学图像处理库 ITK 等。同时，Python 提供众多专用科学计算扩展库。例如，经典科学计算扩展库 NumPy、SciPy、Matplotlib、Pandas 和 scikit-learn，分别为 Python 提供快速数组处理、数值运算、绘制图形、数据分析和机器学习算法。本章主要介绍 NumPy、SciPy、Matplotlib、Pandas 和 scikit-learn 功能及应用。

13.1　NumPy 库应用

13.1.1　ndarray 数组对象

NumPy(Numerical Python)是 Python 提供的一个扩展程序库，支持大量的维度数组与矩阵运算，以及针对数组运算提供大量的数学函数库。通常，NumPy 与 SciPy(Scientific Python) 和 Matplotlib(绘图库)一起使用，这种组合可以替代 Matlab，是一个强大的科学计算环境，有助于通过 Python 学习数据分析或机器学习。

NumPy 是 Python 第三方扩展库，需要通过 pip 工具安装。在 Windows 环境中，通过命令行执行 pip install numpy，pip 工具默认从网络上自动下载并安装 NumPy 到计算机系统中。

NumPy 支持 N 维数组运算、处理大型矩阵以及矢量运算、线性代数、傅里叶变换、随机数生成，并可与 C++语言无缝结合。NumPy 最重要的一个特点是其 N 维数组对象 ndarray。ndarray 对象是用于存放同类型元素的多维数组，每个元素在内存中都有相同存储大小的区域，以 0 下标为开始进行元素的索引。

ndarray 对象内部由以下内容组成：

(1) 一个指向数据(内存或内存映射文件中的一块数据)的指针。

(2) 数据类型(dtype)描述在数组中的固定大小值的格子。

(3) 一个表示数组形状(shape)的元组，表示各维度大小的元组。

(4) 一个跨度元组(stride)，其中的整数是为了前进到当前维度下一个元素需要"跨过"的字节数。跨度可以是负数，支持数组在内存中后向移动，类似切片中 obj[: :–1] 或 obj[:, : :–1]。

1. 创建 ndarray 对象

创建 ndarray 对象的语法格式：
numpy.array(object, dtype = None, copy = True, order = None, subok = False, ndmin = 0)
其中：
(1) object：数组或嵌套的数列。
(2) dtype：数组元素的数据类型，可选。
(3) copy：对象是否需要复制，可选。
(4) order：创建数组的样式，C 为行方向，F 为列方向，A 为任意方向(默认)。

(5) subok：默认返回一个与基类类型一致的数组。

(6) ndmin：指定生成数组的最小维度。

2. ndarray 对象属性

NumPy 中 ndarray 对象常用属性：

(1) ndarray.ndim：秩，即轴的数量或维度的数量。

(2) ndarray.shape：数组的维度，对于矩阵是 n 行 m 列。

(3) ndarray.size：数组元素的总个数，相当于.shape 中 n×m 的值。

(4) ndarray.dtype：ndarray 对象的元素类型。

(5) ndarray.itemsize：ndarray 对象中每个元素的大小，以字节为单位。

(6) ndarray.flags：ndarray 对象的内存信息。

(7) ndarray.real：ndarray 元素的实部。

(8) ndarray.imag：ndarray 元素的虚部。

【例 13-1】 ndarray 对象创建和属性操作示例。

```
>>> import numpy as np
>>> da1=np.array((1, 2, 3, 4, 5, 6))
>>> print(da1)
[1 2 3 4 5 6]
>>> print(da1.ndim, da1.shape, da1.size, da1.dtype)
1 (6,) 6 int32
>>> da2=np.array(([1, 2, 3], [4, 5, 6], [7, 8, 9]))
>>> print(da2)
[[1 2 3]
 [4 5 6]
 [7 8 9]]
>>> print(da2.ndim, da2.shape, da2.size, da2.dtype)
2 (3, 3) 9 int32
```

13.1.2 ndarray 数组创建

1. 创建指定数组

ndarray 数组除了可以使用底层 ndarray 构造器来创建外，也可以通过以下方法来创建：

(1) numpy.empty(shape, dtype = float, order = "C")：创建一个指定形状(shape)、数据类型(dtype)且未初始化的数组。"C"和"F"两个选项分别代表行优先和列优先，在计算机内存中的存储元素的顺序。

(2) numpy.zeros(shape, dtype = float, order = "C")：创建指定大小的数组，数组元素以 0 来填充。

(3) numpy.ones(shape, dtype = None, order = "C")：创建指定形状的数组，数组元素以 1 来填充。

2. 从已有的数组创建数组

从已有的数组创建数组的方法如下：

(1) numpy.asarray(a, dtype = None, order = None)：接收 a 输入参数建立 ndarray 对象，a 可以是列表、列表的元组、元组、元组的元组、元组的列表、多维数组。

(2) numpy.frombuffer(buffer, dtype = float, count = –1, offset = 0)：用于实现动态数组，接收 buffer 输入参数，以流的形式读入转化成 ndarray 对象。

(3) numpy.fromiter(iterable, dtype, count= –1)：从可迭代对象中建立 ndarray 对象，返回一维数组。

3. 从数值范围创建数组

从数值创建数组的方法包括：

(1) numpy.arange(start, stop, step, dtype)：创建数值范围并返回 ndarray 对象。其中，start 起始值，默认为 0；stop 终止值(不包含)；step 步长，默认为 1。

(2) numpy.linspace(start, stop, num=50, endpoint=True, retstep=False, dtype=None)：用于创建一个一维数组，数组是一个等差数列构成的。其中，num 表示要生成的等步长的样本数量，默认为 50；endpoint 值为 True 时，数列中包含 stop 值，反之不包含，默认是 True；retstep 为 True 时，生成的数组中会显示间距，反之不显示。

(3) numpy.logspace(start, stop, num=50, endpoint=True, base=10.0, dtype=None)：用于创建一个等比数列。其中，序列的起始值为 base**start；序列的终止值为 base**stop；endpoint 为 True，终止值包含于数列中；num 是要生成的等步长的样本数量，默认为 50；endpoint 值为 True 时，数列中包含 stop 值，反之不包含，默认是 True；base 表示对数 log 的底数。

【例 13-2】 数据创建示例。

```
>>> import numpy as np
>>> x=np.empty([3, 4], dtype=int)
>>> print(x)
[[112 121 116 104]
 [111 110 104 101]
 [108 108 111   0]]
>>> x=np.zeros((3, 4), dtype=np.int)
>>> print(x)
[[0 0 0 0]
 [0 0 0 0]
 [0 0 0 0]]
>>> x=np.ones([3, 4], dtype=int)
>>> print(x)
[[1 1 1 1]
 [1 1 1 1]
 [1 1 1 1]]
>>> x=[(1,2,3), (4,5,6)]
>>> y=np.asarray(x)
>>> print(y)
[(1, 2, 3) (4, 5, 6)]
>>> x=b"Hello World"
>>> y=np.frombuffer(x,dtype="S1")
>>> print(y)
[b'H' b'e' b'l' b'l' b'o' b' ' b'W' b'o' b'r' b'l' b'd']
```

```
>>> x=range(10)
>>> y=np.fromiter(x, dtype=float)
>>> print(y)
[0. 1. 2. 3. 4. 5. 6. 7. 8. 9.]
>>> x=np.arange(1, 20, 2)
>>> print(x)
[ 1  3  5  7  9 11 13 15 17 19]
>>> x=np.linspace(10, 30, 5, endpoint=False)
>>> print(x)
[10. 14. 18. 22. 26.]
>>> x=np.logspace(0, 9, 10, base=2)
>>> print(x)
[  1.   2.   4.   8.  16.  32.  64. 128. 256. 512.]
```

13.1.3 ndarray 数组切片和索引

ndarray 对象的内容可以通过索引或切片来访问和修改,与 Python 中 list 的切片操作一样。ndarray 数组可以基于 0 至 n 的下标进行索引,切片对象可以通过内置的 slice()函数,并设置 start、stop 和 step 参数进行,从原数组中切割出一个新数组。

切片操作也可以通过冒号分隔切片参数 start:stop:step 来进行。切片还可以包括省略号(…),来使选择元组的长度与数组的维度相同。如果在行位置使用省略号,它将返回包含行中元素的 ndarray。

【例 13-3】 普通索引示例。

```
>>> import numpy as np
>>> x=np.arange(20)
>>> y=slice(1, 10, 2)
>>> print(x[y])
[1 3 5 7 9]
>>> z=x[1:10:2]
>>> print(z)
[1 3 5 7 9]
>>> x=np.array([[1,2,3], [4,5,6], [7,8,9]])
>>> print(x)
[[1 2 3]
 [4 5 6]
 [7 8 9]]
>>> print(x[1:])
[[4 5 6]
 [7 8 9]]
>>> print(x[...,1])              #第 2 列元素
[2 5 8]
>>> print(x[1,...])              #第 2 行元素
[4 5 6]
>>> print(x[...,1:])             #第 2 列及剩下列的所有元素
[[2 3]
 [5 6]
 [8 9]]
```

```
>>> print(x[slice(1, 2, 1)])          #第2行元素
[[4 5 6]]
```

NumPy 比一般 Python 序列提供更多的索引方式,除了可以采用上述用整数和切片的普通索引外,还可以采用整数数组索引、布尔索引及花式索引等高级索引方式。

(1)整数数组索引:通过一个整数数组来索引目标数组,用来获取指定位置处的元素,同时可以借助切片:或…与索引数组组合。

(2)布尔索引:通过一个布尔数组来索引目标数组,也就是通过布尔运算来获取符合指定条件的元素的数组。

(3)花式索引:花式索引根据索引数组的值作为目标数组的某个轴的下标来取值。对于使用一维整型数组作为索引,如果目标是一维数组,那么索引的结果就是对应位置的元素;如果目标是二维数组,那么就是对应下标的行。花式索引总是将数据复制到新数组中,这与切片不一样。

【例 13-4】 高级索引示例。

```
>>> import numpy as np
>>> x=np.array([[1, 2, 3], [4, 5, 6], [7, 8, 9]])
>>> print(x)
[[1 2 3]
 [4 5 6]
 [7 8 9]]
>>> print(x[[0, 1, 2], [0, 1, 2]])    #获取数组中(0, 0)、(1, 1)和(2, 1)位置处的元素
[1 5 9]
>>> rows=np.array([[0, 0], [2, 2]])   #行索引是[0, 0]和[2, 2]
>>> cols=np.array([[0, 2], [2, 0]])   #列索引是[0, 2]和[2, 0]
>>> print(x[rows,cols])               #获取 3×3 数组中的四个角的元素
[[1 3]
 [9 7]]
>>> print(x[1:3, 1:3])
[[5 6]
 [8 9]]
>>> print(x[x>=4])                    #获取大于等于 4 的元素
[4 5 6 7 8 9]
>>> x=np.arange(36).reshape((4, 9))
>>> print(x)
[[ 0  1  2  3  4  5  6  7  8]
 [ 9 10 11 12 13 14 15 16 17]
 [18 19 20 21 22 23 24 25 26]
 [27 28 29 30 31 32 33 34 35]]
>>> print(x[[2, 0, 1]])               #顺序索引数组
[[18 19 20 21 22 23 24 25 26]
 [ 0  1  2  3  4  5  6  7  8]
 [ 9 10 11 12 13 14 15 16 17]]
>>> print(x[[-2, -1, -4]])            #倒序索引数组
[[18 19 20 21 22 23 24 25 26]
 [27 28 29 30 31 32 33 34 35]
 [ 0  1  2  3  4  5  6  7  8]]
```

```
>>> print(x[np.ix_([-2, -1, -4], [0, 3, 7, 5])])        #多个索引数组(使用 np.ix_)
[[18 21 25 23]
 [27 30 34 32]
 [ 0  3  7  5]]
```

13.1.4 ndarray 数组运算

1. 数组算术运算

数组与数值的算术运算通常是数组各元素与数值进行算术运算后返回目标数组。

两个数组 x 和 y 形状相同,即满足 x.shape==y.shape,则 x*y 结果就是 x 与 y 数组对应位上元素相乘,否则 Numpy 对象将自动触发广播机制。

广播机制:

(1)让所有输入数组都向其中形状最长的数组看齐,形状中不足的部分都通过在前面加 1 补齐。

(2)输出数组的形状是输入数组形状的各个维度上的最大值。

(3)如果输入数组的某个维度和输出数组的对应维度的长度相同或者其长度为 1 时,这个数组能够用来计算,否则出错。

(4)当输入数组的某个维度的长度为 1 时,沿着此维度运算时都用此维度上的第一组值,否则 Numpy 将自动触发广播机制。

【例 13-5】 数组算术运算示例。

```
>>> import numpy as np
>>> x=np.array([1, 2, 3, 4])
>>> print(x*10, x/10)
[10 20 30 40] [0.1 0.2 0.3 0.4]
>>> print(x+10, x-10 )
[11 12 13 14] [-9 -8 -7 -6]
>>> x=np.array([1, 2, 3, 4])
>>> y=np.array([5, 6, 7, 8])
>>> print(x*y)
[ 5 12 21 32]
>>> print(x+y)
[ 6  8 10 12]
>>> print(x-y)
[-4 -4 -4 -4]
>>> print(x/y)
[0.2        0.33333333 0.42857143 0.5       ]
>>> x=np.array([[ 0, 0, 0],
                [10,10,10],
                [20,20,20]])
>>> y=np.array([4, 5, 6])
>>> print(x+y)    #二维数组与一维数组相加,等效于在二维数组行上重复数次再运算
[[ 4  5  6]
 [14 15 16]
 [24 25 26]]
```

2. 修改数组形状

（1）numpy.reshape(arr, newshape, order='C')：用于在不改变数据的条件下修改形状。其中，arr 是要修改形状的数组；newshape 是整数或整数数组，新的形状应当兼容原有形状；order 表示'C'—按行、'F'—按列、'A'—原顺序、'k'—元素在内存中的出现顺序。

（2）numpy.ndarray.flat：数组元素迭代器。

（3）numpy.ndarray.flatten(order='C')：返回一份数组的复制，对复制所做的修改不会影响原始数组。

（4）numpy.ravel(a, order='C')：展平的数组元素，顺序通常是"C 风格"，返回的是数组视图（view），修改会影响原始数组。

【例 13-6】 修改数组形状示例。

```
>>> import numpy as np
>>> x=np.arange(10)
>>> print(x.reshape(2, 5))
[[0 1 2 3 4]
 [5 6 7 8 9]]
>>> x=np.arange(10).reshape(2, 5)
>>> for row in x: print(row)
[0 1 2 3 4]
[5 6 7 8 9]
>>> for element in x.flat: print (element,end=" ")    #迭代后数组
0 1 2 3 4 5 6 7 8 9
>>> print(x.flatten())                                #按行顺序展开数组
[0 1 2 3 4 5 6 7 8 9]
>>> print(x.flatten(order="F"))                       #按列顺序展开数组
[0 5 1 6 2 7 3 8 4 9]
```

3. 翻转数组

翻转数组就是将数组倒置，将数组中元素进行位置置换。

（1）numpy.transpose(arr, axes)：用于对换数组的维度。其中，arr 为要操作的数组；axes 为整数列表，对应维度，通常所有维度都会对换。

（2）numpy.ndarray.T：类似 numpy.transpose。

（3）numpy.rollaxis(arr, axis, start)：向后滚动特定的轴到一个特定位置。其中，arr 为数组；axis 为要向后滚动的轴，其他轴的相对位置不会改变；start 默认为零，表示完整的滚动，滚动到特定位置。

（4）numpy.swapaxes(arr, axis1, axis2)：用于交换数组的两个轴。其中，arr 为输入的数组；axis1 为对应第一个轴的整数；axis2 为对应第二个轴的整数。

【例 13-7】 翻转数组示例。

```
>>> import numpy as np
>>> x=np.arange(12).reshape(3, 4)
>>> print(x)
[[ 0  1  2  3]
 [ 4  5  6  7]
```

```
 [ 8  9 10 11]]
>>> print (np.transpose(x))
[[ 0  4  8]
 [ 1  5  9]
 [ 2  6 10]
 [ 3  7 11]]
>>> x=np.arange(12).reshape(2, 2, 3)       #创建三维 ndarray
>>> print(x)
[[[ 0  1  2]
  [ 3  4  5]]

 [[ 6  7  8]
  [ 9 10 11]]]
>>> print(np.rollaxis(x, 2, 1))            #轴2滚动到轴1(宽度到高度)
[[[ 0  3]
  [ 1  4]
  [ 2  5]]

 [[ 6  9]
  [ 7 10]
  [ 8 11]]]
>>> print(np.swapaxes(x, 1, 0))            #交换轴0(深度)和轴1(高度)
[[[ 0  1  2]
  [ 6  7  8]]

 [[ 3  4  5]
  [ 9 10 11]]]
```

4. 修改数组维度

(1) numpy.broadcast(arr1, arr2)：用于模仿广播的对象，返回一个对象，该对象封装将一个数组广播到另一个数组的结果。该函数使用两个数组作为输入参数。

(2) numpy.broadcast_to(array, shape, subok)：将数组广播到新形状，在原始数组上返回只读视图。

(3) numpy.expand_dims(arr, axis)：通过在指定位置插入新的轴来扩展数组形状。

(4) numpy.squeeze(arr, axis)：从给定数组的形状中删除一维的条目。

【例 13-8】 修改数组示例。

```
>>> import numpy as np
>>> x=np.array([[1], [2], [3]])
>>> y=np.array([4, 5, 6])
>>> z=np.broadcast(x, y)          #对 y 广播 x
>>> u,v=z.iters
>>> print(next(u), next(v))
1 4
>>> print(next(u), next(v))
1 5
>>> print(z.shape)
(3, 3)
>>> x=np.arange(10).reshape(1,10)
>>> print (np.broadcast_to(x, (2, 10)))
```

```
[[0 1 2 3 4 5 6 7 8 9]
 [0 1 2 3 4 5 6 7 8 9]]
>>> x=np.array(([1, 2, 3], [4, 5, 6]))
>>> y=np.expand_dims(x, axis=0)          #插入新轴
>>> print (x.shape, y.shape)
(2, 3) (1, 2, 3)
>>> print(y)
[[[1 2 3]
  [4 5 6]]]
>>> x=np.arange(12).reshape(1, 3, 4)
>>> y=np.squeeze(x)                       #删除一轴
>>> print(y)
[[ 0  1  2  3]
 [ 4  5  6  7]
 [ 8  9 10 11]]
>>> print(x.shape, y.shape)
(1, 3, 4) (3, 4)
```

5. 连接数组

(1) numpy.concatenate((arr1, arr2, ...), axis)：用于沿指定轴连接相同形状的两个或多个数组。

(2) numpy.stack(arrs, axis)：用于沿新轴连接数组序列。

(3) numpy.hstack：numpy.stack 函数的变体，通过水平堆叠来生成数组。

(4) numpy.vstack：numpy.stack 函数的变体，通过垂直堆叠来生成数组。

【例 13-9】 连接数组示例。

```
>>> import numpy as np
>>> x=np.array([[1, 2], [3, 4]])
>>> y=np.array([[5, 6], [7, 8]])
>>> print(np.concatenate((x, y), axis=1))      #沿轴1连接两个数组
[[1 2 5 6]
 [3 4 7 8]]
>>> print(np.stack((x, y), 1))                 #沿轴1堆叠两个数组
[[[1 2]
  [5 6]]

 [[3 4]
  [7 8]]]
>>> print(np.hstack((x, y)))                   #水平堆叠
[[1 2 5 6]
 [3 4 7 8]]
```

6. 分割数组

(1) numpy.split(ary, indices_or_sections, axis)：沿特定的轴将数组分割为子数组。其中，ary：被分割的数组；indices_or_sections：用整数平均切分或用数组为沿轴切分的位置(左开右闭)；axis：沿着维度进行切向，默认为 0，横向切分。

(2) numpy.hsplit(ary, indices_or_sections)：用于水平分割数组，通过指定要返回的相同形状的数组数量来拆分原数组。

(3) numpy.vsplit(ary, indices_or_sections)：沿着垂直轴分割，其分割方式与 hsplit 用法相同。

【例 13-10】 分割数组示例。

```
>>> x=np.arange(12)
>>> print(np.split(x, 3))          #分割成大小相等的三个子数组
[array([0, 1, 2, 3]), array([4, 5, 6, 7]), array([ 8,  9, 10, 11])]
>>> print(np.split(x, [3, 7]))     #指定位置分割
[array([0, 1, 2]), array([3, 4, 5, 6]), array([ 7,  8,  9, 10, 11])]
>>>x=np.arange(12).reshape(3, 4)
>>> print(np.hsplit(x, 2))
[array([[0, 1],
       [4, 5],
       [8, 9]]), array([[ 2,  3],
       [ 6,  7],
       [10, 11]])]
```

7. 数组元素的添加与删除

(1) numpy.resize(arr, shape)：返回指定大小的新数组。如果新数组大小大于原始大小，则包含原始数组中的元素的副本。

(2) numpy.append(arr, values, axis=None)：在数组的末尾添加值。追加操作会分配整个数组，并把原来的数组复制到新数组中。输入数组的维度必须匹配否则将生成 ValueError。

(3) numpy.insert(arr, obj, values, axis)：在给定索引之前，沿给定轴在输入数组中插入值。如果值的类型转换为要插入，则它与输入数组不同。插入没有原地的，函数会返回一个新数组。如果未提供轴，则输入数组会被展开。

(4) numpy.delete(arr, obj, axis)：返回从输入数组中删除指定子数组的新数组。与 insert() 函数的情况一样，如果未提供轴参数，则输入数组将展开。

(5) numpy.unique(arr, return_index, return_inverse, return_counts)：用于去除数组中重复元素。其中，return_index：如果为 True，返回新列表元素在旧列表中的位置（下标），并以列表形式储；return_inverse：如果为 True，返回旧列表元素在新列表中的位置（下标），并以列表形式储；return_counts：如果为 True，返回去重数组中的元素在原数组中的出现次数。

【例 13-11】 数组元素操作示例。

```
>>> import numpy as np
>>> x=np.arange(1,7).reshape(2,3)
>>> print(np.resize(x, (3, 2)))
[[1 2]
 [3 4]
 [5 6]]
>>> print(np.resize(x, (3, 3)))
[[1 2 3]
 [4 5 6]
 [1 2 3]]
```

```
>>> print(np.append(x, [7,8,9]))        #向数组添加元素
[1 2 3 4 5 6 7 8 9]
>>> print(np.append(x, [[7,8,9]], axis=0))   #沿轴 0 添加元素，增加行
[[1 2 3]
 [4 5 6]
 [7 8 9]]
>>> print(np.insert(x, 1, [7,8,9]))
[1 7 8 9 2 3 4 5 6]
>>> print(np.insert(x, 1, [7,8,9], axis=0))  #沿轴 0 广播
[[1 2 3]
 [7 8 9]
 [4 5 6]]
>>> print(np.delete(x, 4))
[1 2 3 4 6]
>>> print(np.delete(x, 1, axis=1))
[[1 3]
 [4 6]]
>>> x=np.array([1, 2, 3, 3, 2, 4, 5, 6])
>>> print(np.unique(x))
[1 2 3 4 5 6]
```

13.1.5 ndarray 数组操作函数库

1. 数学函数

NumPy 包含大量各种数学运算的函数，包括三角函数、算术运算函数、复数处理函数等。

NumPy 三角函数有 sin()、cos()和 tan()，反三角函数有 arcsin()、arccos()和 arctan()。这些函数结果可以通过 numpy.degrees()函数将弧度转换为角度。

NumPy 算术函数包括简单的加减乘除：add()、subtract()、multiply()和 divide()。

另外，NumPy 包含以下常用的数学函数：

（1）numpy.around(arr, decimals)：返回指定数字的四舍五入值。

（2）numpy.floor(arr)：返回数字的下舍整数。

（3）numpy.ceil(arr)：返回数字的上入整数。

（4）numpy.reciprocal(arr)：返回参数逐元素的倒数。

（5）numpy.power(arr1, arr2)：将第一个输入数组中的元素作为底数，计算它与第二个输入数组中相应元素的幂。

（6）numpy.mod(arr1, arr2)：计算输入数组中相应元素相除后的余数。

（7）numpy.remainder(arr1, arr2)：和 numpy.mod()产生相同的结果。

【例 13-12】 数学函数操作示例。

```
>>> import numpy as np
>>> x=np.array([0, 30, 45, 60, 90])
>>> print(np.sin(x*np.pi/180))
[0.        0.5        0.70710678 0.8660254  1.       ]
>>> print(np.arcsin(np.sin(x*np.pi/180)))
[0.        0.52359878 0.78539816 1.04719755 1.57079633]
```

```
>>> print(np.degrees(np.arcsin(np.sin(x*np.pi/180))))
[ 0. 30. 45. 60. 90.]
>>> x=np.array([1.0, 6.66, 123, 4.44, 30.5])
>>> print(np.around(x))
[   1.    7. 123.    4.   30.]
>>> print(np.around(x, 1))
[   1.    6.7 123.    4.4  30.5]
>>> print (np.floor(x))
[   1.    6. 123.    4.   30.]
>>> print (np.ceil(x))
[   1.    7. 123.    5.   31.]
>>> x=np.arange(12).reshape(3, 4)
>>> y=np.array([1, 2, 3, 4])
>>> print(np.add(x,y))
[[ 1  3  5  7]
 [ 5  7  9 11]
 [ 9 11 13 15]]
>>> x=np.array([2.0, 4, 8, 10])
>>> print(np.reciprocal(x))
[0.5   0.25   0.125 0.1  ]
```

2. 统计函数

NumPy 提供很多统计函数，用于从数组中查找最小元素、最大元素、百分位标准差和方差等。

（1）numpy.amin(arr, axis)：计算数组中元素的最小值。

（2）numpy.amax(arr, axis)：计算数组中元素沿指定轴的最大值。

（3）numpy.ptp(arr)：计算数组中元素最大值与最小值的差（最大值–最小值）。

（4）numpy.percentile(arr, q, axis)：统计小于给定值的观察值的百分比。其中，arr：输入数组；q：指定计算的百分位数，在 0～100 之间；axis：指定计算百分位数的轴。

（5）numpy.median(arr, axis)：计算数组中元素沿指定轴的中位数（中值）。

（6）numpy.mean(arr, axis)：返回数组中元素的算术平均值。如果提供轴，则沿其计算。算术平均值是沿轴的元素的总和除以元素的数量。

（7）numpy.average(arr, axis, weights)：根据在另一数组中给出的各自的权重计算数组中元素的加权平均值。该函数可以接收一个轴参数。如果没有指定轴，则数组被展开。

（8）numpy.std(arr)：返回数组标准差。

（9）numpy.var(arr)：返回数组方差。

【例 13-13】 统计函数操作示例。

```
>>> import numpy as np
>>> x=np.arange(12).reshape(3,4)
>>> print(x)
[[ 0  1  2  3]
 [ 4  5  6  7]
 [ 8  9 10 11]]
>>> print(np.amax(x))
```

```
11
>>> print(np.amax(x, axis=1))
[ 3  7 11]
>>> print(np.ptp(x, axis=1))
[3 3 3]
>>> print(np.median(x, axis=1))
[1.5 5.5 9.5]
>>> print(np.std(x))
3.452052529534663
```

3. 字符串函数

Python 内置库中的标准字符串函数用于对 dtype 为 numpy.string_ 或 numpy.unicode_ 的数组执行向量化字符串操作。这些函数在字符数组类(numpy.char)中定义。

(1) numpy.char.add(arr1, arr2)：依次对两个数组的元素进行字符串连接。

(2) numpy.char.multiply(arr1, x)：返回按元素多重连接后的字符串。

(3) numpy.char.center(arr1, x, fillchar)：用于将字符串居中，并使用指定字符在左侧和右侧进行填充。

(4) numpy.char.capitalize(arr)：将字符串的第一个字母转换为大写。

(5) numpy.char.title(arr)：将字符串的每个单词的第一个字母转换为大写。

(6) numpy.char.lower(arr)：对数组的每个元素转换为小写。

(7) numpy.char.upper(arr)：对数组的每个元素转换为大写。

(8) numpy.char.split(arr, splitchar)：通过指定分隔符对字符串进行分割，并返回数组。默认情况下，分隔符为空格。

(9) numpy.char.splitlines(arr, splitchar)：以换行符作为分隔符来分割字符串，并返回数组。\n、\r、\r\n 都可用作换行符。

(10) numpy.char.strip(arr, char)：用于移除开头或结尾处的特定字符。

(11) numpy.char.join(arr, char)：通过指定分隔符来连接数组中元素或字符串。

(12) numpy.char.replace(arr, str1, str2)：使用新字符串替换字符串中所有子字符串。

(13) numpy.char.encode(arr)：对数组中每个元素调用 str.encode 函数。默认编码是 utf-8，可以使用标准 Python 库中编解码器。

(14) numpy.char.decode(arr)：对编码元素进行 str.decode() 解码。

【例 13-14】 字符串函数操作示例。

```
>>> import numpy as np
>>> print("连接示例: ", np.char.add(["hello", "abc"], [" python", " xyz"]))
连接示例: ['hello python' 'abc xyz']
>>> print(np.char.multiply("Python ", 3))
Python Python Python
>>> print(np.char.center("Python", 20, fillchar="*"))
*******Python*******
>>> print(np.char.title("i like python"))
I Like Python
>>> print (np.char.lower(["PYTHON", "HELLO"]))
['python' 'hello']
```

```
>>> print(np.char.split ("I like python!"))
['I', 'like', 'python!']
>>> print(np.char.strip(["pythona", "admin", "java"], "a"))
['python' 'dmin' 'jav']
>>> print(np.char.replace("ABCDEFGH", "DEF", "123"))
ABC123GH
```

4. 排序函数

NumPy 提供多种排序的方法。这些排序函数实现不同的排序算法，每个排序算法考虑执行速度、最坏情况性能、所需工作空间和算法稳定性。

numpy.sort() 函数返回输入数组的排序副本。函数格式如下：

(1) numpy.sort(arr, axis, kind, order)：返回输入数组的排序副本。其中，arr：待排序的数组。axis：指定排序数组的轴，如果没有数组会被展开，沿着最后的轴排序，axis=0 按列排序，axis=1 按行排序。kind：指定排序种类(快速排序'quicksort'、归并排序'mergesort'、堆排序'heapsort')，默认为'quicksort'。order：如果数组包含字段，则要排序字段。

(2) numpy.argsort(arr)：返回数组值从小到大的索引值。

(3) numpy.lexsort()：用于对多个序列进行排序。

(4) numpy.msort(arr)：数组按第一个轴排序,返回排序后的数组副本,相等于 numpy.sort(arr, axis=0)。

(5) sort_complex(arr)：对复数按照先实部后虚部的顺序进行排序。

(6) partition(arr, kth[, axis, kind, order])：指定一个数，对数组进行分区。

(7) argpartition(arr, kth[, axis, kind, order])：可以通过关键字 kind 指定算法沿着指定轴对数组进行分区。

(8) numpy.argmax(arr, axis)：沿给定轴返回最大元素的索引。

(9) numpy.argmin(arr, axis)：沿给定轴返回最小元素的索引。

(10) numpy.nonzero(arr)：返回输入数组中非零元素的索引。

(11) numpy.where()：返回输入数组中满足给定条件元素的索引。

(12) numpy.extract()：根据某个条件从数组中抽取元素，返回满足条件的元素。

【例 13-15】 排序函数操作示例。

```
>>> import numpy as np
>>> x=np.array([[3, 5, 7], [8, 4, 8]])
>>> print(x)
[[3 5 7]
 [8 4 8]]
>>> print(np.sort(x))
[[3 5 7]
 [4 8 8]]
>>> print(np.sort(x, axis=0))
[[3 4 7]
 [8 5 8]]
>>> print(np.argsort(x))
[[0 1 2]
 [1 0 2]]
>>> np.sort_complex(x)        #复数排序
```

```
array([[3.+0.j, 5.+0.j, 7.+0.j],
       [4.+0.j, 8.+0.j, 8.+0.j]])
>>> print(np.argmax(x))
3
>>> print(np.argmax(x, axis=0))
[1 0 1]
>>> x=np.array([[10,20,0], [0,20,10], [10,0,20]])
>>> print(x)
[[10 20  0]
 [ 0 20 10]
 [10  0 20]]
>>> print(np.nonzero(x))               #非 0 元素的索引
(array([0, 0, 1, 1, 2, 2], dtype=int32), array([0, 1, 1, 2, 0, 2], dtype=int32))
>>> print(np.where(x==0))              #等于 0 的元素的索引
(array([0, 1, 2], dtype=int32), array([2, 0, 1], dtype=int32))
>>> print(np.extract(x!=0, x))
[10 20 20 10 10 20]
```

13.2 SciPy 库简单应用

SciPy 是基于 NumPy 开发的高级模块，提供许多数学算法和函数的实现，用于解决科学计算中的一些标准问题。SciPy 类似于 Matlab 的工具箱，是 Python 科学计算程序的核心包，用于有效地计算 NumPy 矩阵，与 NumPy 矩阵协同工作。

SciPy 是一个开源的 Python 算法库和数学工具包。SciPy 是 Python 第三方扩展库，需要通过 pip 工具安装。在 Windows 环境中，通过命令行执行 pip install scipy，pip 工具默认从网络上自动下载并安装 SciPy 到计算机系统中。

1. SciPy 库子模块

SciPy 由一些特定功能的子模块构成，可以应对线性代数、优化拟合、稀疏矩阵、统计处理、信号处理和图像处理等不同的应用。

(1) scipy.cluster：矢量量化/K-均值。
(2) scipy.constants：物理和数学常数。
(3) scipy.fftpack：傅里叶变换。
(4) scipy.integrate：积分程序。
(5) scipy.interpolate：插值。
(6) scipy.io：数据输入输出。
(7) scipy.linalg：线性代数程序。
(8) scipy.ndimage：n 维图像包。
(9) scipy.odr：正交距离回归。
(10) scipy.optimize：优化拟合。
(11) scipy.signal：信号处理。
(12) scipy.sparse：稀疏矩阵。
(13) scipy.spatial：空间数据结构和算法。
(14) scipy.special：任何特殊数学函数。

(15)scipy.stats：统计。

2. 线性代数模块 linalg

scipy.linalg 子模块提供标准线性代数运算。linalg 是 Linear Algebra 缩写，NumPy 和 SciPy 都提供线性代数函数库 linalg，SciPy 的线性代数库比 NumPy 更加全面。

linalg 包含许多方阵（包括矩阵）的基本运算函数：

(1)scipy.linalg.det(arr)：计算方阵的行列式。

(2)scipy.linalg.inv(arr)：计算方阵的逆矩阵。

(3)scipy.linalg.eig(arr)：计算方阵的特征向量 Ax=λx。

(4)scipy.linalg.svd(arr)：对矩阵进行奇异值分解。

(5)scipy.linalg.lu(arr)：对矩阵进行 LU 分解。

(6)scipy.linalg.qr(arr)：对矩阵进行 QR 分解。

(7)scipy.linalg.schur(arr)：对矩阵进行 Schur 分解。

(8)scipy.linalg.solve(A,b)：方程组 Ax=b 求解。

【例 13-16】 线性代数模块 linalg 示例。

```
>>> import numpy as np
>>> from scipy import linalg as lg
>>> x=np.array([[1, 2], [3, 4]])         #创建方阵
>>> y=np.array([5, 10])                  #创建矩阵
>>> lg.det(x)
-2.0
>>> lg.inv(x)
array([[-2. ,  1. ],
       [ 1.5, -0.5]])
```

3. 优化拟合模块 optimize

scipy.optimize 子模块提供许多数值优化拟合算法，旨在找到最小值或等式的数值解的问题。一些经典优化算法包括线性回归、函数极值和根的求解以及确定两函数交点的坐标等。

(1)scipy.optimize.fslove(target_fun, init_val)：非线性方程组求解，target_fun 是计算非线性方程组的误差函数，需要一个参数 x，target_fun 依靠 x 来计算线性方程组的每个方程的值（或误差），init_val 是 x 的一个初始值。

(2)scipy.optimize.leastsq(target_fun, init_val)：对数据进行最小二乘拟合计算。

(3)scipy.optimize.minimize(target_fun, init_val, method)：其中，target_fun，待求解最小值的目标函数；init_val，初始估计值；method，最小化的算法。optimize 模块还提供常用的最小值算法，例如，单纯形法(Nelder-Mead)、拟牛顿法(BFGS)、牛顿-共轭梯度法(Newton-CG)等，在这些最小值计算时传入一阶导数矩阵（雅可比矩阵）或二阶导数矩阵（黑塞矩阵）从而加速收敛，这些最优化算法往往不能保证收敛到全局最小值，大部分会收敛到局部极小值。

4. 稀疏矩阵模块 sparse

规律的矩阵。由于稀疏矩阵中非零元素较少，零元素较多，因此可以采用只存储非零元素的方法来进行压缩存储，大大减少空间存储。Python 不能自动创建稀疏矩阵，需用 SciPy 中特殊命令获取稀疏矩阵。

SciPy 中稀疏矩阵存储方式：

(1) coo_matrix：采用坐标(Coordinate, COO)形式的稀疏矩阵。采用三个数组 row、col 和 data 保存非零元素的信息，这三个数组的长度相同，row 保存元素的行，col 保存元素的列，data 保存元素的值。主要优点是灵活、简单，仅存储非零元素以及每个非零元素的坐标。但是不支持元素的存取和增删。

(2) csr_matrix：采用压缩稀疏行(Compressed Sparse Row, CSR)形式的稀疏矩阵。采用 4 个数组确定：data、col、pointerB、pointerE。其中，数组 data 是一个实(复)数，包含矩阵 A 中的非 0 元，以行优先的形式保存；数组 col 是第 i 个整型元素代表矩阵 A 中第 i 列；数组 pointerB 是第 j 个整型元素给出矩阵 A 行 j 中第一个非 0 元的位置，等价于 pointerB(j)-pointerB(1)+1；数组 pointerE 是第 j 个整型元素给出矩阵 A 第 j 行最后一个非 0 元的位置，等价于 pointerE(j)-pointerB(1)。

(3) csc_matrix：采用压缩稀疏列(Compressed Sparse Column, CSC)形式的稀疏矩阵。与 csr_matrix 相反。

(4) bsr_matrix：采用分块压缩稀疏行(Block Compressed Sparse Row, BSR)形式的稀疏矩阵。采用 4 个数组确定：data、col、pointerB、pointerE。其中，数组 data 是一个实(复)数，包含原始矩阵 A 中的非 0 元，以行优先的形式保存；数组 col 是第 i 个整型元素代表块压缩矩阵 E 中第 i 列；数组 pointerB 是第 j 个整型元素给出 columns 第 j 个非 0 块的起始位置；数组 pointerE 是第 j 个整型元素给出 columns 数组中第 j 个非 0 块的终止位置。

(5) dia_matrix：采用对角线(Diagonal, DIA)形式的稀疏矩阵。如果稀疏矩阵有仅包含非 0 元素的对角线，则对角存储可以减少非 0 元素定位的信息量。这种存储格式对有限元素或者有限差分离散化的矩阵尤其有效。DIA 通过两个数组确定：values、distance。其中 values，对角线元素的值；distance，第 i 个 distance 是当前第 i 个对角线和主对角线的距离。

(6) dok_matrix：基于 keys 的字典稀疏矩阵。继承自 dict、key 是(row, col)构成的二元组，value 是非 0 元素。

稀疏矩阵不同的存储形式在 sparse 模块中对应如下：

(1) scipy.sparse.coo_matrix(arg1[, shape, dtype, copy])

(2) scipy.sparse.csr_matrix(arg1[, shape, dtype, copy])

(3) scipy.sparse.csc_matrix(arg1[, shape, dtype, copy])

(4) scipy.sparse.bsr_matrix(arg1[, shape, dtype, copy, blocksize])

(5) scipy.sparse.dia_matrix(arg1[, shape, dtype, copy])

(6) scipy.sparse.dok_matrix(arg1[, shape, dtype, copy])

【例 13-17】 稀疏矩阵模块 sparse 示例。

```
>>> from scipy import sparse as sp
>>> row=[2,3,1,0]
>>> col=[0,3,1,2]
>>> data=[1,2,3,4]
>>> sp.coo_matrix((data, (row, col)), shape=(4, 4)).todense()
matrix([[0, 0, 4, 0],
        [0, 3, 0, 0],
        [1, 0, 0, 0],
        [0, 0, 0, 2]])
>>> row=[0, 2, 3, 6]
```

```
>>> col=[0, 2, 2, 0, 1, 2]
>>> data=[1, 2, 3, 4, 5, 6]
>>> sp.csr_matrix((data, col, row), shape=(3,3)).toarray()
array([[1, 0, 2],
       [0, 0, 3],
       [4, 5, 6]])
```

13.3 Matplotlib 库简单应用

Matplotlib 是 Python 中最常用的可视化工具之一，是一套面向对象的绘图库，其绘制图表中的每个绘图元素(例如线条、文字、刻度等)都是对象。Matplotlib 模块依赖于 Numpy 模块和 Tkinter 模块，通过 matplotlib.pyplot 工具包可以绘制多种形式的图形，包括线图、直方图、饼状图、散点图、误差线图等。

Matplotlib 是 Python 第三方扩展库，需要通过 pip 工具安装。在 Windows 环境中，通过命令行执行 pip install matplotlib，pip 工具默认从网络上自动下载并安装 matplotlib 到计算机系统中。

【例 13-18】 采用 plot()函数绘制正弦函数和余弦函数图。

```
#ex13_18.py
import numpy as np
import matplotlib.pyplot as plt
#计算正弦和余弦曲线上点 x 和 y 坐标
x=np.arange(0.0, 2.0*np.pi, 0.01)              #自变量取值范围
y_sin=np.sin(x)                                #计算正弦函数值
y_cos=np.cos(y)                                #计算余弦函数值
plt.plot(x, y_sin, label="正弦")
plt.plot(x, y_cos, label="余弦")
plt.xlabel("x-变量", fontproperties="STKAITI", fontsize=20)              #设置 x 标签
plt.ylabel("y-正弦余弦函数值", fontproperties="STKAITI", fontsize=20)    #设置 y 标签
plt.title("sin-cos 函数图像", fontproperties="STKAITI", fontsize=24)     #标题
plt.show()
```

程序 ex13_18.py 运行结果如图 13-1 所示。

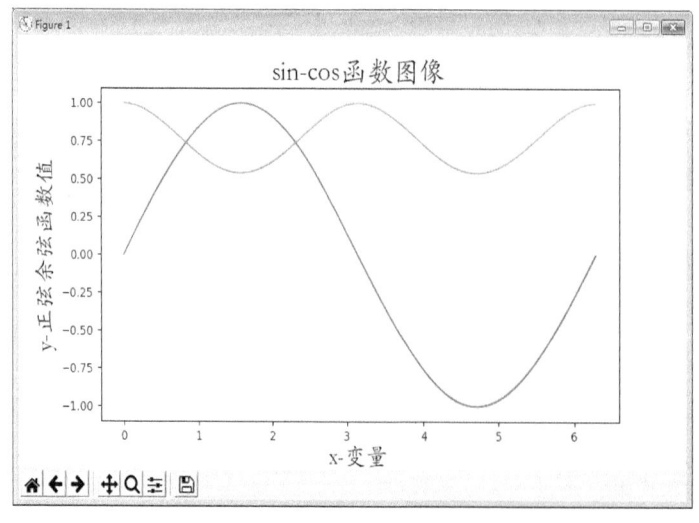

图 13-1　plot()函数绘制正弦函数和余弦函数图

pyplot 子模块提供 subplot()函数支持在同一图中绘制不同的独立子图。

【例 13-19】 采用 subplot()函数绘制正弦函数和余弦函数图。

```
#ex13_19.py
import numpy as np
import matplotlib.pyplot as plt
#计算正弦和余弦曲线上点 x 和 y 坐标
x=np.arange(0, 3.0*np.pi,0.1)
y_sin=np.sin(x)
y_cos=np.cos(x)
plt.subplot(2,1,1)        #激活第 1 个 subplot
plt.plot(x, y_sin)        #绘制第 1 个子图
plt.title("sin()函数图像",fontproperties="STKAITI", fontsize=16)
plt.subplot(2,1,2)        #激活第 2 个 subplot
plt.plot(x, y_cos)        #绘制第 2 个子图
plt.title("cos()函数图像", fontproperties="STKAITI", fontsize=16)
plt.show()
```

程序 ex13_19.py 运行结果如图 13-2 所示。

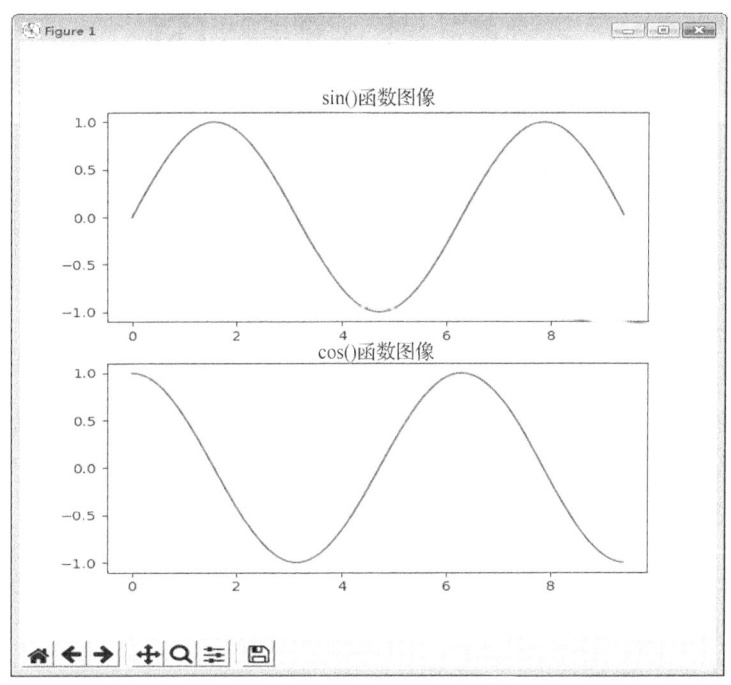

图 13-2 subplot()函数绘制正弦函数和余弦函数图

pyplot 子模块提供 bar()函数来生成条状图。

【例 13-20】 采用 bar()函数绘制条状图。

```
#ex13_20.py
from matplotlib import pyplot as plt
x1=[5,7,9]
y1=[12,15,6]
```

```
        x2=[6,8,10]
        y2=[6,11,7]
        plt.bar(x1,y1,align="center")
        plt.bar(x2,y2,color="b", align="center")
        plt.title("条状图演示", fontproperties="STKAITI", fontsize=16)
        plt.ylabel("Y 轴", fontproperties="STKAITI", fontsize=16)
        plt.xlabel("X 轴", fontproperties="STKAITI", fontsize=16)
        plt.show()
```

程序 ex13_20.py 运行结果如图 13-3 所示。

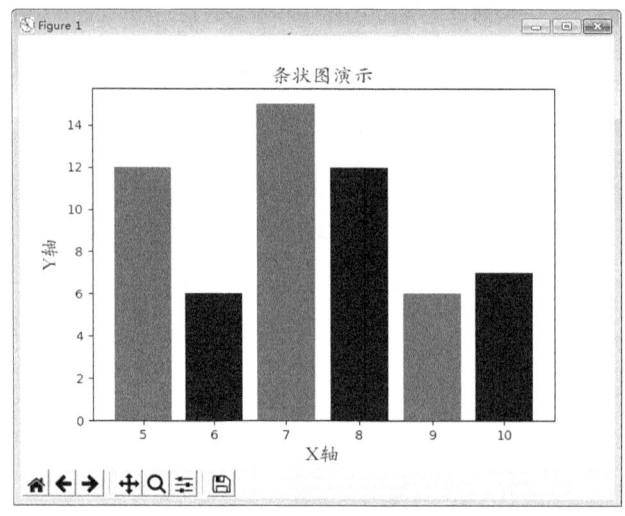

图 13-3 bar()函数绘制条状图

13.4 Pandas 库简单应用

Pandas(Python Data Analysis Library)是基于 Numpy 的数据分析模块，提供大量标准数据模型和高效操作大型数据集所需要的工具。Pandas 名称来自于面板数据(panel data)和 Python 数据分析(data analysis)。panel data 是经济学中关于多维数据集的一个术语，Pandas 中提供 panel 数据类型。Pandas 是促使 Python 成为高效且强大的数据分析环境的重要因素之一。

Pandas 是 Python 第三方扩展库，需要通过 pip 工具安装。在 Windows 环境中，通过命令行执行 pip install pandas，pip 工具默认从网络上自动下载并安装 Pandas 到计算机系统中。

1. Pandas 数据结构

Pandas 可以存储混合的数据结构，同时使用 NaN 来表示缺失的数据。Pandas 主要提供三种数据结构：Series、DataFrame 和 Panel。

(1)Series：带标签的一维数组，与 Numpy 中一维 array 类似。二者与 Python 基本数据结构 List 也很相近。List 中元素可以是不同数据类型，而 Array 和 Series 中则只允许存储相同的数据类型，可以更有效的使用内存，提高运算效率。Time- Series 是以时间为索引的 Series。

(2)DataFrame：带标签且大小可变的二维数组。很多功能与 R 中 data.frame 类似。可以将 DataFrame 理解为 Series 的容器。

(3) Panel：带标签且大小可变的三维数组，可以理解为 DataFrame 的容器。

2. pandas.Series 简单应用

Series 对象元素可以像列表和 ndarray 一样通过[index]的方式访问。创建 series 对象时可以指定整型之外的其他类型索引，默认的整数索引仍然可用。而且，修改元素和索引都是在原地进行，不会在内存中进行复制操作。

pandas.Series 包括 4 个重要属性：
(1) values：获取数组。
(2) index：获取索引。
(3) name：values 的 name。
(4) index.name：索引的 name。

【例 13-21】 pandas.Series 简单应用示例。

```
>>> import numpy as np
>>> import pandas as pd
>>> x=pd.Series([1, 3, 5, 7, "ABC"])
>>> x
0    1
1    3
2    5
3    7
4    ABC
dtype: object
>>> x.index
RangeIndex(start=0, stop=5, step=1)
>>> x.values
array([1, 3, 5, 7, 'ABC'], dtype=object)
>>> x[3]=100
>>> x
0    1
1    3
2    5
3    100
4    ABC
dtype: object
>>> x=pd.Series(["ABC","DEF",123,456], index=["1","2","3","4"])
>>> x["3"]
123
>>> x[3]
456
```

3. pandas.DataFrame 简单应用

DataFrame 是一个表格型的数据结构，既有行索引（保存在 index）又有列索引（保存在 columns）。

调用 DataFrame([data, index, columns]) 可以将多种格式的数据转换为 DataFrame 对象，其三个参数 data、index 和 columns 分别为数据、行索引和列索引。

pandas.DataFrame 包括四个重要属性：

(1) index：行索引。

(2) columns：列索引。

(3) values：值的二维数组。

(4) name：名字。

pandas.DataFrame 包括以下重要方法：

(1) pandas.DataFrame.head(n)：读取头 n 行(条)数据，默认头 5 行。

(2) pandas.DataFrame.tail(n)：读取后 n 条数据。

(3) pandas.DataFrame[col]：获取数据框名为 col 的数据列。

(4) pandas.DataFrame.head(n)[col]：获取第 n 行名为 col 的数据列。

【例 13-22】 pandas.DataFrame 简单应用示例。

```
>>> import numpy as np
>>> import pandas as pd
>>> data=np.random.randint(0, 10, (4, 4))
>>> x=pd.DataFrame(data,index=[1, 2, 3, 4], columns=["A", "B", "C", "D"])
>>> print(x)
   A  B  C  D
1  4  7  4  6
2  5  0  2  6
3  6  9  0  6
4  8  3  6  1
>>> x.head(2)
   A  B  C  D
1  4  7  4  6
2  5  0  2  6
>>> x.tail(2)
   A  B  C  D
3  6  9  0  6
4  8  3  6  1
>>> x["B"]
1    7
2    0
3    9
4    3
Name: B, dtype: int32
>>> x.head(2)["B"]
1    7
2    0
Name: B, dtype: int32
```

【例 13-23】 Pandas 结合 Matplotlib 绘图。

#ex13_23.py

```
import pandas as pd
import numpy as np
import matplotlib.pyplot as plt
data=np.random.randn(1000, 2)
dataf=pd.DataFrame(data, columns=["Y1", "Y2"]).cumsum()
dataf["X"]=pd.Series(list(range(len(dataf))))
dataf.plot(x="X")
plt.show()
```

程序 ex13_23.py 运行结果如图 13-4 所示。

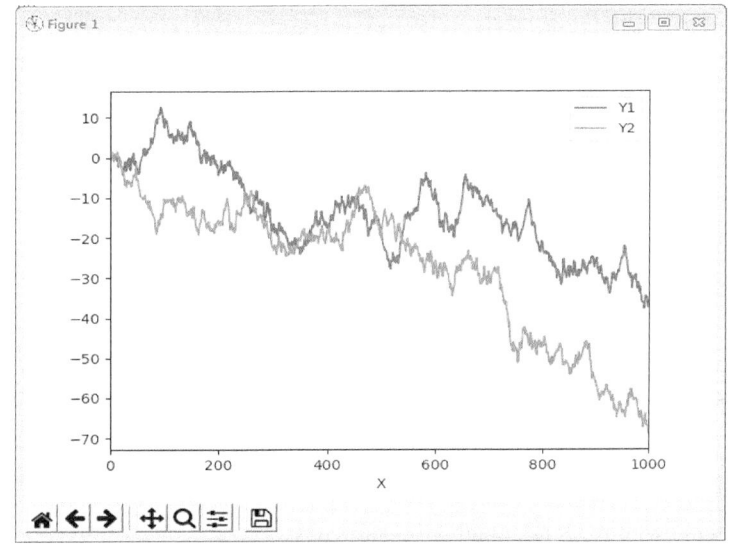

图 13-4　Pandas 结合 Matplotlib 绘图

13.5　scikit-learn 库简单应用

scikit-learn 是 Python 的一个开源机器学习模块，是建立在 NumPy、SciPy 和 Matplotlib 模块之上。因此在安装 scikit-learn 之前必须安装这三个模块。

1. cikit-learn 数据集

scikit-learn 库中 datasets 模块包含三类测试数据相关函数：
（1）datasets.load_*()：获取小规模数据集。数据包含在 datasets 中。
（2）datasets.fetch_*()：获取大规模数据集。需要从网络上下载，函数的第一个参数 data_home，表示数据集下载的目录，默认是 ～/scikit_learn_data。数据集目录可以通过 datasets.get_data_home()获取。clear_data_home(data_home=None)表示删除所有下载数据。
（3）datasets.make_*()：本地生成数据集。
scikit-learn 库中数据集格式包括：
（1）tuple(X, y)：本地生成数据函数 make_* 和 load_svmlight_* 返回的数据是 tuple(X, y) 格式。

(2) Bunch：load_*和 fetch_* 函数返回的数据类型是 datasets.base.Bunch，本质上是一个 dict，其键值对可用通过对象的属性方式访问。

Bunch 数据集主要包括以下属性：

(1) data：特征数据数组，是 n_samples * n_features 的二维 numpy.ndarray 数组。

(2) target：标签数组，是 n_samples 的一维 numpy.ndarray 数组。

(3) DESCR：数据描述。

(4) feature_names：特征名。

(5) target_names：标签名。

scikit-learn 库中可以获取以下小数据集：

(1) load_boston()：房屋特征-房价，用于 regression。

(2) load_diabetes()：糖尿病数据，用于 regression。

(3) load_linnerud()：Linnerud 数据集，有多个标签，用于 multilabel regression。

(4) load_iris()：鸢尾花特征和类别，用于 classification。

(5) load_digits([n_class])：手写数字识别。

(6) load_sample_images()：载入图片数据集，共两幅图。

(7) load_sample_image(name)：载入图片数据集中的一幅图。

scikit-learn 库中载入 datasets 模块：from sklearn import datasets。

scikit-learn 载入的数据集以类似于字典的形式存放，该对象中包含所有有关该数据的数据信息。其中，数据值统一存放在.data 成员中。

例如，显示 iris 数据只需显示 iris 的 data 成员：print iris.data。

数据都是以 n 维(n 个特征)矩阵形式存放和展现，iris 数据中每个实例有 4 维特征，分别为 sepal length、sepal width、petal length 和 petal width。

如果是对于监督学习，例如分类问题，数据中会包含对应的分类结果，其存在.target 成员中：print iris.target。

【例 13-24】 调用 cikit-learn 数据集。

```
>>> from sklearn import datasets
>>> iris = datasets.load_iris()
>>> print(iris.data)
[[5.1 3.5 1.4 0.2]
 [4.9 3.  1.4 0.2]
 [4.7 3.2 1.3 0.2]
 ……………
 [5.9 3.  5.1 1.8]]
>>> print(iris.target)
[0 0 0 0 0 0 0 0 0 0 0 0 0 0 0 0 0 0 0 0 0 0 0 0 0 0 0 0 0 0 0 0 0 0 0 0 0
 0 0 0 0 0 0 0 0 0 0 0 0 1 1 1 1 1 1 1 1 1 1 1 1 1 1 1 1 1 1 1 1 1 1 1 1
 1 1 1 1 1 1 1 1 1 1 1 1 1 1 1 1 1 1 1 1 1 1 1 1 1 2 2 2 2 2 2 2 2 2 2 2
 2 2 2 2 2 2 2 2 2 2 2 2 2 2 2 2 2 2 2 2 2 2 2 2 2 2 2 2 2 2 2 2 2 2 2 2
 2 2]
```

2. scikit-learn 学习和预测

scikit-learn 提供支持向量机、决策树、随机森林、朴素贝叶斯网络等各种机器学习算法的接口，允许用户可以很方便地使用。每个算法的调用就像一个黑箱，对于用户来说，只需要根据自己的需求，设置相应的参数。

分类器的学习和预测可以分别利用 fit(X,Y) 和 predict(T) 来实现。例如，将一个数据集划分为训练集和测试集，前 n−10 个样本为训练集，最后 10 个为测试集；然后，分别利用 fit() 和 predict()完成学习和预测。

【例 13-25】 支持向量机(SVM)对数据分类示例。

```
#ex13_25.py
from sklearn import datasets
from sklearn import svm
clf=svm.SVC(gamma=0.001, C=100.)
print("SVM 分类器信息:",clf)
digits=datasets.load_digits()
clf.fit(digits.data[:-10], digits.target[:-10])
result=clf.predict(digits.data[-10:])
print("预测结果:",result)
print("实际结果:",digits.target[-10:])
accuracy=(digits.target[-10:]==result).mean()
correct_num=(digits.target[-10:]==result).sum()
print("预测准确率:%f"%accuracy)
print("预测准确样本数:%d"%correct_num)
```

程序 cx13_25.py 运行结果：

SVM 分类器信息: SVC(C=100.0, cache_size=200, class_weight=None, coef0=0.0,
　　decision_function_shape='ovr', degree=3, gamma=0.001, kernel='rbf',
　　max_iter=-1, probability=False, random_state=None, shrinking=True,
　　tol=0.001, verbose=False)
预测结果: [5 4 8 8 4 9 0 8 9 8]
实际结果: [5 4 8 8 4 9 0 8 9 8]
预测准确率:1.000000
预测准确样本数:10

【例 13-26】 决策树对数据分类示例。

```
#ex13_26.py
from sklearn import datasets
from sklearn.tree import DecisionTreeClassifier
dt=DecisionTreeClassifier()
print("决策树分类器信息:",dt)
digits=datasets.load_digits()
dt.fit(digits.data[:-10], digits.target[:-10])
result=dt.predict(digits.data[-10:])
print("预测结果:",result)
```

```
print("实际结果:",digits.target[-10:])
accuracy=(digits.target[-10:]==result).mean()
correct_num=(digits.target[-10:]==result).sum()
print("预测准确率:%f"%accuracy)
print("预测准确样本数:%d"%correct_num)
```

程序 ex13_26.py 运行结果：

决策树分类器信息: DecisionTreeClassifier(class_weight=None, criterion='gini', max_depth=None,
          max_features=None, max_leaf_nodes=None,
          min_impurity_decrease=0.0, min_impurity_split=None,
          min_samples_leaf=1, min_samples_split=2,
          min_weight_fraction_leaf=0.0, presort=False, random_state=None,
          splitter='best')
预测结果: [9 4 8 1 4 9 0 8 9 8]
实际结果: [5 4 8 8 4 9 0 8 9 8]
预测准确率:0.800000
预测准确样本数:8

习 题 13

一、填空题

1. 第三方库_____支持 N 维数组运算、处理大型矩阵以及矢量运算、线性代数、傅里叶变换、随机数生成的科学计算扩展库。

2. NumPy 最重要的一个特点是其 N 维数组对象_____。

3. ndarray 数组可以基于 0～n 的下标进行索引，切片对象可以通过内置函数_____，并设置_____、_____和 step 参数进行，从原数组中切割出一个新数组。ndarray 数组切片操作可以通过冒号分隔切片参数_____来进行。

4. NumPy 除了采用整数和切片的普通索引外，数组还可以采用_____、_____和_____等高级索引方式。

5. 第三方库_____是基于 NumPy 开发的高级模块，提供许多数学算法和函数的实现，类似于 Matlab 的工具箱。

6. 第三方库_____依赖于 Numpy 模块和 Tkinter 模块，可以绘制多种形式的图形，其主要模块是_____。

7. 第三方库_____是基于 Numpy 的数据分析模块。

8. Pandas 主要提供_____、_____和_____三种数据结构。

9. DataFrame 是一个表格型的数据结构，既有行索引又有_____。

10. 第三方库_____是 Python 的一个开源机器学习模块，是建立在 NumPy、SciPy 和 Matplotlib 模块之上。

二、简答题

1. ndarray 数组对象创建包括哪些方法？

2．NumPy 提供哪些索引方式？

3．简述广播机制。

4．scikit-learn 库中 datasets 模块包含哪三类测试数据函数？

三、程序设计题

1．采用支持向量机对数据集 load_iris()进行分类学习和预测，前 n–20 个样本为训练集，最后 20 个为测试集。

2．采用决策树对数据集 load_iris()进行分类学习和预测，前 n–20 个样本为训练集，最后 20 个为测试集。

3．采用支持向量机对数据集 load_digits()进行分类学习和预测，前 80%个样本为训练集，最后 20%个为测试集。

4．采用决策树对数据集 load_digits()进行分类学习和预测，前 80%个样本为训练集，最后 20%个为测试集。

第 14 章 Python 上机实践

本章基于 Windows7 和 Python3.7.2 构建 Python 平台，使用 Python 语言设计相关上机实践项目，具体实践项目包括 Python 安装与开发环境搭建、Python 语言基础，列表、字典、元组及集合等对象的基本操作、Python 选择和循环结构、字符串与正则表达式、函数设计、类和对象、文件操作、图形用户界面设计、网络应用编程、数据库应用编程以及多媒体应用编程应用等。

实验 1 Python 安装与开发环境搭建

【实验目的】

1．了解 Python 3.7.2 Shell 窗口、菜单和工具栏的组成和功能；
2．熟悉使用 pip 命令安装 Python 第三方拓展库；
3．掌握 Python 安装基本步骤。

【实验内容】

1．安装 Python。
（1）打开 Python 官方网站 http://www.Python.org，选择下载 Python3.x 系列最新版。
（2）双击所下载的安装程序包安装 Python 解释器，将启动如图 14-1 所示的引导过程。在该页面中，选中"Add Python 3.7 to PATH"复选框。

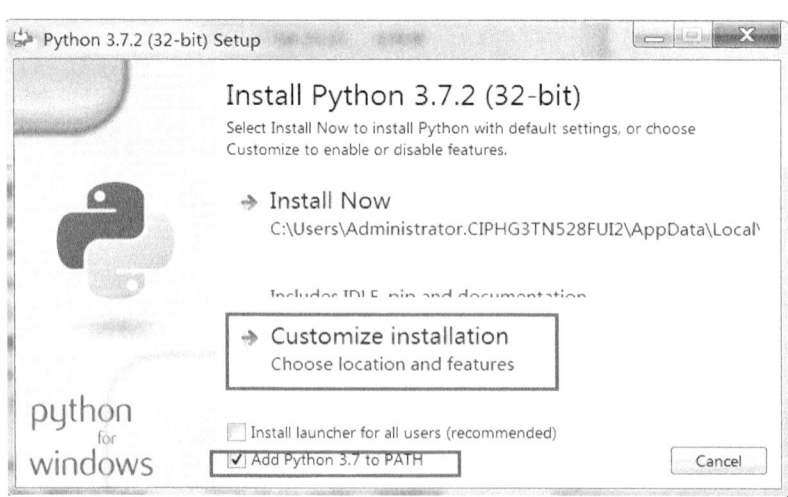

图 14-1 安装程序引导过程的启动页面

（3）单击"Customize installation"超链接，进入相关组件安装界面，如图 14-2 所示。选中"pip""tcl/tk and IDLE"等选项完成 pip 拓展库管理器、IDLE 交互式环境的安装。

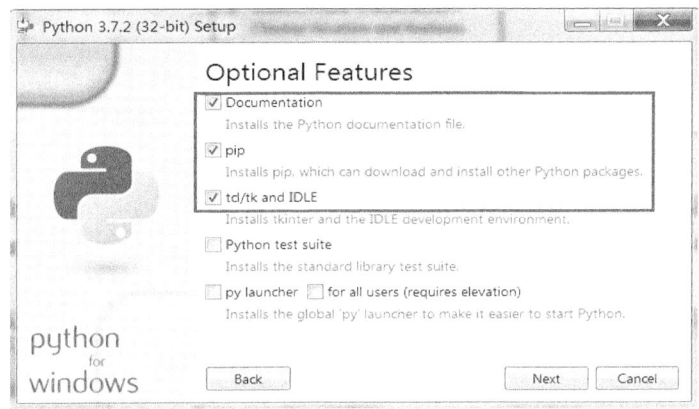

图 14-2　pip 拓展库安装

(4) 单击"Next"按钮，在弹出来的界面中选择安装路径，选中"Add Python to environment variables"选项，完成系统环境变量的配置，如图 14-3 所示。

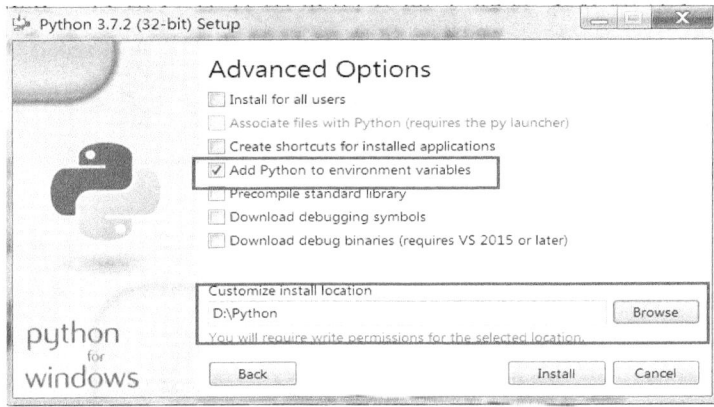

图 14-3　选择安装路径

(5) 单击"Install"按钮，等待安装过程，安装成功后将显示如图 14-4 所示的成功页面。

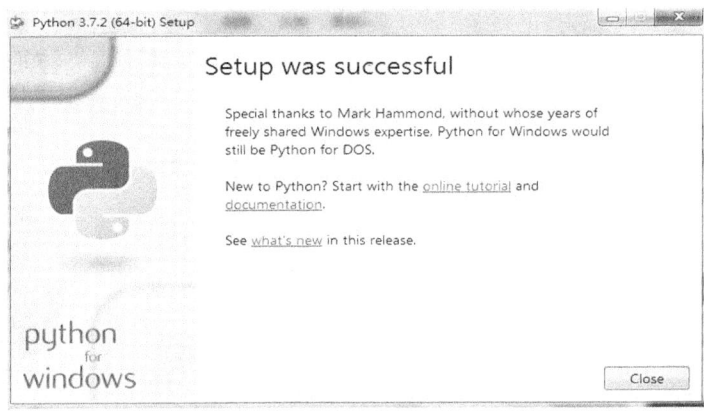

图 14-4　安装程序引导过程的成功页面

(6) 在"开始"菜单中找到成功安装的 IDLE，输入下面的代码，确保 IDLE 运行正常，如图 14-5 所示。

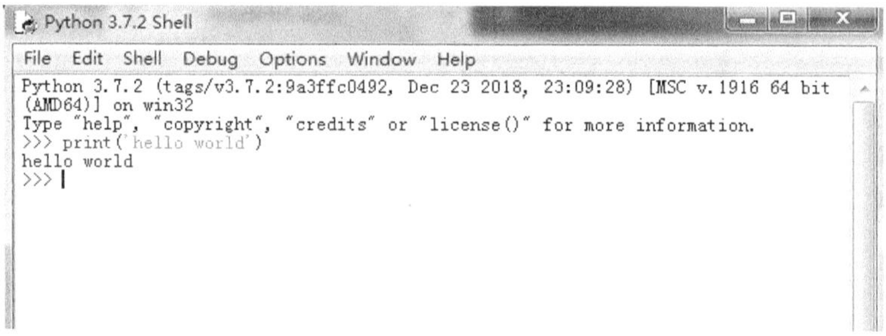

图 14-5　Python 集成开发环境

2．使用 pip 安装第三方拓展库。

（1）打开资源管理器进入 Python 安装目录的 Scripts 子目录，按下 Shift 键，在空白处右击，在弹出来的菜单中选择"在此处打开命令窗口"进入命令提示符环境，如图 14-6 所示。

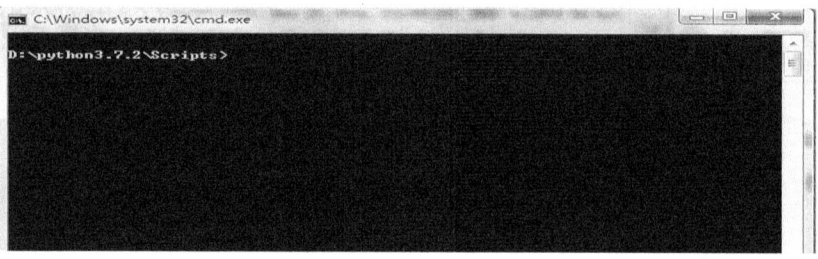

图 14-6　命令提示符环境

（2）使用 pip 命令"pip install<第三方拓展库名称>"在线安装 Python 扩展库 Numpy、Scipy、Matplotlib、Jieba、Openpyxl 和 Pillow。安装 Numpy 库的命令及安装过程如图 14-7 示。

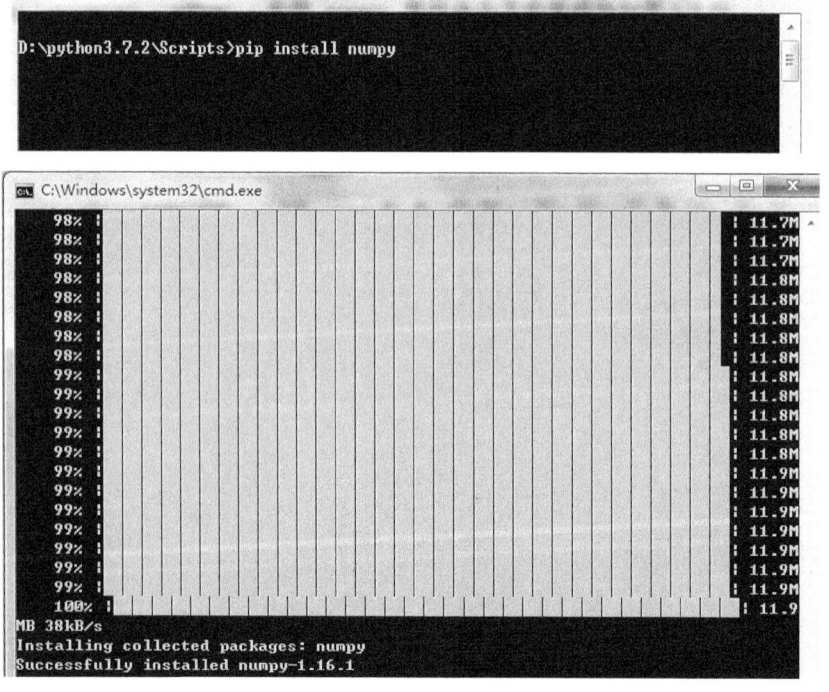

图 14-7　pip 安装 numpy 库

(3)在 IDLE 交互式环境中使用 import 命令导入安装好的扩展库，验证是否安装成功，如图 14-8 所示。

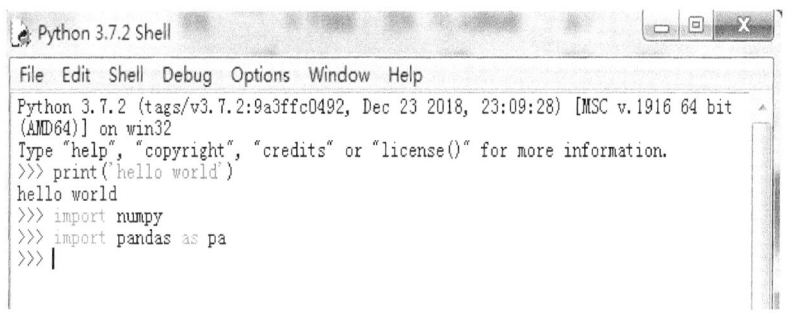

图 14-8　import 导入扩展库

3．运行 Hello World 程序。

(1)交互式运行方法。在 Windows"开始"菜单中单击 IDLE 快捷方式，调用安装好的 IDLE 启动 Python 运行环境，在">>>"提示符后输入代码"print('Hello World')"。IDLE 环境中运行"Hello World"程序效果如图 14-9 所示。

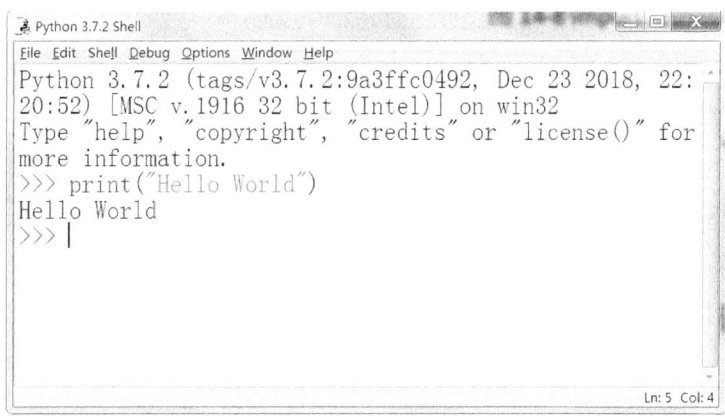

图 14-9　通过 IDLE 启动交互式 Python 运行环境

(2)文件式运行方法。在菜单中选择"File"→"New File"命令，打开文件编辑窗口。在编辑窗口中输入"Hello World"代码并保存为 hello.py 文件，如图 14-10 所示。按快捷键 F5 或在菜单中选择"Run"→"Run Module"命令运行该文件。

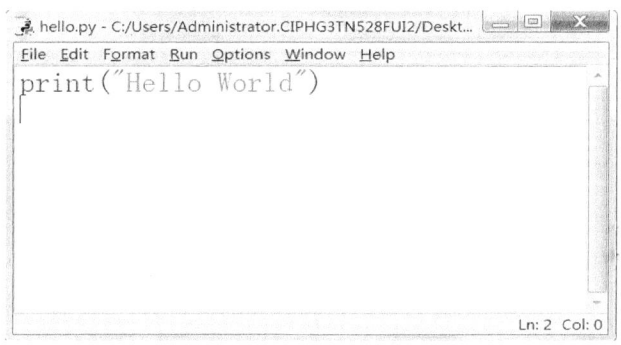

图 14-10　通过 IDLE 编写 Python 程序文件

实验 2 Python 语言基础

【实验目的】

1. 了解 Python 语言的基本语法和编码规范；
2. 熟悉 Python 语言的数据类型、运算符、常量、变量、表达式等基础知识；
3. 掌握 Python 语言的基本输入、输出语句。

【实验内容】

1. 分析下列程序，写出输出结果并通过运行来验证。

```
nb = float(input("请输入本金: "))
nr = float(input("请输入年利率："))
ny = int(input("请输入年份: "))
amount= nb * (1+nr/100) ** ny
print("本金利率和为: ",amount)
```

2. 分析下列程序，写出输出结果并通过运行来验证。

```
setA = eval(input("请输入一个集合："))
setB = eval(input("再输入一个集合："))
print("交集：",setA & setB)
print("并集：",setA | setB)
print("setA-setB：",setA - setB)
```

3. 分析下列程序，写出输出结果并通过运行来验证。

```
import datetime
sName = input("请输入您的姓名：")
birthyear = int(input("请输入您的出生年份："))
age = datetime.date.today().year - birthyear
print("您好！{0}。您{1}岁。".format(sName, age))
```

4. 程序填空：请在下列程序的横线处填入适当内容来完成程序，实现求解三位数中所有的水仙花数，并通过运行来验证。

```
for i in range(100,1000):
    ge=_____     #取出个位上的数字
    shi=_____     #取出十位上的数字
    bai=i//100
    if ge**3+shi**3+_____==i: #判断是否是水仙花数
        print(i)
```

5. 程序填空：请在下列程序横线处填入适当内容来完成程序，实现求解方程 $x^2-10x+16=0$ 的根，并通过运行来验证。

```
import math
a = 1; b = -10; c = 16
x1 = _____
```

```
x2 = (-b - math.sqrt(b*b - 4*a*c))/(2*a)
print("方程 x* x -10*x + 16 = 0 的解为：", x1, _____)
```

6. 编写程序：在 Shell 窗口中输出如图 14-11 所示的新年贺卡。

```
==================== RESTART: D:/pythontest/test2-1.py ====================
####################
新年贺卡
祝你新年快乐
2019
####################
```

图 14-11　新年贺卡

7. 编写程序：输入直角三角形两直角边长 a 和 b，输出斜边长 c。（from math import *）

实验 3　列表基本操作

【实验目的】

1．了解 Python 可变序列类型的特点；
2．熟悉 range()函数，列表成员资格判断等；
3．掌握列表对象的创建与删除，列表元素的增加与删除，列表元素访问与计数，列表切片操作等。

【实验内容】

1．分析下列程序，写出输出结果并通过运行来验证。

```
a_list = ["a", "b", "mpilgrim", "z", "example"]
print(a_list)
a_list1 = []
print(a_list1)
a_list2 = list((3,5,7,9,11))
print(a_list2)
a_list3=list(range(1,10,2))
print(a_list3)
a_list4=list("hello world")
print(a_list4)
del a_list
print(a_list)
```

2．分析下列程序，写出输出结果并通过运行来验证。

```
a = [1,2,4]
b = [1,2,3]
print(a == b)
print(id(a) == id(b))
print(id(a[0]) == id(b[0]))
a = [1,2,3]
print(id(a))
```

```
a.append(4)
print(id(a))
a.remove(3)
print(id(a))
a[0] = 5
print(id(a))
```

3. 分析下列程序，写出输出结果并通过运行来验证。

```
x = [1,2,1,2,1,2,1,2,1]
for i in x:
    if i == 1:
        x.remove(i)
print(x)
y = [1,2,1,2,1,1,1]
for i in y:
    if i == 1:
        y.remove(i)
print(y)
```

4. 分析下列程序，写出输出结果并通过运行来验证。

```
import time
result = []
start = time.time()
for i in range(10000):
    result = result + [i]
print(len(result), ",", time.time()-start)
```

5. 分析下列程序写出输出结果，运行验证并与第4题的输出结果相比较。

```
import time
result = []
start = time.time()
for i in range(10000):
    result.append(i)
print(len(result), ",", time.time()-start)
```

6. 分析下列程序，写出输出结果并通过运行来验证。

```
aList=[3, 4, 5,7, 7, 9, 11, 13, 15, 17]
aList[3] = 5.5
print(aList.index(7))
print(aList.count(7))
print(aList.count(20))
print(3 in aList)
print(20 in aList)
print(3 not in aList)
```

7. 分析下列程序，写出输出结果并通过运行来验证。

```
name=list("perl")
name[2:]=list("ar")
```

```
print(name)
name[1:]=list("ython")
print(name)
numbers=[1,5]
numbers[1:1]=[2,3,4]
print(numbers)
numbers[1:4]=[]
print(numbers)
```

8. 程序填空：请在下列程序的横线处填入适当内容来完成程序，实现输出成绩最高或最低分的姓名以及低于平均分的姓名。

```
scores = {"Zhang San": 45, "Li Si": 78, "Wang Wu": 40, "Zhou Liu": 96, "Zhao Qi": 30, "Sun Ba": 50, "Zheng Jiu": 78, "Wu Shi": 99, "Dong Shiyi": 60}
highest = max(scores.values())
lowest = min(scores.values())
average =_____
personName = _____
print(personName)
```

9. 编程：使用列表推导式生成 100 以内的所有素数。

实验 4　元组和集合基本操作

【实验目的】

1. 了解元组、集合和列表对象的结构特点；
2. 熟悉元组和集合对象的创建和删除，熟悉元组和集合元素的增加、查询和删除等操作；
3. 掌握元组、集合对象的遍历操作。

【实验内容】

1. 分析下列程序，写出输出结果并通过运行来验证。

```
tup = ( )
print (tup)
print (type(tup))
tup = (1,)
print (tup)
print (type(tup))
tup = (1)
print (tup)
print (type(tup))
```

2. 分析下列程序，写出输出结果并通过运行来验证。

```
tu = ("miaoye", 66, 77)
a = ""
for n in tu:
    b = str(n)
```

```
        a += b
    print(a)
```

3. 分析下列程序，写出输出结果并通过运行来验证。

```
    tup = (1, 2, ["a", "b", "c"], "a", "b", ("a", "b"),{"a":2,"b":3},"a")
    print ("tup[0] =",tup[0])
    print ("tup[1:] =",tup[1:])
    print ("tup[:-1] =",tup[:-1])
    print ("tup[1::1] =",tup[1::1])
    print ("tup[1::2] =",tup[1::2])
    print ("tup[::-1]",tup[::-1])
    print ("tup[::-2]",tup[::-2])
    print (len(tup))
    tup[2][0] = "333"
    print (tup)
    print(tup.count("a"))
    print(tup.index("a"))
    print( {"a":2,"b":3} in tup)
    print( 1 in tup)
    del tup
    print (tup)
```

4. 分析下列程序，写出输出结果并通过运行来验证。

```
    s = set([1, 2, 3, 4])
    s.add(7)
    s.remove(2)
    s.discard(4)
    s.pop()
    s.update([1, 4, 5])
    print(s)
    s.clear()
    print(s)
```

5. 分析下列程序，写出输出结果并通过运行来验证。

```
    a = {1,2,3,"a","b","c"}
    b = {1,2,"a","h","78","b"}
    x1 = a.difference(b)
    x2 = b.difference(a)
    print(x1)
    print(x2)
    print(a,b)
```

6. 分析下列程序，写出输出结果并通过运行来验证。

```
    a = {1,2,3,"a","b","c","k"}
    b = {1,2,"a","h","78","b"}
```

```
c = {1,2,0,"c","l"}
x = a.difference(b,c)
print(x)
```

7. 分析下列程序，写出输出结果并通过运行来验证。

```
s1=set([1,2,3,4])
s2=set([1,2,3])
if s1!=s2:
    if s1<s2:
        print("s1 是 s2 的真子集")
    if s2<s1:
        print("s2 是 s1 的真子集")
```

8. 分析下列程序，写出输出结果并通过运行来验证。

```
a1=set([1,2,3])
a2=set([3,4])
s1=a1|a2
s2=a1&a2
s3=s1-s2
s4=s1^s2
print(s1,s2,s3,s4)
```

9. 分析下列程序，写出输出结果并通过运行来验证。

```
a = {11,22, 33}
b = {22, 33}
print(a.isdisjoint(b))
print(a.issubset(b))
print(a.issuperset(b))
```

10. 分析下列程序，写出输出结果并通过运行来验证。

```
set = set(range(4))
list = list(set)
tuple = tuple(set)
str = str(set)
print(type(list), list)
print(type(tuple), tuple)
print(type(str), str)
```

11. 分析下列程序，写出输出结果并通过运行来验证。

```
testlist = ["cc", "bbbb", "afa", "sss", "bbbb", "cc", "shafa"]
set2list = list(set(testlist))
print (set2list)
set2list.sort(key = testlist.index)
print (set2list)
```

12. 编程：随机生成 10 个 0～10 之间的整数，分别组成集合 A 和 B，输出 A 和 B 的内容、长度、最大值、最小值以及它们的并集、交集和差集。

实验 5 字典的基本操作

【实验目的】

1. 了解通过 jieba 模块进行词频统计的一般步骤；
2. 熟悉字典对象的特点与性质；
3. 掌握字典对象创建与删除，字典元素的增加、删除、访问与计数等。

【实验内容】

1. 分析下列程序，写出输出结果并通过运行来验证。

```
dict = {"Name": "Zara", "Age": 7, "Class": "First"}
print ("dict['Name']: ", dict["Name"])
print ("dict['Age']: ", dict["Age"])
dict["Age"] = 8
dict["School"] = "DPS School"
print(dict)
del dict["Name"]
print(dict)
dict.clear()
del dict
print(dict)
```

2. 分析下列程序，写出输出结果并通过运行来验证。

```
d = {"name1" : 1, "name2" : 2, "name3" : 3}
for key in d:
    print (key, "value : ", d[key])
for key, value in d.items():
    print (key, ' value : ', value)
```

3. 编程：实现简单的通讯录程序，当用户输入代码"1"，程序查询联系人资料；当用户输入代码"2"，程序插入联系人信息；当用户输入代码"3"，程序删除已有联系人信息；当用户输入代码"4"退出通讯录程序。

参考代码如下：

```
print('''|---欢迎进入通讯录程序---|
         |---1. 查询联系人资料---|
         |---2. 插入新的联系人---|
         |---3. 删除已有联系人---|
         |---4. 退出通讯录程序---|''')
addressBook={}                              #定义通讯录
while 1:
    temp=input('请输入指令代码：')
    if not temp.isdigit():
        print("输入的指令错误，请按照提示输入")
        continue
```

```
            item=int(temp)                              #转换为数字
            if item==4:
                print("|---感谢使用通讯录程序---|")
                break
            name = input("请输入联系人姓名:")
            if item==1:
                if name in addressBook:
                    print(name,':',addressBook[name])
                    continue
                else:
                    print("该联系人不存在！")
            if item==2:
                if name in addressBook:
                    print("您输入的姓名在通讯录中已存在-->>",name,":",addressBook[name])
                    isEdit=input("是否修改联系人资料(Y/N）:")
                    if isEdit=='Y':
                        userphone = input("请输入联系人电话：")
                        addressBook[name]=userphone
                        print("联系人修改成功")
                        continue
                    else:
                        continue
                else:
                    userphone=input("请输入联系人电话：")
                    addressBook[name]=userphone
                    print("联系人加入成功！")
                    continue
            if item==3:
                if name in addressBook:
                    del addressBook[name]
                    print("删除成功！")
                    continue
                else:
                    print("联系人不存在")
```

4．编程：统计小说《三国演义》第一回内容中出现频率排在前10的词汇。

参考代码如下：

```
import jieba
txt=open("三国演义.txt","r",encoding="utf-8").read()
words=jieba.lcut(txt)
counts={}
for word in words:
    if len(word)==1:
        continue
    else:
        counts[word]=counts.get(word,0)+1
items=list(counts.items())
items.sort(key=lambda x:x[1],reverse=True)
```

```
for j in range(10):
    word,count=items[j]
    print(word,count)
```

5. 编程：统计小说《红楼梦》中前 20 位出场最多的人物。

实验 6　选择与循环结构简单应用

【实验目的】

1. 了解循环结构中 else 子句用法；
2. 熟悉 break 和 continue 子句用法；
3. 掌握 if、if-else 与 if-elif-else 选择语句，掌握 for、while 循环语句。

【实验内容】

1. 分析下列程序，写出输出结果并通过运行来验证。

```
s=[9,7,8,3,2,1,5,6]
print("变换前,s=", s)
for n in range(0,len(s)):
    if (s[n] % 2) ==0:
        s[n] = s[n] * s[n]
print( "变换后,s=",s)
```

2. 分析下列程序，写出输出结果并通过运行来验证。

```
list1=[9,7,8,3,2,1,55,6]
maxi=list1[0];mini=list1[0];s=0
for i in list1:
    if i>maxi:
        maxi=i
    if i<mini:
        mini=i
    s+=i
print(len(list1),maxi,mini,s,s/len(list1))
```

3. 分析下列程序，写出输出结果并通过运行来验证。

```
import random
m1 = random.randint(0,100)
n1 = random.randint(0,100)
print(str.format("整数 1 = {0},整数 2 = {1}", m1, n1))
if (m1 > n1):
    m = m1; n = n1
else:
    m = n1; n = m1
print(str.format("大数 = {0},小数 = {1}",m, n))
```

4. 分析下列程序，写出输出结果并通过运行来验证。

```
import datetime
str="今天是"
d=datetime.datetime.now()
print(d.weekday())
if d.weekday()==0:
    str+="星期一"
elif d.weekday()==1:
    str+="星期二"
elif d.weekday()==2:
    str+="星期三"
elif d.weekday()==3:
    str+="星期四"
elif d.weekday()==4:
    str+="星期五"
elif d.weekday()==5:
    str+="星期六"
elif d.weekday()==6:
    str+="星期日"
print(str)
```

5. 分析下列程序，写出输出结果并通过运行来验证。

```
n=1
s=0
for n in range(1,10):
    s=s+n
print("n=",n,"s=",s)
```

6. 分析下列程序，写出输出结果并通过运行来验证。

```
n=1
s=0
for n in range(1,50,3):
    if n%2==1:
        continue
    s=s+n
    print("n=",n,"s=",s)
print("n=",n,"s=",s)
```

7. 分析下列程序，写出输出结果并通过运行来验证。

```
p=1
n=1
while n<20:
    p=p*n
    print("n=",n,"p=",p)
    n=n+1
```

8. 分析下列程序，写出输出结果并通过运行来验证。

```
for n in range(100,1,-1):
    for i in range(2,n):
        if n%i==0:
            break
    else:
        print(n)
        break
```

9. 分析下列程序，写出输出结果并通过运行来验证。

```
n=0
while n<10:
    n+=1
    if n%2==0:
        continue
    print(n,end="")
```

10. 编程：打印以下图案。

$$
\begin{array}{c}
1\\
2\ 2\ 2\\
3\ 3\ 3\ 3\ 3\\
4\ 4\ 4\ 4\ 4\ 4\ 4
\end{array}
$$

11. 编程：打印以下图案。

$$
\begin{array}{c}
B\\
C\ C\ C\\
D\ D\ D\ D\ D\\
E\ E\ E\ E\ E\ E\ E
\end{array}
$$

12. 程序填空：请在下列程序横线处填入适当内容来完成程序，实现计算 100 以内 2 的倍数和，不是 2 的倍数但是 3 的倍数和，不是 2 的倍数也不是 3 的倍数之和。

```
s1=0
s2=0
s3=0
for _____:
    if n%2==0:
        s1+=n
        print(n,"2")
    elif _____:
        s2+=n
        print(n,"3")
    else:
        _____
        print(n,"23")
print(s1,s2,s3)
```

13. 程序填空：请在下列程序横线处填入适当内容来完成程序，实现输入一段字符串，输出字符串中单词出现的总数。

```
number = 0
word = False
strs=input("请输入字符串：")
for _____:
    ch=strs[n]
    if ch == " ":
        _____
    elif _____:
        word = True
        number+=1
print("其中的单词总数有：", number)
```

14. 编程：计算并输出 Sn=1–3+5–7+9–11+…+101 的结果。

15. 编程：输入一元二次方程的三个系数 a、b 和 c，输出方程 $ax^2+bx+c=0$ 的解。

实验 7　选择与循环结构综合运用

【实验目的】

1. 掌握循环嵌套用法；
2. 掌握选择和循环综合用法。

【实验内容】

1. 分析下列程序，写出输出结果并通过运行来验证。

```
import random
x=[]
while True:
    if len(x)==20:
        break
    n=random.randint(1,100)
    if n not in x:
        x.append(n)
print(x)
```

2. 分析下列程序，写出输出结果并通过运行来验证。

```
n=0
sum=0
while n<10:
    a=input("please tell me your gender:")
    b=int(input("please tell me your age:"))
    if a=="f" and 10<=b<=12:
        print ("You can join in our basketball team!")
```

```
            sum+=1
        n+=1
    print (u"\n满足条件的人数为：%d 人" %sum)
```

3．程序填空：请在下列程序横线处填入适当内容来完成程序，实现从键盘输入一个大于 1 的整数 N，判断 N 是否为素数并输出判断结果。

```
n=input("请输入一个大于 1 的整数 N:")
_____
sign=True
for i in range(2,n):
    if n%i==0:
        sign=False
        _____
    else:
        print("n 是素数")
if _____
    print("n 不是素数")
```

4．程序填空：请在下列程序横线处填入适当内容完成程序，要求如下：允许用户最多输入三个爱好并依次输出爱好；若在未输完三个爱好前输入"Q"或"q"则结束输入，运行效果如图 14-12 所示。

```
hobbies = ""
for _____
    s = input("请输入爱好之一(最多三个，按 Q 或 q 结束): ")
    if s.upper() == 'Q':
        _____
    hobbies += s + " "
else:
    _____
print("您的爱好为: ", hobbies)
```

```
======= RESTART: C:/Users/Administrator.CIPHG3TN528FUI2/Desktop/11.py =======
请输入爱好之一（最多三个，按Q或q结束）：音乐
请输入爱好之一（最多三个，按Q或q结束）：旅游
请输入爱好之一（最多三个，按Q或q结束）：运动
您输入了三个爱好。
您的爱好为： 音乐 旅游 运动
>>>
======= RESTART: C:/Users/Administrator.CIPHG3TN528FUI2/Desktop/11.py =======
请输入爱好之一（最多三个，按Q或q结束）：音乐
请输入爱好之一（最多三个，按Q或q结束）：q
您的爱好为： 音乐
>>>
======= RESTART: C:/Users/Administrator.CIPHG3TN528FUI2/Desktop/11.py =======
请输入爱好之一（最多三个，按Q或q结束）：音乐
请输入爱好之一（最多三个，按Q或q结束）：旅游
请输入爱好之一（最多三个，按Q或q结束）：Q
您的爱好为： 音乐 旅游
>>>
```

图 14-12　运行效果

5．程序填空：请在下列程序横线处填入适当内容完成程序，实现冒泡排序算法，要求运行效果如图 14-13 所示。

```
a=[2,97,86,64,50,80,3,71,8,76]
for i in range(len(a)-1,-1,-1):
```

```
            t=a[j]
          _____
            a[j+1]=t
    i=i+1
    print("第{0}次循环结果为{1}".format(len(a)-i,a))
print(a)
```

```
第0次循环结果为[2, 86, 64, 50, 80, 3, 71, 8, 76, 97]
第1次循环结果为[2, 64, 50, 80, 3, 71, 8, 76, 86, 97]
第2次循环结果为[2, 50, 64, 3, 71, 8, 76, 80, 86, 97]
第3次循环结果为[2, 50, 3, 64, 8, 71, 76, 80, 86, 97]
第4次循环结果为[2, 3, 50, 8, 64, 71, 76, 80, 86, 97]
第5次循环结果为[2, 3, 8, 50, 64, 71, 76, 80, 86, 97]
第6次循环结果为[2, 3, 8, 50, 64, 71, 76, 80, 86, 97]
第7次循环结果为[2, 3, 8, 50, 64, 71, 76, 80, 86, 97]
第8次循环结果为[2, 3, 8, 50, 64, 71, 76, 80, 86, 97]
第9次循环结果为[2, 3, 8, 50, 64, 71, 76, 80, 86, 97]
[2, 3, 8, 50, 64, 71, 76, 80, 86, 97]
>>>
```

图 14-13　冒泡排序输出效果

6．编程：实现选择排序算法。

7．编程：实现猜数小游戏程序，要求随机生成一个 1～5 之间的随机整数，然后输入一个数字来猜，如果该数字大于随机数，则输出"bigger"；如果小于随机数，则输出"less"；如果相等，则输出"equal"。

8．编程：在第 7 题的基础上，要求用户只能猜错 3 次，猜错退出程序。

9．编程：在第 7 题的基础上，补充猜不中的情况下一直循环，直到猜中为止，并输出猜的总次数。

实验 8　字符串常用操作

【实验目的】

1．了解字符串编码；
2．熟悉字符串常用格式化输出；
3．掌握字符串常用方法。

【实验内容】

1．分析下列程序，写出输出结果并通过运行来验证。

```
print("学生人数{0}，平均成绩{1}".format (15,81.2))
print(str.format("学生人数{0}，平均成绩{1:2.2f}",15,81.2))
print(format(81.2, "0.5f"))
print("学生人数%4d,平均成绩%2.1f"%(15,81))
```

2．分析下列程序，写出输出结果并通过运行来验证。

```
a="%(name)s---%(age)d"%{"name":"Yangmei","age":20}
b="%(name)+10s----%(age)-10d--"%{"name":"Yangmei","age":20}
c="--%(year)d****%(age)010d"%{"year":2016, "age":-20}
```

```
d="--------%(p)f"%{"p":1.23456}
e="--------%(p).2f"%{"p":1.23456}
f="Hi,%s,you have $%d. "%("Michael",1000000)
print(a,b,c,d,e,f)
```

3. 分析下列程序，写出输出结果并通过运行来验证。

```
s1="---{:*^20s}----".format("welcome")
s2="---{:*>20s}----".format("welcome")
s3="---{:*<20s}----".format("welcome")
s4="i am {},age{},{}".format("seven",18, "alex")
s5="i am {0[0]},age{0[1]},really{0[2]}".format([1,2,3],[11,22,33])
s6="i am {0[0]:f},age{0[1]:f},really {0[2]:f}".format ([1,2,3],[11,22,33])
s=[s1,s2,s3,s4,s5,s6]
print(s)
```

4. 分析下列程序，写出输出结果并通过运行来验证。

```
plaincode="python is an excellent language"
for p in plaincode:
    if ord('a')<=ord(p)<=ord("z"):
        print(chr(ord("a")+(ord(p)-ord("a")+3)%26),end="")
    else:
        print(p,end="")
```

5. 分析下列程序，写出输出结果并通过运行来验证。

```
import string
s ="abc 123\*&df #hdjak"
letters = 0;space = 0;digit = 0;others = 0
for c in s:
    if c.isalpha():
        letters += 1
    elif c.isspace():
        space += 1
    elif c.isdigit():
        digit += 1
    else:
        others += 1
print ("char = %d,space = %d,digit = %d,others = %d"% (letters,space,digit,others))
```

6. 程序填空：请在下列程序横线处填入适当内容完成程序，实现对输入字符串统计元音字母出现的次数和频率。填空将程序补充完整并上机验证，要求程序输出效果如图 14-14 所示。

```
s1=input("请输入字符串:")
s2=s1.upper()
countall=len(s1)
counta=s2.count("A");
counte=s2.count("E");
counti=s2.count("I");
counto=s2.count("O");
```

```
countu=s2.count("U");
print('所有字母的总数为',_____)
print('元音字母出现的次数和频率分别为')
str=["A","E","I","O","U"]
count=[counta,counte,counti,counto,countu]
_____
_____
```

```
======================= RESTART: D:\pythontest\ex.py =======================
请输入字符串:werwiojljjlicdoiuvl
所有字母的总数为 19
元音字母出现的次数和频率分别为
A:0    0.00%
E:1    5.26%
I:3    15.79%
O:2    10.53%
U:1    5.26%
```

图 14-14　输出结果

7．编程：输入两个字符串 s1 和 s2，从字符串 s1 中删除字符串 s2 中出现的字符，并输出删除操作后的字符串 s1。

实验 9　正则表达式

【实验目的】

1．了解子模式与 match 对象；
2．熟悉元字符的基本用法；
3．掌握正则表达式对象的使用以及 re 模块的使用。

【实验内容】

1．分析下列程序，写出输出结果并通过运行来验证。

```
import re
sum=0;pa="boy"
if re.match(pa,"boy and girl"):sum+=1
if re.match(pa,"girl and boy"):sum+=2
if re.search(pa,"boy and girl"):sum+=3
if re.search(pa,"girl and boy"):sum+=4
print(sum)
```

2．分析下列程序，写出输出结果并通过运行验证。

```
import re
pattern = re.compile(r"hello")
match = pattern.match("hello world!")
if match:
    print (match.group())
```

3．分析下面的程序，输入电话号码、网址、Email 地址上机验证。

```
import os, re
regex_phone = re.compile(r"^(\(\d{3}\)|\d{3}-)?\d{8}$")
```

```
strPhone=input("请输入中华人民共和国电话号码")
print(True if regex_phone.match(strPhone) else False)
strURL=input("请输入网站网址")
regex_URL = re.compile(r"^https?://\w+(?:\.[^\.]+)+(?:/.+)*$")
print(True if regex_URL.match(strURL) else False)
strEmail=input("请输入 email 地址")
regex_email = re.compile(r"^[\w\.\-]+@([\w\-]+\.)+[\w\-]+$")
print( True if regex_email.match(strEmail) else False)
```

4. 程序填空：请在下列程序横线处填入适当内容完成程序，验证密码的安全强度。若密码包含数字、大写字母、小写字母以及指定的标点符号四种字符，则该密码安全强度为 strong，若密码只包含其中三种，密码强度为 above middle，只包含其中两种字符，密码强度为 below middle，只有一种字符的密码强度为 weak。

```
pwd=input("请输入不少于 6 位的密码")
d={1:"weak", 2:"below middle", 3:"above middle", 4:"strong"}
r = [False] * 4
for ch in pwd:
    if _____            #判断密码是否包含数字
        r[0] = True
    elif _____          #判断密码是否包含小写字母
        r[1] = True
    elif_____           #判断密码是否包含大写字母
        r[2] = True
    elif not r[3] and ch in ",.!;?<>":    #是否包含指定的标点符号
        r[3] = True
print(d.get(_____, "error"))  #统计包含的字符种类，返回密码强度
```

5. 编程：输入一个字符串，使用正则表达式提取该字符串中的移动手机号码并输出。

6. 编程：输入一段英文字符串，使用正则表达式输出这段英文中所有长度为 3 个字母的单词，并输出这些单词。

7. 编程：输入一段英文字符串，其中该字符串有单词连续重复多次，程序检查重复的单词并只保留一个后输出，例如输入字符串"This is is a book"，程序输出"This is a book"。

实验 10　函数设计

【实验目的】

1．了解函数概念；
2．掌握函数实参、形参及返回值的概念与使用方法；
3．掌握 Python 函数的定义与调用。

【实验内容】

1．分析下列函数调用，请写出实参、形参和输出结果，并通过运行验证结果。

```
def func(a,b):
    return a+b
```

```
if __name__=="__main__":
    x=20
    y=11
    z=func(x+y,++y)
    print('x=%d,y=%d,z=%d'%(x,y,z))
```

2. 分析下列程序运行出错的原因，并上机调试运行。

```
if __name__=="__main__":
    x=20
    y=11
    func(x+y,++y)
    print("x=%d,y=%d,z=%d"%(x,y,z))
def func(a,b):
    return a+b
```

3. 分析下列程序运行出错的原因，并上机调试运行。

```
def func(a,b,c):
    c=a+b
if __name__=="__main__":
    x=10;y=15;z=30;
    g=func(x,y,z)
    print("x=%d,y=%d,z=%d,g=%d"%(x,y,z,g))
```

4. 查找并修改程序中的错误，完成计算 1!+2!+3!+...+11!。

```
def func(n)
    f=0
    for i in range(2,n+1):
        f=f*i
    return f
if __name__=="__main__":
    add=0
    for j in range(1,12):
        add=add+func
    print("1!+2!+3!+...+11!=",add)
```

5. 程序填空：请在下列程序横线处填入适当内容完成程序，要求输入一个字符串，返回相对应的 ASCII 数值。

```
def main():
    s = input("请输入一个字符串:")
    _____
    for n in range(len(s)):
        num = ord(s[n])
        _____
    _____
```

6. 程序填空：请在下列程序横线处填入适当内容完成程序。要求输入一个列表，输出该列表元素的最大值和最小值。

```
def getMaxMin(s):
    _____
    mini=s[0]
    for n in range(_____):
        if maxi<s[n]:
            maxi = s[n]
        if mini>s[n]:
            _____
    return maxi,mini
if __name__=="__main__":
    a=[1,2,5,6,0,2,4]
    print(_____)
```

7. 程序填空：请在下列程序横线处填入适当内容完成程序。实现函数 demo，该函数接收两个正整数作为参数，函数返回一个元组，元组第一个元素为最大公约数，第二个元素为最小公倍数。

```
def demo(m,n):
    if m>n:
        _____
    p=m*n
    _____
        r=n%m
        n=m
        _____
    return (n,int(p/n))
```

8. 编程：编写函数 Prime(n)，接收正整数 n 作为参数，判断该正整数是否为素数，如果是素数，则返回"True"，否则返回"False"。

9. 编程：在第 8 题的基础上，编写函数 Twinprime(m,n)，接收正整数 m，n 作为参数，函数返回 n～m 之间的所有孪生素数。(孪生素数：若两个素数之差为 2，则这两个素数就是一对孪生素数，如 3 和 5、5 和 7、11 和 13 等都是孪生素数。)

10. 编程：编写函数 demo(s)，接收字符串参数 s，该函数返回一个元组，元组第一个元素为大写字母个数，第二个元素为小写字母个数。

实验 11 Lambda 表达式与变量作用域

【实验目的】

1. 了解 Python 函数变量作用域；
2. 熟悉 Lambda 表达式的定义与使用；
3. 掌握 Python 函数参数类型及使用。

【实验内容】

1. 分析下列程序运行出错的原因，并上机调试运行。

```
n=1
def func(a,b):
    c=a*b
    return c
if __name__=="__main__":
    s=func("knock",2)
    print(c)
```

2. 分析下列程序，写出输出结果并通过运行来验证。

```
n=1
def func(a,b):
    global n
    n=a*b
    return n
if __name__=="__main__":
    s=func("knock",2)
    print(s)
```

3. 分析下列程序，写出输出结果并通过运行来验证。

```
global x
x=20
def fun():
    x=30
    print("函数内变量 x=",x)
    return x
if __name__=="__main__":
    fun()
    print("函数外变量 x=",x)
```

4. 分析下列程序，写出输出结果并通过运行来验证。

```
def fact(n):
    if n==0:
        f=1
    else:
        f=n*fact(n-1)
    return f
if __name__=="__main__":
    n=int(input("请输入整数 n(n>=0)："))
    print(n,"!=",fact(n))
```

5. 分析下列程序，写出输出结果并通过运行来验证。

```
def test(x,alist):
    print("函数里的 x 的最初地址是:",id(x))
    print("函数里的 alist 的最初地址是:",id(alist))
    x+=1
    alist.append(3)
    print("加 1 操作后,函数里的 x 变量的值是",x)
```

```
        print("添加操作后,函数里的 alist 变量的值是",alist)
        print("加 1 操作后,函数里的 x 变量的地址是",id(x))
        print("添加操作后,函数里的 alist 变量的值是",id(alist))
if __name__=="__main__":
    alist=[1,2]
    x=5
    print('最开始 x 的地址是',id(x))
    print('最开始 alist 的地址是',id(alist))
    test(x,alist)
    print('最后，函数外的 x 的值',x)
    print('最后，函数外的 alist 的值',alist)
```

6. 分析下列程序，写出输出结果并通过运行来验证。

```
def vfunc(a=0,*b):
    print(type(b))
    for n in b:
        a+=n
    return a
if __name__=="__main__":
    print(vfunc(1,2,3,4,5))
```

7. 分析下列程序，写出输出结果并通过运行来验证。

```
def afunc(t="",**b):
    print(type(b))
    for item in b.items():
        print(item)
        t+=item[1]
    return t
if __name__=="__main__":
    print(afunc(x="1",y="2",z="3"))
```

8. 分析下列程序，写出输出结果并通过运行来验证。

```
f=lambda x,y,z:x+y+z
g=lambda x,y=2,z=3:x+y+z
d={"f1":(lambda:2+3),"f2":(lambda:2*3),"f3":(lambda:2**3)}
print(f(1,2,3),g(1))
print(d["f1"](),d["f2"](),d["f3"]())
```

9. 分析下列程序，写出输出结果并通过运行来验证。

```
f=lambda x,y,z:x*y*z
print(f(3,4,5))
L=[(lambda x:x**2),(lambda x:x**3),(lambda x:x**4)]
print(L[0](2),L[1](2),L[2](2))
```

10. 编程：编写 Prime(v1,v2)函数，该函数产生一个 v1～v2 之间的随机整数，形参 v1、v2 的默认值分别为 1 和 10，要求显示输出该随机整数，并判断该整数是否为素数，是则返回字符串"YES"，否则返回字符串"NO"。

实验 12　面向对象编程

【实验目的】

1．了解面向对象程序设计思想；
2．熟悉类、对象、属性、方法和继承等面向对象程序设计的基本概念；
3．掌握类的定义和使用。

【实验内容】

1．分析下列程序，写出输出结果并通过运行来验证。

```
class Myclass:
    def sum(self,x,y):
        self.x=x
        self.y=y
        return self.x+self.y
if __name__=="__main__":
    obj=Myclass()
    s=obj.sum(3,5)
    print("s=",s)
```

2．分析下列程序，写出输出结果并通过运行来验证。

```
class Student:
    name = ""
    age = 0
    sex=''
    __sno = 0
    def __init__(self,n,a,w):
        self.name = n
        self.age = a
        self.__sno = w
    def study(self):
        print("%s :%d"%(self.name,self.age))
if __name__=="__main__":
    stu1=Student("李雷",18,"1007090045")
    stu2=Student("韩梅梅",20,"1007090046")
    stu3=Student("李华",21,"1007090047")
    stu1.study()
    stu2.study()
```

3．分析下列程序，写出输出结果并通过运行来验证。

```
class Foo:
    classname = "Foo"
    def __init__(self, name):
        self.name = name
    def f1(self):
```

```
            print(self.name)
        @staticmethod
        def f2():
            print("static")
        @classmethod
        def f3(cls):
            print(cls.classname)
    if __name__=="__main__":
        f = Foo("李")
        f.f1()
        Foo.f2()
        Foo.f3()
```

4. 分析下列程序运行出错的原因，并上机调试运行。

```
    class testPrivate:
        def __init__(self,x,y):
            self.__x=x
            self.__y=y
        def add(self):
            self.__s=self.__x+self.__y
            return self.__s
        def printadd(self):
            print(self.__s)
    if __name__=="__main__":
        t=testPrivate(3,5)
        print(t.__x)
        t.add()
        s=t.printadd()
        print("s=",s)
```

5. 分析下列程序运行出错的原因，并上机调试运行。

```
    class Person:
        count=0
        def __init__(self,name):
            self.name=name
            Person.count+=1
        def say_speak(self):
            self._speak()
        def __speak(self):
            print("my name is",self.name)
        @classmethod
        def classprint_count(cls):
            print("classmethod 打印 count", cls.count)
        @staticmethod
        def staticprint_count():
            print("staticmethod 打印 count",Person.count)
    if __name__=="__main__":
        p1=Person("小花")
```

```
p1.say_speak( )
Person.classprint_count()
Person.staticprint_count()
p2=Person("张飞")
p2.say_speak( )
Person.classprint_count()
Person.staticprint_count()
```

6. 分析下列程序运行错误的原因，并上机调试运行(Person 类第 5 题已定义)。

```
class Student(Person):
    def __init__(self,name,age,score):
        super(Student,self).__init__(name,age)
        self.score=score
    def prnt(self):
        super(Student,self).speak()
        print("成绩", self.score)
        print("年龄",self.age)
if __name__=="__main__":
    s=Student('Lihong',18,90)
    s.prnt()
```

7. 程序填空：请在下列程序横线处填入适当内容完成程序。程序要求：创建类 Person，该类有 name 和 age 两个变量，从键盘输入姓名、年龄等信息，调用 Person 对象打印姓名和年龄信息。

```
class Person:
    def __init__(self,name,age):
        self.name=name
        _____
    def prit(self):
        print("姓名：",_____)
        print("年龄：",_____)
if __name__=="__main__":
    name=input("input name: ")
    age=input("input age: ")
    _____
    p.prit()
```

8. 程序填空：请根据代码注释在下列程序横线处填入适当内容完成程序。程序要求：创建类 Person，创建一个子类 Teacher 继承 Person 类。

```
class Person:
    def __init__(self, name = "", age = 20, sex = "man"):
        self.setName(name)
        self.setAge(age)
        _____        #通过setSex()方法接收参数 sex
    def setName(self, name):
        if not isinstance(name, str):
            print('name must be string.')
```

```
            return
            _____        #接收 name 变量赋值
        def setAge(self, age):
            if not isinstance(age, int):
                print("age must be integer.")
                return
            _____        #接收 age 赋值
        def setSex(self, sex):
            if sex != "man" and sex != "woman":
                print("sex must be man or woman")
                return
            self.__sex = sex
        def show(self):
            print("Name:",self.__name)
            print("Age:",self.__age)
            print("Sex:",self.__sex)

        def __init__(self, name="", age = 30, sex = "man", department = "Computer"):
            _____                #调用父类构造方法
            self.setDepartment(department)
        def setDepartment(self, department):
            if not isinstance(department, str):
                print("department must be a string.")
                return
            self.__department = department
        def show(self):
            _____                #调用父类的 show 方法
            print("Department:",_____)   #打印部门信息

    if __name__=="__main__":
        zhangsan = Person("Zhang San", 19, "man")
        zhangsan.show()
        #创建 teacher 对象 lisi("Li Si",32,"man","Math")
        _____
        lisi.show()
        lisi.setAge(40)
        _____                #显示 lisi 对象的部门信息
```

9. 编程：模拟 cs 游戏，要求如下：

(1)人物角色分为警察和匪徒两种，定义成两个类：所有警察的角色是 police，每个警察都有自己独有的名字、生命值、武器、性别，每个警察都可以开枪攻击敌人，且攻击目标不能是 police；所有匪徒角色都是 terrorist，每个匪徒都有自己独有的名字、生命值、武器、性别，每个匪徒都可以开枪攻击敌人，且攻击目标不能是 terrorist。

(2)实例化一个警察，一个匪徒，警察攻击匪徒，匪徒掉血。

(3)提取警察类和匪徒类相似之处定义成一个父类，使用继承的方法减少代码重复。

实验 13　文件基本操作

【实验目的】

1. 掌握二进制文件的创建、读写；
2. 掌握文本文件的创建、读写；
3. 掌握文件目录的创建、复制和删除。

【实验内容】

1. 分析下列程序，写出输出结果并通过运行来验证。

```
import os
os.chdir("E:\\")
print(os.mkdir(os.getcwd()+"\\Pythontext"))
os.chdir(os.getcwd()+"\\Pythontext")
s="你好，欢迎使用 Python 程序设计语言"
try:
    f1=open("sample.txt","w")
    f1.write(s)
    f1.close()
    f2=open("sample.txt","a+")
    list1=["你好","欢迎","使用 Python 程序","设计语言"]
    f2.writelines(list1)
    f2.seek(0)
    print(f2.read())
    f2.close()
except:
    print("操作错误")
```

2. 分析下列程序，写出输出结果并通过运行来验证。

```
import pickle
f=open("sample.dat","wb")
n=7
i=13000000
a=99.056
s="我是 Python 超人"
list1=[[1,2,3],[4,5,6],[7,8,9]]
tu=(-5,10,8)
coll={4,5,6}
dic={"a":"apple","b":"banana","g":"grape","o":"orange"}
try:
    pickle.dump(n,f)
    pickle.dump(i,f)
    pickle.dump(a,f)
    pickle.dump(s,f)
    pickle.dump(list1,f)
```

```
            pickle.dump(tu,f)
            pickle.dump(coll,f)
            pickle.dump(dic,f)
            print("写入成功")
    except:
        print("写入文件异常")
    finally:
        f.close()
```

3. 分析下列程序，写出输出结果并通过运行来验证。

```
import shutil
import os
oldpath="d:\\pytest"   #自己可任意创建
newpath="e:\\test"
isExists=os.path.exists(oldpath)
if isExists:
    shutil.copytree(oldpath,newpath)
    print("文件夹"+oldpath+"复制到"+newpath+"成功")
else:
    print("要复制的文件夹不存在！")
rmpath="d:\\qttc"
isExists=os.path.exists(rmpath)
if isExists:
    shutil.rmtree(rmpath)
    print("删除目录"+rmpath+"成功")
else:
    print("要删除的目录不存在")
```

4. 分析下列程序，写出输出结果并通过运行来验证。

```
import os
oldfile_name=input("请输入你要复制的文件名:")
print(oldfile_name)
oldfile=open(os.getcwd()+"\\text.txt")
newfile_name=oldfile_name[:oldfile_name.rfind(".")]+"[复件]"\
+oldfile_name[oldfile_name.rfind("."):]
newfile=open(newfile_name,"w")
while True:
        content=oldfile.read(1024)
        if len(content)==0:
                break
        newfile.write(content)
oldfile.close()
newfile.close()
```

5. 分析下列程序，写出输出结果并通过运行来验证。

```
import os
def mkdir(path):
    path=path.strip()
```

```
            path=path.rstrip("\\")
            isExists=os.path.exists(path)
            if not isExists:
                os.makedirs(path)
                print(path+"创建成功")
                return True
            else:
                print(path+"目录已存在")
                return False

    mkpath="d:\\mqtt\\web\\"
    mkdir(mkpath)
```

6. 编程：创建两个文本文件，比较两个文本文件中的内容是否相同。

7. 编程：创建一个 Excel 文件，使用 xlwt 模块写入该 Excel 文件。(xwlt 模块默认没有安装，可以使用 pip 命令来安装。)

实验 14　Python 异常处理

【实验目的】

1. 了解 Python 异常类及异常处理机制；
2. 熟悉断言与上下文管理；
3. 掌握 Python 异常处理结构。

【实验内容】

1. 分析下列程序，写出输出结果并通过运行来验证。

```
s=[1,2,3,4,5]
try:
    print(s[5])
except IndexError:
    print("发生异常原因：索引出界")
```

2. 分析下列程序，写出输出结果并通过运行来验证。

```
class ShortInputException(Exception):
    def __init__(self, length, atleast):
        Exception.__init__(self)
        self.length = length
        self.atleast = atleast
try:
    s = ["hello","123",12,{12:23}]
    if len(s) < 5:
        raise ShortInputException(len(s), 5)
except EOFError:
    print ("你输入了一个结束标记 EOF")
except ShortInputException as x:
```

```
        print ("ShortInputException:长度是%d,至少应是%d"%(x.length, x.atleast))
    else:
        print ("没有异常发生.")
```

3. 分析下列程序，写出输出结果并通过运行来验证。

```
s=[1,2,3,4,5,6,7,8]
while True:
    try:
        i=eval(input("input: "))
        print(s[i])
    except IndexError:
        print("发生异常原因：索引出界")
        break
    except NameError:
        print("发生异常原因：不是数字")
        break
    except KeyboardInterrupt:
        print("发生异常原因：用户中断输入")
        break
    else:
        pass
```

4. 分析下列程序，根据输入内容写出输出结果并通过运行来验证。

```
s=input("请输入你的年龄：")
if s=="":
    raise Exception("输入不能为空")
try:
    i=int(s)
except Exception as err:
    print(err)
finally:
    print("Goodbye")
```

5. 分析下列程序，写出输出结果并通过运行来验证。

```
a=(32,48,50,-80,52)
asum=0
try:
    for n in a:
        if n<0:
            raise ValueError(str(i)+"负数")
        asum+=n
    print("合计=",asum)
except Exception:
    print("发生异常")
except ValueError:
    print("数值不能为负")
```

6. 分析下列程序，当输入 b 值为 0 时输出的结果是什么？并通过运行来验证。

```
a=int(input("请输入整数 a"))
b=int(input("请输入整数 b"))
assert b!=0,"除数不能为 0"
c=a/b
print(a"/","b","=",c)
```

7. 分析下列程序，写出输出结果并通过运行来验证。

```
class File():
    def __init__(self, filename, mode):
        self.filename = filename
        self.mode = mode
    def __enter__(self):
        print("entering")
        self.f = open(self.filename, self.mode)
        return self.f
    def __exit__(self, *args):
        print("will exit")
        self.f.close()
with File("out.txt", "w") as f:
    print("writing")
    f.write("hello, python")
```

8. 参照第 2 题编写并调试 Python 程序代码中通过 raise 语句抛出异常的示例程序。
9. 参照第 3 题编写并调试 Python 常见异常的示例程序。
10. 参照第 4 题编写 try...except...else...finally 的示例程序。

实验 15　图形用户界面编程

【实验目的】

1. 理解 Tkinter 模块开发图形界面应用程序的方法；
2. 熟悉常用的 Tkinter 组件和窗体布局；
3. 熟悉 Tkinter 事件处理方法。

【实验内容】

1. 编程：使用 Tkinter 模块制作一个简单的登录验证窗口，要求对用户名和密码进行验证，窗口界面如图 14-15 所示。

图 14-15　登录验证窗口

参考代码如下：

```
import tkinter as tk
from tkinter import messagebox

class verification_window(tk.Frame):
    #调用时初始化
    def __init__(self):
```

```python
        global root
        root = tk.Tk()
        root.title("用户认证窗口")
        #窗口大小设置为 150x150
        root.geometry("250x150+885+465")
        root.resizable(False, False)    #窗口大小固定
        super().__init__()
        self.username = tk.StringVar()
        self.password = tk.StringVar()
        self.pack()
        self.main_window()
        root.mainloop()

        #窗口布局
    def main_window(self):
        global root
        username_label=tk.Label(root,text="用户名:",font=("Arial",12)).place(x=35,y=10)
        username_input = tk.StringVar
        username_entry=tk.Entry(root,textvariable=self.username,width=150).\
        place(x=2,y=35)
        password_label=tk.Label(root,text="密码:",font=("Arial",12)).place(x=35,y=58)
        password_entry=tk.Entry(root,textvariable=self.password,show="*",\
        width=150).place(x=2,y=83)

        #在按下 CONFIRM 按钮时调用验证函数
        confirm_button=tk.Button(root,text="确定",command=self.verification,fg="white",\
        bg="black", activeforeground="white",activebackground="navy",width=8,height=1)
        confirm_button.place(x=6,y=112)
        quit_button=tk.Button(root,text="退出",command=root.quit,fg="white",\
        bg="black",activeforeground="white",activebackground="red",width=8,height=1)
        quit_button.place(x=78,y=112)

        #验证函数
    def verification(self):
        global root
        #检查用户名和密码 是否在 user_dict 字典中
        user_dict = {"user1":112233,"user2":332211}
        if user_dict.get(self.username.get()) == int(self.password.get()):
        #成功提醒
            messagebox.showinfo(title="Correct",\
                                message=f"{self.username.get()},welcome!")
        else:
            #错误提醒
            messagebox.showerror(title="Wrong inputs!",\
                                message="Please enter correct username or password.")

if __name__ =="__main__":
    t=verification_window()
```

2. 编程：使用 Tkinter 模块制作一个简单的计算器，并能实现简单的加、减、乘、除功能。窗口界面如图 14-16 所示。

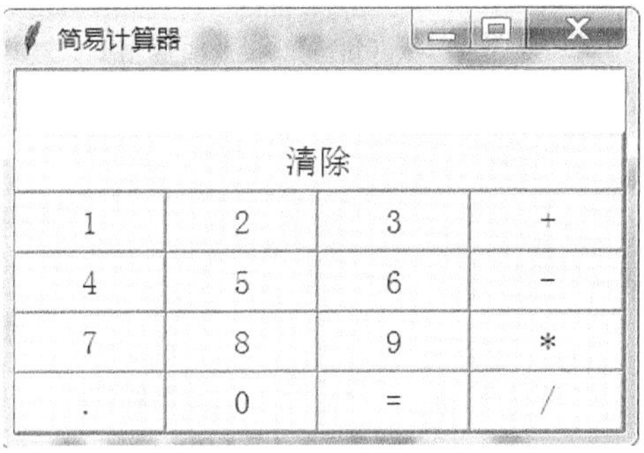

图 14-16　简易计算器

参考代码如下：

```python
import tkinter
from tkinter import *

def frame(root,side):
    f=Frame(root)
    f.pack(side=side,expand=YES,fill=BOTH)
    return f

def button(root,side,text,command=None):
    btn=Button(root,text=text,font=("宋体","12"),command=command)
    btn.pack(side=side,expand=YES,fill=BOTH)
    return btn

class Calculator(Frame):
    def __init__(self):
        Frame.__init__(self)
        self.pack(expand=YES,fill=BOTH)
        self.master.title("简易计算器")
        display=StringVar()
        Entry(self,relief=SUNKEN,font=("宋体","20","bold"),\
                textvariable=display).pack(side=TOP,expand=YES,fill=BOTH)
        clearF=frame(self,TOP)
        button(clearF,LEFT,"清除",lambda w=display:w.set(''))
        for key in ('123+','456-','789*','.0=/'):
            keyF=frame(self,TOP)
            for char in key:
                if char =="=":
                    btn=button(keyF,LEFT,char)
                    btn.bind("<ButtonRelease-1>",\
                        lambda e,s=self,w=display:s.calc(w),"+")
                else:
                    btn=button(keyF,LEFT,char, \
```

```
            lambda w=display,c=char:w.set(w.get()+c))
        def calc(self,display):
            try:
                    display.set(eval(display.get()))
            except:
                    display.set("error")
if __name__=="__main__":
    print("OK")
    Calculator().mainloop()
```

实验 16 网络应用编程

【实验目的】

1. 了解 Socket 的工作原理和基本概念;
2. 熟悉网络爬虫的一般步骤;
3. 掌握标准库 Socket、Requests 的常用属性。

【实验内容】

1. 编程:编写聊天程序的服务端和客户端。要求启动服务端代码后,启动客户端程序输入聊天问题,服务端根据输入问题返回相应聊天回答。

参考代码如下(建议服务端代码、客户端代码分别编写在不同的文件中):

```
#服务端
from socket import *

tcpSersocket=socket(AF_INET,SOCK_STREAM)
address=("",8080)
tcpSersocket.bind(address)
tcpSersocket.listen(5)
while True:
    newSocket,clintSocket=tcpSersocket.accept()
    while True:
        reData=newSocket.recv(1024)
        if len(reData)>0:
            print("192.168.1.105:\n"+reData.decode("utf8"))
        else:
            break
        sendData=input("127.0.0.1:\n")
        newSocket.send(sendData.encode("utf8"))
    newSocket.close()

#客户端
from socket import *

tcpClinetSocket=socket(AF_INET,SOCK_STREAM)
```

```
serAddr=("127.0.0.1",8080)
tcpClinetSocket.connect(serAddr)
while True:
    sendData=input("聊天内容:")
    if len(sendData)>0:
        tcpClinetSocket.send(sendData.encode("utf8"))
    else:
        break
    recv=tcpClinetSocket.recv(1024)
    print("127.0.0.1:\n"+recv.decode("utf8"))
socket.close()
```

2．编程：抓取包图网(http://ibaotu.com/shipin)首页视频文件。

参考代码如下：

```
import requests
from lxml import etree

class Spider(object):
    def __init__(self):
        self.url = "http://ibaotu.com/shipin/"
    def start_request(self):
        response = requests.get(self.url)
        html = etree.HTML(response.content.decode())
        self.xpath_data(html)
    def xpath_data(self,html):
        src_list = html.xpath("//div[@class='video-play']/video/@src")
        tit_list = html.xpath("//span[@class='video-title']/text()")
        for src,tit in zip(src_list,tit_list):
            url = "http:"+src
            file_name = tit + ".mp4"
            response = requests.get(url)
            print("正在抓取文件："+file_name)
            with open(file_name,"wb") as f:
                f.write(response.content)

spider = Spider()
spider.start_request()
```

实验 17　数据库应用编程

【实验目的】

1．了解 SQLite 数据库；
2．熟悉 Python 访问 SQLite 数据库的方法；
3．熟悉标准库 string、os、os.path、SQLite3 的用法。

【实验内容】

编程：创建一个学生信息管理系统，系统界面如图 14-17 所示，要求将新学生的信息添加到后台数据库，并显示在系统列表框中。

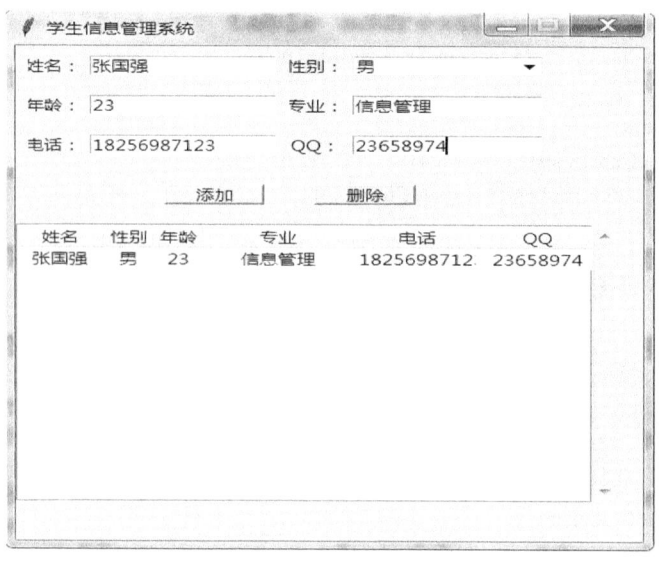

图 14-17　学生信息管理系统

参考代码如下：

```
import sqlite3
import tkinter
import tkinter.ttk
import tkinter.messagebox

def creataddress():
    conn=sqlite3.connect('data.db')
    sqlstr="create table addressList(id varchar(2),"+\
        "name varchar(5),sex varchar(2),age int,"+\
        "department varchar(20),"+\
        "telephone varchar(10),qq varchar(10))"
    conn.execute(sqlstr)
    print("创建成功")
    conn.close()

creataddress()
def doSql(sql):
    '''用来执行 SQL 语句，尤其是 INSERT 和 DELETE 语句'''
    conn = sqlite3.connect("data.db")
    cur = conn.cursor()
    cur.execute(sql)
    conn.commit()
    conn.close()

#创建 tkinter 应用程序窗口
root = tkinter.Tk()
#设置窗口大小和位置
```

```python
root.geometry("500×500+400+300")
#不允许改变窗口大小
root.resizable(False, False)
#设置窗口标题
root.title("学生信息管理系统")

#在窗口上放置标签组件和用于输入姓名的文本框组件
lbName = tkinter.Label(root, text="姓名：")
lbName.place(x=10, y=10, width=40, height=20)
entryName = tkinter.Entry(root)
entryName.place(x=60, y=10, width=150, height=20)

#在窗口上放置标签组件和用于选择性别的组合框组件
lbSex = tkinter.Label(root, text="性别：")
lbSex.place(x=220, y=10, width=40, height=20)
comboSex = tkinter.ttk.Combobox(root, values=("男", "女"))
comboSex.place(x=270, y=10, width=150, height=20)

#在窗口上放置标签组件和用于输入年龄的文本框组件
lbAge = tkinter.Label(root, text="年龄：")
lbAge.place(x=10, y=50, width=40, height=20)
entryAge = tkinter.Entry(root)
entryAge.place(x=60, y=50, width=150, height=20)

#在窗口上放置标签组件和用于输入部门的文本框组件
lbDepartment = tkinter.Label(root, text='专业：')
lbDepartment.place(x=220, y=50, width=40, height=20)
entryDepartment = tkinter.Entry(root)
entryDepartment.place(x=270, y=50, width=150, height=20)

#在窗口上放置标签组件和用于输入电话号码的文本框组件
lbTelephone = tkinter.Label(root, text="电话：")
lbTelephone.place(x=10, y=90, width=40, height=20)
entryTelephone = tkinter.Entry(root)
entryTelephone.place(x=60, y=90, width=150, height=20)

#在窗口上放置标签组件和用于输入 QQ 号码的文本框组件
lbQQ = tkinter.Label(root, text="QQ：")
lbQQ.place(x=220, y=90, width=40, height=20)
entryQQ = tkinter.Entry(root)
entryQQ.place(x=270, y=90, width=150, height=20)

#在窗口上放置用来显示通讯录信息的表格，使用 Treeview 组件实现
frame = tkinter.Frame(root)
frame.place(x=0, y=180, width=480, height=280)
#滚动条
scrollBar = tkinter.Scrollbar(frame)
scrollBar.pack(side=tkinter.RIGHT, fill=tkinter.Y)
#Treeview 组件
treeAddressList = tkinter.ttk.Treeview(frame, columns=("c1", "c2", "c3","c4", "c5", "c6"),
                    show="headings", yscrollcommand = scrollBar.set)
treeAddressList.column("c1", width=70, anchor="center")
```

```python
treeAddressList.column("c2", width=40, anchor="center")
treeAddressList.column("c3", width=40, anchor="center")
treeAddressList.column("c4", width=120, anchor="center")
treeAddressList.column("c5", width=100, anchor="center")
treeAddressList.column("c6", width=90, anchor="center")
treeAddressList.heading("c1", text="姓名")
treeAddressList.heading("c2", text="性别")
treeAddressList.heading("c3", text="年龄")
treeAddressList.heading("c4", text="专业")
treeAddressList.heading("c5", text="电话")
treeAddressList.heading("c6", text="QQ")
treeAddressList.pack(side=tkinter.LEFT, fill=tkinter.Y)
#Treeview 组件与垂直滚动条结合
scrollBar.config(command=treeAddressList.yview)
def bindData():
    '''把数据库里的通讯录记录读取出来，然后在表格中显示'''
    #删除表格中原来的所有行
    for row in treeAddressList.get_children():
        treeAddressList.delete(row)
    #读取数据
    conn = sqlite3.connect("data.db")
    cur = conn.cursor()
    cur.execute("SELECT * FROM addressList ORDER BY id ASC")
    temp = cur.fetchall()
    conn.close()
    #把数据插入表格
    for i, item in enumerate(temp):
        treeAddressList.insert('', i, values=item[1:])
#调用函数，把数据库中的记录显示到表格中
bindData()
#定义 Treeview 组件的单击左键事件，并绑定到 Treeview 组件上
#单击鼠标左键，设置变量 nameToDelete 的值，然后可以单击"删除"按钮来删除
nameToDelete = tkinter.StringVar('')
def treeviewClick(event):
    if not treeAddressList.selection():
        return
    item = treeAddressList.selection()[0]
    nameToDelete.set(treeAddressList.item(item, "values")[0])
treeAddressList.bind("<Button-1>", treeviewClick)
#在窗口上放置用于添加通讯录的按钮，并设置按钮单击事件函数
def buttonAddClick():
    #检查姓名
    name = entryName.get().strip()
    if name == "":
        tkinter.messagebox.showerror(title="很抱歉", message="必须输入姓名")
        return
    #姓名不能重复
    conn = sqlite3.connect("data.db")
    cur = conn.cursor()
    cur.execute('SELECT COUNT(*) from addressList where name="' + name + '"')
    c = cur.fetchone()[0]
    conn.close()
```

```python
        if c!=0:
            tkinter.messagebox.showerror(title="很抱歉", message="姓名不能重复")
            return
        #获取选择的性别
        sex = comboSex.get()
        #检查年龄
        age = entryAge.get().strip()
        if not age.isdigit():
            tkinter.messagebox.showerror(title="很抱歉", message="年龄必须为数字")
            return
        if not 1<int(age)<100:
            tkinter.messagebox.showerror(title="很抱歉", message="年龄必须在1~100之间")
            return
        #检查专业
        department = entryDepartment.get().strip()
        if department == '':
            tkinter.messagebox.showerror(title="很抱歉", message="必须输入专业")
            return
        #检查电话号码
        telephone = entryTelephone.get().strip()
        if telephone=='' or (not telephone.isdigit()):
            tkinter.messagebox.showerror(title="很抱歉", message="电话号码必须是数字")
            return
        #检查QQ号码
        qq = entryQQ.get().strip()
        if qq=='' or (not qq.isdigit()):
            tkinter.messagebox.showerror(title="很抱歉", message="QQ号码必须是数字")
            return
        #所有输入都通过检查，插入数据库
        sql = 'INSERT INTO addressList(name,sex,age,department,telephone,qq) VALUES(\''
        sql += name + '\',\'' + sex + '\',' + age + ',\'' + department + '\',\''
        sql += telephone + '\',\'' + qq + '\')'
        doSql(sql)
        #添加记录后，更新表格中的数据
        bindData()
buttonAdd = tkinter.Button(root, text="添加", command=buttonAddClick)
buttonAdd.place(x=120, y=140, width=80, height=20)


#在窗口上放置用于删除通讯录的按钮，并设置按钮单击事件函数
def buttonDeleteClick():
    name = nameToDelete.get()
    if name == '':
        tkinter.messagebox.showerror(title="很抱歉", message="请选择一条记录")
        return
    #如果已经选择了一条通讯录，执行SQL语句将其删除
    sql = 'DELETE FROM addressList where name=\'' + name + '\''
    doSql(sql)
    tkinter.messagebox.showinfo("恭喜", "删除成功")
    #重新设置变量为空字符串
    nameToDelete.set("")
    #更新表格中的数据
    bindData()
```

```
buttonDelete = tkinter.Button(root, text="删除", command=buttonDeleteClick)
buttonDelete.place(x=240, y=140, width=80, height=20)
root.mainloop()
```

实验 18　多媒体应用编程

【实验目的】

1．熟悉 Python 扩展库 Pillow 的安装方法以及使用；
2．熟悉使用 PIL 打开、显示、缩略图像等操作。

【实验内容】

1．编程：在窗口中显示当前文件夹中的图像，并单击按钮创建图像缩略图，运行效果如图 14-18 所示。(注意，在命令行窗口中使用 pip 命令安装 Pillow 模块。)

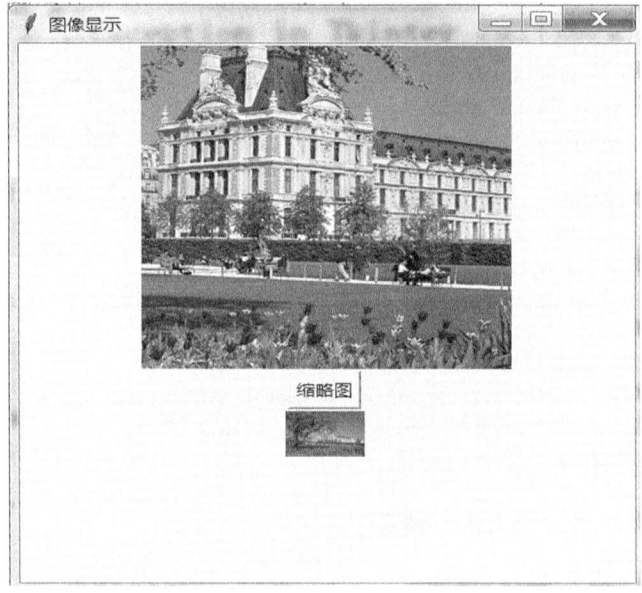

图 14-18　PIL 显示图像

参考代码如下：

```
from PIL import Image,ImageTk
import tkinter
import glob,os
from tkinter import Label

win=tkinter.Tk()
win.title("图像显示")
win.geometry("500x500")
can=tkinter.Canvas(win,bg="white",width=300,height=300)
image=Image.open("图片 2.png")
img=ImageTk.PhotoImage(image)
can.create_image(50,50,image=img)
can.pack()
```

```
def imgageshow():
    size=64,64
    for infile in glob.glob("图片 2.png"):
        file,ext=os.path.splitext(infile)
        im=Image.open(infile)
        im.thumbnail(size)
        im.save(file+"(1).png","PNG")
    photo=ImageTk.PhotoImage(file="图片 2(1).png")
    label=tkinter.Label(win,image=photo)
    label.image=photo
    label.pack()
tkinter.Button(win,text="缩略图",command=imgageshow).pack()
win.mainloop()
```

2．编程：使用 matplotlib 模块编写简易图像处理器，实现简单的图像显示、灰度转换、裁剪和左右翻转，运行效果如图 14-19 所示。(注意，在命令行窗口中使用 pip 命令安装 matplotlib 模块。)

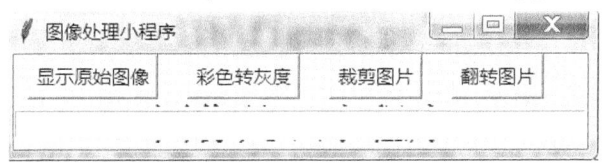

(a)程序运行窗体

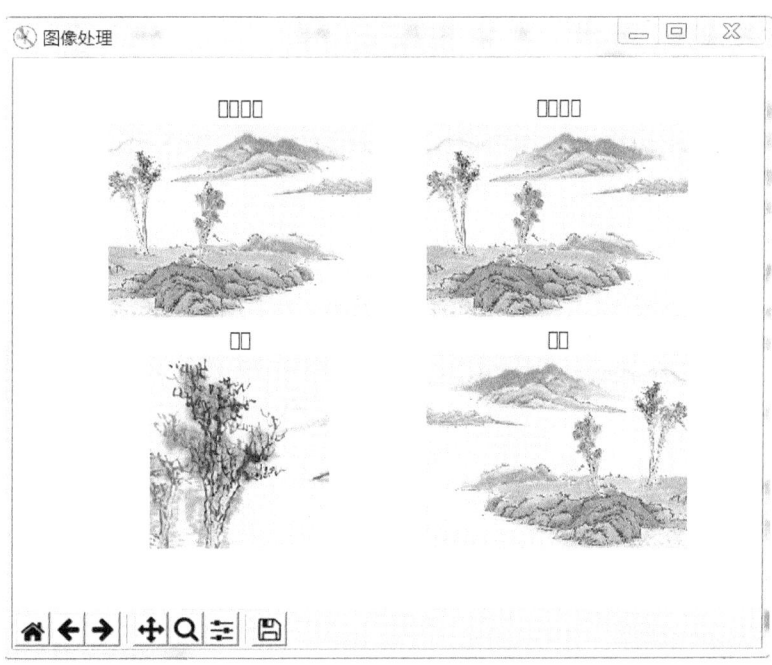

(b)单击按钮显示图像处理结果

图 14-19　简易图像处理器

参考代码如下：

```
import tkinter
from tkinter import *
from PIL import Image
```

```python
import matplotlib.pyplot as plt
win=tkinter.Tk()
win.title("图像处理小程序")

text_lable=Label(win,text="图像处理小程序",font=("Time","20","bold"))
text_lable.grid(row=3,column=0,columnspan=5)
ss_lable=Label(win,text="",width=50,height=1)
ss_lable.grid(row=3,column=0,columnspan=5)
str1=StringVar()
txt=Entry(win,width=50,font=("宋体","10"),textvariable=str1)
txt.grid(row=3,column=0,columnspan=5)
img=Image.open("山水画.jpg")

plt.figure("图像处理")
def img_show():
    plt.subplot(2,2,1)
    plt.title("原始图像")
    plt.imshow(img)
    plt.axis('off')
    plt.show()
def img_gray():
    plt.subplot(2,2,2)
    plt.title("灰度转换")
    gray_imag=img.convert("L")
    plt.imshow(gray_imag,cmap="gray")
    plt.axis("off")
    plt.show()
def img_roi():
    box=(80,100,260,300)
    roi_imag=img.crop(box)
    plt.subplot(2,2,3)
    plt.title("裁剪")
    plt.imshow(roi_imag)
    plt.axis("off")
    plt.show()
def img_trans():
    plt.subplot(2,2,4)
    plt.title("旋转")
    tran_imag=img.transpose(Image.FLIP_LEFT_RIGHT)
    plt.imshow(tran_imag)
    plt.axis("off")
    plt.show()

btn1_show=Button(win,text="显示原始图像",command=img_show)
```

```
btn1_show.grid(row=2,column=0)

btn2_show=Button(win,text="彩色转灰度",command=img_gray)
btn2_show.grid(row=2,column=1)

btn3_show=Button(win,text="裁剪图片",command=img_roi)
btn3_show.grid(row=2,column=2)

btn4_show=Button(win,text="翻转图片",command=img_trans)
btn4_show.grid(row=2,column=3)
win.mainloop()
```

参 考 文 献

董付国, 2016. Python 程序设计.2 版. 北京: 清华大学出版社.
董付国, 2019. Python 程序设计实验指导书. 北京: 清华大学出版社.
Hetland M L, 2018. Python 基础教程.3 版. 袁国忠, 译. 北京: 人民邮电出版社.
江红, 余青松, 2017. Python 程序设计与算法基础教程. 北京: 清华大学出版社.
刘春茂, 裴雨龙, 展娜娜, 2017. Python 程序设计案例课堂. 北京: 清华大学出版社.
刘浪, 2015. Python 基础教程. 北京: 人民邮电出版社.
Lutz M, 2018. Python 学习手册.5 版. 秦鹤, 林明, 译. 北京: 机械工业出版社.
Phillips D, 2018. Python3 面向对象编程.2 版. 孙雨生, 译. 北京: 电子工业出版社.
Rhodes B, Goerzen J, 2016. Python 网络编程.3 版. 诸豪文, 译. 北京: 人民邮电出版社.
Sedgewick R, 2016. 程序设计导论: Python 语言实践. 江红, 余青松, 译. 北京: 机械工业出版社.
嵩天, 礼欣, 黄天羽, 2017. Python 语言程序设计基础.2 版. 北京: 高等教育出版社.
VanderPlas J, 2018. Python 数据科学手册. 陶俊杰, 陈小莉, 译.北京: 人民邮电出版社.
王小银, 2019. Python 程序设计与案例教程. 西安: 西安电子科技大学出版社.
谢乾坤, 2018. Python 爬虫开发从入门到实战. 北京: 人民邮电出版社.
张良均, 王路, 谭立, 等, 2015. Python 数据分析与挖掘实战. 北京: 机械工业出版社.
张思民, 2018. Python 程序设计案例教程: 从入门到机器学习. 北京: 清华大学出版社.